TEORIA GERAL
DO DIREITO

TEORIA GERAL DO DIREITO

Norberto Bobbio

Tradução
DENISE AGOSTINETTI

Revisão da tradução
SILVANA COBUCCI LEITE

Obra publicada com a contribuição do Ministério das Relações Exteriores da Itália.

Esta obra foi publicada originalmente em italiano com o título
Teoria Generale del Diritto
por G. Giappichelli Editore.
© 1993, G. Giappichelli Editore, Turim, Itália.
© 2007, Livraria Martins Fontes Editora Ltda.,
São Paulo, para a presente edição.

Publisher	*Evandro Mendonça Martins Fontes*
Coordenação editorial	*Vanessa Faleck*
Revisão da tradução e preparação do original	*Silvana Cobucci Leite*
Acompanhamento editorial	*Luzia Aparecida dos Santos*
Revisões gráficas	*Maria Luiza Favret*
	Ana Maria de O. M. Barbosa
	Dinarte Zorzanelli da Silva
Produção gráfica	*Sidnei Simonelli*
Diagramação	*Studio 3 Desenvolvimento Editorial*

Dados Internacionais de Catalogação na Publicação (CIP)
(Câmara Brasileira do Livro, SP, Brasil)

Bobbio, Norberto, 1909-2004.
 Teoria geral do direito / Norberto Bobbio ; tradução Denise Agostinetti ; revisão da tradução Silvana Cobucci Leite. – 3ª. ed. – São Paulo : Martins Martins Fontes, 2010. – (Justiça e direito)

 Título original: Teoria generale del diritto.
 ISBN 978-85-61635-64-0

 1. Direito – Filosofia 2. Direito – Teoria I. Título. II. Série.

10-03691   CDU-340.11

Índices para catálogo sistemático:
1. Direito : Teoria   340.11
2. Teoria geral do direito   340.11

Todos os direitos desta edição reservados à
Martins Editora Livraria Ltda.
Av. Dr. Arnaldo, 2076
01255-000 São Paulo SP Brasil
Tel.: (11) 3116 0000
info@emartinsfontes.com.br
www.martinsfontes-selomartins.com.br

SUMÁRIO

Prefácio 9

PRIMEIRA PARTE
TEORIA DA NORMA JURÍDICA

CAPÍTULO I O direito como regra de conduta 15
1. Um mundo de normas 15
2. Variedade e multiplicidade das normas 17
3. O direito é instituição? 19
4. O pluralismo jurídico 22
5. Observações críticas 24
6. O direito é relação intersubjetiva? 28
7. Exame de uma teoria 31
8. Observações críticas 33

CAPÍTULO II Justiça, validade e eficácia 37
9. Três critérios de valoração 37
10. Os três critérios são independentes 40
11. Possíveis confusões dos três critérios 43
12. O direito natural 47
13. O positivismo jurídico 50
14. O realismo jurídico 54

CAPÍTULO III As proposições prescritivas 61
15. Um ponto de vista formal 61

16. A norma como proposição 64
17. Formas e funções 66
18. As três funções 69
19. Características das proposições prescritivas 71
20. As proposições prescritivas podem ser reduzidas a proposições descritivas? 74
21. As proposições prescritivas podem ser reduzidas a proposições expressivas? 79
22. Imperativos autônomos e heterônomos 81
23. Imperativos categóricos e hipotéticos 84
24. Comandos e conselhos 87
25. Os conselhos no direito 92
26. Comandos e pedidos 94

CAPÍTULO IV **As prescrições e o direito** 97
27. O problema da imperatividade do direito 97
28. Imperativos positivos e negativos 100
29. Comandos e imperativos impessoais 103
30. O direito como norma técnica 106
31. Os destinatários da norma jurídica 111
32. Imperativos e permissões 116
33. Relação entre imperativos e permissões 120
34. Imperativos e regras finais 124
35. Imperativos e juízos hipotéticos 127
36. Imperativos e juízos de valor 132

CAPÍTULO V **As prescrições jurídicas** 137
37. Em busca de um critério 137
38. Sobre alguns critérios 138
39. Um novo critério: a resposta à violação 143
40. A sanção moral 146
41. A sanção social 149
42. A sanção jurídica 151
43. A adesão espontânea 154
44. Normas sem sanção 158
45. Ordenamentos sem sanção 162
46. As normas em cadeia e o processo ao infinito 165

CAPÍTULO VI **Classificação das normas jurídicas** 171
47. Normas gerais e singulares 171
48. Generalidade e abstração 174
49. Normas afirmativas e negativas 177
50. Normas categóricas e hipotéticas 181

SEGUNDA PARTE
TEORIA DO ORDENAMENTO JURÍDICO

CAPÍTULO I **Da norma jurídica ao ordenamento jurídico** 185
1. Novidade do problema do ordenamento 185
2. Ordenamento jurídico e definições do direito.... 188
3. A nossa definição do direito 192
4. Pluralidade de normas 196
5. Os problemas do ordenamento jurídico 199

CAPÍTULO II **A unidade do ordenamento jurídico** 201
6. Fontes reconhecidas e delegadas 201
7. Tipos de fontes e formação histórica do ordenamento 204
8. As fontes do direito 208
9. Construção gradual do ordenamento 211
10. Limites materiais e formais 215
11. A norma fundamental 219
12. Direito e força 226

CAPÍTULO III **A coerência do ordenamento jurídico** .. 231
13. O ordenamento jurídico como sistema 231
14. Três significados de sistema 234
15. As antinomias 240
16. Vários tipos de antinomias 245
17. Critérios para a solução das antinomias 249
18. Insuficiência dos critérios 254
19. Conflito dos critérios 262
20. O dever da coerência 266

CAPÍTULO IV **A completude do ordenamento jurídico**.. 271
21. O problema das lacunas..................................... 271
22. O dogma da completude.................................... 275
23. A crítica à completude....................................... 278
24. O espaço jurídico vazio...................................... 282
25. A norma geral exclusiva.................................... 286
26. As lacunas ideológicas...................................... 293
27. Vários tipos de lacunas..................................... 296
28. Heterointegração e autointegração................... 298
29. A analogia... 302
30. Os princípios gerais do direito.......................... 308

CAPÍTULO V **Os ordenamentos jurídicos em relação entre si**.. 313
31. A pluralidade dos ordenamentos...................... 313
32. Vários tipos de relações entre ordenamentos.... 317
33. Estado e ordenamentos menores...................... 321
34. Relações temporais... 325
35. Relações espaciais.. 329
36. Relações materiais.. 331

PREFÁCIO

Acolhendo a recente solicitação de alguns colegas e atendendo a um antigo desejo da Editora Giappichelli, concordei em republicar em forma de livro, num só volume e com um único título, *Teoria geral do direito,* os dois cursos, *Teoria da norma jurídica* e *Teoria do ordenamento jurídico,* que ministrei, como professor de filosofia do direito na Università di Torino, nos anos acadêmicos de 1957-58 e 1959-60, sucessivamente adotados em várias universidades e continuamente reimpressos sem mudanças. Alguns anos antes já havia aceito a proposta de publicar os dois cursos num só volume feita pelo prof. Eduardo Rozo Acuña, da Universidad Externado de Colombia (Bogotá), que sem o meu conhecimento os traduzira para seus alunos. Dessa tradução foram publicadas duas edições com o título *Teoría general del derecho,* a primeira pela Editora Temis, de Bogotá, em 1987, a segunda pela Editora Debate, de Madri, em 1991.

Os dois cursos representam, por sua vez, o aprofundamento e a ampliação de um curso ministrado no ano acadêmico 1954-55, também publicado pela Editora Giappichelli com o título *Teoria dell'ordinamento giuridico.* Eles constituem a síntese e, num certo sentido, a conclusão do período de estudos que dediquei prevalentemente à teoria do direito, durante cerca de vinte anos, que vão do primeiro pós-guerra, em que concluí meu aprendizado comentando alguns dos mais conhecidos tratados de teoria geral do direito, e tomando audaciosamente a defesa de Kelsen contra alguns de seus críticos, até aproximadamente o famigerado 1968, quando os defensores da imaginação no poder rejeitavam com desdém a nua razão sem poder, e me orientei, de maneira cada vez mais assídua, para os estudos de filosofia política e, em 1972, na nova faculdade de ciências políticas, passei a ensinar filosofia política até 1979, quando encerrei minhas atividades. À teoria geral do direito dediquei ainda alguns estudos esporádicos, dentre os quais lembro particularmente os relativos à função promocional do direito, reunidos no volume *Dalla struttura alla funzione* (1977).

Foi também nesses anos que na Itália, onde já era amplamente conhecida, sobretudo por meio dos estudos de Renato Treves, a teoria pura do direito de Kelsen adquiriu uma posição preeminente nos estudos de teoria do direito, principalmente por intermédio das duas traduções contemporâneas (1952) da *Teoria generale del diritto e dello Stato*, que contém a essência, jamais superada, do pensamento jurídico e político de Kelsen, organizadas por Sergio Cotta, e da primeira edição de *La dottrina pura del diritto*, organizada por Renato Treves. Mas na mesma época a teoria geral do direito surgia também na Itália por meio de dois tratados, respectivamente de um jurista, Francesco Carnelutti (1946), e de um filósofo do direito, Alessandro Levi (1952). A década seguinte foi um período particularmente feliz na história da teoria geral do direito: em 1958 é publicado *Law and Justice*, de Alf Ross, traduzido em italiano por Giacomo Gavazzi pela editora Einaudi, em 1965; em 1960 surge a nova edição da doutrina pura do direito, que é uma obra nova em relação à primeira, até mesmo pela dimensão em muito ampliada, traduzida também pela Einaudi, em 1966, por Mario Losano; em 1961 Herbert Hart publica sua obra principal, *The Concept of Law*, traduzida também pela Einaudi por Mario A. Cattaneo, em 1965.

Naqueles anos também surgiram os primeiros estudos de lógica deôntica, que à época ainda não se chamava assim. Fui um dos primeiros a abordá-la na Itália num artigo de 1954, em que examinei algumas obras de pioneiros nessa matéria,

publicadas quase na mesma época, uma independente da outra. O primeiro a se iniciar nesses estudos, após uma estada de estudos em Göttingen, foi Amedeo G. Conte, cujo *Saggio sulla completezza degli ordinamenti giuridici* é de 1962.
Kelsen era familiar entre os juristas e os filósofos do direito da época. Fiz dele um de meus autores e, no campo da teoria do direito, o autor por excelência. Nunca neguei que os dois cursos são de inspiração kelseniana, e qualquer leitor um pouco atualizado sobre a disciplina pode perceber isso: para começar, é kelseniana a distinção entre teoria da norma (singular) e teoria do ordenamento (conjunto estruturado de normas), ainda que a tese central e unificante de ambos os cursos, segundo a qual a definição do direito, tema central da teoria geral do direito, não é buscada, como acontecia tradicionalmente, nos caracteres distintivos da norma, mas nos do ordenamento, é bastante influenciada pela doutrina italiana da instituição, que ainda hoje desfruta de um sucesso renovado.
Para o bom entendedor não preciso acrescentar que a tese, por mim sustentada, segundo a qual o que distingue o direito não é o caráter da norma, mas o do ordenamento, já era clara na distinção kelseniana entre sistema estático próprio da moral e sistema dinâmico próprio do direito, e posteriormente estará no centro da teoria de Hart, segundo a qual o que distingue o direito é a estrutura dos ordenamentos jurídicos de todos os tempos e lugares, que são compostos de normas primárias e secundárias, ou seja, de normas de primeiro e de segundo graus, sendo fundamentais aquelas sobre a produção jurídica.
Para ilustrar o contexto em que os dois cursos foram elaborados, e mostrar não apenas suas razões, mas também seus limites – dos quais tenho plena consciência –, menciono ainda dois acontecimentos culturais daqueles anos que neles deixaram traços bem visíveis, seja no tocante à orientação geral, seja no que diz respeito ao método. Refiro-me, em primeiro lugar, ao caloroso debate pró e contra o positivismo jurídico de que participei ativamente na época, dedicando-lhe depois um outro curso, também publicado pela

Giappichelli (em 1961 e reimpresso em 1975), organizado pelo então estudante Nello Morra, atualmente um alto magistrado. Os temas próprios do positivismo jurídico estão continuamente presentes em minhas aulas, tanto que a etiqueta sob a qual eu mesmo rotulei a concepção do direito neles representada é a do positivismo, embora teoricamente não rígido nem ideologicamente conotado, que chamei de "crítico". Quanto ao método, há influência da paixão da época pela análise linguística e do interesse, que nunca me abandonou, pelas "questões de palavras". Basta uma vista de olhos no índice da primeira parte, principalmente no capítulo III, para perceber o espaço que ocupam. Disso resulta uma tendência constante a evitar as teses extremistas, que exibem originalidade barata, e as reducionistas, que se omitem de enxergar todos os lados da questão.

Por fim, gostaria de lembrar que estas páginas nasceram de aulas ministradas a estudantes universitários do primeiro ou do segundo ano, de uma forma de discurso que requer uma exposição simples e clara, mas que às vezes não consegue se furtar às armadilhas da simplificação; e sobretudo que desde então se passaram mais de trinta anos, e que também a teoria do direito trilhou o seu caminho – um caminho que se afasta cada vez mais do positivismo de estrita observância –, e o que à época parecia novo agora se mostra velho. Velho e novo se sucedem. Mas o velho nunca é definitivamente velho, assim como o novo nunca é definitivamente novo. Em minha longa vida obtive continuamente confirmação da verdade da expressão horaciana: "Multa renascentur..."* com aquilo que segue.

Norberto Bobbio
Agosto, 1993

---

* Referência do autor à seguinte passagem de Horácio, em *Arte poética: Multa renascentur quae jam cecidere cadentque quae nunc sunt in honore vocabula, si volet usus, quem penes arbitrium est et jus et norma loquendi* [Muitas palavras que já morreram hão de renascer e cairão em desuso outras que estão em voga, se assim quiser o uso, que detém o arbítrio, o direito e a norma de falar]. [N. da T.]

PRIMEIRA PARTE
Teoria da norma jurídica

Capítulo I
O direito como regra de conduta

> SUMÁRIO: 1. Um mundo de normas. – 2. Variedade e multiplicidade das normas. – 3. O direito é instituição? – 4. O pluralismo jurídico. – 5. Observações críticas. – 6. O direito é relação intersubjetiva? – 7. Exame de uma teoria. – 8. Observações críticas.

1. Um mundo de normas

O ponto de vista adotado neste curso para o estudo do direito é o *ponto de vista normativo*. Com isso entendo que a melhor maneira de se aproximar da experiência jurídica e compreender seus traços característicos é considerar o direito como um *conjunto de normas*, ou regras de conduta. Vamos partir, portanto, de uma afirmação geral deste tipo: *a experiência jurídica é uma experiência normativa*.

Nossa vida desenvolve-se em um mundo de normas. Acreditamos ser livres, mas na verdade estamos envoltos numa densa rede de regras de conduta, que desde o nascimento até a morte dirigem nossas ações nesta ou naquela direção. A maior parte dessas regras já se tornou tão habitual que não percebemos mais sua presença. Mas, se observamos um pouco do exterior o desenvolvimento da vida de um homem através da atividade educadora exercida sobre ele por seus pais, por seus professores e assim por diante, percebemos que ele ocorre sob a orientação de regras de conduta. No que diz respeito à sujeição a normas sempre novas, foi dito acertadamente que a vida inteira, e não apenas a adolescência, é um contínuo processo educativo. Podemos comparar o nosso procedimento na vida com a trajetória de um pedestre numa cidade grande: aqui o sentido é proibido, ali o sentido é obrigatório; e mesmo onde é livre, a parte da rua que ele deve seguir costuma ser rigorosamente sinalizada. Toda a nossa vida está repleta de placas indicativas, sendo que umas prescrevem um certo comportamento, outras proíbem que se tenha um outro comportamento. Muitas dessas placas indicativas são constituídas por regras do direito. Podemos dizer desde já, ainda que em termos genéricos, que o direito constitui uma parte notável, e talvez também a parte mais visível, da nossa experiência normativa. E por isso um dos primeiros resultados do estudo do direito é de nos tornar conscientes da importância do "normativo" em nossa existência individual e social.

Se nos distanciamos por um momento do indivíduo e consideramos a sociedade, ou melhor, as sociedades, dos homens, se deixamos de nos referir à vida do indivíduo e contemplamos aquela vida complexa, tumultuada e sempre viva das sociedades humanas, que é a história, o fenômeno da normatividade surge para nós de maneira não menos impressionante e é ainda mais merecedor da nossa reflexão. Pode-se imaginar a história como um imenso mar de gente fechado com diques: os diques são as regras de conduta, religiosas, morais, jurídicas, sociais, que mantiveram a corrente das paixões, dos interesses e dos instintos dentro de certos limites e permitiram a formação daquelas sociedades estáveis, com suas instituições e seus ordenamentos, que chamamos de "civilização". Há sem dúvida um ponto de vista normativo no estudo e na compreensão da história humana: é o ponto de vista segundo o qual as civilizações se caracterizam por ordenamentos de regras que contêm as ações dos homens que delas participaram. A história apresenta-se, então, como um conjunto de ordenamentos normativos que se sucedem, se sobrepõem, se contrapõem, se integram. Estudar uma civilização do ponto de vista normativo significa, no final das contas, perguntar-se quais ações foram proibidas naquela determinada sociedade, quais foram comandadas, quais foram permitidas; significa, em outras palavras, descobrir a direção ou as direções fundamentais em que se orientava a vida de cada indivíduo. Perguntas do tipo: "em determinado povo os sacrifícios humanos eram permitidos ou proibidos? Era proibida ou permitida a poligamia, a propriedade dos bens imóveis, a escravidão? Como eram reguladas as relações de família? O que era permitido ao pai comandar aos filhos e o que era proibido? Como era regulado o exercício do poder, quais eram os deveres e os direitos dos subordinados em relação ao chefe, e quais os deveres e os direitos do chefe em relação aos subordinados?" são todas perguntas que pressupõem a consciência da função que tem o sistema normativo de caracterizar uma dada sociedade; e não podem ter uma resposta a não ser por meio do estudo das regras de conduta que imprimiram uma certa marca à vida daqueles homens, distinguindo-a da vida de outros homens que viviam em outra sociedade inserida em outro sistema normativo.

2. Variedade e multiplicidade das normas

Assim que passamos a observar o mundo normativo, uma das razões mais surpreendentes é que esse mundo é extremamente variado e múltiplo.

As normas jurídicas, às quais dedicaremos nossa atenção de modo particular, são apenas uma parte da experiência normativa. Além das normas jurídicas, existem preceitos religiosos, regras morais, regras sociais, regras do costume, regras daquela ética menor que é a etiqueta, regras da boa educação e assim por diante. Além das normas sociais, que regulam a vida do indivíduo enquanto coexiste com outros indivíduos, existem normas que regulam as relações do homem com a divindade ou do homem consigo mesmo. Cada indivíduo pertence a diferentes grupos sociais: igreja, Estado, família, associações com fins econômicos, culturais, políticos ou simplesmente recreativos: cada uma dessas associações se constitui e se desenvolve por meio de um conjunto ordenado de regras de conduta. Além disso, cada indivíduo, fora da sociedade de que é parte, formula para a conduta da própria vida programas individuais de ação: esses programas também são conjuntos de regras. Cada grupo humano, cada indivíduo, uma vez que estabelece para si fins a serem alcançados, também estabelece os meios adequados, ou os que considera mais adequados, para alcançar esses objetivos. A relação meio-fim geralmente dá origem a regras de conduta do tipo: "Se você quer alcançar o objetivo A, *deve* realizar a ação B". São regras da conduta tanto os Dez Mandamentos quanto as prescrições do médico, tanto os artigos de uma constituição quanto as regras do jogo de xadrez ou do bridge, tanto as normas de direito internacional, que estabelecem como os Estados devem se comportar nas suas relações recíprocas, quanto o regulamento de um condomínio, tanto as chamadas normas sociais quanto as regras da gramática, da sintaxe de uma língua, tanto as normas religiosas para bem conduzir-nos nesta vida quanto as regras de trânsito para nos movermos sem acidentes. Todas essas regras são muito diferentes pelos fins a que tendem, pelo conteúdo, pelo tipo de obrigação a que dão lugar, pelo âmbito da sua validade, pelos sujeitos a que se destinam. Mas todas têm em comum um elemento característico que consiste, como veremos melhor a seguir, em ser proposições com a finalidade de influenciar o comportamento dos indivíduos e dos grupos, de dirigir a ação dos indivíduos e dos grupos mais para certos objetivos que para outros.

 O número de regras que encontramos diariamente em nosso caminho de seres que agem em direção a fins é incalculável, ou seja, é tal que o trabalho de enumerá-las é tão desnecessário quanto o de contar os grãos de areia numa praia. O processo de cada uma de nossas ações, ainda que modesta, é marcado por tal número de proposições normativas que dificilmente pode ser imaginado por quem age sem se preocupar muito com as condições em que age. Para dar um exemplo, extraído do cotidiano, vamos tentar imaginar o número de regras jurídicas (e refiro-me apenas às regras jurídicas para não estender demais a pesquisa) que envolve o simples ato de enviar uma carta. A aquisição do selo é um negócio jurídico, no caso um contrato de compra e venda, regulado minuciosamente pelo nosso Código Civil, do qual derivam obrigações e, portanto, limites bem precisos à conduta (o adquirente, por exemplo, é obrigado a oferecer o preço estipulado, e o vendedor, a fornecer uma mercadoria em bom estado). Que selo devo colocar na carta? O tipo de selo a ser colocado é igualmente prescrito por uma regulamentação minuciosa das tarifas postais: e depende não só do tipo de carta, mas do seu formato, do seu peso, das maiores ou menores garantias que desejo ter para sua entrega ao destinatário. Como devo colar o selo? Posso colá--lo como e onde quiser? No ordenamento italiano não há limites para essa ação (e, portanto, é uma ação permitida, ou pelo menos sujeita não a um comando, mas a um conselho); mas não se pode desconsiderar que no futuro ela também passe a ser regulada juridicamente, com a consequência de que agir contra a regra levaria a resultados desagradáveis, como o não recebimento pelo destinatário ou uma multa. A partir do momento em que coloquei o selo correto, surge uma nova relação nada menos do que entre mim e a administração pública, e dessa relação nascem obrigações, não importa se perfeitas ou imperfeitas – em alguns casos, perfeitas e em outros não –, para que a carta chegue ao destino. O trajeto da carta, do momento em que parte ao momento em que chega, é fonte de incontáveis obrigações para todos os que estão envolvidos nele: funcionários da empresa de correios, ferroviários a serviço dos correios, carteiros etc. Por fim, como se não bastasse, escrever uma carta implica também a constituição. Com efeito, o que significa o artigo 15, que diz: "A liberdade e o sigilo da correspondência e de qualquer outra forma de comunicação são invioláveis", senão que no ato de expedir uma carta surge em mim um direito público subjetivo a que essa carta, por exemplo, não seja aberta pelas repartições da polícia? E, portanto, uma limitação obrigatória na ação dos órgãos do Estado?

3. O direito é instituição?

Embora possa parecer, daquilo que foi dito até aqui, que o elemento característico da experiência jurídica é o fenômeno da normatização, e que portanto é legítimo o ponto de vista normativo de que partimos, não podemos deixar de mencionar que existem teorias diversas daquela normativa, que consideram elementos característicos da experiência jurídica fatos diversos das regras de conduta. Na minha opinião, existem ao menos duas teorias diversas daquela normativa: a teoria do direito como *instituição* e a teoria do direito como *relação*. Antes de prosseguir, temos de examinar ambas, com o objetivo de avaliar sua maior ou menor validade.

A teoria do direito como instituição foi elaborada, ao menos na Itália (abstenho-me de tratar daquele que em geral se considera o precedente francês, ou seja, da doutrina de Hauriou), por Santi Romano num livro muito importante: *L'ordinamento giuridico* (1.ª ed., 1917; 2.ª ed. revista e anotada, 1945). O alvo polêmico de Romano é exatamente a teoria normativa do direito. Desde as primeiras páginas ele lamenta a insuficiência e a equivocidade da teoria normativa tal como é acolhida pela maior parte dos juristas; e contrapõe à concepção do direito como norma a concepção do direito como instituição. O que ele entende por instituição extrai-se da seção 10, que menciono nos seus traços principais.

O conceito do direito deve conter os seguintes elementos essenciais:

a) em primeiro lugar, deve remeter-se ao conceito de sociedade. Isso em dois sentidos recíprocos que se completam mutuamente: o que não sai da esfera puramente individual, o que não supera a vida do indivíduo como tal não é direito (*ubi ius ibi societas*) e, além disso, não existe sociedade, no verdadeiro sentido da palavra, sem que nela se manifeste o fenômeno jurídico (*ubi societas ibi ius*)...

b) em segundo lugar, o conceito do direito deve conter a ideia da ordem social: o que serve para excluir todo elemento que se refira ao puro arbítrio ou à força material, ou seja, não ordenada... Toda manifestação social, pelo simples fato de ser social, é ordenada ao menos em relação aos consócios...

c) a ordem social posta pelo direito não é a dada pela existência, não obstante originada, de normas que disciplinam as relações sociais: ele não exclui tais normas; ao contrário, serve-se delas e as engloba na sua órbita, mas, ao mesmo tempo, as ultrapassa e as supera. Isso significa que, antes de ser norma, antes de se referir a uma simples relação ou a uma série de relações sociais, é organização, estrutura, posição da própria sociedade em que se desenvolve, e que ele constitui como unidade, como ente distinto.

A partir dessa passagem vê-se que para Romano os elementos constitutivos do conceito do direito são três: a *sociedade* como base de fato em que o direito passa a existir, a *ordem* como fim a que tende o direito, e a *organização* como meio para realizar a ordem. Pode-se dizer, em síntese, que para Romano tem-se direito quando existe uma *organização de uma sociedade ordenada*, ou, com outras expressões análogas, uma *sociedade ordenada por meio de uma organização* ou uma *ordem social organizada*. Essa sociedade ordenada e organizada é o que Romano chama de *instituição*. Dos três elementos constitutivos, o mais importante, aquele decisivo, é sem dúvida o terceiro, a organização: os dois primeiros são necessários, mas não suficientes. Só o terceiro é a razão suficiente do direito, é a razão pela qual o direito é aquilo que é, e sem a qual não seria aquilo que é. Isso significa que o direito nasce no momento em que um grupo social passa de uma fase inorgânica para uma fase orgânica, da fase de grupo inorgânico ou não organizado para a fase de grupo organizado. Por exemplo, a classe social é certamente uma forma de grupo humano, mas, não tendo uma organização própria, não exprime um direito próprio, não é uma instituição. Uma associação para delinquir, ao contrário, enquanto se exprime numa organização e cria seu próprio direito (o direito da sociedade para delinquir), é uma instituição. O fenômeno da passagem da fase inorgânica para a fase orgânica também é chamado de *institucionalização*. Diz-se que um grupo social se institucionaliza quando cria a própria organização, e por meio da organização torna-se, segundo Romano, um ordenamento jurídico. De resto, com isso se revela uma incongruência, ainda que marginal, na doutrina de Romano: se é verdade que a organização é o elemento constitutivo primário da sociedade jurídica, e se também é verdade que existem sociedades não organizadas, pode-se aceitar a máxima *ubi ius ibi societas*, mas não se pode aceitar a máxima inversa, embora acolhida por Romano, *ubi societas ibi ius*. Em outras palavras: pode-se perfeitamente admitir que o direito pressupõe a sociedade, ou seja, é o produto da vida social; mas não se pode admitir que toda sociedade é jurídica.

4. O pluralismo jurídico

É preciso reconhecer à teoria da instituição o mérito de ter ampliado os horizontes da experiência jurídica para além dos limites do Estado. Fazendo do direito um fenômeno social e considerando o fenômeno da organização como critério fundamental para distinguir uma sociedade jurídica de uma sociedade não jurídica, a teoria da instituição rompeu o círculo fechado da teoria estatista do direito, que considera direito somente o direito estatal, e identifica o âmbito do direito com o âmbito do Estado. Embora possa parecer um pouco escandaloso para o jurista que, limitando as próprias observações e o próprio estudo ao ordenamento jurídico estatal, é induzido a considerar que não existe outro direito a não ser o do Estado, para a teoria da instituição até uma associação para delinquir, uma vez organizada com o objetivo de estabelecer a ordem entre os seus membros, é um ordenamento jurídico. E, de resto, historicamente não existiram Estados que, pela violência e pela fraude com que se conduziram em relação aos seus cidadãos e aos cidadãos dos outros Estados, podem ser comparados a associações para delinquir? Santo Agostinho não chamava os Estados de *magna latrocinia*? E acaso por isso eram menos Estados, ou seja, menos ordenamentos jurídicos, do que aqueles Estados que porventura se conduziram segundo a justiça?

A teoria estatista do direito é o produto histórico da formação dos grandes Estados modernos, que surgiram com a dissolução da sociedade medieval. A sociedade medieval era uma sociedade pluralista, ou seja, formada por vários ordenamentos jurídicos, que se opunham ou se integravam: havia ordenamentos jurídicos universais acima daqueles que hoje são os Estados nacionais, como a Igreja e o Império; e havia ordenamentos particulares abaixo da sociedade nacional, como os feudos, as corporações e as comunas. Mesmo a família, considerada na tradição do pensamento cristão como uma *societas naturalis*, era um ordenamento à parte. O Estado moderno formou-se por meio da eliminação ou da absorção dos ordenamentos jurídicos superiores e inferiores à sociedade nacional, mediante um processo que poderia ser chamado de *monopolização da produção jurídica*. Se por *poder* entendemos a capacidade que certos grupos sociais têm de emanar normas de conduta válidas para a totalidade dos membros daquela comunidade, e de fazê-las respeitar recorrendo até mesmo à força (o chamado *poder coativo*), a formação do Estado moderno caminha *pari passu* com a formação de um poder coativo cada vez mais centralizado, e, portanto, com a supressão gradual dos centros de poder inferiores e superiores ao Estado, o que resultou na eliminação de todo centro de produção jurídica que não fosse o do próprio Estado. Se hoje ainda há uma tendência a identificar o direito com o direito estatal, essa é a consequência histórica do processo de centralização do poder normativo e coativo que caracterizou o surgimento do Estado nacional moderno. A máxima consciência teórica desse processo é a filosofia do direito de Hegel, em que o Estado é considerado o Deus terreno, ou seja, o sujeito último da história, que não reconhece nem acima nem abaixo de si nenhum outro sujeito, e ao qual os indivíduos e os grupos devem incondicionada obediência.

A doutrina da instituição representa uma reação ao estatismo. Essa é uma das muitas vias por meio das quais os teóricos do direito e da política procuraram resistir à invasividade do Estado. Ela nasce ora da reavaliação das teorias jurídicas da tradição cristã como em Georges Renard (ver a *Théorie de l'institution*, 1930), ora da sugestão das correntes socialistas libertárias (Proudhon), anarquistas ou sindicalistas como em Georges Gurvitch (ver *L'idée du droit social*, 1932, e a *Dichiarazione dei diritti sociali*, trad. it. ed. de Comunità, 1949). Torna-se teoria do direito, na França, com Maurice Hauriou; na Itália, com Santi Romano. Foi adotada e universalizada, na Itália, por Guido Fassò, que, considerando instituição também a relação jurídica entre duas pessoas, faz da instituição a categoria primária da experiência jurídica (ver a *Storia come sperienza giuridica,* 1953). Encontrou aplicação fecunda no estudo de ordenamentos particulares ou de situações concretas por parte de um filósofo do direito como Cesarini-Sforza, que estuda o direito dos indivíduos, ou seja, a esfera da chamada "autonomia privada"como um ordenamento jurídico distinto do ordenamento estatal ("Il diritto dei privati" *in*: *Riv. it. sc. giur.*, 1929, pp. 43-125); por parte de historiadores do direito como Grosso, que se vale do conceito de instituição e da teoria da pluralidade dos ordenamentos jurídicos para uma compreensão mais adequada do direito romano (ver *Problemi generali del diritto attraverso il diritto romano,* Giappichelli, 1948, pp. 3 ss.); e, mais recentemente, por parte de um civilista, Salvatore Romano, que, retomando o estudo de Cesarini-Sforza, reexamina todo o problema do direito privado à luz da teoria da pluralidade dos ordenamentos jurídicos ("Ordinamenti giuridici privati", in *Riv. trim. dir. pubb.*, 1955, pp. 249-331). Uma aplicação ao caso específico da relação entre ordenamento cavalheiresco e ordenamento estatal foi feita com incomparável acuidade por Piero Calamandrei (ver o ensaio "Regole cavalleresche e processo", de 1929, in *Studi sul processo civile,* III, pp. 155-70).

5. Observações críticas

Toda teoria pode ser considerada do ponto de vista do seu significado ideológico e do ponto de vista do seu valor científico. Como ideologia, uma teoria tende a afirmar certos valores ideais e a promover certas ações. Como doutrina científica, seu objetivo não é outro senão compreender uma certa realidade e dar-lhe uma explicação. Não vamos discutir aqui a teoria da instituição como ideologia, e portanto não nos propomos julgar se é bom ou mau, útil ou nocivo, oportuno ou inoportuno afirmar que o Estado não é o único centro produtor de normas jurídicas, e quais são as consequências práticas dessa afirmação. Analisamos a teoria da instituição como teoria científica, ou seja, como teoria que se propõe oferecer meios de compreensão do fenômeno jurídico diversos e melhores que os oferecidos pela teoria normativa. Quanto à ampliação dos horizontes do jurista para além dos limites do Estado, vamos apenas mencionar que o problema sobre o qual se insiste na polêmica entre pluralistas e monistas, de saber se o direito é somente o produzido pelo Estado ou também o produzido por grupos sociais diferentes do Estado, é principalmente uma questão de palavras. As definições de termos científicos são convencionais (os lógicos falam de *definições estipulativas*), o que significa que ninguém tem o monopólio da palavra "direito", e que ela pode ser usada em sentido mais amplo ou mais restrito conforme a oportunidade, cujo único juiz é o próprio cientista. Quem afirma que é direito apenas o direito estatal usa a palavra "direito" em sentido restrito. Quem considera, seguindo os institucionalistas, que é direito também aquele de uma associação para delinquir, usa o termo "direito" em sentido mais amplo. Não existe uma definição verdadeira e uma falsa, mas apenas, quando muito, uma definição mais oportuna e uma menos oportuna. Posta a questão nesses termos, se eu tivesse de exprimir o meu parecer, diria que me parece mais oportuna a definição ampla, ou seja, a proposta pelos institucionalistas, pois, limitando o significado da palavra "direito" às normas de conduta promulgadas pelo poder estatal, vai-se contra o uso linguístico geral que chama direito também o direito internacional e aquele da Igreja, e pode-se gerar alguma confusão.

Quanto ao valor científico da teoria da instituição, ou seja, se a consideração do direito como instituição vale para substituir a teoria normativa na compreensão e explicação do fenômeno jurídico, proponho as duas observações críticas a seguir:

a) Em primeiro lugar, a teoria da instituição, acreditando combater a teoria normativa derrubando a teoria estatista do direito, põe-se um falso alvo. A teoria normativa não coincide absolutamente, *em linha de princípio*, com a teoria estatista, ainda que, *em linha de fato*, muitos juristas estatistas sejam normativistas, e vice-versa, muitos normativistas sejam estatistas. A teoria normativa limita-se a afirmar que o fenômeno originário da experiência jurídica é a regra de conduta, enquanto a teoria estatista, além de afirmar que o direito é um conjunto de regras, afirma que essas regras têm características particulares (por exemplo: de serem coativas), e, como tais, distinguem-se de qualquer outro tipo de regra de conduta. A teoria estatista é uma teoria normativa restrita. E, portanto, não há nenhuma razão para considerar a teoria normativa por si mesma menos ampla que a teoria institucional. Em suma, não há nenhuma razão que induza a excluir que a teoria normativa também possa ser compatível com o pluralismo jurídico, a partir do momento em que não há nenhum motivo para restringir a palavra "norma", assim como é usada pela teoria normativa, apenas às normas do Estado.

b) Romano escreveu que "antes de ser norma" o direito "é organização". Ora, essa afirmação é discutível. O que significa organização? Significa distribuição de tarefas de modo que cada um dos membros do grupo contribua, segundo as próprias capacidades e competências, para a obtenção do fim comum, mas essa distribuição de tarefas só pode ser realizada mediante regras de conduta. E, então, não é verdade que a organização vem antes das normas, mas é verdade o contrário, que as normas vêm antes da organização.

Uma sociedade organizada, uma instituição, é constituída por um grupo de indivíduos que disciplinam suas respectivas atividades com a finalidade de perseguir um objetivo comum, ou seja, um objetivo que os indivíduos, singularmente considerados, não poderiam alcançar. A instituição nasce no momento em que nasce e toma forma uma certa disciplina das condutas individuais, disciplina destinada a conduzi-las a um fim comum. Mas uma disciplina é o produto de uma regulamentação, ou seja, de um conjunto de regras de conduta. Em particular, para que se possa desenvolver aquele processo de institucionalização que transforma um grupo inorgânico em um grupo organizado, ou seja, em um ordenamento jurídico, são necessárias três condições: 1) que se definam os fins a que a instituição deverá tender; 2) que se estabeleçam os "meios", ou pelo menos os meios principais, que se consideram apropriados para atingir esses fins; 3) que se atribuam as funções específicas de cada um dos componentes do grupo para que, através dos meios previstos, colaborem para a obtenção do fim. Ora, é claro que tanto a determinação dos fins quanto a determinação dos meios e das funções só podem ocorrer através de regras, sejam elas escritas ou não escritas, proclamadas solenemente em um estatuto (ou constituição) ou aprovadas tacitamente pelos membros do grupo. O que equivale a dizer que o processo de institucionalização e a produção de regras de conduta não podem ser desvinculados e que, portanto, quando deparamos com um grupo organizado, podemos ter certeza de encontrar um conjunto de regras de conduta que geraram aquela organização ou, em outras palavras, que, se instituição equivale a ordenamento jurídico, ordenamento jurídico equivale a conjunto de normas. Mas então a teoria da instituição não exclui, antes *inclui*, a teoria normativa do direito, que não sai derrotada da polêmica, e sim fortalecida.

É o que confirma um ensaio de M. S. Giannini, *Sulla pluralità degli ordinamenti giuridici* (1950), que, afirmando a equivalência das duas expressões, "grupo organizado" e "ordenamento jurídico", preocupa-se em distinguir o fenômeno da *normatização* (ou seja, da produção das normas) do fenômeno da *organização*. O autor observa que pode haver normatização sem organização: por exemplo, a classe social, mesmo não sendo um grupo organizado, produz regras de conduta (normas sociais) para os seus componentes; *mas não pode haver organização sem normatização*. Em outras palavras, se é verdade que uma produção de normas quaisquer não é suficiente para criar uma instituição, também é verdade que não é possível criar uma instituição sem uma produção de regras. Assim, a produção de regras é sempre o fenômeno originário, ainda que não exclusivo, para a constituição de uma instituição.

Será que o que dissemos até aqui para defender a teoria normativa significa que queremos rejeitar totalmente a teoria da instituição? Certamente que não. A nosso ver, a teoria da instituição teve o grande mérito, mesmo prescindindo do seu significado ideológico, que não pretendemos discutir, de ressaltar que só se pode falar de direito quando existe um conjunto de normas formadoras de um ordenamento, e que, portanto, o direito não é norma, mas um conjunto coordenado de normas; em suma, que uma norma jurídica nunca está sozinha, mas está ligada a outras normas com as quais forma um sistema normativo. Graças também à teoria da instituição, a teoria geral do direito evoluiu cada vez mais de teoria das normas jurídicas para teoria do ordenamento jurídico, e os problemas com que deparam os teóricos do direito são cada vez mais os problemas ligados à formação, coordenação e integração de um sistema normativo.

6. O direito é relação intersubjetiva?

Que o elemento característico da experiência jurídica é a relação intersubjetiva é, ao contrário da teoria institucional, doutrina muito antiga e periodicamente recorrente. Se observarmos bem, ela nasce da mesma ideia fundamental que originou a teoria da instituição, ou seja, da ideia de que o direito é um fenômeno social, tem origem na sociedade. Deve-se notar que a teoria da instituição surgiu criticando não apenas a teoria normativa, como mostramos até aqui, mas também a teoria da relação intersubjetiva. Segundo os defensores da instituição (sobretudo franceses), uma pura e simples relação entre dois sujeitos não pode constituir direito; para que surja o direito, é necessário que essa relação esteja inserida numa série mais ampla e complexa de relações constituintes, isto é, a instituição. Duas pessoas isoladas que se encontram apenas para estabelecer entre elas a regulamentação de certos interesses mútuos não constituem ainda direito; o direito só nascerá quando essa regulamentação se tornar de certo modo estável e der origem a uma organização permanente da atividade dos dois indivíduos.

Os institucionalistas em geral refutam a doutrina da relação, por considerá-la inspirada por uma concepção individualista do direito, por aquela concepção predominante no jusnaturalismo dos séculos XVII e XVIII, segundo a qual o direito é o produto da vontade de cada indivíduo, considerado como uma mônada separada das outras mônadas, e que, de fato, elevara à suprema categoria jurídica o acordo de duas ou mais vontades individuais, ou seja, o contrato, de modo que faça surgir a sociedade por excelência, o Estado, mediante aquele acordo de vontades de cada indivíduo, que se chamou contrato social. Ao contrário, a doutrina da instituição inspira-se nas correntes sociológicas mais modernas, que tacharam de utopismo e de racionalismo abstrato o individualismo jusnaturalista e afirmam a realidade do grupo social como realidade distinta daquela dos indivíduos que a compõem. Partindo, então, desse pressuposto, consideram o direito como um produto não do indivíduo ou dos indivíduos, mas da sociedade no seu todo.

Como prova da afirmação dos institucionalistas, segundo os quais a teoria da relação afunda suas raízes no individualismo abstrato dos iluministas, podemos recordar que um dos representantes mais ilustres e mais coerentes do iluminismo jurídico, Immanuel Kant, expõe na sua *Doutrina do direito* (1797) uma clara teoria do direito como relação jurídica. Depois de dar sua célebre definição de direito como "o conjunto das condições, por meio das quais o arbítrio de um pode conciliar-se com o arbítrio de um outro, segundo uma lei universal da liberdade" (*Metafisica dei costumi*, trad. it. ed. Utet, 1956, p. 407), Kant dedica-se à pesquisa dos elementos constitutivos do conceito do direito. E ele descreve o primeiro desses requisitos da seguinte maneira: "O conceito do direito, enquanto ele se refere a uma obrigação correspondente [...], diz respeito *em primeiro lugar* apenas à relação externa, e precisamente prática, de uma pessoa para com uma outra, uma vez que as ações delas podem (imediata ou mediatamente) ter, como fatos, influência umas sobre as outras" (*op. cit.*, p. 406). Quanto ao segundo requisito, Kant afirma que essa relação entre dois sujeitos, para ser uma relação jurídica, deve ser uma relação entre dois arbítrios, e não entre o arbítrio de um e o simples desejo do outro. O que importa sobretudo para Kant, ao colocar o direito como relação entre dois sujeitos, é repelir a tese de que o direito possa também consistir numa relação entre um sujeito e uma coisa. Para Kant, há quatro tipos possíveis de relação de um sujeito com outros sujeitos: 1) a relação de um sujeito que tem direitos e deveres com um sujeito que tem apenas direitos e não deveres (Deus); 2) a relação de um sujeito que tem direitos e deveres com um sujeito que tem apenas deveres e não direitos (o escravo); 3) a relação de um sujeito que tem direitos e deveres com um sujeito que não tem nem direitos nem deveres (o animal, as coisas inanimadas); 4) a relação de um sujeito que tem direitos e deveres com um sujeito que tem direitos e deveres (o homem). Dessas quatro relações, só a última é uma relação jurídica.

Uma segunda prova nos é dada pela doutrina do mais conhecido e autorizado representante da corrente neokantiana na filosofia do direito contemporânea na Itália, Giorgio

Del Vecchio. Para Del Vecchio, o mesmo princípio ético pode ser traduzido numa dupla ordem de valorações: 1) em relação ao próprio sujeito que realiza a ação (que pode escolher a ação obrigatória e repelir aquela proibida); 2) em relação aos sujeitos a quem se dirige a ação (que podem escolher entre deixar que eu realize a ação ou impedir-me de realizá-la). A primeira ordem de valorações constitui a valoração moral; a segunda, a valoração jurídica. A partir daí derivam a subjetividade da ação moral e a intersubjetividade da ação jurídica, a unilateralidade da norma moral e a bilateralidade da norma jurídica; deriva, em conclusão, a definição do direito como coordenação objetiva do agir, o que implica a visão do direito (diferentemente da moral) como um conjunto de relações entre sujeitos, de modo que se um tem o poder de realizar certa ação, o outro tem o dever de não impedi-la.

7. Exame de uma teoria

A mais recente teoria do direito como relação jurídica é a exposta na *Teoria generale del diritto*, de Alessandro Levi (Pádua, Cedam, 2.ª ed., 1953). Pode-se dizer que Levi fez do conceito de relação jurídica o pilar sobre o qual edificou sua construção. Desde o início fala da relação jurídica como do conceito "sobre o qual se funda a construção sistemática, ou científica, de todo ordenamento jurídico" (p. 23). A relação jurídica é muitas vezes definida nessa obra como o conceito fundamental do ordenamento jurídico: "Esse conceito de relação jurídica [...] não o conceito de dever, nem o de direito subjetivo, e *tampouco o de norma*, [...] é o conceito fundamental, central do ordenamento jurídico" (p. 26). A centralidade desse conceito revela-se igualmente no fato de que Levi o eleva a conceito filosófico, como se fosse uma espécie de categoria fundamental e originária para a compreensão do direito. Fala do conceito de relação jurídica como daquele em que se concretiza o "universal jurídico", ou seja, "o momento jurídico do espírito humano" (p. 27). Mais precisamente:

"Não é um conceito meramente empírico ou técnico, que representa uma síntese aproximativa de dados indutivamente retirados da realidade considerada *a parte obiecti*, mas sim constitui, na sua essência mais concreta, o limite lógico de qualquer outro conceito técnico" (p. 29). Por "relação jurídica" Levi entende, no sentido tradicional da palavra, uma relação intersubjetiva, ou melhor, a relação entre dois sujeitos, sendo um titular de uma obrigação, o outro, de um direito. A função categorial da intersubjetividade é dada pelo fato de o filósofo do direito se servir dela para distinguir o direito da moral (que é subjetiva) e da economia (que coloca o homem em relação com as coisas). Assim Levi se exprime: "[a valoração jurídica] não valora o ato em relação com as coisas sobre as quais se exerce, ou, mais propriamente, em relação aos bens, materiais ou imateriais, com que o sujeito tende a satisfazer suas necessidades; e tampouco em relação com um ideal de vida a que o sujeito aspire a se aproximar, ou, mais particularmente, em relação com a divindade, que se crê perscrutar e julgar cada movimento do espírito; mas sim, e somente, *em relação com os outros sujeitos*, ou seja, com os seus comportamentos, positivos ou negativos, complementares ao comportamento do sujeito de que se trata, uma vez que eles têm ou o direito de pretender dele aquele determinado comportamento, ou, ao contrário, um dever complementar a um direito seu, ou no mínimo a obrigação de se abster de impedir aquele comportamento" (p. 27).

Não obstante o propósito muitas vezes declarado de elaborar uma teoria geral do direito sobre o conceito de relação jurídica, creio que Levi não tenha permanecido sempre fiel ao seu tema. Para pôr seu propósito em prática, Levi deveria resolver os problemas fundamentais da teoria geral do direito recorrendo ao conceito de relação jurídica. Mas isso nem sempre ocorreu. Causa-nos suspeita, desde o início, o fato de Levi considerar a norma como a *fonte ideal* da relação e afirmar que não pode haver direito fora do reconhecimento predisposto pelo direito objetivo. Mas, então, não é verdade que a juridicidade de uma relação seja intrínseca à relação, pois ela nasce, ao contrário, do fato de que essa relação é regulada por uma norma jurídica; e, por conseguinte, para responder à pergunta: "o que é o direito?", ele se refere, como qualquer adepto da teoria normativa, à regra que define a relação, e não à relação regulada. Essa suspeita se agrava quando, ao ter de indicar os atributos constitutivos da relação jurídica (ou seja, não de uma relação intersubjetiva qualquer, mas de uma relação intersubjetiva específica), ele diz que são a *tutela*, a *sanção*, a *pretensão* e a *prestação* (p. 30): mas esses atributos não são característicos da relação intersubjetiva considerada por si só (uma relação de amizade, por exemplo, é intersubjetiva, sem que de resto esses atributos característicos se manifestem), e sim deduzidos do fato de que essa relação é regulada por uma norma que prevê uma sanção em caso de ruptura da própria relação, em suma, pelo fato de ser regulada por uma norma jurídica. Perguntamo-nos, então, a essa altura, se o que constitui a relação como relação jurídica não é porventura a norma que a regula, e, nesse caso, a teoria da relação jurídica acaba por desembocar, também ela, assim como a teoria da instituição, na teoria normativa. É o que veremos melhor na próxima seção.

8. Observações críticas

A principal razão pela qual julgamos que considerar o direito como relação intersubjetiva não elimina a consideração normativa pode ser formulada do seguinte modo. Uma relação jurídica, como vimos, é uma relação entre dois sujeitos, sendo que um deles, o sujeito ativo, é titular de um direito, e o outro, o sujeito passivo, é titular de um dever e obrigação. A relação jurídica é, em outras palavras, uma relação direito-dever. E o que significa ter um direito? Significa, como veremos melhor a seguir, ter o poder de realizar determinada ação. Mas de onde deriva esse poder? Só pode derivar de uma regra, que no mesmo momento em que atribui a mim esse poder, atribui a um outro, a todos os outros, o dever de não impedir a minha ação. E o que significa ter dever? Significa sermos obrigados a nos comportar de determinado modo, quer essa conduta consista em um fazer, quer consista em um não fazer. Mas de onde deriva essa obrigação? Só pode derivar de uma regra, que determina ou proíbe. Em resumo, o direito nada mais é do que o reflexo subjetivo de uma norma autorizadora; e o dever nada mais é do que o reflexo subjetivo de uma norma imperativa (positiva ou negativa). A relação jurídica, enquanto relação direito-dever, refere-se sempre a duas regras de conduta, sendo que a primeira atribui um poder, a outra atribui um dever. Que depois, efetivamente, dessas duas normas seja suficiente em regra enunciar apenas uma delas, uma vez que a atribuição de um direito a um sujeito implica sempre a atribuição de um dever a outros sujeitos, e vice-versa, não altera em nada a questão substancial, ou seja, de que direito e dever são as figuras subjetivas em que se reflete a presença de uma regra, e, portanto, a relação jurídica é aquela relação que se distingue de qualquer outro tipo de relação por ser uma relação regulada por uma norma jurídica.

A relação jurídica caracteriza-se não pela matéria daquilo que é objeto da relação, mas pelo modo como os sujeitos se comportam um em relação ao outro. O que pode ser expresso também desta maneira: o que caracteriza a relação jurídica não é o *conteúdo*, mas a *forma*. E isso significa: não se pode determinar se uma relação é jurídica com base nos interesses que estão em jogo; pode-se determinar apenas com base no fato de ser regulada ou não por uma norma jurídica. O problema da caracterização do direito não pode ser resolvido enquanto se permanece no plano da relação; só é resolvido no plano das normas que regulam a relação. Em outras palavras: estabelecida uma relação de interdependência entre relação jurídica e norma jurídica, não diremos que uma norma é jurídica porque regula uma relação jurídica, mas sim que uma relação é jurídica por ser regulada por uma norma jurídica. Não existe na natureza, ou melhor, na história das relações humanas, uma relação que seja por si mesma, isto é, *ratione materiae,* jurídica: existem relações econômicas, sociais, morais, culturais, religiosas, existem relações de amizade, de indiferença, de inimizade, existem relações de coordenação, de subordinação, de integração. Mas nenhuma dessas relações é *naturaliter* jurídica. Relação jurídica é aquela que, seja qual for o seu conteúdo, é levada em consideração por uma norma jurídica, é subsumida em um ordenamento jurídico, é *qualificada* por uma ou mais normas pertencentes a um ordenamento jurídico. Veremos melhor a seguir quais consequências recaem sobre uma ação humana ao ser qualificada por uma norma jurídica. Por ora basta ter evidenciado que é a norma que, ao qualificar a relação, a transforma em uma relação jurídica, e não o contrário. Por conseguinte, se é verdade que nenhuma relação é *naturaliter* jurídica, também é verdade que qualquer relação entre as pessoas só pode tornar-se jurídica se é regulada por uma norma pertencente a um sistema jurídico. Os juristas dizem que uma relação, enquanto não é levada em consideração pelo direito, é uma *relação de fato*. A assunção por parte do ordenamento jurídico – assunção que se dá atribuindo a um dos dois sujeitos uma obrigação e ao outro um dever – transforma a relação de fato numa relação jurídica. A relação entre um vendedor e um comprador é uma relação econômica. O que a torna jurídica é o fato de que o ordenamento jurídico atribui aos dois sujeitos da relação direitos e deveres. A relação de fidelidade entre os cônjuges é antes de tudo uma relação de caráter ético; torna-se jurídica quando o ordenamento transforma essa relação moral numa relação geradora de direitos e de obrigações juridicamente relevantes.

A conclusão que queremos extrair dessas considerações é que, assim como a teoria da instituição não exclui, mas inclui a teoria normativa, da mesma forma a teoria da relação não exclui, mas inclui a teoria normativa. O que equivale a dizer que a teoria normativa permanece válida, não obstante a teoria da instituição e da relação – ou melhor, ela é pressuposto para a validade de ambas.

Pode-se acrescentar ainda a seguinte consideração: as três teorias não se excluem reciprocamente e, portanto, é estéril toda batalha doutrinária para fazer triunfar uma ou outra. Eu diria até que essas três teorias se integram utilmente uma com a outra. Cada uma delas evidencia um aspecto da multiforme experiência jurídica: a teoria da relação, o aspecto da *intersubjetividade*; a teoria da instituição, o aspecto da *organização social*; a teoria normativa, o aspecto da *regularidade*. Com efeito, a experiência jurídica nos coloca diante de um mundo de *relações* entre sujeitos humanos *organizados* de maneira estável em sociedade mediante o uso de *regras* de conduta. De resto, dos três aspectos complementares, o fundamental continua a ser o aspecto normativo. A intersubjetividade e a organização são condições *necessárias* para a formação de uma ordem jurídica; o aspecto normativo é a condição *necessária* e *suficiente*.

Capítulo II
Justiça, validade e eficácia

> SUMÁRIO: 9. Três critérios de valoração. – 10. Os três critérios são independentes. – 11. Possíveis confusões dos três critérios. – 12. O direito natural. – 13. O positivismo jurídico. – 14. O realismo jurídico.

9. Três critérios de valoração

O estudo das regras de conduta, em especial das regras jurídicas, apresenta muitos problemas interessantes, que estão na ordem do dia não só da teoria geral do direito (sobretudo após Kelsen), mas também da lógica e da filosofia contemporâneas. Este curso dedica-se a enfrentar alguns desses problemas.

O primeiro ponto que, na minha opinião, é preciso ter bem claro na mente se se quer dotar uma teoria da norma jurídica de fundamentos sólidos é que toda norma jurídica pode ser submetida a três valorações distintas, e que essas valorações são independentes umas das outras. Diante de uma norma jurídica qualquer, podemos efetivamente nos colocar uma tríplice ordem de problemas: 1) se ela é *justa* ou *injusta*; 2) se ela é *válida* ou *inválida*; 3) se ela é *eficaz* ou *ineficaz*. Trata-se dos três problemas distintos da *justiça*, da *validade* e da *eficácia* de uma norma jurídica.

O problema da justiça é o problema da correspondência ou não da norma aos valores últimos ou finais que inspiram determinado ordenamento jurídico. Não vamos tocar, por ora, no problema da existência de um ideal de bem comum idêntico para todas as épocas e para todos os lugares. Basta-nos constatar aqui que todo ordenamento jurídico persegue determinados fins, e concordar com o fato de que esses fins representam os valores para cuja realização o legislador, mais ou menos conscientemente, mais ou menos adequadamente, dirige a própria obra. Caso se considere que existem valores supremos, objetivamente evidentes, questionar se uma norma é justa ou injusta significa perguntar se ela está apta ou não para realizar esses valores. Mas também no caso de quem não crê em valores absolutos, o problema da justiça ou não de uma norma tem um sentido; equivale a se perguntar se aquela norma está apta ou não a realizar os valores históricos que inspiram aquele ordenamento jurídico concreto e historicamente determinado. O problema de saber se uma norma é ou não justa é um aspecto do contraste entre mundo ideal e mundo real, entre o que deve ser e o que é: norma justa é aquilo que deve ser; norma injusta é aquilo que não deveria ser. Colocar-se o problema da justiça ou não de uma norma equivale a se colocar o problema da correspondência entre o que é real e o que é ideal. Por isso costuma-se chamar o problema da justiça de problema *deontológico* do direito.

O problema da *validade* é o problema da *existência* da regra enquanto tal, independentemente do juízo de valor sobre o fato de ela ser justa ou não. Enquanto o problema da justiça é resolvido com um juízo de valor, o problema da validade é resolvido com um juízo de fato. Ou seja, trata-se de constatar se uma regra jurídica existe ou não, ou melhor, se essa regra, determinada de um modo ou de outro, é uma regra jurídica. Validade jurídica de uma norma equivale à existência daquela norma enquanto regra jurídica. Se para julgar a justiça de uma norma é preciso compará-la a um valor ideal, para julgar a sua validade é preciso realizar pesquisas de tipo empírico-racional, aquelas pesquisas efetuadas para determinar a importância e o alcance de um evento. Em particular, para decidir se uma norma é válida (ou seja, se existe como regra jurídica pertencente a um determinado sistema), geralmente é preciso realizar três operações: 1) verificar se a autoridade que a emanou *tinha o poder legítimo de emanar normas jurídicas*, ou seja, normas obrigatórias naquele determinado ordenamento jurídico (essa pesquisa leva inevitavelmente a remontar à norma fundamental, que é o fundamento de validade de todas as normas de um determinado sistema); 2) verificar se não foi *ab-rogada*, tendo em vista que uma norma pode *ter sido* válida, no sentido de que foi emanada por um poder autorizado para tanto, mas não significa *que ainda seja válida*, o que ocorre quando uma outra norma sucessiva no tempo a ab-rogou expressamente ou regulou a mesma matéria; 3) verificar se não é *incompatível* com outras normas do sistema (o que também é chamado de *ab-rogação implícita*), sobretudo com uma norma hierarquicamente superior (uma lei constitucional é superior a uma lei ordinária numa constituição rígida) ou com uma norma sucessiva, a partir do momento em que em todo ordenamento jurídico vigora o princípio de que duas normas incompatíveis não podem ser ambas válidas (assim como num sistema científico duas proposições contraditórias não podem ser ambas verdadeiras). O problema da validade jurídica pressupõe que se tenha respondido à pergunta: o que se entende por direito? Trata-se, caso se queira adotar uma terminologia familiar entre os filósofos do direito, do problema *ontológico* do direito.

O problema da *eficácia* de uma norma é o problema de saber se essa norma é ou não seguida pelas pessoas a quem se destina (os chamados destinatários da norma jurídica) e, caso seja violada, seja feita valer com meios coercitivos pela autoridade que a estabeleceu. O fato de uma norma existir enquanto norma jurídica não implica que ela também seja constantemente seguida. Não é nossa tarefa, por ora, indagar por que razões uma norma é ou não seguida. Vamos nos limitar a constatar que existem normas que são seguidas universalmente de maneira espontânea (e são as mais eficazes), outras que são seguidas na maioria dos casos somente enquanto providas de coação, outras que não são seguidas, apesar da coação, e outras ainda que são violadas sem que ao menos seja posta em prática a coação (e são as mais ineficazes). A pesquisa para verificar a eficácia ou a ineficácia de uma norma é uma pesquisa histórico-sociológica, que se destina ao estudo do comportamento dos membros de um determinado grupo social, e que se diferencia tanto da pesquisa mais tipicamente filosófica em torno da justiça quanto da pesquisa mais tipicamente jurídica em torno da validade. Também aqui, para usar a terminologia científica, embora em sentido diferente do costumeiro, pode-se dizer que o problema da eficácia das regras jurídicas é o problema *fenomenológico* do direito.

10. Os três critérios são independentes

Esses três critérios de valoração de uma norma dão origem a três ordens distintas de problemas, e são independentes um do outro, no sentido de que a justiça não depende nem da validade nem da eficácia, e a eficácia não depende nem da justiça nem da validade. Para demonstrar essas várias relações de independência, formulamos as seis proposições a seguir:

1. *uma norma pode ser justa sem ser válida.* Para dar um exemplo clássico, os teóricos do direito natural formulavam em seus tratados um sistema de normas extraídas de princípios jurídicos universais. Quem formulava essas normas as julgava justas, por considerá-las correspondentes a princípios universais de justiça. Mas essas normas, por serem apenas escritas num tratado de direito natural, não eram válidas. Só se tornavam válidas na medida em que eram acolhidas em um sistema de direito positivo. O direito natural pretende ser o direito justo por excelência; mas apenas pelo fato de ser justo não significa que também seja válido;

2. *uma norma pode ser válida sem ser justa.* Nesse caso não é preciso ir tão longe para buscar exemplos. Nenhum ordenamento jurídico é perfeito: entre o ideal de justiça e a realidade do direito há sempre uma distância, mais ou me-

nos grande, conforme os regimes. Sem dúvida, o direito que em todos os regimes de um certo período histórico e em alguns regimes atuais que consideramos culturalmente atrasados admitia a escravidão não era justo, mas nem por isso deixava de ser válido. Até pouco tempo atrás vigoravam leis raciais que nenhuma pessoa de bom senso se dispõe a considerar justas: todavia elas eram válidas. Um socialista dificilmente reconhecerá como justo um ordenamento que reconhece e protege a propriedade individual; assim como um reacionário dificilmente reconhecerá como justa uma norma que considere lícita a greve. No entanto, nem o socialista nem o reacionário terão dúvidas sobre o fato de que, num ordenamento positivo como o italiano, tanto as normas que regulam a propriedade individual quanto as que reconhecem o direito de greve são válidas;

3. *uma norma pode ser válida sem ser eficaz.* O caso mais clamoroso continua a ser o das leis sobre a proibição das bebidas alcoólicas nos Estados Unidos, que vigoraram por cerca de vinte anos no período entre as duas guerras. Constatou-se que o consumo de bebidas alcoólicas durante o regime proibicionista não era inferior ao consumo do período imediatamente posterior, quando a proibição foi suprimida. Sem dúvida, tratava-se de leis "válidas", no sentido de que haviam sido emanadas pelos órgãos competentes para emanar normas jurídicas, mas não eram eficazes. Sem retroceder demais no tempo, muitos artigos da Constituição italiana até agora não foram aplicados. O que significa a tão frequentemente deplorada desaplicação da constituição? Significa que estamos diante de normas jurídicas que, embora válidas, ou seja, existentes enquanto normas, não são eficazes;

4. *uma norma pode ser eficaz sem ser válida.* Existem muitas normas sociais seguidas espontaneamente ou pelo menos habitualmente, ou seja, eficazes, como num determinado círculo de pessoas, as regras da boa educação. Essas

regras, pelo simples fato de serem seguidas, não se tornam por isso mesmo regras pertencentes a um sistema jurídico, ou seja, não adquirem validade jurídica. Poder-se-ia objetar que o direito consuetudinário constitui um exemplo conspícuo de normas que adquirem validade jurídica, ou seja, passam a integrar um sistema normativo somente por meio da sua eficácia. E o que é o uso constante, regular, geral, uniforme que se requer de um costume para que se torne jurídico se não o que chamamos de "eficácia"? Mas a essa objeção pode-se responder que nenhum costume torna-se jurídico apenas através do uso, pois o que o torna jurídico, ou seja, o que o insere num sistema, é o fato de ser acolhido e reconhecido pelos órgãos competentes, naquele sistema, para produzir normas jurídicas, como o legislador ou o juiz. Enquanto é apenas eficaz, uma norma consuetudinária não se torna norma jurídica. Torna-se jurídica quando os órgãos do poder lhe atribuem validade. O que confirma que a eficácia não se transforma diretamente em validade, e, portanto, uma norma pode continuar a ser eficaz sem por isso se tornar jurídica;

5. *uma norma pode ser justa sem ser eficaz*. Vimos que uma norma pode ser justa sem ser válida. Não devemos hesitar em acrescentar que pode ser justa sem ser eficaz. Quando a sabedoria popular diz que "não há justiça neste mundo", refere-se ao fato de que muitos exaltam a justiça com palavras, poucos a colocam em prática. Em geral, para ser eficaz, uma norma também deve ser válida. Se é verdade que muitas normas de justiça não são válidas, a maior parte sequer é eficaz;

6. *uma norma pode ser eficaz sem ser justa*. O fato de uma norma ser universalmente seguida não é prova da sua justiça, assim como, de resto, o fato de não ser seguida absolutamente não pode ser considerado como prova da sua injustiça. A derivação da justiça a partir da eficácia poderia ser comparada a um dos argumentos que costumava ser discuti-

do entre os jusnaturalistas, o chamado argumento do *consensus humani generis*, ou mais simplesmente, do *consensus omnium*. Perguntavam-se os jusnaturalistas: deve-se considerar máxima de direito natural aquela que é aceita por todos os povos (alguns diziam "por todos os povos civilizados")? A resposta dos jusnaturalistas mais intransigentes era quase sempre negativa. E com razão: o fato de a escravidão, por exemplo, ser praticada por todos os povos civilizados num certo período histórico não a transformava numa instituição conforme à justiça. A justiça é independente da validade, mas é também independente da eficácia.

11. Possíveis confusões dos três critérios

Cada um dos três critérios examinados até aqui delimita um campo bem definido de pesquisas para o filósofo do direito. Pode-se até mesmo afirmar que os três problemas fundamentais, de que tradicionalmente se ocupou e se ocupa a filosofia do direito, coincidem com as três qualificações normativas da justiça, da validade e da eficácia. O problema da justiça dá lugar a todas aquelas pesquisas que visam identificar os valores supremos a que o direito tende, em outras palavras, os fins sociais de que os ordenamentos jurídicos, com o seu conjunto de regras, de instituições e de órgãos, são o mais adequado instrumento de atuação. Daí nasce a filosofia do direito enquanto *teoria da justiça*. O problema da validade constitui o núcleo daquelas pesquisas que se destinam a determinar em que consiste o direito como regra obrigatória e coativa, quais são as características peculiares de um ordenamento jurídico distinto de outros ordenamentos normativos (como aquele moral) e, portanto, determinar não os fins que devem ser realizados, mas os meios excogitados para realizar esses fins, ou o direito como instrumento de atuação da justiça. Daí nasce a filosofia do direito como *teoria geral do direito*. O problema da eficácia leva-nos para o terreno da aplicação das normas jurídicas, que é o terreno dos comportamentos efetivos dos homens que vivem em sociedade, dos seus interesses contrastantes, das ações e reações diante da autoridade, e dá lugar às pesquisas em torno da vida do direito, no seu surgimento, no seu desenvolvimento, na sua modificação, pesquisas geralmente vinculadas a investigações de caráter histórico e sociológico. Nasce daí aquele aspecto da filosofia do direito que conflui na *sociologia jurídica*.

Essa tripartição de problemas é hoje geralmente reconhecida pelos filósofos do direito, e de resto corresponde em parte à distinção das três tarefas da filosofia do direito (tarefa *deontológica, ontológica* e *fenomenológica*) que a filosofia do direito italiano adotou desde o início do século XX, por obra principalmente de Giorgio Del Vecchio. Para dar uma prova do consenso geral sobre essa concepção tripartida da experiência jurídica, cito aqui o testemunho de três teóricos do direito contemporâneo, pertencentes a três diferentes países e a três diferentes tradições culturais. Eduardo Garcia Maynez, professor da Universidade do México, discípulo do filósofo espanhol Ortega y Gasset e do seu "perspectivismo", no ensaio *La definición del Derecho. Ensajo de Perspectivismo jurídico* (México, 1948), diz que por "direito" se entendem geralmente três coisas: o *direito formalmente válido,* o *direito intrinsecamente válido,* o *direito positivo* ou *eficaz*. Com a primeira expressão entende aquelas regras de conduta que "a autoridade política considera obrigatórias num determinado território e numa determinada época"; com a segunda, pretende indicar o direito justo, ou seja, as regulamentações das relações de coexistência entre os homens que mais correspondem ao ideal de justiça; com a terceira, indica aquelas regras de conduta que "determinam efetivamente a vida de uma sociedade num certo momento histórico". Não é preciso muito esforço para reconhecer nesses três modos de entender o direito a distinção entre validade, justiça e eficácia. Como segundo testemunho citamos Julius Stone, professor da Universidade de Sydney (Austrália), aluno do mais autorizado filósofo do direito contemporâneo americano, Roscoe Pound. Em sua obra mais importante, *The Province and Function of Law as Logic, Justice and Social Control* (Sydney, 1946), Pound considera que o estudo do direito, para ser completo, resulta destas três partes: 1) *jurisprudência analítica*, que é a que chamaremos teoria geral do direito, ou seja, o estudo do direito do ponto de vista formal; 2) *jurisprudência crítica ou ética*, que compreende o estudo dos vários ideais de justiça, e, portanto, do direito ideal nas suas relações com o direito real, e coincide com aquela parte da filosofia do direito que chamamos teoria da justiça; 3) *jurisprudência sociológica*, que estuda, segundo a expressão predileta de Pound, não o direito nos livros (*law in books*), mas o direito em ação (*law in action*), e corresponde à sociologia jurídica enquanto estudo do direito vivo na sociedade. O terceiro testemunho é o de Alfred von Verdross, professor da Universidade de Viena, que segue o jusnaturalismo. Num artigo intitulado *Zur Klärung des Rechtsbegriffes* [Para o esclarecimento do conceito de direito], de 1950, depois de distinguir acuradamente o problema da justiça daquele da validade, ele esclarece que existem três modos diferentes para considerar o direito, segundo seja observado no seu valor ideal (que é a justiça), no seu valor formal (que é a validade), na sua atuação prática (que é a eficácia), e assim se exprime: "O sociólogo pode, com seus meios, compreender apenas a eficácia do direito; o teórico do direito, apenas a forma do direito e a conexão intrínseca das normas positivas, enquanto o filósofo moral (o teórico do direito natural) interessa-se somente pela justiça ética das normas jurídicas e pela sua obrigatoriedade interior" (pp. 98-9).

É claro que essa distinção de problemas não deve ser concebida como uma separação em compartimentos estanques. Quem quiser compreender a experiência jurídica nos seus vários aspectos deverá levar em conta que ela é aquela parte da experiência humana cujos elementos constitutivos são ideais de justiça a realizar, instituições normativas para realizá-los, ações e reações dos homens diante desses ideais e dessas instituições. Os três problemas são três diferentes aspectos de um único problema central, que é o problema da melhor organização da vida dos homens associados. Se insistimos na distinção e na independência das três valorações, é porque consideramos prejudicial a confusão entre elas, e sobretudo consideramos não ser possível aceitar outras teorias que não realizam essa distinção tão nitidamente, e tendem, ao contrário, a reduzir ora a um ora a outro dos três aspectos os outros dois, procedendo, como hoje se costuma dizer, com o reprovável neologismo da linguagem filosófica, com "reducionismo". Creio que é possível distinguir três teorias reducionistas, a cuja crítica dedico as três últimas seções deste capítulo.

Existe uma teoria que *reduz a validade à justiça*, afirmando que uma norma só é válida se é justa; em outras palavras, faz com que a validade dependa da justiça. O exemplo histórico mais ilustre dessa redução é a doutrina do direito natural.

Uma outra teoria *reduz a justiça à validade*, enquanto afirma que uma norma é justa simplesmente por ser válida, ou seja, faz com que a justiça dependa da validade. O exemplo histórico dessa teoria é dado pela concepção do direito que se contrapõe àquela jusnaturalista, e é a concepção positivista (no sentido mais estrito e limitado da palavra).

Por fim, existe uma teoria que *reduz a validade à eficácia*, enquanto tende a afirmar que o direito real não é o que se encontra, por assim dizer, enunciado numa constituição, num código ou num corpo de leis, mas é aquele que os homens efetivamente aplicam nas suas relações cotidianas: essa teoria faz com que, em última análise, a validade dependa da eficácia. O exemplo histórico mais radical é dado pelas chamadas correntes realistas da jurisprudência americana e pelas suas antecipações no continente.

A nosso ver, todas essas três concepções estão viciadas pelo erro do "reducionismo", que leva a eliminar ou no mínimo a ofuscar um dos três elementos constitutivos da experiência jurídica e, portanto, a mutila. A primeira e a terceira não conseguem ver a importância do problema da validade;

TEORIA DA NORMA JURÍDICA 47

a segunda considera poder desembaraçar-se do problema da justiça. Vamos examiná-las separadamente a seguir.

12. O direito natural

Não é nossa tarefa esclarecer um problema tão rico e complexo como o do direito natural. A corrente do direito natural só será discutida aqui por existir em seus teóricos uma tendência geral a reduzir a validade à justiça. Poderíamos definir a corrente do direito natural como aquela corrente de pensamento jurídico segundo a qual uma lei, para ser lei, deve ser conforme à justiça. Uma lei não conforme à justiça *non est lex sed corruptio legis*. Uma formulação recente e exemplar dessa doutrina pode ser encontrada na seguinte passagem de Gustav Radbruch: "Quando uma lei nega conscientemente a vontade de justiça, por exemplo, concede arbitrariamente ou recusa os direitos do homem, falta nela a validade [...] também os juristas devem encontrar a coragem de lhe recusar o caráter jurídico"; e em outro trecho: "Podem existir leis com tal medida de injustiça e de nocividade social que é preciso recusar-lhes o caráter jurídico [...] pois existem princípios jurídicos fundamentais que são mais fortes que toda normatização jurídica, de modo que uma lei que é contrária a eles carece de validade"; e ainda: "Onde a justiça sequer é perseguida, onde a igualdade, que constitui o núcleo da justiça, é conscientemente negada pelas normas do direito positivo, a lei não apenas é direito injusto, mas em geral carece também de juridicidade" (*Rechtsphilosophie*, 4.ª ed., 1950, pp. 336-53).

A essa elaboração do problema das relações entre justiça e direito respondemos: que o direito corresponda à justiça é uma exigência ou, se preferirmos, um ideal a ser alcançado que ninguém pode desconhecer, mas não é uma realidade de fato. Ora, quando nos colocamos o problema de saber o que é o direito numa dada situação histórica, nos perguntamos o que é de fato o direito, não o que o direito seria ou deveria ser. Mas se nos perguntamos o que é de fato o direito, não podemos deixar de responder que, na realidade, vale como direito também o direito injusto, e que não existe nenhum ordenamento que seja perfeitamente justo.

Apenas com uma condição poderíamos concordar em reconhecer como direito unicamente aquilo que é justo: com a condição de que a justiça fosse uma verdade evidente ou no mínimo demonstrável como uma verdade matemática e, portanto, nenhum homem pudesse ter dúvidas sobre o que é justo ou injusto. E essa na realidade sempre foi a pretensão do jusnaturalismo nas suas várias fases históricas. Com uma outra definição, poderíamos dizer que a teoria do direito natural é aquela que considera poder estabelecer o que é justo e o que é injusto de modo universalmente válido. Mas essa pretensão é fundada? A julgar pelas divergências entre os vários adeptos do direito natural sobre o que deve ser considerado justo ou injusto, a julgar pelo fato de que o que era natural para uns não o era para outros, deveríamos responder que não. Para Kant (e em geral para todos os jusnaturalistas modernos) era natural a liberdade; mas para Aristóteles era natural a escravidão. Para Locke era natural a propriedade individual, mas para todos os socialistas utópicos, de Campanella a Winstanley, a Morelly, o instituto mais conforme com a natureza do homem era a comunhão dos bens. Essa variedade de opiniões entre os próprios jusnaturalistas decorria de duas razões fundamentais: 1) o termo "natureza" é um termo genérico que adquire diferentes significados dependendo da maneira como é usado. Rousseau já havia dito: "Ce n'est point sans surprise et sans scandale qu'on remarque le peu d'accord qui règne sur cette importante matière entre les divers auteurs qui en on traité. Parmi les plus graves écrivains, à peine en trouve-t-on deux qui soient du même avis sur ce point"* (*Discours sur l'origine et*

---

* Não é sem surpresa e sem escândalo que se nota o pouco acordo reinante sobre essa importante matéria entre os diversos autores que a têm estudado. Entre os mais renomados escritores, mal se encontram dois com a mesma opinião sobre esse ponto. [N. da T.]

les fondements de l'inégalité, pref.); 2) ainda que o significado do termo fosse unívoco, e todos aqueles que recorrem a ele concordassem em considerar que algumas tendências são naturais e outras não, a constatação de que uma tendência é natural não permite deduzir se essa tendência é boa ou má, uma vez que não permite deduzir um juízo de valor de um juízo de fato. Hobbes e Mandeville concordavam em considerar que a tendência natural do homem era o instinto utilitário: mas para Hobbes esse instinto conduzia à destruição da sociedade e precisava ser refreado; para Mandeville (o célebre autor da *Fábula das abelhas*) era vantajoso, e era preciso conceder-lhe livre vazão.

Mas, então, se a observação da natureza não oferece um apoio suficiente para determinar o que é justo e o que é injusto de modo universalmente reconhecível, a redução da validade à justiça só pode levar a uma única e grave consequência: à destruição de um dos valores fundamentais em que se apoia o direito positivo (entenda-se o direito válido), o valor da *certeza*. De fato, se a distinção entre o justo e o injusto não é universal, é preciso colocar o problema: a quem cabe estabelecer o que é justo e o que é injusto? As respostas possíveis são duas: a) cabe àquele ou àqueles que detêm o poder; mas essa resposta é aberrante, pois nesse caso se conserva, é verdade, a certeza do direito, mas se converte a doutrina que resolve a validade em justiça na doutrina perfeitamente oposta, ou seja, naquela que resolve a justiça em validade, a partir do momento em que se reconhece que é justo o que é comandado; b) cabe a todos os cidadãos; nesse caso, tendo em vista que os critérios de justiça são diversos e irredutíveis, ao cidadão que desobedece à lei porque a considera injusta, e por ser injusta é inválida, os governantes nada teriam a objetar, e a segurança da vida civilizada no âmbito das leis seria totalmente destruída.

De resto, o fato de na própria doutrina do direito natural a redução da validade à justiça ser mais afirmada que aplicada pode, a meu ver, ser demonstrado com dois argumentos extraídos da própria doutrina jusnaturalista: a) é doutrina constante dos jusnaturalistas que os homens, antes de entrar no estado civilizado (regido pelo direito positivo), viviam no *estado de natureza*, cuja característica fundamental é ser um estado em que não vigorem outras leis a não ser as naturais. Pois bem, é também doutrina concorde que o estado de natureza é impossível e que é preciso sair dele (para Locke e Hobbes trata-se de um cálculo utilitário; para Kant, de um dever moral) para fundar o Estado. O que se deve interpretar no sentido de que o direito natural não cumpre a função do direito positivo, motivo pelo qual se chamamos "direito" o direito positivo, não podemos considerar igualmente "direito" o direito natural. Kant, perfeitamente consciente dessa distinção, chamou o direito natural de "provisório" para distingui-lo do direito positivo, que chamou de "peremptório", e com isso esclareceu que somente o direito positivo era direito no sentido pleno da palavra; b) é doutrina comum dos jusnaturalistas que o direito positivo não conforme com o direito natural deve ser considerado injusto, mas não obstante isso deve ser obedecido (é a chamada *teoria da obediência*). Mas o que significa propriamente "obedecer"? Significa aceitar uma certa norma de conduta como vinculativa, ou seja, como existente num dado ordenamento jurídico e, portanto, válida. E o que é a validade para uma norma senão a pretensão, talvez garantida pela coação, de ser obedecida até pelos que recalcitram por considerá-la, segundo seu critério pessoal de valoração, injusta? Pois bem, afirmar que uma norma deve ser obedecida mesmo se injusta é um modo de chegar, embora indiretamente, à mesma conclusão da qual partimos, ou seja, de que a justiça de uma norma e a validade de uma norma são duas coisas diferentes; em suma, é um percurso maior para vir a reconhecer que uma norma pode ser válida (ou seja, deve ser obedecida) mesmo se injusta, e que portanto justiça e validade não coincidem.

13. O positivismo jurídico

A teoria oposta à jusnaturalista é a doutrina que reduz a justiça à validade. Se para um jusnaturalista clássico tem –

mas seria melhor dizer, deveria ter – valor de comando somente o que é justo, para a doutrina oposta só é justo o que é comandado, e pelo fato de ser comandado. Para um jusnaturalista, uma norma não é válida se não é justa; para a teoria oposta, uma norma só é justa enquanto é válida. Para uns a justiça é a convalidação da validade, para outros a validade é a convalidação da justiça. Chamamos essa doutrina de *positivismo jurídico*, mesmo admitindo que a maior parte dos que em filosofia são positivistas e em direito são teóricos e estudiosos do direito positivo (o termo "positivismo" refere-se tanto a uns quanto aos outros) nunca afirmou uma tese tão extrema. Entre os filósofos positivistas do direito, vamos citar, por exemplo, o já mencionado Levi: ainda que ele, como positivista, seja relativista, e não reconheça valores absolutos de justiça, reconhece que é preciso distinguir o que vale como direito dos ideais sociais que levam continuamente a modificar o direito constituído, e que, portanto, o direito pode ser válido, sem ser justo. Entre os juristas, vamos citar, por exemplo, Kelsen: quando Kelsen afirma que o que constitui o direito como tal é a validade, ele não quer absolutamente afirmar, ao mesmo tempo, que o direito válido também é justo, ainda que considere os ideais de justiça subjetivos e irracionais: o problema da justiça, para ele, é um problema ético e é distinto do problema jurídico da validade.

Se queremos encontrar uma teoria completa e coerente do positivismo jurídico, temos de remontar à doutrina política de Thomas Hobbes, cuja característica fundamental parece-me ser realmente a reviravolta radical do jusnaturalismo clássico. Segundo Hobbes, efetivamente não existe outro critério do justo e do injusto fora da lei positiva, vale dizer, fora do comando do soberano. Para Hobbes é mesmo verdade que é justo o que é comandado, apenas pelo fato de ser comandado; é injusto o que é proibido, apenas pelo fato de ser proibido. Como Hobbes chega a essa conclusão tão radical? Hobbes é um consequencialista e, como para todos os consequencialistas, também para ele o que conta é que a conclusão seja extraída rigorosamente das premissas.

No estado de natureza, como cada um se abandona aos próprios instintos, e como não existem leis que atribuam a cada um o que é seu, cada um tem direito a todas as coisas (*ius in omnia*), nasce a guerra de todos contra todos. O estado de natureza é aquele estado sobre o qual a única coisa que se pode dizer é que é intolerável e que é preciso sair dele. E, de fato, a primeira lei da razão para Hobbes é aquela que prescreve buscar a paz (*pax est quaerenda*). Para sair do estado de natureza de maneira estável e definitiva, os homens concordam entre si em renunciar reciprocamente aos direitos que possuíam na natureza para transmiti-los a um soberano (*pactum subiectionis*). Ora, o direito fundamental que os homens possuem no estado de natureza é o de decidir, cada um segundo os próprios desejos e interesses, o que é justo e o que é injusto, uma vez que, enquanto persiste o estado de natureza, não existe nenhum critério para distinguir o justo e o injusto, exceto o arbítrio e o poder do indivíduo. Na passagem do estado de natureza para o estado civil, os indivíduos, transmitindo todos os seus direitos naturais ao soberano, transmitem-lhe também o direito de decidir o que é justo ou injusto; e, portanto, a partir do momento em que o estado civil é constituído, não existe outro critério do justo e do injusto a não ser a vontade do soberano. Essa doutrina hobbesiana está ligada à concepção da mera convencionalidade dos valores morais e, portanto, também da justiça, segundo a qual não existe um justo por natureza, mas apenas um justo por convenção (e também por esse aspecto a doutrina hobbesiana é a antítese da doutrina jusnaturalista). No estado de natureza não existe o justo e o injusto, pois não existem convenções válidas. No estado civil o justo e o injusto repousam no comum acordo dos indivíduos de atribuir ao soberano o poder de decidir o que é justo e o que é injusto. Para Hobbes, portanto, a validade de uma norma jurídica e a justiça dessa norma não se distinguem, pois a justiça e a injustiça nascem juntamente com o direito positivo, ou seja, juntamente com a validade. Enquanto se permanece no estado de natureza não existe direito válido, tampouco há justiça; quando surge o Estado nasce a justiça, mas nasce simultaneamente com o direito positivo, de modo que onde não há direito tampouco há justiça, e onde há justiça significa que há um sistema constituído de direito positivo.

A doutrina de Hobbes tem um significado ideológico bem preciso, que aqui não vem ao caso discutir: ela é a justificativa teórica mais coerente do poder absoluto. Para nós basta ressaltar qual consequência seríamos obrigados a extrair em relação ao problema que ora nos interessa, caso aceitássemos o ponto de vista hobbesiano. A consequência é a *redução da justiça à força*. Se não existe outro critério do justo e do injusto a não ser o comando do soberano, é preciso resignar-se a aceitar como justo o que agrada ao mais forte, a partir do momento em que o soberano, se não precisa ser o mais justo entre os homens, *certamente é o mais forte* (e continuará a ser soberano não enquanto for justo, mas enquanto continuar a ser o mais forte). A distinção entre validade e justiça serve precisamente para distinguir a justiça da força. Onde essa distinção desmorona e a justiça se resolve na validade, a distinção entre justiça e força também não é mais possível. Assim, somos reconduzidos à célebre doutrina sofista, sustentada por Trasímaco no livro I da *República*, de Platão, e refutada por Sócrates. Trasímaco, impaciente com a discussão sobre a justiça que Sócrates estava desenvolvendo com seus amigos, intervém como um animal selvagem – escreve Platão – que quer dilacerar os presentes, e, depois de afirmar que era tudo mentira o que Sócrates andava dizendo, enuncia a sua definição com estas célebres palavras: "Ouça-me. Eu afirmo que *a justiça não é senão a vantagem do mais forte*" (*República*, 338 c.). E algo semelhante dissera outro sofista chamado Cálicles, que, num outro diálogo platônico (o *Górgias*), explode com esta condenação dos fracos e exaltação dos fortes: "Mas a própria natureza, a meu ver, demonstra ser justo que o mais forte esteja acima do mais fraco e o mais capaz, do menos capaz. Tal critério do justo está presente também nos outros animais, assim como entre os Estados e entre as pessoas, ou seja, que o mais forte domina o mais fraco e tem maiores vantagens" (*Górgias*, 483 d.).

A doutrina segundo a qual a justiça é a vontade do mais forte foi refutada muitas vezes no decorrer do pensamento ocidental. Mas talvez as páginas mais eficazes sejam aquelas escritas por Rousseau no início do *Contrato social*, num capítulo intitulado precisamente *Du droit du plus fort*, do qual cito algumas das frases mais incisivas: "A força é uma potência física: não vejo qual moralidade possa derivar dela. Ceder à força é um ato de necessidade, não de vontade: quando muito é um ato de prudência. Em que sentido poderia ser um dever? [...] Admitindo-se que a força crie o direito, o efeito muda com a causa: toda força que supera a primeira tem direito de sucedê-la. Admitindo-se que seja possível desobedecer impunemente, pode-se fazê-lo legitimamente, e visto que o mais forte sempre tem razão, trata-se de cuidar de ser o mais forte. [...] Se é preciso obedecer pela força, não é necessário obedecer por dever; e se não mais se é forçado a obedecer, não se está obrigado a fazê-lo."

14. O realismo jurídico

No decorrer da história do pensamento jurídico, no último século, com diversas reproposições, alguns teóricos do direito procuraram apreender o momento constitutivo da experiência jurídica não tanto nos ideais de justiça em que os homens se inspiram ou dizem inspirar-se, não tanto nos ordenamentos jurídicos constitutivos quanto na realidade social, em que o direito se forma e se transforma, nas ações dos homens que fazem e desfazem com seus comportamentos as regras de conduta que os governam. Seguindo a terminologia adotada, podemos dizer que esses movimentos, entre os vários aspectos com que se apresenta o fenômeno jurídico, enfatizaram mais a eficácia que a justiça ou a validade. Esses movimentos travam uma batalha em duas frentes: contra o jusnaturalismo, que teria uma concepção *ideal* do direito, e contra o positivismo em sentido estrito, que tem uma concepção *formal* do direito. Em antítese ao primeiro,

TEORIA DA NORMA JURÍDICA

essas correntes podem ser chamadas de *realistas*; em antítese ao segundo, *conteudistas*, no sentido de que não veem o direito como deve ser, mas como efetivamente é, e tampouco veem o direito como conjunto de normas válidas, mas como normas que são efetivamente aplicadas numa determinada sociedade. Do ponto de vista dessas correntes, pecam por abstração tanto os jusnaturalistas quanto os positivistas, os primeiros porque confundem o direito real com as aspirações à justiça, os segundos porque o confundem com as regras impostas e formalmente válidas, que muitas vezes são também formas vazias de conteúdo. Os positivistas veriam apenas o contraste existente entre direito válido e direito justo. Os seguidores dessas correntes veem também um contraste entre o direito imposto e aquele efetivamente aplicado, e consideram apenas este último o direito na sua concretude, único objeto possível de pesquisa por parte do jurista que não queira se entreter com fantasmas vazios.

Creio que seja possível individuar, no último século, pelo menos três momentos em que tal modo de conceber o direito surgiu e, ao surgir, contribuiu para ampliar o horizonte da ciência jurídica.

O primeiro momento é representado pela escola histórica do direito, do grande jurista alemão Friedrich Carl von Savigny, e do seu seguidor Friedrich Puchta, que floresceu à época da Restauração. Essa escola representa, no campo do direito, a mudança de clima do pensamento em decorrência da difusão do romantismo: é a expressão mais genuína do romantismo jurídico. Como o romantismo em geral combate o racionalismo abstrato do iluminismo do século XVIII (ou no mínimo as suas degenerescências), da mesma forma a escola histórica do direito combate aquele modo racionalista e abstrato de conceber o direito que é o jusnaturalismo, segundo o qual há um direito universalmente válido que a razão pode deduzir de uma imutável natureza humana. Para a escola histórica, o direito não se deduz de princípios racionais, mas é um fenômeno histórico e social que nasce espontaneamente do povo: o fundamento do direito, para usar uma expressão que se tornou famosa, não é a natureza universal, mas o *espírito do povo* (*Volksgeist*); por conseguinte, há tantos direitos diversos quantos diversos são os povos, com suas diferentes características e nas suas diferentes fases de desenvolvimento. A mudança de perspectiva no estudo do direito manifesta-se sobretudo na consideração do *direito consuetudinário* como fonte primária do direito, justamente porque o direito consuetudinário surge imediatamente da sociedade e é a expressão genuína do sentimento jurídico popular contra o direito imposto pela vontade do grupo dominante (a lei) e o direito elaborado pelos técnicos do direito (o chamado direito científico). Podemos ver nessa reavaliação do costume como fonte do direito um aspecto daquela consideração social do direito que se contrapõe tanto ao jusnaturalismo abstrato quanto ao rígido positivismo estatista que costuma predominar entre os juristas.

O segundo momento da reação antijusnaturalista e antiformalista é representado por um vasto e variado movimento histórico que surgiu na Europa continental no final do século passado e que podemos chamar de *concepção sociológica do direito*. Surge por efeito da confusão que se foi criando entre a lei escrita nos códigos (o direito válido) e a realidade social em decorrência da Revolução Industrial (o direito eficaz). O efeito mais relevante dessa nova concepção evidencia-se no apelo mais insistente dirigido não tanto ao direito consuetudinário quanto ao direito judiciário, ou seja, ao direito elaborado pelos juízes naquela obra de contínua adaptação da lei às necessidades concretas emergentes da sociedade, que deveria ter constituído, segundo os adeptos dessa orientação, a solução mais eficaz para acolher as instâncias do direito, que se elabora espontaneamente no variado entrelaçamento das relações sociais e no variado embate dos interesses contrapostos. Não podemos aqui acompanhar as múltiplas manifestações dessa orientação. Limitamo-nos a lembrar o movimento do *direito livre*, surgido sobretudo na Alemanha, por obra de Kantorowicz, que escreveu um panfleto em defesa da livre criação normativa por parte do juiz (*La lotta per la scienza del diritto*, publicado em 1906 com o pseudônimo de Gnaeus Flavius). Podem-se enumerar entre as obras mais notáveis desse movimento os quatro volumes de François Gény, *Science et téchnique en droit privé positif* (1914-24), em que se contrapõe a técnica do direito, entendida como obra secundária e subordinada de adaptar as regras jurídicas às necessidades práticas da legislação, à ciência jurídica, à qual cabe encontrar, levando em conta dados históricos, ideais, racionais e reais, as regras jurídicas novas; a obra de Eugen Ehrlich sobre a lógica dos juristas (*Die juristische Logik*, de 1925), que é uma das mais documentadas e intransigentes polêmicas contra o positivismo estatista em nome da livre busca do direito por parte do juiz e do jurista, que devem procurar as soluções das controvérsias não tanto confiando-se ao dogma da vontade estatal passivamente aceito, quanto imergindo-se no estudo do direito vivo que a sociedade, em constante movimento, produz continuamente. A polêmica contra o estatismo rígido, ao lado da polêmica contra uma jurisprudência prevalentemente conceitual, a chamada *jurisprudência dos conceitos* (*Begriffsjurisprudenz*), suscitou por reação uma jurisprudência realista, cuja tarefa deveria ser a de julgar com base na valoração dos interesses contrastantes, chamada, pelo seu principal defensor, Philipp Heck, de *jurisprudência dos interesses*.

Podemos considerar como terceiro momento da revolta antiformalista, e é o momento em que a revolta é mais violenta e radical, a *concepção realista do direito* que teve êxito nestas últimas décadas nos Estados Unidos. É preciso lembrar que os países anglo-saxões são naturalmente mais inclinados a teorias sociológicas do direito, pelo lugar que ocupa o direito consuetudinário (a *common law*) em seus sistemas normativos, que não conhecem as grandes codificações. O mentor espiritual das modernas correntes realistas é um grande jurista, que por longos anos foi juiz na Suprema Corte, Oliver Wendell Holmes (1841-1935), o primeiro, justamente no exercício das suas funções de juiz, a desautorizar o tradicionalismo jurídico dos tribunais e a introduzir uma interpretação evolutiva do direito mais sensível às mudanças da consciência social. Além disso, nos Estados Unidos a jurisprudência sociológica teve o seu teórico no mais autorizado filósofo do direito americano dos últimos cinquenta anos, Roscoe Pound, que, numa longa série de escritos que tiveram grande repercussão entre os juristas americanos, tornou-se defensor da figura do jurista sociólogo, entendendo com essa expressão o jurista que, na interpretação e na aplicação do direito, leva em conta os fatos sociais dos quais o direito deriva e que deve regular. De resto, a escola realista, que teve o mais radical defensor em Jerome Frank, vai muito além dos princípios que se podem extrair de Holmes e de Pound. A tese fundamental sustentada por ela é a de que não existe um direito objetivo, ou seja, objetivamente dedutível de certos dados, sejam eles fornecidos pelo costume, pela lei ou por precedentes judiciários: o direito é criação contínua do juiz, o direito é obra exclusivamente do juiz no ato em que decide uma controvérsia. Desse modo, cai o princípio tradicional da certeza do direito: e, com efeito, qual pode ser a possibilidade de prever as consequências de um comportamento – nisso consiste a certeza –, se o direito é uma criação nova e contínua do juiz? Para Frank, de fato, a certeza, um dos pilares dos ordenamentos jurídicos continentais, é um mito que deriva de uma espécie de aquiescência infantil diante do princípio de autoridade (essa tese foi sustentada num livro de 1930, *Law and Modern Mind*); um mito a ser desfeito para erigir sobre as suas ruínas o direito como criação contínua e imprevisível.

À parte o extremismo inaceitável do realismo norte-americano, foi grande o mérito das correntes sociológicas no campo do direito, pois impediram a cristalização da ciência jurídica em uma dogmática sem impulso inovador. Todavia, o discurso que aqui nos interessa sobre as relações entre validade e eficácia é outro. Pode-se dizer que, ao se enfatizar o momento ativo, evolutivo e social do direito, desaparece a diferença entre validade e eficácia no sentido de que o único direito válido é aquele eficaz, ou seja, aquele efetivamente seguido e aplicado? Creio que não. Para circunscrever e precisar a discussão, devemos considerar que a crítica às correntes sociológicas resumiu-se em geral numa revisão das *fontes do direito*, vale dizer, numa crítica ao monopólio da lei e na reavaliação de duas outras fontes diversas da lei, o *direito consuetudinário* e o *direito judiciário* (o juiz legislador). Observe-se, portanto, como se apresenta a relação entre validade e eficácia nestas duas fontes:

a) No que diz respeito ao direito consuetudinário, afirmou-se que ele é o *direito em que validade e eficácia coincidem*, no sentido de que é possível imaginar uma lei que seja válida, mas não eficaz, ao passo que não se pode imaginar um costume que seja válido sem ser eficaz, pois, carecendo de eficácia, faltaria aquela repetição uniforme, constante e geral, que é um dos requisitos essenciais do próprio costume. Mas essa afirmação não é de todo exata: se é correto dizer que no direito consuetudinário a validade é sempre acompanhada da eficácia, não é igualmente correta a proposição inversa de que a *eficácia esteja sempre acompanhada da validade*. Dizer que um costume se torna válido em razão da sua eficácia equivaleria a sustentar que um comportamento se torna jurídico apenas pelo fato de ser constantemente repetido. No entanto, sabe-se que não basta o fato de que um comportamento seja efetivamente seguido pelo grupo social para fazer com que se torne um costume jurídico. O que mais falta? Falta exatamente aquilo que se chama "validade", ou seja, que aquele comportamento constante, que constitui o *conteúdo* do costume, receba uma *forma* jurídica, isto é, seja acolhido num determinado sistema jurídico como comportamento obrigatório, ou seja, como comportamento cuja violação implica uma sanção. Essa forma jurídica é atribuída ao direito consuetudinário ou pela lei, desde que se recorra a ela, ou pelo juiz, desde que ele extraia a matéria da sua decisão de um costume, ou pela vontade concordante das partes. Os juristas dizem que para a formação de um costume jurídico é preciso, além da repetição, também o requisito interno ou psicológico da *opinio iuris*. Mas para que se forme a *opinio iuris*, ou seja, a convicção de que aquele comportamento é obrigatório, é preciso que tal comportamento seja qualificado como obrigatório por alguma norma válida do sistema, ou seja, em última análise, é preciso que a norma que o regula não seja apenas eficaz, mas também seja válida naquele sistema.

b) No que diz respeito ao novo e maior relevo dado pelas escolas sociológicas à figura do juiz criador do direito, daí surge apenas o problema de saber se é possível considerar propriamente direito aquele direito vivo, ou em formação, aquele direito que nasce espontaneamente da sociedade, a que os teóricos da corrente sociológica do direito recorrem. É útil a esse propósito a distinção entre *fontes de cognição* e *fontes de qualificação* do direito. O direito vivo é pura e simplesmente um fato ou uma série de fatos dos quais o juiz extrai o conhecimento das aspirações jurídicas que se vão formando na sociedade. Mas para que essas aspirações se tornem regras jurídicas, o juiz precisa aceitá-las e atribuir a elas a autoridade normativa inerente à sua função de órgão capaz de produzir normas jurídicas. O direito vivo ainda não é direito, ou seja, norma ou conjunto de normas daquele sistema, enquanto é apenas eficaz. Torna-se direito no momento em que o juiz, reconhecido como criador de direito, lhe atribui também a validade. Na verdade, pode-se falar de um juiz criador de direito, mesmo enquanto as regras que ele descobre na realidade social ainda não são regras jurídicas, e não o são enquanto ele não as reconhece e não lhes atribui força coativa. Mesmo as famosas opiniões expressas pelo juiz Holmes, na sua atividade de juiz, embora fossem extraídas da observação da realidade social e fossem mais sensíveis ao chamado direito em formação do que as sentenças dos seus colegas, não se tornaram direito positivo dos Estados Unidos, uma vez que ele teve de sustentá-las sendo minoria, pois naquele sistema só era direito válido aquele direito reconhecido pela maioria da Corte. Se o direito vivo pode ser considerado como fonte de cognição jurídica, somente o juiz (e com maior razão o legislador) pode ser considerado como fonte de qualificação.

Capítulo III
As proposições prescritivas

SUMÁRIO: 15. Um ponto de vista formal. – 16. A norma como proposição. – 17. Formas e funções. – 18. As três funções. – 19. Características das proposições prescritivas. – 20. As proposições prescritivas podem ser reduzidas a proposições descritivas? – 21. As proposições prescritivas podem ser reduzidas a proposições expressivas? – 22. Imperativos autônomos e heterônomos. – 23. Imperativos categóricos e hipotéticos. – 24. Comandos e conselhos. – 25. Os conselhos no direito. – 26. Comandos e pedidos.

15. Um ponto de vista formal

O ponto de vista a partir do qual nos propomos estudar a norma jurídica neste curso pode ser denominado *formal*. É formal no sentido de que consideraremos a norma jurídica *independentemente do seu conteúdo*, ou seja, na sua *estrutura*. Toda norma, como de resto toda proposição, apresenta problemas estruturais que são propostos e resolvidos sem atentar para o fato de ela ter este ou aquele conteúdo. Como toda proposição, também a norma tem uma estrutura lógico-linguística própria, que pode ser preenchida com os mais diversos conteúdos. Assim como a estrutura do juízo "S é P" vale tanto para a proposição "Sócrates é mortal" quanto para a proposição "A baleia é um mamífero", da mesma forma a estrutura da norma "Se é A, deve ser B" vale tanto para o preceito "Se você pisou na grama, terá de pagar a multa" quanto para o preceito "Se você matou com premeditação, terá de cumprir a pena de prisão perpétua." O nosso objeto de estudo no decorrer do curso será a norma jurídica na sua estrutura lógico-linguística. Diante do conjunto das normas jurídicas, o nosso problema será o de nos perguntarmos que tipo de proposições são elas, se são proposições prescritivas e de que tipo, que classes de proposições prescritivas elas compreendem, e assim por diante.

É claro que o estudo formal das normas jurídicas que aqui se inicia não exclui absolutamente outras maneiras de considerar o direito. Se me proponho conhecer não a estrutura das normas jurídicas, mas a oportunidade, a conveniência ou a justiça das normas jurídicas que compõem um determinado sistema, ou então a eficácia social que certas normas exercem num determinado ambiente histórico, o objeto da minha pesquisa não será mais a forma ou a estrutura, ou melhor, para usar uma metáfora, o invólucro, o recipiente, mas o conteúdo, o que o recipiente contém, isto é, os comportamentos regulados. A norma "É proibido pisar na grama" é, do ponto de vista formal, um imperativo negativo, e não difere da norma "É proibido matar." Mas, se eu quiser saber por que motivos essa norma foi emanada, se esses motivos devem ser aceitos, e se ela é efetivamente seguida ou não é continuamente violada etc., terei de pesquisar num campo completamente diferente daquele que seria meu objeto de estudo se eu quisesse propor-me perguntas análogas em torno da proibição de matar.

Ao advertir desde o princípio que o ponto de vista formal não é um modo exclusivo de considerar a norma jurídica, pretendo evitar que se confunda o estudo formal da norma jurídica com um dos muitos *formalismos* que adquiriram direito de cidadania no campo do saber jurídico e contra os quais acendeu-se de maneira particularmente viva a polêmica precisamente nestes últimos anos.

Por "formalismo jurídico" entende-se uma consideração exclusiva do direito como forma. Embora a polêmica antiformalista nem sempre distinga um tipo de formalismo de outro, e isso normalmente gere uma grande confusão, creio que sob o nome genérico de "formalismo jurídico" hoje se subentendam ao menos três teorias diversas, que têm diferentes alvos e que requerem, posto que se lhes pretenda combater, argumentos diferentes. Um primeiro tipo de formalismo no direito é aquele que poderíamos chamar de *formalismo ético*, vale dizer, aquela doutrina segundo a qual é justo o que é conforme à lei, e enquanto tal repele todo critério de justiça que esteja acima das leis positivas e com base no qual as mesmas leis positivas possam ser valoradas. Essa doutrina pode ser chamada de formal no sentido de que faz com que a justiça consista na lei pelo simples fato de ser lei, ou seja, que é comando posto pelo poder soberano e, portanto, prescinde, para dar-lhe um juízo de valor, do seu conteúdo. Um segundo tipo de formalismo é aquele que poderíamos chamar mais propriamente de *formalismo jurídico*, e compreende aquela doutrina segundo a qual a característica do direito não é a de prescrever o que cada um deve fazer, mas simplesmente o modo como cada um deverá agir se quiser alcançar os próprios objetivos, e, portanto, não cabe ao direito estabelecer o conteúdo da relação intersubjetiva, e sim a forma que esta deve assumir para ter certas consequências. Esse tipo de formalismo remonta à antiga definição kantiana do direito, segundo a qual uma das características da relação jurídica é que nela não é considerada a *matéria* do arbítrio, ou seja, o escopo que alguém se propõe com o objeto que pretende, mas apenas a *forma*, uma vez que os dois arbítrios são considerados absolutamente livres; e essa definição foi retomada pelas correntes neokantianas. Por fim, existe um terceiro tipo de formalismo, que poderíamos chamar de *formalismo científico*, pois diz respeito não ao modo de definir a justiça (formalismo ético), nem ao modo de definir o direito (formalismo jurídico), mas ao modo de conceber a ciência jurídica e o trabalho do jurista, ao qual é atribuída a tarefa de construir o sistema dos conceitos jurídicos tais como são extraídos das leis positivas, que é tarefa puramente declarativa ou recognitiva, e não criativa, e de extrair dedutivamente do sistema assim construído a solução de todos os possíveis casos controversos.

É inútil dizer que os três tipos de formalismo não devem ser confundidos, pois dizem respeito a problemas diversos. O primeiro responde à pergunta "O que é a justiça?"; o segundo, "O que é o direito"; o terceiro, "Como deve comportar-se a ciência jurídica?". Um autor pode ser formalista no primeiro sentido e não no segundo e no terceiro, e assim por diante. E, dessa forma, a polêmica antiformalista dirigida ao formalismo jurídico, por exemplo, não vale para o formalismo ético e para o formalismo científico. Infelizmente, a maior parte dos autores não faz nenhuma distinção e muitas vezes, sob o nome genérico de "revolta contra o formalismo", comparam-se coisas diferentes. Basta-nos aqui ter evidenciado que o ponto de vista formal do qual partimos não tem nada a ver com nenhum dos três formalismos, pois não pretende ser uma teoria exclusiva nem da justiça, nem do direito, nem da ciência jurídica, mas é pura e simplesmente um modo de estudar o fenômeno jurídico na sua complexidade, um modo que não só não exclui os outros, mas os exige para que se possa obter um conhecimento integral da experiência jurídica.

16. A norma como proposição

Do ponto de vista formal, que aqui elegemos, uma norma é uma *proposição*. Um código, uma constituição são um conjunto de proposições. Trata-se de saber qual é o *status* das proposições que compõem um código, uma constituição. A tese aqui sustentada é a de que as normas jurídicas pertencem à categoria geral das *proposições prescritivas*. A partir daí a nossa pesquisa se desenvolve através de quatro fases: 1) estudo das proposições prescritivas e sua distinção dos outros tipos de proposições; 2) exame e crítica das principais teorias sustentadas sobre a estrutura formal da norma jurídica; 3) estudo dos elementos específicos da norma jurídica como prescrição; 4) classificação das prescrições jurídicas.

Por "proposição" entendemos um conjunto de palavras que possuem um significado no seu todo. A forma mais comum de uma proposição é o que na lógica clássica se chama *juízo*, que é uma proposição composta de um sujeito e de um predicado, unidos por um verbo de ligação (S é P). Mas nem toda proposição é um juízo. Por exemplo: "Veja!" "Quantos anos você tem?" são proposições, mas não juízos. Sendo assim, é preciso distinguir uma proposição do seu *enunciado*. Por "enunciado" entendo a forma gramatical e linguística com que um determinado significado é expresso, motivo pelo qual a mesma proposição pode ter enunciados diversos, e o mesmo enunciado pode exprimir proposições diversas. Uma mesma proposição pode ser expressa com enunciados diversos quando muda a forma gramatical. Por exemplo: "Mário ama Maria" e "Maria é amada por Mário", em que o significado é idêntico e o que muda é apenas a expressão; ou na passagem do mesmo significado de uma expressão de uma língua para a expressão equivalente de uma outra língua. Por exemplo: "Chove"; "Il pleut"; "It is raining"; "Es regnet" são enunciados diferentes da mesma proposição. De maneira inversa, com o mesmo enunciado é possível exprimir, em contextos e em circunstâncias diferentes, proposições diversas. Por exemplo, quando digo, dirigindo-me a um amigo com o qual estou dando uma volta, "Eu gostaria de beber uma limonada", pretendo exprimir meu desejo e quando muito dar ao meu amigo uma informação sobre o meu estado de espírito; ao dirigir as mesmas palavras a uma pessoa que está atrás do balcão de um bar, não pretendo exprimir um desejo nem dar a ela uma informação, mas impor-lhe uma determinada conduta. (Enquanto, no primeiro uso da expressão, é previsível, por parte do amigo, a resposta "Eu também", a mesma resposta por parte do segundo interlocutor seria quase uma ofensa.)

Quando defino uma proposição como um conjunto de palavras que possuem um significado no seu todo, pretendo excluir do uso do termo "proposição" conjuntos de palavras sem significado. Um conjunto de palavras pode não ter significado no seu todo, embora tenham um significado as palavras que o compõem, como: "César é um número primo"; "O triângulo é democrático". Ou pode não ter um significado no seu todo, pois as próprias palavras que o compõem, individualmente consideradas, não têm um significado, como: "Pape Satan, pape Satan aleppe". Não se deve confundir um conjunto de palavras sem significado com uma *proposição falsa*. Uma proposição falsa é sempre uma proposição falsa, porque tem um significado.

Por exemplo: "César morreu nos idos de abril"; "O triângulo tem quatro lados". Essa proposição é falsa porque, submetida ao critério de verdade que assumimos para julgá-la, demonstra-se que ela não tem os requisitos necessários para que possa ser tida como verdadeira. Se é uma proposição sintética, o critério para julgá-la é a maior ou menor correspondência com os fatos; se é uma proposição analítica, o critério é a coerência ou a validade formal. Seja como for, para que se possa saber se é verdadeira ou falsa é preciso que a proposição tenha um significado.

Quando afirmamos que uma norma jurídica é uma proposição, queremos dizer que ela é um conjunto de palavras que possuem um significado. Com base no que dissemos acima, a mesma proposição normativa pode ser formulada com enunciados diversos. O que interessa ao jurista, quando interpreta uma lei, é o seu significado. Assim como uma proposição em geral pode ter um significado, mas ser falsa, da mesma forma uma proposição normativa pode ter um significado e ser – não diríamos falsa – mas, pelas razões que veremos a seguir, inválida ou injusta. Mesmo para as proposições normativas, o critério de significância, pelo qual se distinguem as proposições propriamente ditas dos conjuntos de palavras sem significado, se distingue do critério de verdade ou de validade, pelos quais se distinguem proposições verdadeiras e válidas de proposições falsas ou inválidas.

17. Formas e funções

Existem vários tipos de proposições. Podemos distinguir os vários tipos de proposições com base em dois critérios: a *forma gramatical* e a *função*[1]. Com base na forma gramatical, as proposições se distinguem principalmente em *declarativas, interrogativas, imperativas* e *exclamativas*. No que diz respeito

---

1. Para esta e para a próxima seção, seguimos, entre os vários tratados de lógica, sobretudo aquele de J. M. COPI, *Introduction to Logic* (1953).

TEORIA DA NORMA JURÍDICA

à função, distinguem-se em *asserções, perguntas, comandos, exclamações*. Exemplos: "Chove" (proposição formalmente declarativa e com função de asserção): "Chove?" (proposição formalmente interrogativa e com função de pergunta); "Pegue o guarda-chuva" (proposição formalmente imperativa e com função de comando); "Como você está molhado!" (proposição formalmente exclamativa com função de exclamação). Muitas vezes – como resulta dos exemplos dados – forma gramatical e função se correspondem segundo a ordem acima exposta: um comando é geralmente expresso em forma imperativa. Mas os dois critérios se distinguem porque o primeiro diz respeito ao modo como a proposição é expressa, o segundo, ao fim que aquele que pronuncia a proposição se propõe alcançar. E pode-se demonstrar que os dois critérios são diversos pelo fato de que a mesma função pode ser expressa com formas diversas, e, vice-versa, com a mesma forma gramatical podem-se exprimir funções diversas.

De todos os tipos de proposições interessam-nos particularmente os *comandos*, ou seja, aquelas proposições cuja função é, como veremos melhor a seguir, influir no comportamento alheio para modificá-lo, e que por ora chamaremos genericamente de "comandos", embora a seguir será necessário introduzir ulteriores distinções. Pois bem, um comando, ou seja, uma proposição que se distingue por uma função particular, pode ser expressa, segundo as circunstâncias e os contextos, em todas as formas gramaticais acima mencionadas. Sem dúvida a forma mais comum é aquela imperativa: "Estude" (não significa, de resto, que a forma imperativa corresponda sempre ao modo verbal imperativo; existem outras formas gramaticais imperativas, como aquela constituída pelo auxiliar "dever": "Você deve estudar"). Mas um comando vem às vezes expresso em forma declarativa, como costuma ocorrer nos artigos de lei, que, embora tendo uma evidente função imperativa, são quase sempre expressos com proposições declarativas. Quando o art. 566 do código civil italiano diz: "Ao pai e à mãe sucedem os filhos legítimos em partes iguais", a intenção de quem pronunciou essa fórmula não foi dar uma informação, mas sim impor uma série de comportamentos: trata-se manifestamente de uma proposição declarativa com função de comando. Sendo assim, quando um pai, dirigindo-se ao filho, lhe diz em tom ameaçador: "Você não acha que essa tarefa está cheia de erros?", a proposição é formalmente interrogativa, mas a função que o pronunciante lhe atribui é a de induzir o destinatário a corrigir a tarefa e, portanto, em última análise, não obstante a forma interrogativa, a proposição é um comando, embora expresso como uma interrogação. Muitas das "interrogações" feitas no Parlamento, segundo um procedimento estabelecido, são proposições ou séries de proposições, cujo objetivo principal não é tanto o de receber informações (o interrogante em geral sabe de antemão o que o governo responderá ou não responderá) quanto o de induzir o governo a modificar o próprio comportamento: também nesse caso, por trás da forma interrogativa, surge a função preceptiva em sentido amplo. Por fim, ao passar diante do portão de uma casa de campo leio um cartaz com os dizeres: "Cuidado com o cão!". É uma exclamação? Se a proposição tivesse a função exclamativa, significaria que os proprietários quiseram com essa frase exprimir publicamente seu estado de espírito sobre a ferocidade do seu cão. Mas não é o que acontece: ao ler o cartaz, compreendo que devo manter-me a distância. Mas isso significa que essa frase, na sua aparência de exclamação, tem a função de comando, ou ao menos de recomendação, ou seja, não exprime sentimentos, mas tende a influir no comportamento alheio. Existe um sinal de trânsito na Itália que todos conhecem, que é composto por uma espécie de ponto de exclamação: esse sinal, desnecessário dizer, não é a expressão de um estado de espírito, mas um convite à prudência.

Assim como a mesma função pode ser expressa com formas gramaticais diversas, a mesma forma gramatical também pode exprimir diferentes funções. Num tratado de geografia posso encontrar a seguinte frase: "A Itália é dividida em regiões, províncias e municípios". Não resta dúvida de que essa proposição declarativa é, no que diz respeito à função, uma asserção, ou seja, uma proposição cujo objetivo é dar uma informação. Na Constituição da República italiana, leio no art. 114: "A República é dividida em regiões, províncias e municípios". No que diz respeito à forma gramatical, a proposição é idêntica àquela que li no tratado de geografia. Mas o significado é o mesmo? Ao ditar esse artigo, o constituinte não se propôs de modo algum dar aos cidadãos italianos uma informação geográfica, mas estabelecer uma diretiva para o legislador: essa frase, em suma, não é uma asserção, e sim uma norma.

18. As três funções

Considero que é possível distinguir três funções fundamentais da linguagem: a função *descritiva*, a *expressiva* e a *prescritiva*. Essas três funções dão origem a três tipos de linguagens bem diferenciadas (ainda que nunca se encontrem em estado puro na realidade), a linguagem *científica*, a linguagem *poética* e a linguagem *normativa*. Interessa-nos particularmente a função prescritiva: um conjunto de leis e de regulamentos, um código, uma constituição constituem os exemplos mais interessantes de linguagem normativa, assim como um tratado de física ou de biologia constituem exemplos característicos de linguagem científica, e um poema ou um cancioneiro constituem exemplos representativos de linguagem poética. Os exemplos já evidenciaram a distinção. Sem a pretensão de dar definições rigorosas e exaustivas, basta-nos aqui dizer que a função descritiva, própria da linguagem científica, consiste em dar informações, em comunicar a outros certas notícias, na transmissão do saber, em suma, em *levar a conhecer*; a função expressiva, própria da linguagem poética, consiste em evidenciar certos sentimentos e em tentar evocá-los em outros, de modo que *levem a participar* outros de uma certa situação sentimental; a função prescritiva, própria da linguagem normativa, consiste em dar comandos, conselhos, recomendações, advertências, de modo a influir no comportamento alheio e modificá-lo e, em suma, em *levar a fazer*.

Embora seja difícil encontrar esses tipos de linguagem em estado puro, deve-se admitir que a linguagem científica tende a se despojar de toda função prescritiva e expressiva; daí nasce o ideal do cientista que, nas palavras de Espinosa, não chora e não ri e é indiferente às consequências práticas que possam advir das próprias descobertas; que uma poesia é tão mais genuína quanto mais se liberta da função informativa (para obter dados sobre Jacinto, lerei um tratado de geografia, e não o soneto de Foscolo) e da função prescritiva (uma poesia que se proponha promover uma ação é uma poesia didática ou oratória e, segundo os padrões bem conhecidos da estética da intuição-expressão, não poesia); e que um corpo de leis tende a eliminar tudo o que não é preceito e, portanto, a característica de um código moderno em relação à lei de civilizações menos desenvolvidas está justamente na eliminação de todos os elementos descritivos e evocativos que muitas vezes se misturam àqueles prescritivos. De resto, existem tipos de discurso cuja característica é justamente a de combinar dois ou mais tipos de linguagens: um discurso comemorativo, uma celebração é uma combinação de proposições descritivas e expressivas (trata-se de dar informações sobre a vida do homenageado e, ao mesmo tempo, suscitar certos sentimentos de admiração pelas obras realizadas, indignação pelas injustiças sofridas, sofrimento pela morte precoce etc.); um sermão é uma combinação de proposições expressivas e prescritivas (trata-se de suscitar certos sentimentos – piedade pelos mortos, compaixão pelos que sofrem etc. – e de persuadir a realizar certas obras); uma alegação é quase sempre uma combinação de informações (por exemplo, a figura moral e intelectual do acusado), de evocações de sentimentos (a chamada "moção dos afetos") e de prescrições (o pedido de absolvição).

Não é difícil explicar que uma prescrição esteja acompanhada de proposições de outro tipo. Para que o outro a quem dirigimos a prescrição se decida a agir, nem sempre é suficiente que ouça a pronúncia do comando puro e simples: às vezes é necessário que conheça certos fatos e deseje certas consequências. Para que tome conhecimento daqueles fatos que o induzam a agir, é preciso fornecer-lhe informações; para que deseje certas consequências, é preciso suscitar nele um certo estado de espírito; para que tome conhecimento de certos fatos e deseje certas consequências, é necessário informá-lo e suscitar nele um determinado estado de espírito. Assim, quando digo "Pegue o guarda-chuva", e acrescento "Chove", uno a prescrição à informação. Por sua vez, se digo "Dê uma esmola àquele pobrezinho", e acrescento "Como é triste a miséria!", uno a prescrição à evocação de um sentimento. Por fim, quando digo "Coma o que está no prato", acrescento "É leite", e depois, como se não bastasse, "Se você soubesse como é gostoso!", uno a prescrição à informação e à evocação de um estado de espírito favorável à realização da ação. O legislador também pode recorrer a discursos descritivos e evocativos para reforçar seus preceitos: para fazer cumprir uma lei, pode ser muito útil dar maiores informações sobre as vantagens que se podem obter dela, ou recorrer a invocações apaixonadas de amor à pátria, por exemplo, para despertar estados de espírito favoráveis à obediência. A linguagem prescritiva é aquela que tem maiores pretensões, porque tende a modificar o comportamento alheio: não é de admirar que lance mão também das outras duas para exercer a sua função.

19. Características das proposições prescritivas

Um dos problemas que mais ocupam os lógicos contemporâneos é a distinção entre proposições descritivas e prescritivas. É um assunto sobre o qual foram escritos nos últimos anos centenas de livros e artigos. A obra que teve mais sucesso nesse campo, e que está geralmente no centro das discussões, é a de R. M. Hare, *The Language of Morals**

---

* *A linguagem da moral*, São Paulo, Martins Fontes, 1996.

(Oxford, Clarendon Press, 1952), à qual remeto em definitivo. Na Itália, o primeiro tratado sobre o assunto foi o de U. Scarpelli, *Il problema della definizione e il concetto di diritto* (Milão, Novoletti, 1955), cujo primeiro capítulo é dedicado ao tema *Linguaggio prescrittivo e linguaggio descrittivo*.

As características diferenciais das proposições prescritivas e descritivas podem ser resumidas em três pontos: a) quanto à função; b) quanto ao comportamento do destinatário; c) quanto ao critério de valoração.

No que diz respeito à *função*, já dissemos o essencial. Com a descrição visamos informar os outros; com a prescrição, modificar seu comportamento. Isso não significa também que uma informação não influa no comportamento alheio. Quando, numa cidade estrangeira, peço a indicação de uma rua, a resposta me induz a andar num sentido, e não num outro. Mas a influência da informação no meu comportamento é indireta, enquanto a influência da prescrição é direta. Para que a informação "A Rua Roma é a quarta à direita" tenha uma influência no meu comportamento, ela deve inserir-se num contexto mais amplo, do qual faça parte a prescrição "Devo ir à Rua Roma". Toda modificação voluntária do comportamento pressupõe o momento prescritivo.

Quanto ao *destinatário*, foi justamente Hare quem ressaltou que, diante de uma proposição descritiva, pode-se falar do assentimento do destinatário quando este *crê* que a proposição seja verdadeira. Numa proposição prescritiva, por sua vez, o assentimento do destinatário é manifestado pelo fato de que a *executa*. Em outras palavras, pode-se dizer que a prova da aceitação de uma informação é a *crença* (um comportamento mental), a prova da aceitação de uma prescrição é a *execução* (um comportamento prático, embora a distinção entre comportamento mental e prático seja muito dúbia e nesse caso se faça apenas para uma primeira abordagem). Segundo Hare: "Podemos caracterizar provisoriamente a diferença entre asserções e comandos dizendo que, enquanto assentir sinceramente às primeiras implica *crer* em algo, assentir sinceramente aos segundos implica *fazer* algo" (*op. cit.*, p. 20).

A característica distintiva que parece decisiva é aquela relacionada ao *critério de valoração*. Das proposições descritivas pode-se dizer que são *verdadeiras* ou *falsas*; das prescritivas não se pode dizer o mesmo. As proposições prescritivas não são nem verdadeiras nem falsas, no sentido de que não podem ser submetidas à valoração do verdadeiro e do falso. Faz sentido perguntar se a asserção "Ulan Bator é a capital da Mongólia" é verdadeira ou falsa; não faz sentido perguntar se o preceito "Favor limpar os sapatos antes de entrar" é verdadeiro ou falso. Verdade e falsidade não são predicáveis das proposições prescritivas, mas sim apenas das descritivas. Os critérios de valoração com base nos quais aceitamos ou rejeitamos uma prescrição são outros. A propósito das normas jurídicas, falamos da valoração segundo a *justiça* e a *injustiça* (e segundo a *validade* e a *invalidade*). Então, diremos que enquanto não faz sentido perguntar se um preceito é verdadeiro ou falso, faz sentido perguntar se é *justo* ou *injusto* (oportuno ou inoportuno, conveniente ou inconveniente) ou *válido* ou *inválido*.

A diferença entre os predicados atribuíveis às proposições descritivas e aqueles atribuíveis às proposições prescritivas deriva da diferença dos critérios com base nos quais valoramos umas e outras para dar a elas o nosso assentimento. O critério com que valoramos as primeiras para aceitá-las ou rejeitá-las é a correspondência aos fatos (critério de *verificação empírica*) ou aos postulados autoevidentes (critério de *verificação racional*), conforme se trate de proposições sintéticas ou analíticas. Dizemos que são empiricamente verdadeiras as proposições cujo significado é verificado em via empírica, e racionalmente verdadeiras aquelas que se verificam em via racional. O critério com que valoramos as segundas para aceitá-las ou rejeitá-las é a correspondência aos valores últimos (critério de *justificação material*) ou a derivação das fontes primárias de produção normativa (critério de *justificação formal*). Chamamos de *justas* (ou convenientes) as primeiras, e de *válidas* as segundas. Observe-se que para ambos os tipos de proposições valem os dois critérios, um que chamaremos de material, e o outro, de formal; mas que não se correspondem entre si. Quando muito, pode-se ver uma correspondência entre o segundo critério de verificação (uma proposição é verdadeira enquanto é deduzida de proposições primitivas postas como verdadeiras) e o primeiro critério de justificação (uma norma é justa enquanto é deduzida de uma norma superior posta como justa). O primeiro critério de verificação das proposições descritivas não encontra correspondência na valoração das prescrições (poder-se-ia encontrar uma correspondência no critério da eficácia, esclarecido anteriormente, mas esse não é um critério decisivo para a aceitação ou a rejeição das normas). O segundo critério de justificação não encontra correspondência na valoração das proposições descritivas (dever-se-ia fazer com que correspondesse àquilo que se chama de valoração segundo o princípio da autoridade, mas é uma valoração tanto aceita no mundo normativo quanto desacreditada no domínio do descritivo).

Em última análise, a diferença entre a verificação das proposições descritivas e a justificação das proposições prescritivas está na maior objetividade da primeira em relação à segunda, uma vez que a primeira tem como último ponto de referência o que é observável e pertence ao domínio da percepção; a segunda encontra o seu último ponto de referência no que é desejado, cobiçado, objeto de tendência ou inclinação, e pertence ao domínio da emoção ou do sentimento. Para marcar essa diferença, diz-se que a verdade de uma proposição científica pode ser *demonstrada*, ao passo que se pode apenas tentar *persuadir* os outros sobre a justiça de uma norma (daí a diferença, que atualmente vem surgindo, entre *lógica* ou teoria da demonstração e *retórica* ou teoria da persuasão).

20. As proposições prescritivas podem ser reduzidas a proposições descritivas?

Consideramos que a diferença entre os dois tipos de proposições examinadas na seção anterior seja irredutível.

Trata-se de dois tipos de proposições com *status* diferente. Mas não queremos ignorar a mais séria tentativa que até agora se fez de redução[2].

A tese reducionista é formulada do seguinte modo: uma prescrição, por exemplo, "Faça X" pode ser sempre reduzida a uma *proposição alternativa* deste tipo: "Ou você faz X, ou lhe acontece Y", em que Y indica uma consequência desagradável. A proposição alternativa, afirma-se, não é mais uma prescrição, mas uma descrição; é uma proposição que descreve o que irá acontecer, a ponto de se poder dizer se é ela verdadeira ou falsa: verdadeira se Y se verifica, falsa se Y não se verifica. É claro que essa redução repousa no pressuposto de que o comando implica sempre a ameaça de uma sanção, em outras palavras, que a força do comando, o que faz do comando um conjunto de palavras significantes cuja função é modificar o comportamento alheio, está nas consequências desagradáveis que o destinatário deve esperar da inexecução. Se digo ao aluno da primeira carteira "Feche a porta", essa minha proposição só é um comando se o aluno está convencido de que, se não o executar, eu posso repreendê-lo ou, na pior das hipóteses, prejudicá-lo com uma nota ruim por mau comportamento. Em contrapartida, se o aluno estivesse convencido de que se deixasse de executar o comando não lhe aconteceria absolutamente nada, essas três palavras pronunciadas por mim, embora expressas na forma imperativa, não seriam mais do que um *flatus vocis*, ou uma mera expressão do meu estado de espírito. Não resta dúvida de que a tese é sugestiva; apesar disso, não creio que se possa aceitá-la, principalmente por três considerações:

1. a afirmação de que todo comando seja caracterizado pela sanção é difícil de ser confirmada com os fatos; talvez

---

2. Ver A. VISALBERGHI, *Esperienza e valutazione*, Turim, 1958, sobretudo o capítulo segundo: "La logica degli imperativi e delle norme", pp. 37-67, em que se retoma e se desenvolve a tese de H. G. BONHERT, "The Semiotic Status of Command", *in*: *Philosophy of Science*, XII, 1945, pp. 302-15.

possa ser verdade para os comandos jurídicos (como veremos a seguir), mas não se consegue ver como é possível sustentá-la para toda forma de comando. Hare, que não aceita a tese da redução, para dar um exemplo de comando sem maiores consequências, propõe o seguinte: "Diga a seu pai que telefonei." Sem dúvida, trata-se de uma prescrição, pois com essa frase o pronunciante visa fazer com que uma outra pessoa faça algo. Mas se essa pessoa não o executa, o que acontece? Se tentarmos elaborar essa proposição em forma alternativa, perceberemos que nos falta a segunda parte: "Ou você diz a seu pai que telefonei, ou..." Ou o quê? Mais genericamente parece que por trás da tese da redução existe a convicção de que a única razão pela qual se executa um comando é o temor da sanção e, portanto, a função do comando é cumprida somente por meio da ameaça. Mas trata-se manifestamente de uma falsa generalização. Não pretendo aqui me empenhar na discussão de saber se existem imperativos incondicionados ou categóricos, ou seja, imperativos que são executados apenas por serem imperativos, ainda que Kant baseie na existência de tais imperativos a autonomia da lei moral, que se distingue de todas as outras leis pelo fato de ser obedecida por si mesma (*o dever pelo dever*), e não pelas vantagens ou desvantagens que se possam obter dela (o dever por um objetivo externo). Mas, prescindindo totalmente da teoria kantiana da moral, e contentando-nos com observações no campo da experiência comum, verificamos que existem comandos executados unicamente pelo prestígio, pela ascendência ou pela autoridade das pessoas que comandam e, sendo assim, por meio de um comportamento que não é de temor, mas de estima ou de respeito à autoridade (é o que ocorre quando se obedece ao comando do chefe não porque ele seja capaz de infligir uma pena, mas porque é o chefe). Em todos esses casos não há alternativa e, portanto, a redução da proposição prescritiva à proposição alternativa é impossível.

2. De todo modo, esse primeiro argumento não é decisivo. Podemos também admitir que existe um verdadeiro co-

mando (e não apenas uma proposição que tem a forma gramatical do comando sem ter a sua função) somente onde a ausência da execução comporte consequências desagradáveis, e que, portanto, é possível admitir que uma prescrição sempre se resolva numa alternativa. Mas com isso deu-se uma resposta satisfatória ao problema de resolver a prescrição numa descrição? Creio que não. A segunda parte da alternativa, "... ou acontece Y", não se refere a um fato qualquer, mas a um fato *desagradável* para o destinatário do comando. Ora, "desagradável" não é um termo descritivo, mas de valor, ou seja, é um termo que indica não uma qualidade objetiva, observável, do fato, mas o comportamento assumido diante daquele fato que, nesse caso, é um comportamento de condenação ou de rejeição, ou seja, é um termo que tem um significado não descritivo e não resolúvel em termos descritivos, mas, em última análise, como todo termo de valor, tem um significado prescritivo. Com efeito, quando julgo que determinada coisa é desagradável, não digo nada sobre as qualidades da coisa; digo simplesmente que aquela coisa deve ser evitada, ou seja, formulo um convite ou uma recomendação para que seja evitada; em outras palavras, viso influenciar o comportamento alheio num certo sentido. Mas, então, se a segunda parte da alternativa é constituída de um termo de valor, a função prescritiva expulsa pela porta entra novamente pela janela, no sentido de que o estímulo que irá modificar o comportamento não será mais dado pelo comando considerado em si mesmo, mas pelo juízo de valor sobre a consequência que resultaria em caso de violação e, portanto, a função prescritiva é apenas mascarada, mas não eliminada, transferida do comando para a consequência do comando, mas não suprimida. Vamos imaginar que a segunda parte da alternativa contenha um termo não de valor, mas descritivo, por exemplo: "Ou você fecha a porta, ou choverá" (supondo-se que o fato de chover ou não chover seja indiferente ao interlocutor), e já resta claro que essa proposição não pode ser considerada como a resolução em termos alternativos de um comando. E isso justamente porque falta na segunda parte um juízo de valor que desempenhe aquela função prescritiva que é própria do comando.

3. Por fim, existe um terceiro argumento que me parece decisivo. A consequência atribuída à inexecução de um comando não é o efeito naturalisticamente entendido da ação contrária à lei, mas é uma consequência atribuída a essa ação pela mesma pessoa que estabeleceu o comando. Como veremos melhor a seguir, nesse caso, para acompanhar a terminologia usada por Kelsen, dizemos que a consequência não está em relação de causalidade com o ilícito, mas em relação de imputação. O imperativo "Feche a porta" não se reduz à alternativa "Ou você fecha a porta ou vai pegar um resfriado", mas a esta outra alternativa: "Ou você fecha a porta, ou será punido". Ora, o que implica esse tipo de consequência? Implica que, em caso de violação, intervém um novo comando e, correlativamente, uma nova obrigação, vale dizer, o comando para quem deve executar a punição e a obrigação daquele que recebe esse comando de executá-lo. Não importa que a pessoa que deverá executar a punição seja a mesma que estabeleceu o comando. O que importa notar é que a consequência da transgressão coloca em ação um outro imperativo; por conseguinte, o imperativo excluído da primeira parte da alternativa acha-se, embora de modo implícito, na segunda. Um comando como "Você não deve roubar" resolve-se na alternativa "Ou você não rouba ou o juiz *deverá* puni-lo".

Essas considerações convidam-nos a concluir que a tentativa de resolução de um comando em proposição descritiva por meio do expediente da alternativa é uma solução aparente. A alternativa não é em si mesma a forma de uma proposição descritiva: é uma forma em que se pode exprimir tanto uma proposição descritiva quanto uma proposição prescritiva, conforme ela seja preenchida com termos descritivos ou com termos de valor (que têm função prescritiva) ou com outras prescrições.

21. As proposições prescritivas podem ser reduzidas a proposições expressivas?

Uma tentativa diferente de redução das proposições prescritivas, diferente, mas, a nosso ver, também não convincente, é a que consiste em afirmar que as proposições prescritivas são apenas uma formulação de preposições expressivas. Essa tese é formulada deste modo: dizer "Você deve fazer X" ou "Faça X" equivale a dizer "Eu quero (ou eu gostaria, eu desejo etc.) que você faça X". O comando seria redutível, em última análise, à expressão de um estado de espírito e consistiria na comunicação de um estado de espírito a outros.

Essa redução também não nos parece convincente e, para demonstrar nossa perplexidade, aduzimos, também nesse caso, três argumentos:

1. não resta dúvida de que posso formular um comando na forma de uma expressão de desejo ou de vontade. Quando digo a meu filho, por exemplo, "Desejo (ou quero) que você faça a lição", minha intenção não é a de suscitar nele igual desejo, mas de fazer com que realize aquela determinada ação. Mas, como dissemos mais de uma vez, o que permite distinguir tipos diversos de proposições não é a forma como são expressas, mas a sua funcionalidade. Ora, no que diz respeito à funcionalidade, resta definitivamente insuperável a diferença entre o fazer com que outros participem de um estado de espírito e o fazer com que se realize uma determinada ação. Quanto muito, pode-se dizer que a evocação de um estado de espírito é preparatória à realização de uma ação ou, mais genericamente, à modificação de um comportamento. Mas é igualmente preparatória à ação, como já vimos, uma informação sobre as circunstâncias e sobre as consequências da ação que se pretende ver realizada.

2. Uma segunda consideração, e mais decisiva, é a seguinte: um comando caracteriza-se como tal em função do

resultado que ele obtém, independentemente do sentimento que evoca na pessoa do destinatário. Não é absolutamente indispensável que o destinatário execute o comando após ter participado do estado de espírito de quem o enunciou. Um comando caracteriza-se como tal, ainda que o destinatário o execute com um estado de espírito diverso daquele de quem o comanda. O estado de espírito do pai que comanda ao filho que estude é determinado pelo valor que ele atribui ao estudo para a formação de sua cultura ou para a obtenção de um título útil de estudo. O filho que executa o comando pode, por sua vez, estar determinado ao seu cumprimento unicamente pela sujeição em relação à autoridade paterna ou pelo temor de um castigo. Nesse caso, o comando exerce a sua função com igual valoração, independentemente da participação do sujeito ativo e do sujeito passivo. É o que se costuma ver no mundo do direito, em que a relação entre o legislador e os cidadãos não é necessariamente de participação com uma igual valoração da oportunidade ou da justiça da lei: o legislador, ao estabelecer uma lei, pode ter uma valoração diversa daquela com que o cidadão obedece à lei. Mas a lei é caracterizada como tal pelo fato de cumprir com a sua função de exercer uma influência no comportamento dos cidadãos. Para que a lei seja um comando, o que importa não é a transmissão de certas valorações e, portanto, de certos sentimentos que dão origem àquelas valorações, mas que seja executada, sejam quais forem as valorações que determinem a execução. Pode perfeitamente ocorrer de dois cidadãos cumprirem a mesma lei por razões diversas. Nesse caso, é claro que a lei exerceu sua função de prescrição mesmo sem ter desempenhado a função de proposição expressiva.

3. Pode-se, por fim, acrescentar a consideração de que uma lei perdura no tempo e, como dizem os juristas, no curso da sua existência separa-se da vontade do legislador e continua a ter a sua função de comando independentemente das valorações que lhe deram origem. As valorações

que lhe deram origem também podem ter se extinguido; todavia, a lei continua a ser uma lei e a determinar o comportamento dos cidadãos. Nesse caso, seria muito difícil dizer qual é a valoração que a lei exprime. Não exprime claramente nenhuma valoração. No entanto, enquanto for obedecida, será um comando.

22. Imperativos autônomos e heterônomos

Com as considerações anteriores, procuramos demonstrar a especificidade da categoria das proposições prescritivas em comparação com outras duas categorias, a das proposições descritivas e a das proposições expressivas. Agora temos de detalhar melhor suas características, distinguindo nelas tipos diversos de prescrições. A categoria das prescrições é muito ampla: compreende tanto as normas morais quanto as regras da gramática, tanto as normas jurídicas quanto as prescrições de um médico. Vamos ilustrar aqui três critérios fundamentais de distinção: 1) quanto à relação entre sujeito ativo e passivo da prescrição (seção 22); 2) quanto à forma (seção 23); 3) quanto à força obrigatória (seções 24 e 25). Não excluímos, porém, que existem outras. Esses três critérios de distinção interessam-nos por terem particular relevo no estudo das normas jurídicas.

No que diz respeito à relação entre sujeito ativo e passivo, os imperativos *autônomos* distinguem-se dos *heterônomos*. Chamam-se autônomos aqueles imperativos em que quem estabelece a norma e quem a executa são a mesma pessoa. Chamam-se heterônomos aqueles em que quem estabelece a norma e quem a executa são duas pessoas diferentes. Essa distinção é historicamente importante porque foi introduzida por Kant (na *Fondazione della Metafisica dei costumi*) para caracterizar os imperativos morais em relação a todos os outros imperativos. Para Kant, os imperativos morais, e apenas os imperativos morais, são autônomos. São autônomos porque a moral consiste naqueles comandos que o homem, como ser racional, dá a si mesmo, e não recebe de nenhuma outra autoridade a não ser a própria razão. Quando o homem, em vez de obedecer à legislação da razão, obedece aos instintos, às paixões, aos interesses, segue imperativos que o desviam do aperfeiçoamento de si mesmo: nesses casos, seu comportamento consiste numa adesão a princípios externos a ele, e enquanto tal deixa de ser um comportamento moral. Segundo o próprio Kant: "A *autonomia* da vontade é a qualidade que tem a vontade *de ser lei para si mesma*"; e em antítese: "Quando a vontade busca a lei que deve determiná-la em outro lugar que não na atitude das suas máximas de instituir uma legislação universal própria, quando, por conseguinte, ultrapassando a si mesma, ela busca essa lei na qualidade de algum dos seus objetos, disso resulta sempre uma *heteronomia*. Sendo assim, a vontade não dá a si mesma a lei; mas a obtém do objeto, graças às suas relações com ela"[3].

A distinção entre imperativos autônomos e heterônomos é importante para o estudo do direito, pois constituiu um dos muitos critérios com que se pretendeu distinguir a moral do direito. Na esteira de Kant, afirmou-se que a moral se resolve sempre em imperativos autônomos e o direito em imperativos heterônomos, uma vez que o legislador moral é interno e o legislador jurídico é externo. Em outras palavras, essa distinção pretende sugerir que, quando nos comportamos moralmente, obedecemos apenas a nós mesmos; em contrapartida, quando agimos juridicamente, obedecemos a leis que nos são impostas por outros.

Não discutiremos aqui a distinção. Vamos nos limitar a levantar alguma dúvida de que se possa utilizá-la para distinguir a moral do direito, ou, seja como for, para identificar o direito com as normas heterônomas. Se prescindimos do modo como Kant elaborou o problema da moralidade, temos de concordar que existem sistemas morais fundados na heteronomia. Uma moral religiosa, por exemplo, que funda

---

3. As duas citações foram extraídas da tradução italiana da *Fondazione della Metafisica dei costumi*, ed. Paravia, p. 104.

os preceitos morais na vontade de um ser supremo, é uma moral heterônoma, sem por isso se confundir com um sistema jurídico. Os Dez Mandamentos e as prescrições a que podem dar origem fundam um sistema moral heterônomo, mas não geram, por si mesmos, um ordenamento jurídico. Da mesma forma, se consideramos um sistema moral oposto ao fundamentado na vontade divina, por exemplo, um sistema moral inspirado numa filosofia positivista, em que a moral é o conjunto das normas sociais decorrentes das relações de convivência entre os homens no curso da sua história, e formam aquilo que se chama de *ethos* de um povo, também nesse caso nos encontramos diante de uma moral heterônoma, que nem por isso se resolve imediatamente num sistema jurídico.

Por outro lado, isso não significa que não se possam encontrar imperativos autônomos também no campo do direito: nem o direito só por isso vem a se confundir com a moral. O conceito de autonomia é utilizado no sentido próprio de normas ou conjunto de normas em que legislador e executor se identificam, tanto no direito privado quanto no direito público. No direito privado, fala-se de esfera da *autonomia privada* para indicar aquela regulamentação de comportamentos que os cidadãos dão a si mesmos, independentemente do poder público. Não podemos entender um contrato como uma norma autônoma, no sentido de que é uma regra de conduta derivada da própria vontade das pessoas que a ela se submetem. Num contrato, aqueles que estabelecem a regra e aqueles que devem executá-la são as mesmas pessoas. Pode-se dizer o mesmo de um tratado internacional, que dá origem a regras de comportamento válidos apenas para os Estados que participaram da estipulação do tratado. No campo do direito público, o ideal a que o Estado moderno tende é o *Estado democrático*. E o que é o Estado democrático senão o Estado fundado no princípio da autonomia, ou seja, no princípio de que as leis, que devem ser cumpridas pelos cidadãos, devem ser feitas pelos próprios cidadãos? O teórico do Estado moderno democrático, Rousseau, define muito claramente o princípio inspirador da democracia em termos de autonomia, quando diz (com uma fórmula que inspirou o próprio Kant): "A liberdade consiste na obediência à lei que cada um prescreveu para si" (*Du Contrat Social**, cap. VIII). Hoje podemos ler num dos estudos mais difundidos de teoria do Estado, o de Kelsen, a distinção entre dois tipos de regimes contrapostos, o democrático e o autocrático, fundada na distinção entre autonomia, que é a característica do regime democrático, e heteronomia, como característica do regime aristocrático. É claro que um Estado com uma legislação perfeitamente autônoma é um ideal-limite, realizável somente onde a democracia indireta, tal como é praticada nos Estados modernos, fosse substituída pela democracia direta, ou seja, a democracia sem representação (que, de resto, era um ideal de Rousseau). Isso não impede que faça sentido falar de autonomia também em relação às normas jurídicas e que, portanto, a distinção entre normas autônomas e normas heterônomas, prescindindo da particular acepção acolhida por Kant, não possa ser utilizada para distinguir a moral do direito.

23. Imperativos categóricos e hipotéticos

Uma outra distinção que remonta a Kant, e que foi utilizada, também ela, como veremos a seguir, para a distinção entre moral e direito, é aquela entre imperativos categóricos e imperativos hipotéticos. Essa distinção reside na forma como o comando é expresso, ou seja, se ele é expresso com juízo categórico ou com um juízo hipotético.

Imperativos categóricos são aqueles que prescrevem uma ação boa em si mesma, ou seja, uma ação boa em sentido absoluto, que deve ser realizada *sem condições*, isto é, apenas com a finalidade da sua realização enquanto ação obrigatória. É um imperativo categórico o seguinte: "Você não deve mentir". Imperativos hipotéticos são aqueles que prescrevem

---

* *O contrato social*, São Paulo, Martins Fontes, 4.ª ed., 2006.

uma ação boa para alcançar um fim, ou seja, uma ação que não é boa em sentido absoluto, mas é boa apenas caso se queira, ou se deva, alcançar um certo fim e, portanto, é realizada *condicionadamente* para a obtenção do fim. É um imperativo hipotético o seguinte: "Se você quer se curar do resfriado, deve tomar aspirina". Os imperativos categóricos seriam próprios, segundo Kant, da legislação moral e, portanto, podem ser chamados de *normas éticas*. Quanto aos imperativos hipotéticos, eles se distinguem, por sua vez, conforme Kant, em duas subespécies, dependendo do fim a que a norma se refere ser, como diz Kant, um fim *possível* ou um fim *real*, isto é, dependendo de o fim ser tal que os homens possam persegui-lo ou não, ou então ser tal que os homens não possam deixar de persegui-lo. Exemplo do primeiro fim é o das regras que Kant chama de *habilidade*, como "Se você quer aprender latim, deve fazer exercícios de tradução do italiano para o latim"; exemplo do segundo fim é o das regras que Kant chama de *prudência*, como "Se você quer ser feliz, deve dominar as paixões". Esse segundo fim distingue-se do primeiro, pois, ao menos de acordo com Kant, a felicidade é um fim cuja obtenção não é deixada à livre escolha do indivíduo, como o de aprender latim, mas é um fim intrínseco à própria natureza do homem. A rigor, um imperativo desse tipo, mesmo sendo condicionado (ou seja, condicionado à obtenção do fim), não se exprime com uma proposição hipotética. A sua fórmula correta é: "Uma vez que você deve Y, deve X". Segundo a terminologia de Kant, que podemos adotar, os imperativos condicionados do primeiro tipo são *normas técnicas*, os do segundo tipo são *normas pragmáticas*. Concluindo, para Kant podem-se distinguir com base na forma três tipos de normas: as normas éticas, cuja fórmula é "Você deve X"; as normas técnicas, cuja fórmula é "Se você quer Y, deve X"; as normas pragmáticas, cuja fórmula é: "Uma vez que você deve Y, também deve X".

Se, no que diz respeito à distinção entre normas autônomas e heterônomas, nos perguntamos se ela tem alguma utilidade para que se possa compreender melhor a normatividade jurídica, no que diz respeito à distinção entre imperativos categóricos e imperativos hipotéticos o problema que se apresenta é se ela é fundada, ou seja, se os imperativos hipotéticos, sobretudo as normas técnicas, podem ser considerados verdadeiros imperativos. É algo de que se duvida. Observou-se que as normas técnicas derivam, muito frequentemente, de uma proposição descritiva em que a relação entre uma causa e um efeito foi convertida numa relação de meio ou fim, sendo atribuído à causa o valor de meio e ao efeito o valor de fim. A norma técnica "Se você quer que a água entre em ebulição, deve fervê-la a 100 graus", em que a ebulição é o fim e a fervura é o meio, deriva da proposição descritiva "A água entra em ebulição a 100 graus", em que o calor de 100 graus é a causa e a ebulição é o efeito. O imperativo hipotético recordado anteriormente "Se você quer se curar do resfriado, tome aspirina" deriva da proposição descritiva "A aspirina cura o resfriado". Ora, se o imperativo tem a função de produzir na pessoa a que é destinado uma obrigação de se comportar de um determinado modo, não se vê qual obrigação derive de um imperativo hipotético dessa espécie; e, de fato, a escolha do fim é livre (portanto, não é obrigatória) e, uma vez escolhido o fim, não parece que se possa dizer que o comportamento dele decorrente seja obrigatório, pois é *necessário* no sentido de uma necessidade natural, e não jurídica nem moral. Se quero fazer a água entrar em ebulição, fervê-la a 100 graus não é a consequência de uma norma, e sim de uma lei natural, que não me obriga, mas me compele a me comportar daquele modo.

 Efetivamente, se todos os imperativos hipotéticos fossem normas técnicas do tipo até agora descrito, é muito discutível que possam ser considerados imperativos, uma vez que o comportamento que eles contemplam, quando realizado, não é realizado por força de um comando, mas por força de uma necessidade natural. Mas nem todos os imperativos hipotéticos podem reconduzir-se ao tipo das normas técnicas até agora descrito. Como veremos, existem imperativos hipotéticos no direito: ou melhor, segundo alguns, todos os imperativos jurídicos são hipotéticos. A norma que estabelece, por exemplo, que a doação deve ser feita por ato público pode ser formulada em forma hipotética do seguinte modo: "Se você quer fazer uma doação, deve realizar um ato público". A característica de um imperativo hipotético desse tipo é que a consequência ou o fim não é o efeito de uma causa em sentido naturalístico, mas uma consequência que é imputada a uma ação, considerada como meio, pelo ordenamento jurídico, ou seja, por uma norma. Nesse caso, a relação meio-fim não é a conversão em forma de regra de uma relação entre causa e efeito, mas de uma relação entre um fato qualificado pelo ordenamento como condição e um outro fato que o próprio ordenamento qualifica como consequência. Acontece que, nesse caso, uma vez escolhido o fim, que é livre – segundo o exemplo, doar alguma coisa a alguém –, a ação que efetuo para alcançar o fim – segundo o exemplo, realizar um ato público – não é a adequação a uma lei natural, mas a uma regra de conduta, ou seja, a uma verdadeira prescrição, e pode-se falar propriamente de ação obrigatória. Sendo assim, enquanto se pode duvidar de que muitos dos chamados imperativos hipotéticos sejam verdadeiros imperativos, não se pode excluir que existem prescrições que assumem a forma de imperativos hipotéticos, vale dizer, de imperativos que não impõem uma ação como boa em si mesma, mas ao atribuir a uma certa ação uma certa consequência (favorável ou desfavorável), induzem a realizar essa ação não por si mesma, e sim porque ela se torna meio para alcançar um fim (quando a consequência atribuída é favorável) ou para evitar alcançá-lo (quando a consequência atribuída é desfavorável).

24. Comandos e conselhos

O último critério de distinção que vamos aqui considerar no âmbito das proposições descritivas é aquele que diz respeito à força vinculante. Até agora falamos de imperativos (ou comandos). Mas os imperativos (ou comandos) são aquelas prescrições que possuem maior força vinculante. Essa maior força vinculante se exprime dizendo que o comportamento previsto pelo imperativo é *obrigatório*, ou, em outras palavras, que o imperativo gera uma *obrigação* na pessoa a quem é destinado. Imperativo e obrigação são dois termos correlatos: onde há um, há o outro. Pode-se exprimir o imperativo em termos de obrigatoriedade da ação-objeto, assim como se pode exprimir a obrigatoriedade em termos do comando-sujeito. Mas nem todas as prescrições, ou melhor dizendo, nem todas as proposições com que procuramos determinar o comportamento alheio dão lugar às obrigações. Existem modos mais brandos ou menos vinculantes de influir no comportamento alheio. Vamos examinar aqui dois tipos de prescrições que têm particular relevo no mundo do direito: os *conselhos* e os *pedidos*.

Embora nas atuais teorias gerais do direito o problema da distinção entre comandos e conselhos tenha sido em geral negligenciado (encontra-se, todavia, uma menção a ele na *Juristische Grundlehre*, de F. Somlo, pp. 179 ss.), a disputa é antiga: os teólogos conhecem a diferença entre os conselhos evangélicos, que são aquelas máximas de Cristo cujo conteúdo não é obrigatório, mas é pura e simplesmente recomendado como meio para se atingir uma perfeição espiritual mais elevada, e os preceitos ou mandamentos, cujo conteúdo, ao contrário, é obrigatório. Na esteira dessa distinção, não há nem sequer um único tratadista antigo de direito natural que não tenha tocado na questão e não tenha discutido a validade e os critérios da distinção: numa extensa nota a Grócio, que admitira a distinção, o tradutor e comentador Jean Barbeyrac afirma que a distinção não é sustentável e, portanto, não se pode falar de conselhos morais, pois onde se encontram aquelas máximas chamadas conselhos, como, por exemplo, a máxima de não se casar pela segunda vez ou de ficar solteiro, tal máxima ou indica uma ação indiferente (e então não é nem comando nem conselho) ou indica uma ação obrigatória em certas circunstâncias e para certas pessoas (e então é um comando). Além disso, Barbeyrac sustenta que a distinção é prejudicial, pois pode desviar os homens da virtude (ver *De iure belli ac pacis*, trad. Barbeyrac, I, 2, 9, n. 19).

Observe-se que a distinção entre comandos e conselhos também pode servir para distinguir o direito da moral, assim como serviram as distinções entre normas autônomas e heterônomas, e entre normas categóricas e hipotéticas. Deveríamos dizer, então, que só o direito obriga: a moral limita-se a aconselhar, a dar recomendações que deixam o indivíduo livre (ou seja, apenas responsável) para segui-las ou não. Sem dúvida, o autor a quem melhor do que qualquer outro se pode atribuir uma distinção desse tipo, Thomas Hobbes, no seu *Leviatã* dedica um capítulo inteiro (o vigésimo quinto) aos conselhos e às suas distinções dos comandos (na edição italiana da editora Laterza, vol. I, pp. 202-9 [ed. bras. pp. 217-25]). Os argumentos que Hobbes aduz para distinguir o comando do conselho são substancialmente cinco: 1) quanto ao sujeito ativo: aquele que comanda é dotado de uma autoridade que lhe dá o *direito* de comandar; aquele que aconselha não pode pretender o *direito* (diríamos mais exatamente o *poder*) de fazê-lo; 2) quanto ao conteúdo: os comandos se impõem pela vontade que os emite (ou seja, derivam sua força vinculante do fato de serem expressões de uma vontade superior); os conselhos conseguem determinar a ação alheia em razão do seu conteúdo (ou seja, segundo o seu maior ou menor *bom senso*); o que significa que o comando caracteriza-se pelo princípio *stat pro ratione voluntas*, e o conselho pelo princípio oposto (os comandos, por serem confiados ao prestígio de uma vontade superior, podem destinar-se a qualquer pessoa, os conselhos apenas às pessoas de bom senso); 3) quanto à pessoa do destinatário: no comando o destinatário é *obrigado* a segui-lo, no conselho não é obrigado, ou seja, é livre para segui-lo ou não; em outras palavras, diz-se que o comportamento previsto pelo comando é obrigatório, aquele previsto pelo conselho é *facultativo*; 4) quanto ao fim: o comando é dado no interesse de quem comanda; o conselho é dado no interesse *do aconselhado*; 5) quanto às consequências: se da execução de um comando deriva um mal, a responsabilidade é daquele que comanda, se o mesmo mal deriva de se ter seguido um conselho, a responsabilidade não é do conselheiro, mas apenas do aconselhado; essa distinção serve como contrapeso, por assim dizer, à anterior, pois se é verdade que aquele que comanda satisfaz, por meio do comando, o próprio interesse, disso resulta que não pode atribuir a outro a responsabilidade pela própria ruína, na medida em que por uma certa gratuidade, que é própria do conselho, deriva a impossibilidade por parte do aconselhado de atribuir a responsabilidade do próprio insucesso ao conselheiro.

Não consideramos que todas essas características diferenciais, enumeradas por Hobbes, sejam relevantes. Sobretudo não acreditamos que seja relevante a primeira, referente ao sujeito ativo: no campo do direito, por exemplo, mesmo para dar conselhos (o chamado "poder consultivo"), é preciso ter autoridade (ou seja, o direito, ou melhor, o poder) para fazê-lo; trata-se de duas autoridades de tipos diferentes, e até de pesos diferentes, mas não se pode desconsiderar que mesmo o poder de aconselhar deve ser investido de uma autoridade particular. O quarto argumento, aquele relativo ao fim, também não me parece aceitável: se é verdade que o conselho é dado no interesse do aconselhado, não significa que o comando seja dado apenas no interesse de quem comanda. Seria realmente ingênuo acreditar que as leis sejam emanadas apenas no interesse público, mas seria demasiado malicioso acreditar que sejam emanadas apenas no interesse daquele que detém o poder supremo. Os outros três argumentos são melhores: no tocante ao conteúdo, é fato que uma lei muitas vezes é obedecida apenas por ser uma lei, independentemente de qualquer consideração sobre o seu conteúdo (antes, com a convicção de que comanda coisas insensatas), ao passo que, ao se executar um conselho, uma vez que a execução é livre, não conta tanto a autoridade do conselheiro (no caso do conselheiro, de resto, mais do que de autoridade fala-se de "respeitabilidade"), quanto o fato de se estar convencido de que aquilo que foi aconselhado é sensato, ou seja, é conforme aos objetivos que nos propomos alcançar. Quanto ao comportamento da pessoa do destinatário, nesse caso intervém a diferença sem dúvida mais importante e que seria suficiente para distinguir o comando do conselho (embora não seja suficiente também para distinguir o conselho do pedido): enquanto sou obrigado a seguir um comando, tenho a faculdade de seguir ou não um conselho. O que significa que, caso eu não execute o comando, aquele que o estabeleceu não fica indiferente às consequências dele decorrentes; caso eu não siga um conselho, o conselheiro fica indiferente às consequências ("se não quiser fazer o que lhe digo, pior para você": quem fala desse modo não é uma pessoa investida do poder de comandar, mas um conselheiro). Por fim, quanto às consequências, o quinto argumento também pode ser aceito, embora com alguma cautela: é verdade que o comando pretende mais do indivíduo a que se destina, mas o compensa eximindo-o da responsabilidade do ato realizado (em todo ordenamento jurídico existe um artigo como o 51 do código penal italiano, que exclui a punibilidade de uma ação realizada no cumprimento do próprio dever ou por ordem de uma autoridade superior*), ao passo que ninguém poderia se furtar às consequências da própria ação alegando como pretexto o fato de ter seguido um conselho. Nenhuma autoridade que impõe ordens, portanto, comportamentos obrigatórios, poderia dizer o que em geral um conselheiro preludia a quem o procura para obter uma luz: "Essa é a minha opinião, mas não assumo nenhuma responsabilidade por aquilo que lhe possa acontecer".

---

* O Código Penal brasileiro, em seu art. 23, enumera as causas da exclusão de ilicitude: estado de necessidade, legítima defesa, estrito cumprimento do dever legal e exercício regular de direito. [N. da T.]

25. Os conselhos no direito

Embora a teoria do direito não se tenha dedicado muito ao problema da distinção entre comandos e conselhos, a distinção tem notável importância em todo ordenamento jurídico. Nem todas as prescrições com que nos deparamos quando estudamos um ordenamento jurídico no seu todo são comandos. Basta pensar que, em todo ordenamento jurídico, ao lado dos órgãos deliberativos, existem os *órgãos consultivos*, cuja tarefa precisamente não é dar ordens, mas conselhos. A respeito dos órgãos consultivos, diz-se que "não exercem funções de *vontade*, mas apenas de apreciação técnica: eles são colocados ao lado dos órgãos ativos para iluminá-los com seus pareceres e com seus conselhos" (Zanobini). Basta pensar, ainda, que na teoria dos atos jurídicos distinguem-se os atos de vontade dos atos de representação e de sentimento, e que enquanto uma ordem é classificada entre os atos de vontade, um conselho ou um parecer é classificado entre os atos de representação, pois ele não é uma declaração de vontade, mas "o seu objetivo é sempre e somente o de aconselhar: é a lei que posteriormente se encarrega de regular de modo não diverso do aconselhado" (Romano). Ora, o que caracteriza os atos dos órgãos consultivos ou pareceres, em relação aos comandos ou às ordens, é exatamente aquilo que esclarecemos na seção anterior, vale dizer, o fato de que eles têm, sim, a função de guiar ou dirigir o comportamento alheio, mas a sua orientação não é tão eficaz quanto a dos comandos, e essa menor eficácia revela-se no fato de que a pessoa ou as pessoas a quem se destinam não são obrigadas a segui-los, o que na linguagem jurídica se exprime dizendo que os pareceres não são vinculantes (quando se diz que um parecer é obrigatório, não significa que somos obrigados a segui-lo, mas que somos obrigados a nos referir a ele, ficando livres depois para segui-lo ou não). Isso não significa que todos os atos que no direito são chamados de "pareceres" sejam conselhos no sentido por nós esclarecido: também se chamam pareceres aqueles relatórios sobre determinadas medidas a serem tomadas cujo objetivo não é de forma alguma guiar o comportamento alheio, mas apenas iluminar aquele que deverá tomar uma deliberação, ou seja, como se costuma dizer, fornecer os elementos de conhecimento suficientes para que aquele que deve deliberar o faça com consciência. Nesse caso, o parecer não tem função diretiva, mas apenas informativa. Desempenha aquela função de preparar o caminho para o comando de que falamos na seção 18.

Tendo em vista que o conselho é uma prescrição com menor força vinculante do que o comando, resulta que os órgãos consultivos são órgãos que, num ordenamento jurídico, são titulares de uma autoridade menor ou secundária em relação aos órgãos com função imperativa. Historicamente, observou-se que um determinado órgão se desenvolve e adquire maior peso num ordenamento transformando-o de órgão consultivo em órgão legislativo (as leis são a forma mais perfeita dos comandos do Estado), como aconteceu aos parlamentos, que no regime de monarquia absoluta tinham funções meramente consultivas, e no regime de monarquia constitucional tornaram-se órgãos que participam da função legislativa. Em contrapartida, um órgão decai e é considerado desautorizado quando, perdida a função imperativa, conserva apenas a consultiva, como ocorreu com a Segunda Câmara do Parlamento francês (o antigo Senado) que, segundo a Constituição de 1946, tem funções meramente consultivas (e de fato não se chama mais Senado, mas Conselho da República). Que a função consultiva seja o caráter de órgãos com menor prestígio em relação aos dotados de função imperativa, é claramente demonstrado por aquilo que acontece no ordenamento internacional, em que os organismos internacionais não têm, em relação aos Estados (que conservam a sua soberania), o poder de determiná-los obrigatoriamente, ou seja, de dar-lhes comandos, mas simplesmente o de endereçar-lhes as suas *recomendações*. O que na terminologia do direito internacional é a recomendação, na terminologia jurídica tradicional e na linguagem comum é o conselho, vale dizer, uma proposição cuja força de influir no comportamento alheio não alcança a eficácia máxima que é a da obrigatoriedade.

Do conselho e da recomendação, que pertencem à mesma *species*, distingue-se a *exortação*. É curioso que Hobbes, após ter indicado as características do conselho da maneira como apresentamos, passa a falar da exortação, definindo-a como um *conselho distorcido*, pelo fato de ser expressa no interesse do exortador (enquanto o conselho é voltado ao interesse do aconselhado) e destinar-se a uma multidão passiva (enquanto o conselho pressupõe que a pessoa do aconselhado seja um indivíduo sensato). Hobbes chama com muita propriedade de "exortação" o mau conselho, o conselho quando é dado, como ele também diz, por conselheiros corruptos, mas não cremos que essa seja uma definição conveniente. O que geralmente se chama de "exortação" não se distingue do conselho com base num juízo de valor: seria a exortação do pai para que o filho estude um conselho desviado da sua função principal? O critério de distinção é, a meu ver, outro: no conselho tende-se a modificar o comportamento alheio, expondo-se fatos ou razões (poder-se-ia dizer que o conselho é uma combinação de elementos prescritivos e descritivos), ao passo que, com a exortação, tende-se a obter o mesmo efeito suscitando sentimentos (poder-se-ia dizer que a exortação é uma combinação de elementos prescritivos e emotivos). Com palavras da linguagem comum, pode-se dizer que o conselho fala ao intelecto, daí a frieza rígida e compassada do conselheiro (representado por um sábio), a exortação fala ao coração, donde o calor do tribuno, do retor, da pessoa devotada etc. (O médico aconselha a criança a tomar um certo remédio, a mãe a exorta a fazê-lo.) Ao contrário dos conselhos, as exortações não parecem ter importância direta num ordenamento jurídico.

26. Comandos e pedidos

Existe um outro tipo de proposição que, embora pertencendo à categoria das prescrições, se distingue dos comandos propriamente ditos por uma menor força vinculante. São os chamados *pedidos*, ou seja, aquelas proposições com as quais visamos fazer com que o outro faça algo em nosso favor, embora sem vinculá-lo. Pertencem à espécie dos pedidos os rogos, as súplicas, as invocações, as implorações, as solicitações (no sentido técnico-administrativo da palavra, por exemplo, a solicitação para obter o passaporte). Se quiséssemos estabelecer a diferença entre comandos e conselhos de um lado, e entre comandos e pedidos do outro, usando apenas a forma gramatical habitual e mais correta com que os três tipos de prescrição se exprimem, poderíamos dizer da seguinte forma: o comando se exprime com um *quero* por parte do sujeito ativo e com um *você deve* referindo-se ao sujeito passivo; o conselho prescinde do "quero" e, em relação ao sujeito passivo, exprime-se com um *você deveria*; o pedido prescinde do "deve" e se exprime, por parte do sujeito ativo, com um *eu queria*.

A partir dessa formulação já surge a diferença substancial do pedido em relação ao comando e ao conselho. No que diz respeito ao comando, a diferença fundamental é, como no caso do conselho, a ausência de uma obrigação na pessoa a quem o pedido se destina. No que diz respeito ao conselho, a diferença fundamental está no fato de que o conselho é dado no interesse da pessoa a quem se dá o conselho; o pedido, por sua vez, é expresso no interesse da pessoa que faz a solicitação. No comando, o interesse pode ser tanto daquele que comanda, quanto daquele que é comandado, quanto, contemporaneamente, de ambos. No conselho, o interesse é sempre do sujeito passivo; no pedido, é sempre do sujeito ativo. Se digo "Aconselho-o a não fumar", é sinal de que me preocupo com a sua saúde; se digo "peço que não fume", é sinal de que me preocupo com a minha. Onde se lê "É proibido fumar" (e não se trata mais de um conselho nem de um pedido, mas de um comando), é difícil dizer qual é o interesse predominante: muito provavelmente o interesse do dono do estabelecimento coaduna-se com o dos espectadores.

Um ordenamento jurídico, assim como conhece paralelamente os comandos e os conselhos, também conhece muitas espécies de pedidos. Trata-se de atos com os quais se provoca, ou melhor, tenta-se provocar uma deliberação em nosso favor: podem-se distinguir as solicitações, os requerimentos, as petições, os pedidos propriamente ditos, as súplicas e outros mais. Enquanto o poder de dar conselhos é geralmente atribuído a órgãos públicos, o poder de promover pedidos (o poder de petição) é geralmente atribuído aos indivíduos. E é compreensível: o conselho tem a função de dar um conteúdo à deliberação, o pedido tem apenas a função de provocá-la. Se se entende o comando como instituidor de uma relação jurídica entre um poder e um dever (um direito e uma obrigação), no conselho o que está ausente é sobretudo o dever; no pedido o que está ausente é o poder. No conselho o que chama a atenção, em relação ao comando, é a ausência da obrigação de segui-lo; no pedido o que chama a atenção, sempre em relação ao comando, é a ausência do direito de obter o que se pede.

Uma última observação. Como distinguimos os conselhos das exortações com base na diferença entre apelo a dados de fato, arrazoados, informações e apelo a sentimentos, da mesma forma, na espécie dos pedidos, podem-se distinguir os inspirados num módulo de tipo informativo e os inspirados num módulo de tipo emotivo: estes últimos são as *invocações* ou *súplicas*. A diferença entre uma solicitação para obter uma licença de caça e uma solicitação de graça está nos diferentes argumentos que são usados e que consistem, respectivamente, em esclarecimentos de situações de fato e em argumentos de tipo retórico-persuasivo. A primeira é um composto prescritivo-descritivo, a segunda um composto prescritivo-emotivo.

Capítulo IV
As prescrições e o direito

> SUMÁRIO: 27. O problema da imperatividade do direito. – 28. Imperativos positivos e negativos. – 29. Comandos e imperativos impessoais. – 30. O direito como norma técnica. – 31. Os destinatários da norma jurídica. – 32. Imperativos e permissões. – 33. Relação entre imperativos e permissões. – 34. Imperativos e regras finais. – 35. Imperativos e juízos hipotéticos. – 36. Imperativos e juízos de valor.

27. O problema da imperatividade do direito

Que as proposições de que se compõe um ordenamento jurídico pertençam à esfera da linguagem prescritiva é doutrina antiga, conhecida sob o nome de *teoria da imperatividade do direito*, ou das normas jurídicas como *comandos* (ou imperativos). Também vamos citar duas passagens doutrinárias: aquela de Cícero que diz "legem esse aeternum quiddam, quod universum mundum regeret, imperandi prohibendique sapientia [...] aut cogentis aut vetantis [...] ad iubendum et ad deterrendum idonea" (*De leg.*, II c, § 8); e aquela de Modestino que diz "legis virtus haec est imperare, vetare, permittere, punire" (D.l. 7 de legibus 1,3). Pode-se acrescentar que é também a doutrina mais comum entre os juristas aquela que constitui ainda hoje, não obstante as críticas de que foi objeto, a "communis opinio". Ao lado da teoria imperativista, segundo a qual todas as normas jurídicas são imperativos, motivo pelo qual a imperatividade é elevada a caráter constitutivo do direito, foram sustentadas doutrinas mistas, segundo as quais só uma parte das proposições que compõem um ordenamento jurídico são imperativas, e doutrinas negativas, segundo as quais as proposições que compõem um ordenamento jurídico não são imperativas. Examinaremos neste capítulo essas diversas teorias e as suas diferentes formulações, e a partir do exame crítico buscaremos extrair nossas conclusões.

A formulação clássica da doutrina imperativista exclusiva, a que todos os defensores sucessivos se referem, é aquela que se encontra formulada na obra do jurista alemão August Thon, *Norma giuridica e diritto soggestivo* (1878)[1], uma das três grandes obras de teoria geral do direito que, na década entre 1870 e 1880, estabeleceu as bases de grande parte das doutrinas sustentadas e das discussões levantadas entre os juristas continentais em torno dos conceitos fundamentais da ciência jurídica. As outras duas são: *Lo scopo nel diritto*, de R. von Jhering (1877), e *Le norme e la loro violazione*, de K. Binding (os primeiros dois volumes são respectivamente de 1872 e de 1877). Desde as primeiras linhas do livro, Thon expõe claramente o seu pensamento com as seguintes palavras: "Por meio do direito o ordenamento jurídico [...] *tende a dar àqueles que estão sujeitos às suas determinações um impulso em direção a determinado comportamento*, quer tal comportamento consista em uma ação ou em uma omissão. Tal impulso é exercido *por meio de preceitos* de conteúdo ora positivo ora negativo"(p. 12). As palavras que destacamos podem ser consideradas como um esclarecimento da definição, muitas vezes dada, das proposições prescritivas como proposições que têm por escopo a modificação do comportamento alheio. A formulação sintética da doutrina encontra-se um pouco mais adiante, nas seguintes palavras, frequentemente citadas: "Todo o direito de uma sociedade *não é senão um conjunto de imperativos* ligados tão estreitamente entre si que a desobediência a uns constitui frequentemente o pressuposto daquilo que é comandado pelos outros"(p. 16). Deve-se ressaltar que, por mais que a teoria imperativista do direito caminhe *pari passu* (na maior parte dos seguidores) com a teoria estatista, segundo a qual as únicas normas jurídicas são as emanadas pelo Estado, e com a teoria coativista, segundo a qual a característica das normas jurídicas é a coercibilidade ou a coação, e, antes, a crise da

---

1. Citado a partir da tradução italiana, organizada por A. Levi, 2.ª ed., Pádua, Cedam, 1951.

primeira tenha sido uma manifestação da crise da segunda e da terceira (devido ao surgimento e à imposição da teoria da pluralidade dos ordenamentos jurídicos), todavia Thon não é estatista nem coacionista. De um lado, ele reconhece que podem existir ordenamentos jurídicos diversos do estatal; de outro, é adversário feroz daqueles que, como Jhering, por exemplo, consideram a coação um elemento indispensável para distinguir a norma jurídica da não jurídica. A teoria imperativista nasce na atual teoria geral do direito pura a partir de compromissos com aquelas outras teorias, como a teoria estatista e a coativista, que posteriormente serão uma das razões da sua decadência.

Para dar uma ideia do êxito da teoria imperativista também na Itália, limito-me a citar um jurista e um filósofo do direito, que por sua reconhecida autoridade podem ser considerados uma expressão válida da difusão da doutrina. Francesco Carnelutti, na sua *Teoria generale del diritto* (2.ª ed., Roma, 1946), escreve: "Com a fórmula da imperatividade pretende-se denotar que o comando é o *elemento indefectível* do ordenamento jurídico ou, em outras palavras, *o produto simples ou primeiro do direito*; já foi dito que, se o ordenamento era um organismo, o comando representaria a sua célula" (pp. 67-8). Quanto à definição de "comando", Carnelutti pertence à corrente dos que veem uma relação de interdependência entre comando e sanção (ver a teoria exposta na seção 20). Para ele, o comando é "a ameaça de uma sanção a quem tenha um determinado comportamento" (p. 35). Nas *Lezioni di filosofia del diritto*, de Giorgio Del Vecchio (9.ª ed., Roma, 1953), lemos: "Importantíssimo e essencial caráter da norma jurídica é a *imperatividade. Não podemos conceber uma norma que não tenha caráter imperativo*, ainda que sob determinadas condições. O comando (positivo ou negativo) é um elemento integrante do conceito do direito, pois este [...] coloca sempre face a face dois sujeitos, atribuindo a um uma faculdade ou pretensão, e *impondo ao outro um dever, uma obrigação* correspondente. *Impor um dever significa exatamente imperar*" (p. 230). Com base nessa definição, o autor exclui da esfera do direito tanto as "afirmações ou observações de fato", o que chamamos de proposições descritivas, quanto as formas atenuadas de imposição, como os conselhos e as exortações. Pode ser interessante observar que, dos três requisitos habituais da norma jurídica, a imperatividade, o estatismo e a coatividade, Thon, como vimos, aceita apenas o primeiro, ao passo que Del Vecchio aceita, juntamente com o primeiro, também o segundo, mas não o terceiro, e Carnelutti aceitar todos os três. Para Del Vecchio a norma jurídica deve ter, além do caráter da imperatividade, também o do estatismo. Mesmo tendo um ponto de partida comum, as três teorias se diferenciam ao longo do caminho: o que para nós ainda é uma prova da complexidade dos problemas e da pluralidade dos pontos de vista, e ao mesmo tempo um convite a uma certa cautela crítica diante de toda teoria.

28. Imperativos positivos e negativos

Os imperativos se distinguem, como veremos melhor no último capítulo, em positivos e negativos, ou seja, em comandos de fazer e comandos de não fazer (estes últimos costumam ser chamados de "proibições"). Um exemplo dos primeiros: "O usufrutuário *deve* restituir as coisas que formam objeto do seu direito, ao término do usufruto..." (art. 1.001 do Código Civil italiano); um exemplo dos segundos: "O proprietário *não pode* realizar atos que não tenham outro objetivo a não ser o de prejudicar ou molestar os outros" (art. 883 do Código Civil italiano).

Embora partindo da tese de que as normas jurídicas são imperativos, a primeira pergunta que os teóricos do direito se fizeram é a seguinte: o direito é composto de imperativos de ambas as espécies? A pergunta, para dizer a verdade, parece-nos um pouco infundada, pois bastariam os dois exemplos citados acima para responder que num ordenamento jurídico existem tanto imperativos positivos quanto negativos. Todavia, houve quem não só se fez a pergunta, mas respondeu sustentando que a característica do direito, em relação à moral, é de ser constituído apenas de imperativos negativos. É claro que a pergunta adquiria sentido pelo fato de ser posta não em relação a esta ou àquela norma jurídica em particular, mas ao direito no seu todo, ou seja, tratava-se de uma pergunta deste tipo: "Existe um critério geral para distinguir as normas jurídicas das normas morais?". Já vimos alguns desses critérios e encontraremos outros deles. Pode-se dizer que não existe critério de classificação das normas que não tenha sido utilizado para tentar resolver o maior quebra-cabeça da filosofia do direito, ou seja, para distinguir o direito da moral. Um desses critérios é justamente aquele que permite distinguir os imperativos em comandos e proibições. Alguns jusnaturalistas, e citamos particularmente Christianus Thomasius – ao qual, por um antigo costume, se pretendeu atribuir nada menos que a origem da filosofia do direito moderna –, afirmaram, precisamente, que a distinção fundamental entre direito e moral consiste no seguinte: a moral comanda e o direito proíbe e, portanto, a característica do direito é, sim, de ser constituído de imperativos, mas somente de imperativos negativos. Para Thomasius o princípio regulador da moral (do *honestum*) era: "Quod vis ut alii sibi faciant, tute tibi facies"; do *decorum* (que era o aspecto social da moral): "Quod vis ut alii faciant, tu ipsis facies"; do direito, por sua vez: "Quod tibi *non vis* fieri, alteri *ne faceris.*" Para Thomasius isso significava que em relação à moral o direito era menos vinculativo, pois, enquanto a moral nos obriga a fazer algo para os outros, donde a máxima "Ama teu próximo como a ti mesmo", o direito nos obriga, simplesmente, a nos abstermos de fazer o mal, donde a máxima "Neminem laedere". Thomasius também dizia, para assinalar essa diferença entre a obrigatoriedade positiva da moral e aquela negativa do direito, que as regras do direito impedem o mal maior (ou seja, a guerra) e promovem o bem menor (a paz externa), enquanto as regras do honesto impedem o mal menor, pois sua transgressão não causa dano a não ser a quem as transgride, mas promove o bem maior, pois tornam o homem o mais sábio possível. Em resumo, pode-se dizer que a partir dessa doutrina deveríamos concluir que a moralidade consiste no preceito de fazer o bem, e o direito naquele de abster-se de fazer o mal.

Essa distinção de Thomasius é inaceitável. Preceitos positivos e negativos misturam-se na moral e no direito. E, de resto, Thomasius foi criticado exatamente por essa sua distinção por Leibniz, que salientou que não era possível, a não ser à custa de diminuir seu valor, reduzir o direito à obrigatoriedade negativa: antes, dizia ele, o não fazer mal aos outros somente pelo temor de receber o mal não é obra de justiça, mas apenas de prudência. Como amparo à sua tese Leibniz aduzia substancialmente dois argumentos: 1) os governantes de um Estado são considerados justos não quando se limitam a não fazer o mal aos seus cidadãos, mas quando trabalham em benefício deles (Leibniz tinha uma concepção positiva, e não negativa, da função do Estado); 2) nenhum de nós fica satisfeito quando os outros não nos causam dano, mas pretende, em caso de necessidade, ser ajudado, e quando algum de nós se lamenta de ser abandonado na sua miséria, lamenta-se com justiça, motivo pelo qual a justiça é, para Leibniz, mais que o simples não fazer o mal, o fazer de modo que os outros não possam se queixar de nós quando, num caso análogo, nos queixarmos dos outros. Como prova dessa sua concepção, Leibniz relegava a máxima negativa do "neminem laedere" ao primeiro estágio das relações sociais, que ele chamava de *ius proprietatis*, e era aquele estágio em que o dever que compete a cada um dos consociados é aquele negativo de não invadir a propriedade alheia, e atribuía ao estágio superior, que ele chamava de *ius societatis*, a máxima positiva do *suum cuique tribuere*.

Se queremos entender a doutrina de Thomasius, temos de evocar a teoria jusnaturalista da passagem do estado de natureza ao estado civil. O estado de natureza era aquele em que os homens viviam em uma liberdade desenfreada.

TEORIA DA NORMA JURÍDICA

Para sair do estado de natureza e entrar no estado civil, os homens teriam de impor restrições à sua primitiva liberdade. Essas limitações consistiam originariamente em comandos negativos, sendo que o primeiro e fundamental era o de não se imiscuir na esfera de liberdade alheia. Ao conceber o surgimento do estado civil como uma limitação recíproca de liberdades, o direito era naturalmente configurado como um conjunto de obrigações negativas. O ponto fraco dessa doutrina é que a função do direito não é apenas possibilitar a coexistência das liberdades externas (e para isso bastariam, na verdade, obrigações negativas), mas também tornar possível a cooperação recíproca entre os homens que convivem juntos: e para a realização dessa segunda função são necessárias também obrigações positivas. Pode-se dizer, em conclusão, que a teoria do direito como conjunto de proibições nascia de uma concepção demasiado restrita da função do direito e do Estado.

29. Comandos e imperativos impessoais

Ainda no âmbito da teoria imperativista do direito, embora admitindo que se possa falar de imperativos jurídicos, houve quem desconsiderou que as normas jurídicas, pelo simples fato de serem imperativos, também sejam comandos. Até agora a teoria imperativista do direito e a afirmação de que as normas jurídicas são comandos caminharam juntas: ou melhor, até agora se considerou o *proprium* da teoria imperativista a tese de que as normas jurídicas são comandos. A doutrina que examinaremos nesta seção introduz, por sua vez, uma nova distinção entre comandos e imperativos jurídicos, motivo pelo qual as normas jurídicas pertenceriam à segunda categoria, e não à primeira.

Essa tese foi defendida pelo jurista sueco Karl Olivecrona no livro *Law as Fact*, de 1939, e repetida, com uma variação a título de especificação, num ensaio posterior, republicado em italiano no ano de 1954, pela revista *Jus* (pp. 451-68). Olivecrona parte de uma definição restrita de "comando", afirmando que "um comando pressupõe uma pessoa que comanda e uma outra a quem o comando é endereçado" (p. 35). Ora, na lei, segundo ele, falta a pessoa daquele que comanda (de modo que, ao pretenderem encontrá-la a todo custo, os juristas personificaram o Estado). Observe-se como é emanada uma lei em um Estado constitucional: primeiro uma comissão elabora um projeto, depois o ministro o submete ao Parlamento e, por fim, o Parlamento o aprova com maioria simples. Qual entre todas essas pessoas pode-se dizer que expressou um comando? A teoria de Olivecrona se propõe como uma teoria realista do direito, ou seja, como uma teoria que visa livrar o terreno de todas as tradicionais ficções que impediram que os fenômenos jurídicos fossem considerados na sua efetividade: e uma dessas ficções seria a identificação da lei com o comando, que deu lugar à teoria imperativista do direito.

Exposta a parte crítica, na parte construtiva nosso autor afirma que, "mesmo não sendo comandos reais, as normas jurídicas [...] são dadas na forma imperativa", o que significa que para ele não são dadas na forma descritiva. Mas isso não significa voltar a cair novamente nos braços da teoria imperativista? Ele responde que não, afirmando que existem proposições imperativas que não devem ser confundidas com os comandos. Quais são elas? Estabelecendo a distinção de comando como imperativo que implica uma relação pessoal, os imperativos que não devem ser confundidos com os comandos são aqueles que "funcionam *independentemente* de uma pessoa que comande" (m. 43). Chama esses imperativos de *independentes*, e a essa categoria atribui as normas jurídicas (e, para dar outro exemplo, os dez mandamentos). Além disso, os imperativos independentes se distinguem dos comandos por outras duas razões: porque não se destinam a uma pessoa determinada, posto que não dizem "Você deve fazer isso"; mas "Essa ação deve ser realizada"; e porque são redutíveis em forma de asserção, como quando uma norma do tipo "Não se deve roubar" é expressa na forma equivalente "É evidente que não se deve roubar" ou: "O nosso (o vosso) dever é de não roubar".

Retomando alguns anos depois o mesmo pensamento, Olivecrona, no segundo ensaio citado, insiste na diferença entre comandos e proposições imperativas, considerando os comandos como uma espécie particular de imperativos, e como aquela espécie em que não se podem inserir as normas jurídicas, que, mais uma vez, são caracterizadas em relação aos verdadeiros comandos, sobretudo pela ausência de um sujeito ativo determinado, e são chamadas, com nome mais apropriado, não mais de imperativos independentes, mas de *imperativos impessoais*. Reproduzo aqui a frase decisiva: "De um lado está consolidado que a lei tem caráter imperativo; de outro, que não contém comandos em sentido próprio. Por conseguinte, a lei pertence à categoria que aqui definimos como imperativo impessoal" (p. 460).

A teoria de Olivecrona é uma das muitas tentativas feitas no âmbito da teoria geral do direito de encontrar o atributo característico da norma jurídica em relação a outros tipos de normas, prescindindo de considerações de fim ou de conteúdo, ou seja, num elemento formal. As doutrinas mais comuns foram aquelas que, para encontrar esse atributo característico num elemento formal, basearam-se ora na pluralidade dos destinatários da norma, distinguindo as normas jurídicas como imperativos gerais (ou seja, destinados a uma generalidade de pessoas) dos imperativos individuais, ora na tipicidade da ação comandada, distinguindo as normas jurídicas como imperativos abstratos (ou seja, que regulam uma ação-tipo) dos imperativos concretos. A novidade da doutrina de Olivecrona está no fato de que, mesmo não tendo abandonado a via formal, buscou a caracterização das normas jurídicas não mais no sujeito passivo nem na ação-objeto, mas no sujeito ativo.

Consideramos que também a teoria de Olivecrona, assim como toda tentativa anterior de encontrar o atributo característico das normas jurídicas num elemento formal, esteja destinada ao insucesso. E isso por duas razões: 1) o ordenamento jurídico é um conjunto complexo de regras e, como tal, é composto de regras de diversos tipos: toda teoria reducionista que considere poder identificar a norma jurídica num único tipo de imperativo é unilateral e está destinada a empobrecer arbitrariamente a riqueza da experiência jurídica; 2) ainda que se tenha conseguido fixar um tipo de imperativo que, se não exclusivo, ao menos possa ser considerado predominante no direito, é bem difícil que esse tipo de imperativo não seja encontrado em outras esferas normativas diversas daquela jurídica. Penso que ambos os argumentos podem ser aplicados à doutrina dos imperativos impessoais: por um lado, parece muito difícil demonstrar que todos os imperativos jurídicos sejam impessoais, e bastaria citar a sentença de um pretor (que é sem dúvida um imperativo jurídico, embora se refira a uma pessoa determinada) ou à deliberação de um prefeito, se não quisermos absolutamente recorrer ao caso-limite de uma ordem imposta por um rei absoluto ou por um déspota; por outro lado, mesmo admitindo que todos os imperativos jurídicos sejam impessoais, não se pode negar que existam imperativos impessoais em outros sistemas normativos, e bastaria lembrar os Dez Mandamentos, citados pelo próprio Olivecrona, e as chamadas normas sociais em que a impessoalidade é ainda mais evidente do que nas leis emanadas por um parlamento.

30. O direito como norma técnica

Podemos ainda considerar como um outro exemplo de teoria imperativista exclusiva, embora sob o signo de uma particular aceitação de "imperativos", a doutrina de Adolfo Ravà, segundo a qual o direito é, sim, um conjunto de imperativos, mas de imperativos daquela espécie que, de acordo com Kant (v. seção 23), podem ser chamados de "normas técnicas". Ravà sustentou essa tese, muito conhecida na ciência jurídica italiana, num opúsculo de 1911, intitulado precisamente *Il diritto come norma tecnica*, publicado posteriormente no volume *Diritto e stato nella morale idealistica* (Pádua, Cedam, 1950).

Partindo da distinção kantiana entre imperativos categóricos e imperativos hipotéticos, Ravà sustenta que as normas jurídicas pertencem aos segundos e não aos primeiros; em outras palavras, que o esquema da norma jurídica não é do tipo "Você deve X", mas do tipo "Se você quer Y, deve X". Os argumentos aduzidos por Ravà para sustentar sua tese são principalmente três: 1) as normas jurídicas atribuem não só as obrigações, mas também direitos subjetivos: ora, quer se entenda por "direito subjetivo" uma *faculdade* de fazer ou não fazer juridicamente protegida, quer se entenda uma *pretensão* a obter o cumprimento de uma obrigação alheia, a figura do direito subjetivo é incompatível com uma norma ética; com efeito, a norma ética, que impõe categoricamente uma ação como boa em si mesma, estabelece apenas obrigações (não importa se positivas ou negativas) mas não faculdades ("um lícito moral – diz Ravà – é tão absurdo quanto o seria um lícito lógico", p. 26); e, em segundo lugar, quando estou determinado a agir somente pela pretensão alheia, significa que a ação obrigatória não é boa em si mesma e, portanto, não foi estabelecida por uma norma categórica ("se realmente a norma jurídica ordenasse ações como boas em si mesmas – assim se exprime Ravà a esse respeito –, como seria admissível que depois deixasse uma outra pessoa decidir se elas são obrigatórias ou não?", p. 27); 2) o direito é coercível: ora, uma conduta que é lícito impor com a força não pode ser boa em si mesma, pois quando um comando é acompanhado de uma sanção posso escolher desobedecer ao comando e sujeitar-me à pena, como se a norma fosse formulada da seguinte maneira: "Se você não quer ser punido, deve realizar a ação prescrita"; ao passo que, quando a ação é boa em si mesma, uma escolha desse tipo é impossível ("Se a norma jurídica – assim se lê no livro de Ravà – ordena em certos casos o uso da força, isso só pode ser meio para um fim; ou seja, faz parte do conceito da utilidade e não da moral, da técnica e não da ética", p. 29); 3) em todo ordenamento jurídico existem muitas normas, como aquelas que estabelecem termos, que ordenam manifestamente meios para atingir um fim, e não ações boas em si mesmas, e justamente por esse seu caráter técnico constituem aquele aspecto da elaboração de um ordenamento que se chama *tecnicismo jurídico*. "O caráter instrumental dos termos é tão evidente que só uma observação muito superficial pode ter permitido que escapasse" (p. 31).

A partir desses argumentos Ravà extrai a conclusão de que as normas jurídicas não impõem ações boas em si mesmas e por isso categóricas, mas ações que são boas para alcançar certos fins e, portanto, hipotéticas. A que fim as normas jurídicas tendem? Pode-se responder, em linhas gerais, que esse fim é a *conservação da sociedade*, daí a seguinte definição: "O direito é o conjunto daquelas normas que prescrevem a conduta que os componentes da sociedade devem manter a fim de que a própria sociedade possa existir" (p. 36). Posto esse fim, toda norma jurídica pode ser resolvida na seguinte fórmula de imperativo hipotético: "Se você quer viver em sociedade, deve comportar-se daquele modo que é condição da vida social".

Creio que para tornar plausível a doutrina de Ravà seja necessário distinguir os dois diferentes planos em que ela se estabelece: 1) o plano do ordenamento jurídico no seu todo, enquanto distinto por um ordenamento de normas morais; 2) o plano das normas singulares que compõem um ordenamento jurídico.

No que diz respeito ao primeiro plano, a doutrina de Ravà significa que o ordenamento jurídico no seu todo é um instrumento para atingir um certo objetivo (a paz social). Esse modo de considerar o direito é semelhante ao apresentado por Kelsen quando ele define o direito como uma *técnica da organização social*. Se o direito no seu todo é uma técnica, pode-se muito bem dizer que as normas que o compõem são normas técnicas, ou seja, normas que estabelecem ações que não são boas em si mesmas, mas são boas para alcançar aquele determinado fim a que todo o direito está destinado. Todavia, aqui cabe uma objeção: se o direito no seu todo é um ordenamento normativo técnico, não se distingue de modo algum de ordenamentos normativos como aqueles do jogo e das regras sociais. Para todos esses ordenamentos pode-se dizer, assim como para o ordenamento jurídico, que são ordenamentos normativos instrumentais. Resta ver se é possível introduzir uma especificação ulterior, tendo-se presente a distinção, feita por Kant, entre regras instrumentais de um fim real (ou normas pragmáticas) e regras instrumentais de um fim possível (ou normas técnicas em sentido estrito) (ver seção 23). Então parece possível dizer que o fim do direito, confrontado com o fim do regulamento de um jogo, é um fim real, ou seja, é um fim a que não posso me furtar e cuja realização não é livre, mas obrigatória: a partir daí resultaria que o ordenamento jurídico no seu todo não é composto de normas técnicas em sentido estrito, mas de normas pragmáticas. O que implicaria a modificação da fórmula proposta por Ravà, que não seria mais "Se você quer viver em sociedade, deve comportar-se do modo que as normas jurídicas prescrevem", mas, segundo a fórmula das normas pragmáticas proposta por nós, "Porque você deve viver em sociedade, deve comportar-se do modo que as normas jurídicas prescrevem".

Quanto ao segundo plano, o das normas jurídicas singularmente consideradas, sustentar que elas são normas técnicas tem outro significado. Não significa mais que elas visam obter um certo fim (a paz social), mas que deixam aberta uma alternativa entre seguir o preceito e não alcançar o objetivo a que aquele preceito particular é destinado, e que pode ser concluir um negócio, contrair casamento, transmitir os próprios bens a outros e assim por diante, ou entre seguir o preceito e ir ao encontro de um objetivo que não se queria alcançar, como, por exemplo, uma reparação, um ressarcimento de danos, uma multa, uma pena detentiva. Em outras palavras, quando nos referimos às normas singulares, dizer que elas são técnicas, ou seja, instrumentais, não significa outra coisa a não ser isto: toda norma jurídica caracteriza-se pelo fato de que à sua transgressão se segue uma consequência desagradável, o que comumente se chama de *sanção*. Nesse caso, teoria do direito como norma técnica e teoria da sanção como caráter constitutivo do direito se unem. Já vimos que uma norma sancionada pode ser resolvida na proposição alternativa "Ou você faz X, ou lhe sucederá Y"; mas uma proposição alternativa é sempre redutível a uma proposição hipotética, negando a primeira parte da alternativa: "Se você não fizer X, lhe sucederá Y". O que comporta que uma norma sancionada é sempre redutível a uma norma técnica, em que a ação prevista como meio é aquela regulada pela norma primária, e a ação posta como fim é aquela regulada pela norma secundária.

Deve-se acrescentar que existem duas formulações típicas das normas jurídicas como normas técnicas, segundo os dois diferentes modos típicos com que o legislador, em todo ordenamento, faz operar a sanção. Se definimos a sanção como uma consequência desagradável imputada pelo legislador àquele que transgride as normas primárias, o objetivo de atribuir uma consequência desagradável ao transgressor pode ser alcançado de dois modos: 1) fazendo com que, ao violar a norma, *não se alcance o fim a que se propunha*; 2) fazendo com que, ao violar a norma, *se alcance um fim oposto àquele a que se propunha*. Exemplos do primeiro modo são as normas mais propriamente chamadas de técnicas, ou seja, aquelas que estabelecem as modalidades para a realização de um ato juridicamente válido (como grande parte das normas sobre os contratos e sobre os testamentos): em todos esses casos, se não sigo as modalidades prescritas, não alcanço o objetivo de realizar um ato juridicamente válido, e a sanção consiste justamente nessa ausência do objetivo. Exemplos do segundo modo são as normas cuja transgressão implica a atribuição de uma pena ao transgressor: nesse caso, a transgressão (por exemplo, a prática de um crime, como o furto) leva-me à obtenção de uma meta diversa daquela que eu me havia proposto (em vez de um grande lucro, a reclusão). Em ambos os casos o destinatário da norma é posto diante de uma alternativa. No primeiro caso: "Ou você faz X, ou não obterá Y", em que Y é o fim desejado; no segundo caso: "Ou você faz X, ou obterá Y", em que Y é o fim não desejado. Enquanto redutíveis a proposições alternativas, ambos os tipos de normas são redutíveis a proposições hipotéticas com estas duas diferentes formulações: "Se você não fizer X, *não obterá* Y" e "Se você não fizer X, *obterá* Y". Essas proposições hipotéticas são redutíveis, por sua vez, a normas técnicas, cuja formulação é, para o primeiro tipo, "*Se* você *quiser* Y, deve X"; para o segundo modo; "*Se* você *não quiser* Y, deve X".

31. Os destinatários da norma jurídica

Partindo da teoria imperativista do direito, vimos que no âmbito dos defensores da teoria exclusiva, segundo a qual todas as normas jurídicas são imperativos, foram sendo propostas distinções ou especificações com as quais se procurou individuar, no *genus* dos imperativos, alguns tipos específicos de imperativos que foram considerados mais apropriados para caracterizar a forma particular dos imperativos jurídicos. Buscou-se essa especificação ora na distinção entre imperativos positivos e negativos, ora naquela entre imperativos pessoais e impessoais, ora naquela entre imperativos categóricos e hipotéticos, com referência ora aos diferentes tipos de ação regulada (no primeiro caso, ação positiva ou negativa; no terceiro caso, ação incondicionada ou condicionada), ora ao sujeito ativo (no segundo caso). Resta-nos dizer algo sobre a controvérsia, nascida no seio da teoria imperativista, relativa ao sujeito passivo, que é a conhecida controvérsia sobre os *destinatários* da norma jurídica.

Se a norma jurídica é um imperativo, e por "imperativo" entende-se uma proposição cuja função é determinar o comportamento alheio, não há dúvida de que a norma jurídica é destinada a alguém. Mas a quem? Pode-se extrair da indicação dos destinatários um elemento determinante da norma jurídica? A disputa sobre os destinatários é antiga entre os juristas, e também um pouco desgastada: quem quiser ter uma ideia das principais teorias sustentadas quando essa disputa era viva, leia o livro de G. Battaglini, *Le norme del diritto penale e i loro destinatari* (Roma, 1910). Embora hoje a discussão sobre os destinatários esteja um tanto exaurida, não ousaria estender-me até a solução negativa de Romano[2], segundo o qual o ordenamento jurídico não tem destinatários e, portanto, o velho problema dos destinatários permanece sem solução, pelo simples fato de que não existe: o equívoco, segundo Romano, consiste em ter representado como destinatários aqueles para os quais a lei produz, direta ou indiretamente, consequências, ao passo que, para que uma lei produza efeitos jurídicos para certas pessoas, não é absolutamente necessário que se destine a elas. Todavia, a lei deve destinar-se a alguém para ser uma norma, um imperativo, ou seja, uma proposição cujo efeito é modificar o comportamento alheio. Como se poderia imaginar uma norma sem sujeito passivo, se só podemos falar de norma quando nos referimos a uma proposição destinada a determinar o comportamento alheio? O problema não é saber *se* a norma jurídica tem destinatários, mas *quais* são eles.

O problema dos destinatários, não digo que nasceu, mas por certo intensificou-se quando um jurista da importância de Jhering, em polêmica com o que Binding afirmara poucos anos antes, sustentou que os destinatários da norma jurídica não são os cidadãos, mas *os órgãos judiciários encarregados de exercer o poder coativo*. Jhering partia de uma rígida doutrina estatista e coacionista do direito, com base na qual definia o direito como "o conjunto das normas coativas válidas em um Estado"[3]. Daí resultava que as normas

---

2. *Frammenti di un dizionario giuridico*, Milão, Giuffrè, 1947, pp. 137 ss.
3. *Der Zweck im Recht*, da 2.ª ed. de 1884, 1.º vol., p. 320. A teoria dos destinatários encontra-se nas pp. 336 ss. Existe também uma tradução italiana dessa obra: *Lo scopo del diritto*, organizada por M. Losano, Turim, Einaudi, 1972.

jurídicas propriamente ditas, ou seja, as que constituem um ordenamento normativo fundado na coação, eram aquelas dirigidas aos órgãos judiciários, e em geral a todos os órgãos do Estado, encarregados de colocar essa força em prática, cuja atuação é o único elemento que distingue um ordenamento jurídico de um ordenamento não jurídico. Segundo Jhering, o que distinguia uma norma jurídica não era a sua eficácia externa por parte do povo, mas a sua eficácia interna por parte do Estado; todas as proposições normativas emitidas pelo Estado, mas não reforçadas pela sanção, não eram, para Jhering, normas jurídicas. E, portanto, o que fazia com que uma proposição normativa se tornasse jurídica era o fato de que os juízes teriam o poder e o dever de fazê-la respeitar. Os exemplos de normas que podem servir melhor para esclarecer a tese de Jhering são as extraídas da legislação penal: uma lei penal, como o art. 575 do código penal italiano, "Quem matar alguém será punido com reclusão não inferior a 21 anos", não se destina manifestamente aos cidadãos, mas aos juízes, tanto que de Binding em diante costuma-se dizer que o ato ilícito não é o ato contrário à lei penal, mas é aquele que realiza a hipótese nela prevista. O citado art. 575 não institui uma obrigação de não matar, mas pura e simplesmente uma obrigação de punir, e tal obrigação obviamente não é destinada aos cidadãos, mas aos juízes.

A tese de Jhering foi sustentada periodicamente sobretudo pelos autores que enfatizam o elemento da coação como elemento constitutivo do direito. Basta-nos lembrar aqui o mais autorizado dos teóricos contemporâneos do direito, Kelsen, que, ao enfrentar o problema da distinção entre a norma primária destinada aos súditos, como "Não se deve roubar", e a norma secundária, destinada aos órgãos do Estado, como "Quem rouba deverá ser punido com a reclusão", sustenta que a norma primária, ou seja, aquela que institui um ordenamento como ordenamento jurídico, é a norma que geralmente se chama de secundária, e se exprime da seguinte maneira: "A norma que determina a conduta que evita a coação (conduta que o ordenamento jurídico tem como objetivo) tem o significado de norma jurídica somente quando se pressupõe que com ela se deva exprimir, de forma abreviada por comodidade de exposição, o que só a proposição jurídica enuncia de modo correto e completo, ou seja, que à condição da conduta contrária deva seguir-se um ato coativo como consequência. *Essa é a norma jurídica na sua forma primária*. A norma que ordena o comportamento que evita a sanção pode valer somente *como norma jurídica secundária*"[4].

Recentemente, Allorio reforçou energicamente, ao menos no que diz respeito ao ordenamento estatal (mas Allorio não considera que o ordenamento estatal seja o único ordenamento jurídico possível), o conceito de que os destinatários são apenas os órgãos do Estado, ou melhor, faz desse caráter o critério distintivo dos ordenamentos paritários em relação aos ordenamentos autoritários, escrevendo "que se pode distinguir (no ordenamento estatal) a existência de uma caracterização definida [...] do conteúdo de todas as normas jurídicas, no sentido de que, no âmbito de tal ordenamento, não há lugar para nenhuma norma que não seja destinada a órgãos do Estado". Aos que objetam que há duas normas, a que impõe aos súditos um certo comportamento e a que impõe aos órgãos do Estado intervir caso esse comportamento não seja observado, o autor responde que ainda assim seria preciso explicar "por que o dever do particular não pode existir sozinho"[5].

A última frase de Allorio exprime o núcleo de verdade da teoria que, no ordenamento jurídico considerado como ordenamento coativo, considera como normas jurídicas apenas as destinadas aos órgãos encarregados de pôr em prática o poder coativo. Esse núcleo de verdade pode ser resumido do seguinte modo: posto o ordenamento jurídico como or-

---

4. *Teoria pura del diritto*, trad. it., Turim, Einaudi, p. 46. [Trad. bras. *Teoria pura do direito*, São Paulo, Martins Fontes, 7ª ed., 2006.]
5. E. ALLORIO, "La pluralità degli ordinamenti giuridici e l'accertamento giudiziale", in *Riv. dir. civ.*, I, 1955, p. 279.

denamento coativo, ele pode consistir exclusivamente de normas destinadas aos órgãos do Estado; em outras palavras, pode-se perfeitamente imaginar um ordenamento jurídico em que não existam outras normas além das que se costuma chamar de secundárias. O que significa que as normas destinadas aos súditos, ou seja, as normas primárias, não são necessárias. Por outro lado, um ordenamento constituído apenas de normas primárias não poderia ser considerado um ordenamento jurídico, se por ordenamento jurídico se entende um ordenamento com eficácia reforçada por meio da sanção, que implica colocar em prática normas destinadas aos juízes.

O fato de existir nessas afirmações um núcleo de verdade não significa que a tese de Jhering seja aceitável sem reservas. Considero que à doutrina dos órgãos estatais como únicos destinatários podem-se opor algumas objeções: 1) é possível um ordenamento jurídico composto de normas destinadas apenas aos órgãos judiciários; mas, efetivamente, os ordenamentos jurídicos estatais também compreendem normas destinadas tanto aos juízes quanto aos cidadãos; se deixarmos de lado por um momento as leis penais (que, como a própria palavra diz, são leis que cominam penas) e observarmos os artigos do código civil, não será difícil encontrar normas destinadas aos cidadãos, ou seja, normas primárias que estabelecem não um tipo de sanção, mas um tipo de comportamento, cuja violação implica (mas não necessariamente) uma sanção; 2) dizer que essas normas existem, sim, mas não são normas jurídicas significa sustentar que a juridicidade de uma norma resulta do fato de que o comportamento contrário àquele previsto implica consequências atribuídas pela norma secundária, ao passo que consideramos que a juridicidade de uma norma singular (como veremos melhor também no capítulo seguinte) se identifica com sua validade, ou seja, resulta exclusivamente do fato de pertencer a um sistema jurídico, o que importa simplesmente que ela tenha sido criada por quem, no sistema, tinha o poder de produzir normas jurídicas, e não há dúvida de que as normas primárias podem gozar, do mesmo modo que as normas secundárias, dessa característica; 3) as normas secundárias não são normas últimas, pois muitas vezes são seguidas de normas que chamaremos terciárias, ou seja, de normas que atribuem uma sanção à transgressão da norma secundária; se respondêssemos que nesse caso a norma jurídica é aquela terciária e não a secundária (em função de primária), estaríamos arriscados a ter de remontar cada vez mais para trás e seríamos obrigados a sustentar que a única norma jurídica do sistema é a norma fundamental; sendo assim, tanto faz começar a reconhecer como jurídicas as primeiras normas com que deparamos, e que são as normas primárias; se efetivamente sustentarmos que as normas primárias não são jurídicas porque se limitam a fixar o pressuposto para a entrada em vigor de uma outra norma, é provável que seremos obrigados a não nos deter nas normas secundárias, e a concluir que a única norma jurídica é a norma fundamental, pois sua transgressão não remete a nenhuma outra norma do sistema; 4) se é verdade que um ordenamento jurídico é um ordenamento normativo com eficácia reforçada (como veremos no próximo capítulo), isso não exclui o fato de que ele também conte com a eficácia simples, vale dizer, com a adesão às normas destinadas aos cidadãos e que, portanto, aquelas normas, que por serem destinadas aos cidadãos são chamadas de primárias, tenham a sua razão de ser no sistema, e de fato todo sistema jurídico, ainda que não as estabeleça explicitamente (como num código penal), as pressupõe, e conta com a sua eficácia.

32. Imperativos e permissões

Até aqui examinamos as teorias exclusivas. Teorias mistas são aquelas que admitem que em todo ordenamento jurídico existem imperativos, mas negam que todas as proposições componentes de um sistema jurídico sejam imperativos

TEORIA DA NORMA JURÍDICA

ou redutíveis a imperativos. A mais antiga das teorias mistas é aquela que considera, paralelamente às normas imperativas, as chamadas *normas permissivas*, ou seja, paralelamente às normas que impõem *deveres*, as normas que atribuem *faculdades* (ou permissões).

Observamos em primeiro lugar que, diante da distinção entre imperativos positivos e negativos, assim como houve quem acreditou poder afirmar que as normas jurídicas são todas imperativos negativos, da mesma forma, diante dessa nova distinção capital entre normas imperativas e normas permissivas, houve quem sustentou que a essência do direito é o *permitir* e não o *comandar*, e que nessa propriedade deve ser buscada a diferença entre o direito e a moral. Trata-se da conhecida tese de Fichte, que, no seu tratado de direito natural de inspiração kantiana (*Lineamenti di diritto naturale*, 1796), estabeleceu a diferença entre direito e moral nos seguintes termos: a lei moral *comanda* categoricamente aquilo que se deve fazer, a lei jurídica *permite* aquilo que se pode fazer: de um lado, a lei moral não se limita a permitir que se faça o que ela quer, mas o impõe; de outro, a lei jurídica nunca ordena que se exerça um direito. Essa tese de Fichte pode ser considerada uma teoria exclusiva no sentido oposto à teoria exclusiva imperativista: enquanto esta afirma que todas as normas jurídicas são imperativos, aquela afirma que nenhuma norma jurídica é um imperativo. É uma espécie de exasperação da teoria mista que estabelece paralelamente às normas imperativas também aquelas permissivas, e, como todas as teorias extremas, não é sustentável. Basta observar que a atribuição de um direito (subjetivo) e a imposição de um dever são momentos correlatos do mesmo processo: uma norma que impõe um dever a uma pessoa atribui ao mesmo tempo a outra pessoa o direito de exigir seu cumprimento, assim como uma norma que atribui um direito impõe ao mesmo tempo a outros o dever de respeitar o seu livre exercício ou de permitir a sua execução. Em outras palavras, direito e dever são as duas faces da relação jurídica, sendo que uma não pode existir sem a outra. Dizer que o direito permite e não comanda significa observar o fenômeno jurídico de um único ponto de vista e, portanto, não se dar conta de que o direito só *permite, uma vez que, ao mesmo tempo, também comanda.* Prescindindo da teoria permissiva exclusiva, consideramos que também a teoria permissiva parcial, ou seja, aquela que critica a teoria da imperatividade apoiando-se na presença das normas permissivas (e aqui entendemos por "normas permissivas", em sentido estrito, aquelas que atribuem faculdades, isto é, determinam esferas de liceidade paralelamente às esferas do comandado e do proibido), não atinge o alvo. Não temos nada a objetar sobre o fato de que em todo ordenamento existem normas permissivas ao lado daquelas imperativas. Basta abrir um código para perceber isso: "Tornando-se exequível a sentença que declara a morte presumida, o cônjuge *pode contrair novo casamento*" (art. 65 do Código Civil italiano); "*Pode-se eleger domicílio* especial para determinados atos ou negócios" (art. 47 do Código Civil italiano). A pergunta que nos fazemos é outra: a presença de normas permissivas pode ser considerada um argumento contra a imperatividade do direito? O problema se desloca da mera constatação da existência de normas permissivas para a sua função. Ora, a função das normas permissivas é a de fazer com que um imperativo deixe de existir em determinadas circunstâncias ou com referência a determinadas pessoas e, portanto, *as normas permissivas pressupõem as normas imperativas*. Se não se partisse do pressuposto da imperatividade, não haveria necessidade, em determinadas circunstâncias e em relação a determinadas pessoas, de fazer com que não existisse o imperativo, ou seja, de permitir. Onde não se pressupõe um sistema normativo imperativo, as ações permitidas são aquelas que não requerem nenhuma norma para ser reconhecidas, uma vez que vale o postulado de que "tudo o que não é proibido ou comandado é permitido". Onde intervêm normas permissivas é sinal de que existe um sistema normativo imperativo que admite exceções em determinados casos e que, portanto, o postulado de que se parte é o oposto do anterior, ou seja: "Tudo é proibido ou comandado, exceto aquilo que é (expressamente) permitido". Se nos reportamos aos exemplos citados acima, é fácil constatar que a norma permissiva do art. 65 tem razão de ser, já que a regra normativa pressuposta é a proibição de contrair um segundo casamento enquanto um dos cônjuges estiver vivo; assim como a norma permissiva do art. 47 pressupõe a proibição geral de ter vários domicílios. Antes de introduzir algumas outras distinções, vamos fazer ainda duas observações. Em primeiro lugar, as normas permissivas podem ser diferenciadas com base no fato de que carecem de um *imperativo precedente* no tempo, e nesse caso funcionam como *normas ab-rogantes*, ou um de *imperativo contemporâneo*, e nesse caso funcionam geralmente como *normas derrogantes*. Um exemplo de norma permissiva ab-rogante: "As pessoas às quais se impôs ou que obtiveram a mudança do próprio sobrenome, com base nos artigos 2º, 3º e 4º da Lei nº 1.055, de 13 de julho de 1939, podem recuperar o nome que possuíam anteriormente" (D.L.L. de 19 de outubro de 1944, art. 2º). Um exemplo de norma permissiva derrogante: "A mulher só pode contrair casamento após trezentos dias etc. (essa é a parte imperativa da norma). *A proibição cessa* do dia em que a mulher parir" (essa é a parte permissiva que derroga a proibição em uma determinada circunstância) (art. 89 do Código Civil italiano).

Em segundo lugar, as normas permissivas podem ser diferenciadas, como as imperativas, em *positivas e negativas*: as primeiras são as que permitem fazer; as segundas, as que permitem não fazer. Como veremos melhor no último capítulo, dedicado precisamente à classificação das normas, as normas permissivas positivas são *aquelas que negam um imperativo negativo* (ou proibição), as normas permissivas negativas são *aquelas que negam um imperativo positivo* (ou comando). As ações previstas pelas primeiras são mais especificamente chamadas de *permissivas*, as ações previstas pelas segundas são mais propriamente chamadas de *facultativas*: que numa determinada zona a caça seja permitida significa que não é proibida; que uma matéria do *curriculum* dos estudos seja facultativa significa que não é obrigatória. Exemplo de norma permissiva positiva: "Se o marido transferiu seu domicílio para o exterior, a esposa pode estabelecer no território do Estado o próprio domicílio" (art. 45 do Código Civil italiano): essa norma atribui uma permissão de fazer como exclusão de uma obrigação de não fazer. Exemplo de normas permissivas negativas: "Salvo o disposto para a hipoteca legal, o marido não é obrigado a dar caução para o dote que recebe, se não estiver obrigado a fazê-lo no ato de constituição dotal" (art. 186 do Código Civil italiano): essa norma atribui uma permissão de não fazer como exclusão de uma obrigação de fazer.

33. Relação entre imperativos e permissões

Na seção anterior vimos que as normas permissivas são necessárias quando se pressupõe um sistema de imperativos que geram, em determinadas circunstâncias ou por determinadas pessoas, uma ab-rogação ou uma derrogação. Vamos acrescentar agora que, quando não se pressupõe um sistema de imperativos, a situação da permissão resulta da *ausência de normas*; no sentido de que é permitido ou lícito tudo o que não é nem proibido nem comandado. Imperativos e permissões estão em relação de negação recíproca entre si: as normas imperativas limitam a situação originária de liceidade de fato ou natural; as normas permissivas limitam, por sua vez, as situações de obrigatoriedade produzidas por normas imperativas positivas ou negativas. Pode-se descrever a evolução histórica de um sistema normativo do seguinte modo.

Vamos partir da hipótese (hipótese, é claro, totalmente abstrata) de uma condição humana em que ainda não exista um sistema normativo. Essa situação pode ser definida com a fórmula: *tudo é lícito*; e representada simbolicamente da seguinte maneira:

TEORIA DA NORMA JURÍDICA

1. *esfera do lícito*

Essa hipótese é a do *estado de natureza* no significado hobbesiano, ou seja, de um estado em que não existem leis civis e, portanto, não existem deveres, mas apenas direitos, e todo indivíduo tem direito sobre todas as coisas (*ius in omnia*). A passagem do estado de natureza ao estado civil ocorre através da limitação da esfera primitiva de liceidade natural (caracterizada pela ausência de normas imperativas), e essa limitação é o efeito da criação, por parte do poder supremo, de normas imperativas, primeiro negativas e depois positivas (segundo a progressão examinada na seção 27). A situação que vem a se criar pode ser representada simbolicamente da seguinte forma:

2. *esfera do*   *esfera do*   *esfera do*
   proibido   *lícito*   *comandado*

Imaginando-se que a esfera do proibido e do comandado se estenda em detrimento da esfera do lícito, podemos supor (hipótese também totalmente abstrata) uma situação em que a esfera do lícito desapareça completamente, e se dê lugar àquela situação-limite em que todo comportamento seja ou proibido ou comandado e nenhum seja lícito, e que pode ser representada do seguinte modo:

3. *tudo é obrigatório*

Essa hipótese é a do *Estado totalitário*, ou seja, daquele Estado em que todo ato do cidadão é regulado por normas imperativas. A hipótese do Estado totalitário é diametralmente oposta à do estado de natureza: uma representa o ideal do Estado completamente realizado, que suprimiu toda liberdade natural; a outra representa a hipótese da anarquia, ou seja, da total ausência do Estado. É desnecessário repetir que a realidade histórica não conhece situações correspondentes nem a uma hipótese nem a outra. Assim como não é possível um Estado que seja tão onipotente e invasivo a ponto de regular todo comportamento dos cidadãos, da mesma forma não é possível uma condição humana em que não exista um núcleo de normas imperativas que delimitem as esferas de liberdade de cada um. A realidade histórica conhece apenas situações em que a esfera do lícito convive com a esfera do obrigatório; e, quando muito, as diversas situações se diferenciam segundo a diferente extensão das duas esferas. Chamamos de Estado liberal aquele em que é deixada a máxima extensão à esfera da liceidade em relação àquela da imperatividade, e Estado não liberal aquele em que a esfera da imperatividade se estende em detrimento da esfera da liceidade.

Partimos da hipótese do estado de natureza e chegamos, por meio de sucessivas limitações operadas por normas imperativas, à hipótese oposta do Estado totalitário. Mas, tendo em vista que no âmbito de hipótese abstrata a escolha do ponto de partida é indiferente, podemos representar o caminho inverso. Sendo assim, podemos considerar como hipótese inicial aquela de uma sociedade em que tudo seja imperativamente regulado:

4. *tudo é obrigatório*

Com a introdução sucessiva de normas permissivas que ab-rogam e derrogam as normas imperativas, vem a se formar uma esfera de liceidade compreendida entre as obrigações positivas e as obrigações negativas de modo a dar origem à seguinte figura:

5. *esfera do*   *esfera do*   *esfera do*
    proibido   *lícito*   *comandado*

Essa figura difere da 2 pelo fato de que lá a esfera do lícito é representada pelo lícito natural, ou seja, pelo que é lícito por ausência de normas; aqui, por sua vez, a esfera do lícito é o resultado de uma limitação dos imperativos introduzida por normas permissivas. As duas diferentes situações, representadas pelas figuras 2 e 5, podem ser formuladas do seguinte modo, a primeira: *Tudo é permitido, exceto o que é proibido* (ou comandado); a segunda: *Tudo é proibido* (ou comandado), *exceto o que é permitido*.

Convém ter presente essas duas fórmulas: elas foram adotadas para designar dois tipos de Estado, ambos correspondentes a situações históricas e, portanto, distantes dos dois extremos da anarquia e do Estado totalitário. A primeira fórmula designa o *Estado liberal*, ou seja, aquele Estado que parte do pressuposto da liberdade natural ("Tudo é permitido"), mas admite que a liberdade natural possa ser limitada por meio de normas imperativas mais ou menos amplas de acordo com as circunstâncias ("exceto aquilo que é proibido"). A segunda fórmula designa o *Estado socialista*, ou seja, aquele Estado que parte do pressuposto da não liberdade do indivíduo, uma vez que o indivíduo é parte de um todo (a sociedade) que o transcende ("Tudo é proibido"), salvo para introduzir, caso a caso, mediante normas permissivas, esferas particulares e bem delimitadas de liceidade ("exceto aquilo que é permitido")[6]. Vamos considerar, por exemplo, o instituto da propriedade: num Estado liberal, a propriedade individual é considerada um direito natural, isto é, um direito preexistente à formação do Estado, e a função do Estado é delimitar sua extensão por meio de uma regulamentação imperativa; num Estado socialista, ao contrário, a propriedade individual é em princípio proibida, salvo quando reconhecida em determinados casos por meio de normas permissivas. Sombart, a quem se atribui essa caracterização do Estado liberal e do Estado socialista, concluía que no primeiro a esfera do permitido prevalece sobre a do obrigatório; no segundo, ao contrário, a esfera do obrigatório prevalece sobre a do permitido.

---

6. A distinção entre Estado liberal e Estado socialista, com base nas duas formulações acima indicadas, foi feita por W. SOMBART, *Il socialismo tedesco*, Florença, Vallecchi, 1941, pp. 83 ss.

Como toda redução de uma situação complexa a fórmula simples, também essa dupla caracterização deve ser aceita com muita cautela. Estaríamos talvez mais próximos da realidade se disséssemos que em todo Estado há situações correspondentes à primeira fórmula, em que o pressuposto é a liberdade natural, e situações correspondentes à segunda fórmula, em que o pressuposto é a ausência de liberdade, e que, quando muito, se possam distinguir Estados em que prevalecem as primeiras e outros em que prevalecem as segundas. Essa diferença de situações corresponde, *grosso modo*, à tradicional distinção entre a esfera do direito privado e a do direito público. Quando lemos o código civil, temos em mente o pressuposto de que tudo aquilo que nele não está prescrito é permitido; quando lemos o texto de uma constituição, temos em mente outro pressuposto, o de que tudo aquilo que nela não está expressamente autorizado é proibido. Em outras palavras, diríamos que na esfera da regulamentação da autonomia privada vale o postulado de que tudo é permitido, exceto aquilo que é proibido, enquanto na esfera da regulamentação dos órgãos públicos vale o postulado oposto de que tudo é proibido, exceto aquilo que é expressamente permitido. A distinção não tem valor puramente teórico: em caso de lacuna, se um sistema de imperativos se rege pelo primeiro postulado, resulta que o comportamento não previsto deve ser considerado permitido; se se rege pelo segundo, o comportamento não previsto deve ser considerado proibido.

34. Imperativos e regras finais

Entre as teorias mistas é preciso lembrar, para completar, aquela sustentada por Brunetti, ainda que ele não coloque sua doutrina entre as doutrinas mistas, mas a considere uma teoria integral da norma jurídica. Brunetti, após ter criticado a teoria negativa (que veremos na próxima seção), também critica a tese segundo a qual todas as normas de um sistema jurídico são imperativos. Só que ele não segue o caminho das outras doutrinas mistas, ou seja, o de considerar, paralelamente às normas imperativas, as normas permissivas. O caminho que ele segue é o de considerar como não imperativas um tipo de norma jurídica que ele chama de *regras finais*[7].

Por "regras finais" Brunetti entende o mesmo que imperativos hipotéticos ou normas técnicas de Kant, vale dizer, aquelas regras que, como ele declara, não exprimem uma necessidade absoluta, mas apenas final ou teleológica, ou, nas suas palavras, não impõem uma ação como boa em si mesma, mas como boa para alcançar um determinado fim: "Se quer chegar cedo, deve andar depressa". Seria essa teoria uma repetição da teoria de Ravà, de que falamos na seção 29? O próprio Brunetti esclarece a diferença: a teoria de Ravà tem em vista a definição do direito no seu todo; a sua teoria das regras finais tem o objetivo de caracterizar certas normas jurídicas em relação a outras normas. O que Brunetti acrescenta à definição tradicional das normas técnicas é o seguinte: *as normas técnicas* (ou regras finais) *não são imperativos*. Portanto, se num ordenamento jurídico deparamos com regras finais, isso deve levar-nos a afirmar que nem todas as regras que compõem um ordenamento são imperativos.

Segundo Bruneti, as regras finais não devem ser confundidas com os imperativos, pois não limitam a minha liberdade de agir, uma vez que sou livre para escolher o fim que elas me propõem. Essas regras estabelecem um dever, que, para distingui-lo do dever decorrente dos imperativos propriamente ditos, pode ser denominado de *dever livre*. A diferença entre comandos e regras finais revelar-se-ia, segundo Brunetti, sobretudo em relação à sua respectiva execução: diante de um comando, ser livre significa ter a possibilidade de violá-lo; diante de uma regra final, ser livre significa a pos-

---

7. Ver a obra *Norme e regole finali nel diritto*. Turim, Utet, 1913, útil também pela exposição e crítica das principais doutrinas sobre a norma jurídica.

sibilidade de não fazer o que ela prescreve sem violá-la. Tomemos um exemplo típico de regra final: aquela que prescreve as modalidades do testamento hológrafo. Para Brunetti, essa regra não é um comando, seja porque não impõe que eu faça o testamento hológrafo, mas me deixa perfeitamente livre para fazê-lo ou não, seja porque, não a executando (ou seja, não fazendo o testamento hológrafo), não a violo, portanto, não pratico um ato ilícito. Brunetti aplica essa sua doutrina da regra final à explicação da *relação obrigatória*: ao direito do credor não corresponderia, como sustenta a doutrina tradicional, o dever do devedor, mas o dever do Estado de satisfazer o interesse do credor. Esse dever do Estado deriva de um verdadeiro imperativo destinado aos órgãos judiciários. Mas desse dever do Estado nascem duas regras finais, uma destinada ao devedor: "Se não quer que o Estado intervenha etc., deve cumprir a prestação", a outra ao credor: "Se quer que o Estado intervenha etc., deve promover o pedido".

Consideramos que a teoria de Brunetti também não consegue suprimir a doutrina da imperatividade do direito. De resto, na seção 23 já expusemos as razões pelas quais acreditamos que as normas técnicas, que se encontram em um ordenamento jurídico, são verdadeiros imperativos. A questão, assim como Brunetti apresenta, é meramente uma questão de palavras: se tomamos o termo "imperativo" como sinônimo de "comando", e entendemos por "comandos" apenas os "imperativos categóricos", as regras finais, que em nada diferem dos imperativos hipotéticos, não podem ser chamadas nem de imperativos nem de comandos. Mas se aceitamos uma acepção mais ampla de imperativo e a tomamos como um sinônimo de proposição prescritiva (como sem dúvida a entendia Thon), e entendemos por "proposição prescritiva", como fizemos até aqui, uma proposição cuja função seja a de dirigir a ação alheia, não há dúvida de que as regras finais podem ser chamadas de imperativos, pois, embora de maneira subordinada à escolha do fim, dirigem a ação na execução dos meios.

De resto, os argumentos aduzidos por Brunetti para distinguir as regras finais dos imperativos não são muito convincentes. O autor fala de *dever livre* em oposição a dever necessário. Ora, a expressão "dever livre" é uma *contradictio in adiecto*: na verdade o que é livre, nas regras finais, é o fim, mas o fim, justamente por ser livre, não é obrigatório; o que é obrigatório é o meio, mas justamente pelo fato de ser obrigatório, uma vez escolhido o fim, deixa de ser livre. Quanto à característica relativa à execução, o que Brunetti diz sobre as regras finais deriva de uma confusão entre a norma que prescreve os meios, que é prescritiva, e a norma que diz respeito ao fim, que ou não existe ou é permissiva: se não faço testamento, certamente não violo a norma que estabelece as modalidades para fazer testamento, não porque essa norma não seja imperativa, mas porque meu comportamento não incide nos comportamentos regulados por ela; em outras palavras, porque a norma em questão, no que diz respeito à minha decisão de fazer testamento, não é a norma imperativa que prescreve suas modalidades, mas a norma permissiva que também admite a liceidade de não fazer testamento. Uma vez tomada a decisão de fazer testamento, não estou mais absolutamente livre para não fazer o que a regra final prescreve; ou, se se preferir, sou livre, mas se o fizer violo a norma, não diferentemente daquilo que acontece em relação a qualquer outra norma que Brunetti chamaria de imperativa.

35. Imperativos e juízos hipotéticos

E agora vamos tratar das teorias negativas, ou seja, das teorias que negam que as normas jurídicas são imperativos. A primeira e mais radical formulação das teorias negativas remonta a Zitelmann, que com sua crítica pretendeu responder aos entusiasmos imperativistas de Thon. Segundo esse autor, toda proposição jurídica pode resolver-se na fórmula "Se...., você deve". Ora, para ele, uma proposição desse tipo tem o caráter de uma asserção, ou seja, é um juízo, em particular um juízo hipotético, ou seja, é "uma asserção sobre uma relação já existente". E um juízo, segundo os ditames da lógica clássica, não é um comando. A tese da norma jurídica como juízo hipotético foi acolhida, embora com diferentes argumentos, por Kelsen e, portanto, a doutrina anti-imperativista identifica-se em geral com a doutrina kelseniana. Contra o imperativismo Kelsen desenvolveu certos argumentos críticos, que para alguns pareceram decisivos, a partir da sua primeira obra importante, os *Hauptprobleme der Staatsrechtslehre* (1911) (Ver 2.ª ed., 1923, pp. 189 ss.). Seu ponto de partida era uma definição demasiado restrita de "comando" (mais uma vez observa-se a importância das definições iniciais nessas disputas e, portanto, em que medida essas questões são questões de palavras): ele entendia por "comando" a expressão imediata de uma vontade destinada a modificar uma vontade alheia, e até aqui não dizia nada de particularmente diferente daquilo que repetidamente se disse neste curso sobre as proposições prescritivas; mas depois acrescentava – e com isso introduzia uma limitação – que estava na natureza dos comandos *não conter nenhuma garantia de que o comportamento alheio fosse efetivamente modificado.* A partir dessa definição restritiva de comando extraía a consequência de que era possível falar de "comando" em relação aos imperativos morais, pois, sendo autônomos, não existe uma vontade dirigida a uma vontade alheia, mas uma única vontade dividida ou duas direções diversas da mesma vontade, mas não se podia falar delas em relação às normas jurídicas que, por serem heterônomas (o Estado comanda e os súditos obedecem), necessitam de uma garantia de que a vontade dos súditos se ajuste àquela do Estado, garantia que o comando enquanto tal (ou seja, na definição restrita de Kelsen) não pode dar, e pode ser alcançada apenas por meio da sanção. Uma vez posta a sanção, o que o Estado quer não é mais aquele determinado comportamento dos súditos, mas um determinado comportamento dos próprios órgãos encarregados de exercer a coação, motivo pelo qual o comportamento dos súditos não é mais, enquanto lícito, o *conteúdo* da vontade estatal, mas sim, enquanto ilícito, a *condição* da atividade sancionadora do Estado.

A crítica à teoria imperativista, de um lado, entendida como teoria que via nas leis um comando dirigido aos súditos, e a interdependência estabelecida entre o conceito de direito e o de sanção (é norma jurídica somente aquela sancionada), conduziam Kelsen a atribuir à norma jurídica o caráter não mais do comando, mas do *juízo hipotético*, voltado a estabelecer um nexo entre uma *condição* (o ilícito) e uma *consequência* (a sanção), na seguinte fórmula: "Se é A, deve ser B" (em que A representa o ilícito e B a sanção). Entre outras coisas, essa redução da norma jurídica ajudava Kelsen a resolver a tradicional questão da diferença entre direito e moral: as normas morais, essas sim, são comandos; as normas jurídicas, por sua vez, são juízos. A autonomia do direito perante a lei moral era assegurada, assim se exprimia, "fazendo com que a norma jurídica, *contrariamente à doutrina tradicional*, seja entendida não como imperativo à guisa da norma moral, mas sim como *juízo hipotético* que exprime a relação específica de um fato condicionante com uma consequência condicionada"[8].

De resto, o fato de as normas jurídicas serem juízos hipotéticos, e como tais distintas das normas morais, não significa, para Kelsen, que sejam asserções ou proposições descritivas. Kelsen distingue as normas jurídicas das leis morais, mas as distingue igualmente das leis científicas (as leis de que falam os físicos, os químicos, os biólogos etc.). Mesmo estas últimas podem resolver-se em juízos hipotéticos que estabelecem uma relação constante entre uma condição (*a causa*) e uma consequência (*o efeito*), mas a ligação que une as duas partes do juízo é constituída pelo verbo *ser*, enquanto a ligação em uma norma é o verbo dever. A lei científica diz: "Se é A, é também B"; a lei jurídica: "Se é A,

---

8. *Teoria pura del diritto*, trad. it., Turim, Einaudi, 1952, p. 40.

deve ser B". Enquanto o nexo que une A a B em uma lei científica é um nexo de *causalidade*, no sentido de que A é a causa de B, e B é o efeito de A, o nexo que une A e B em uma lei jurídica é um nexo, como Kelsen o chama, de *imputação*, no sentido de que a consequência B não é o efeito da condição A, mas é imputada a A por um fato humano, mais precisamente por uma norma. Com as mesmas palavras de Kelsen: "A conexão entre causa e efeito é independente do ato de um ser humano ou super-humano. Por sua vez, a conexão entre um ilícito e a sanção jurídica é estabelecida por um ato, ou por atos humanos, por um ato que produz direito, ou seja, por um ato cujo significado é uma norma"[9].

Não estamos enfatizando a importância da distinção entre relação de causalidade e relação de imputação para a compreensão da diferença entre a ordem física e a ordem normativa. A importância revela-se sobretudo quando adquirimos consciência dos erros causados pela confusão das duas ordens, que Kelsen atribui à mentalidade primitiva. É próprio de uma concepção primitiva, pré-científica do mundo, confundir a ordem física com a ordem normativa, e considerar, portanto, um fenômeno não como o efeito de um outro fenômeno, mas como uma sanção imputada a um agente por uma norma (emanação de uma vontade superior), confusão que não nos leva a questionar diante de um fenômeno natural: "Qual sua causa", mas: "De quem é o mérito ou de quem é a culpa?" (conforme o fenômeno seja valorado como útil ou desvantajoso). O que precisamos enfatizar é que essa diferença entre relação causal e relação de imputação reintroduz a diferença entre o descritivo e o prescritivo, que a polêmica contra o imperativismo levou muitos a acreditar abandonada por Kelsen. Pode-se dizer efetivamente que a distinção das duas relações está no fato de que a primeira não é voluntária, não depende de uma autoridade que a tenha estabelecido; a segunda é voluntária,

---

[9]. Do ensaio *Causalità ed imputazione*, publicado em apêndice à *Teoria pura del diritto*, cit., p. 181.

depende de uma autoridade que a estabeleça; e, ainda, que a primeira remete a uma determinação necessária, a segunda a uma deliberação voluntária e, portanto, a uma *prescrição*. Desse modo, resulta que a diferença entre a norma jurídica e a lei natural é uma diferença essencial, no sentido de que ambas pertencem a duas ordens diversas (a ordem das relações causais e a ordem das relações imputadas), enquanto a diferença entre a norma jurídica e a norma moral é uma simples diferença de grau no âmbito da mesma ordem normativa, no sentido de que a lei moral é uma prescrição com eficácia imediata, a lei jurídica é uma prescrição com eficácia mediata, ou seja, é uma prescrição cuja eficácia não depende da norma que prescreve um comportamento, mas da norma que prescreve a consequência desfavorável (a sanção) de um comportamento considerado como ilícito. Se o *proprium* da norma jurídica é, como dissemos até agora, o fato de pertencer à categoria das proposições prescritivas, a teoria de Kelsen, para a qual a norma jurídica se resolve em um juízo hipotético, não é uma teoria contrária à tese da norma jurídica como prescrição, pois o juízo em que se exprime a norma é sempre um juízo hipotético prescritivo, e não descritivo, ou seja, um juízo que na sua segunda parte contém uma prescrição ("... deve ser B"). Em suma, a teoria anti-imperativista de Kelsen não pode ser considerada uma teoria negativa no sentido de que, negando às normas jurídicas a qualidade de prescrições, as transforme em asserções, mas somente no sentido limitado, e irrelevante para a tese até aqui sustentada, que as transforma em prescrições diferentes das prescrições morais, mas em definitivo, o que mais importa aos fins da nossa pesquisa, prescrições. De resto, o próprio Kelsen parece ter atenuado o anti-imperativismo nas obras posteriores, quando escreve: "O legislador usa frequentemente o futuro, afirmando que um ladrão *será* punido desta ou daquela maneira. Ele pressupõe então que o problema relativo a quem seja o ladrão já tenha sido resolvido alhures, na mesma lei ou em alguma outra. A frase 'será punido' não implica a predição de um evento futuro – o legislador não é um profeta –, mas um *imperativo* ou um *comando*, tomando tais termos em sentido figurado. O que a autoridade que cria a norma entende é que a sanção *deve* ser executada contra o ladrão, quando se verifiquem as condições para a sanção."E um pouco mais adiante, ao pretender distinguir as normas jurídicas das proposições da ciência jurídica, chama estas últimas de proposições descritivas e esclarece que "as normas jurídicas emanadas das autoridades que produzem o direito *são preceptivas*"[10]. E é justamente o que gostaríamos de demonstrar.

36. Imperativos e juízos de valor

Uma formulação diferente da teoria antiimperativista é a que define as normas jurídicas não como juízos hipotéticos, mas como *juízos de valor*, ou *juízos de valoração*, ou, mais resumidamente, *valoração*. É uma doutrina que teve muito êxito, tanto no passado como hoje, entre os juristas italianos[11]. Perassi, por exemplo, fala da norma jurídica como de "cânones que valoram um comportamento do indivíduo na vida em sociedade"[12]; Giuliano define as normas jurídicas como "juízos de valor, juízos sobre o comportamento (e sobre a conduta) de determinados consociados diante da (ou em decorrência da) verificação de determinadas situações, de determinados eventos, mais genericamente de determinados fatos"[13]. Em Giuliano a definição da norma jurídica como juízo de valor tem uma nítida função polêmica contra o imperativismo. O autor fala explicitamente da "profunda

---

10. *Teoria generale del diritto e dello stato*, trad. it., Milão, Comunità, 1952, p. 45. [Trad. bras. *Teoria geral do direito e do Estado*, São Paulo, Martins Fontes, 4.ª ed., 2005.]

11. Para um exame exaustivo dessa doutrina, remeto ao estudo recente de E. DI ROBILANT, "Osservazioni sulla concezione della norma giuridica come giudizio di valore", in: *Riv. trim. dir. e proc. civ.*, XI, 1957, pp. 1377-443.

12. T. PERASSI, *Introduzione alle scienze giuridiche*, Pádua, Cedam, 1953, p. 31.

13. M. GIULIANO, *I diritti e gli obblighi degli stati*, I, Pádua, Cedam, 1956, p. 8.

e íntima superação da configuração imperativista do direito que está implícita na perspectiva das normas jurídicas como juízos de valor jurídico e do ordenamento jurídico como um conjunto de juízos de valor jurídico"[14].

Não vamos nos ocupar aqui com a questão, recentemente discutida, de saber se para indicar a norma jurídica a escolha da expressão "juízo de valor", que na linguagem filosófica tem um significado bastante uniforme e diverso daquele que lhe atribuem os juristas acima mencionados, é oportuna ou não a ponto de gerar alguma confusão. Vamos nos limitar aqui a questionar se essa definição implica uma negação do significado prescritivo das normas jurídicas, ou seja, se a teoria das normas como juízos de valor pode ser realmente considerada uma doutrina resolutiva em relação à doutrina imperativista, entendida no seu sentido mais amplo (isto é, como teoria que considera as normas jurídicas não como comandos em sentido estrito, mas como proposições pertencentes à linguagem prescritiva distintas daquela descritiva). Quando os autores acima lembrados dizem que a norma é uma valoração de certos fatos, pretendem dizer que a norma jurídica qualifica certos fatos como jurídicos, ou seja, une a certos fatos certas consequências, que se chamam consequências jurídicas. Mas quais são essas consequências jurídicas distintas, por exemplo, das consequências naturais? A mais importante e mais frequente dessas consequências jurídicas é o surgimento de uma obrigação ou na pessoa dos consociados, caso se trate de uma norma primária, ou na pessoa dos juízes, caso se trate de uma norma secundária. Em outras palavras, quando se diz que um fato é valorado por uma norma não se diz nada de diferente disto: esse fato é a condição para o surgimento de uma obrigação. *Mas a obrigação remete a uma prescrição.* Por isso, dizer que certos fatos têm certas consequências jurídicas significa reconhecer que certos comportamentos mais do que

---

14. M. GIULIANO, *La comunità internazionale e il diritto*, Pádua, Cedam, 1950, p. 222.

outros são obrigatórios, uma vez que são prescritos; que, por exemplo, certos comportamentos, que sem a norma seriam lícitos, são, ao contrário, proibidos, ou certos outros comportamentos, que sem essa norma seriam proibidos, tornam-se lícitos; significa, em suma, referir-se a uma modificação de comportamentos, àquela modificação de comportamentos que é o objetivo a que tende toda prescrição. Não se vê, efetivamente, como uma norma poderia atribuir certas consequências, se não fosse, caso essas consequências sejam obrigações, uma prescrição que tende a influir no comportamento alheio. A função de uma norma não é a de descrever as consequências que derivam de certos fatos, mas de colocá-las em prática.

De resto, o significado prescritivo da norma jurídica resulta, observando bem, do próprio texto de Perassi, em que se lê: "As valorações do direito destinam-se, em suma, a conformar o comportamento dos indivíduos para com os outros a certas exigências do equilíbrio social"[15]. O que demonstra que a função prescritiva da norma, não obstante compreendida, acaba por emergir, e que, em suma, a consideração da norma como um juízo de valoração representa uma mudança de nome que não corresponde a uma mudança de significado. Como prova disso, veja-se a conclusão a que chega o último autor que adota a definição de norma como juízo de valor, Allorio, que considera que essa definição não é "incompatível com a concepção que se costuma chamar de *imperativa* do direito". Entre outras coisas, ele escreve: "A partir da mesma definição da norma jurídica como valoração ou juízo decorre [...], como uma maneira diferente de exprimir, sem nenhum tipo de inconveniente para a pesquisa do jurista, a mesma realidade, *a ideia da norma como preceito*, que reclama observância"[16]. Ao que parece, já é uma opinião corrente que a teoria da norma como juízo de valor não deslocou o peso da definição tradicional da norma como

---
15. *Introduzione*, cit., p. 43.
16. *La pluralità degli ordinamenti giuridici*, cit., p. 255.

imperativo, e, depois de um longo percurso, voltou ao ponto de partida do imperativismo. Por fim, podemos ler: "Não há antítese entre o aspecto imperativista e o aspecto valorativo do direito. Diria, antes, que o segundo aspecto representa apenas um desenvolvimento lógico do primeiro"[17].

A conclusão que podemos extrair do exame dessa teoria da norma como juízo de valor vale para todas as doutrinas que se propuseram negar no todo ou em parte o imperativismo. Isso não significa que o antigo imperativismo tenha resistido incólume à prova. O antigo imperativismo partia de uma noção demasiado restrita da norma jurídica como comando, ou seja, como imposição do soberano (é a concepção da norma como comando que vai de Hobbes a Austin e domina grande parte do positivismo jurídico estatista do século passado). Uma concepção tão restrita não poderia sobreviver aos ataques provenientes do estudo de experiências jurídicas diferentes da estatal e de uma observação mais livre de preconceitos das fontes do direito diferentes das leis. O ordenamento internacional, com sua produção normativa caracterizada em grande parte pelo costume, não se prestava a ser definido como um conjunto de comandos, uma vez que o termo "comando" é usado para indicar a norma ou a ordem imposta por uma pessoa dotada de autoridade, e no direito internacional não existem pessoas nem supremacias personificadas. Sendo assim, o vasto domínio da autonomia privada, dominada pela atividade negocial, ou, com uma expressão mais ampla, pelo chamado "direito dos particulares", revelou e continua a revelar um direito que surge, sim, entre pessoas, até mesmo bem definidas (como num contrato), entre as quais, porém, se verifica uma relação não de subordinação (entre o superior e o inferior), mas de coordenação (entre iguais), e portanto, também aqui, a regra que delimita os comportamentos recíprocos não pode ser chamada, senão com um esforço inútil, de "comando", ou também de "imperativo".

---

17. L. FERRI, "Norma e negozio nel quadro dell'autonomia privata", *in*: *Riv. trim. dir. e proc. civ.*, XII, 1958, p. 44.

A reação contra o imperativismo, enquanto se entendeu por "imperativismo" a teoria da norma jurídica como comando, fundada (ainda que nem sempre explicitamente reconhecido) na identificação do direito com o direito estatal, foi uma reação justa. Mas a reação ultrapassou a medida quando, para combater a noção restrita de comando ou de imperativo, acabou por acreditar ou por deixar que se acreditasse que as normas jurídicas, e também os comandos, não eram nem sequer imperativos no sentido mais amplo do termo, nem prescrições, mas eram juízos ou valorações pertencentes a uma linguagem diversa daquela a que pertencem os comandos, à linguagem da ciência e não àquela normativa. Mostrando, como procuramos fazer até aqui, que as teorias mistas e as teorias negativas, embora criticando a identificação da norma jurídica com o comando, nunca superaram as dificuldades da pertinência da linguagem de um sistema jurídico à linguagem prescritiva, procuramos atenuar o contraste entre imperativistas e não imperativistas, expondo mais o que os aproxima (ainda que não tenham consciência disso), vale dizer, a pertinência das normas jurídicas, sejam elas verdadeiros comandos, ou imperativos pessoais, ou imperativos hipotéticos, ou normas técnicas e assim por diante, à categoria das proposições prescritivas, do que o que os divide, ou seja, a proeminência dada a esta ou àquela forma de prescrição, o que levara a crer que os "comandos" do legislador estatal eram essencialmente diferentes das "prescrições" de um costume ou das "normas" contratuais, enquanto são *species* de um mesmo *genus*. Em outras palavras, a disputa entre imperativistas e não imperativistas apresentou-se como uma disputa relativa ao *genus*, quando, na realidade, foi – essa é a nossa conclusão – uma disputa relacionada às *species*, vale dizer, relacionada aos vários tipos de proposições prescritivas que podem compor um sistema normativo, e não afetou a comunhão do gênero, a que todos os diversos tipos de normas pertencem, e que é o gênero das proposições prescritivas distintas das descritivas.

Capítulo V
As prescrições jurídicas

SUMÁRIO: 37. Em busca de um critério. – 38. Sobre alguns critérios. – 39. Um novo critério: a resposta à violação. – 40. A sanção moral. – 41. A sanção social. – 42. A sanção jurídica. – 43. A adesão espontânea. – 44. Normas sem sanção. – 45. Ordenamentos sem sanção. – 46. As normas em cadeia e o processo ao infinito.

37. Em busca de um critério

O fato de as normas jurídicas pertencerem, enquanto proposições, à linguagem prescritiva, pode dar lugar a interessantes considerações sobre a natureza, sobre a lógica e sobre a função dessas normas. Não resolve o problema, sobre o qual muito se interrogaram filósofos do direito e juristas, em torno da diferença das normas jurídicas com outros tipos de normas. É o problema que nos colocamos neste capítulo.

A tese da qual partimos é que o problema da distinção entre normas jurídicas e outros tipos de normas, o problema, como foi chamado, das "características diferenciais" da norma jurídica – muitas vezes ridicularizado e rejeitado, mas continuamente emergente – não se resolve permanecendo nos limites de um estudo puramente formal das proposições normativas. Para que pudesse ser resolvido, as prescrições jurídicas precisariam ter, enquanto prescrições, um caráter que as distinguisse de outros tipos de prescrições; em outras palavras, as proposições normativas pertencentes ao direito precisariam ser diferentes de outras proposições normativas devido a um caráter inerente à sua natureza de prescrições. Tentativas de solução puramente formal do caráter distintivo do direito são aquelas, que já examinamos e consideramos inaceitáveis, voltadas a compreender, por exemplo, o elemento característico das normas jurídicas no fato de elas serem constituídas de imperativos negativos (enquanto a moral seria constituída de imperativos positivos), ou no fato de serem constituídas de normas técnicas (enquanto a moral seria constituída de normas éticas), ou, ainda, no fato de serem constituídas de normas heterônomas, de imperativos impessoais, e assim por diante (enquanto a moral é constituída de normas autônomas, de comandos pessoais etc.); em suma, todas aquelas doutrinas que procuram uma resposta para a pergunta: "O que é o direito?" na *forma* do imperativo jurídico, como se o elemento diferencial das normas jurídicas consistisse em serem *formalmente* diversas das outras normas. Até a fórmula mais aceita da norma jurídica: "Se é A, deve ser B", pode ser aplicada a muitos outros tipos de normas. Abro uma gramática latina e leio: "Se na oração subordinante há um tempo principal, na subordinada *deve-se* usar o presente do subjuntivo etc.". Trata-se de uma regra cuja fórmula é: "Se é A, deve ser B". Observando bem, o que caracteriza a norma jurídica, segundo Kelsen, é que A representa o ilícito e B a sanção, o que é uma interpretação da fórmula decorrente não da mera relação formal indicada pela fórmula, mas das coisas a que se referem os símbolos.

O mundo jurídico pareceu-nos até agora muito mais articulado e complexo do que revelaram as várias tentativas de redução a esta ou àquela fórmula; e, de outro lado, o mundo do normativo é tão extenso, como vimos desde as primeiras páginas, que não existe nenhum tipo de prescrição observável num ordenamento normativo jurídico que não possa ser encontrada em qualquer outro sistema normativo. Consideramos, portanto, que a tentativa de dar uma resposta ao problema da definição do direito definindo uma espécie de prescrição é realmente uma tentativa fadada ao insucesso.

38. Sobre alguns critérios

Abandonado o critério puramente formal, abre-se ao nosso olhar a enorme extensão das tentativas de definir o direito recorrendo a outros critérios. O campo é tão vasto que se perde de vista: trata-se, como é fácil compreender, de uma parte considerável da história da filosofia do direito e da teoria geral do direito, empenhada numa definição do direito através da definição da norma jurídica. Não temos a pretensão de percorrer todo esse espaço, mas apenas de nos encaminhar para a solução que consideramos mais satisfatória, reunindo um certo número de teorias típicas em torno de alguns critérios fundamentais, externos ao critério formal.

1. O critério mais seguido sempre foi o de procurar individuar o caráter da norma jurídica através do seu *conteúdo*. Pertencem a essa categoria todas as teorias que afirmam que a característica da norma jurídica é sempre regular uma *relação intersubjetiva*, ou seja, uma relação não entre uma pessoa e uma coisa, nem entre uma pessoa e ela mesma, mas entre duas pessoas. Essa teoria também se exprime atribuindo à norma jurídica o caráter (eis uma das mais conhecidas "características diferenciais"da norma jurídica) da *bilateralidade*, diferentemente da norma moral, que seria *unilateral*. O caráter da bilateralidade consistiria no seguinte: que a norma jurídica institui, ao mesmo tempo, um direito em um sujeito e um dever em um outro sujeito; e a relação intersubjetiva que constitui o conteúdo típico da norma jurídica consistiria justamente na relação de interdependência de um direito e de um dever.

Essa doutrina nasce de uma constatação de que não se pode deixar de conhecer o fundamento empírico: vale dizer, que o direito é um regulamento das ações sociais dos homens, ou ações do homem que vive em sociedade com os seus semelhantes. Isso explica o grande êxito dessa doutrina. Pode-se objetar que critério semelhante talvez sirva para distinguir o direito da moral, mas não é igualmente útil para distinguir o direito das chamadas normas sociais, que visam, como aquelas jurídicas, a regular as relações sociais dos indivíduos e, portanto, também elas têm por conteúdo relações intersubjetivas.

2. A partir dessa crítica, que revela uma insuficiência no critério do conteúdo, nasce a exigência de um novo critério, aquele do fim. Com base nesse novo critério, responde-se que, assim como as normas sociais, o direito certamente regula relações intersubjetivas, mas não relações intersubjetivas genéricas. As relações intersubjetivas reguladas pelo direito são relações específicas, e sua especificidade é dada pelo fim que o ordenamento normativo jurídico se propõe em relação a qualquer outro ordenamento normativo vigente naquela determinada sociedade. E esse fim é a *conservação da sociedade*. Nem todas as ações sociais são igualmente necessárias, alguns disseram *essenciais*, para a conservação da sociedade. Essencial é a ação de restituir o débito e de ressarcir o dano causado por culpa, não essencial é cumprimentar-se pela rua ou não cortar o peixe com a faca. Em toda sociedade vêm se distinguindo, no conjunto das regras de conduta, aquelas sem as quais a sociedade não poderia subsistir e aquelas que podem modificar-se ou desaparecer sem que determinada estrutura social deixe de existir. As regras a que se atribui a qualificação de jurídicas são as primeiras.

Essa teoria também não está isenta de uma objeção muito grave. As regras consideradas essenciais numa sociedade podem ser diferentes das regras consideradas essenciais numa outra sociedade. O que é norma social numa sociedade pode tornar-se norma jurídica numa outra ou vice-versa. Esse critério, em suma, serve-nos para dizer que, se uma certa norma numa determinada sociedade é jurídica, é sinal de que é considerada essencial para a conservação da sociedade. Mas não serve ao escopo a que deveria servir uma definição da norma jurídica, ou seja, para reconhecer uma norma como jurídica em meio a outras normas. Para que servisse a esse escopo teríamos de conseguir, por meio de uma fenomenologia histórica do direito, fixar de modo unívoco as características que fazem de uma norma uma regra essencial para a conservação da sociedade. Mas essa procura não pode ter sucesso justamente em razão da variedade histórica das sociedades jurídicas.

3. Da insuficiência do critério do fim somos levados quase que fatalmente ao critério do *sujeito que põe a norma*. O critério do fim é insuficiente, pois o juízo sobre o que serve ao fim (ou seja, a conservação da sociedade) varia de acordo com o tempo, de um lugar para outro. Quem decide, em cada sociedade, o que serve e o que não serve? A resposta é: aquele ou aqueles que detêm o *poder soberano*. É essencial para a conservação da sociedade o que, dependendo das circunstâncias, o poder soberano decide que é essencial. E por isso, segundo a conclusão dessa nova teoria, norma jurídica é aquela que, independentemente da forma que assume, do seu conteúdo, do fim que se propõe, é posta pelo poder soberano, ou seja, por aquele poder que numa dada sociedade não é inferior a nenhum outro poder, mas é capaz de dominar todos os outros. Uma norma é sempre uma expressão de poder. Em toda sociedade há poderes inferiores e poderes superiores. Remontando do poder inferior ao poder superior, chegaremos sempre a um poder que não tem acima dele nenhum outro: esse é o poder soberano na sua definição tradicional de *summa potestas superiorem non recognoscens*. Pois bem, normas jurídicas são aquelas postas e impostas por quem detém o poder soberano, seja o que for que elas ordenem, uma vez que apenas quem detém o poder é capaz de decidir o que é essencial e de tornar efetivas as suas decisões.

Essa resposta, claramente, é a proveniente do mais puro positivismo jurídico, segundo o qual o soberano não cria as normas essenciais para a conservação da sociedade, mas as normas estabelecidas pelo soberano tornam-se essenciais simplesmente porque são feitas valer também recorrendo à força.

4. A crueza da teoria positivista do direito remete ao seu oposto, ou seja, à teoria jusnaturalista na acepção mais ampla do termo, isto é, a todas aquelas doutrinas que buscam a essência do direito nos *valores* (ou ideais) em que o legislador se inspira. É certo que o direito positivo é aquele pos-

to ou imposto pelo soberano (entendendo-se por soberano a pessoa ou o grupo de pessoas que detêm o poder de fazer respeitar também com a força as regras de conduta que emanam). Mas será necessário distinguir as decisões segundo os ideais em que se inspiram; logo, nem todas as regras serão jurídicas, mas apenas aquelas inspiradas em certos valores. Em geral, dá-se ao supremo valor em que o direito se inspira o nome de *justiça*. Por conseguinte, para que uma regra seja jurídica, ela também precisa ser justa, isto é, deve tender à realização de certos valores mais do que de outros.

O defeito da doutrina jusnaturalista é que as opiniões sobre o que se deve entender por "justiça" são muito discordantes. Por "justiça" entende-se, em geral, "igualdade". Podemos dizer, então, que normas jurídicas são aquelas que tornam possível o estabelecimento de relações de igualdade entre os consociados? Mas "igualdade" não é um termo um pouco vago? Igualdade *em relação* a quê? Na história do pensamento jurídico se conhecem ao menos quatro respostas para esta última pergunta: igualdade segundo o mérito, segundo a necessidade, segundo o trabalho, segundo a classe. Qual desses critérios é o *justo*, ou seja, aquele que permite dizer se uma norma é jurídica para quem afirma que uma norma, para ser jurídica, também deve ser justa?

5. Um quinto grupo de teorias é aquele caracterizado pelo fato de buscar a natureza específica da norma jurídica no modo como é acolhida pelo *destinatário*, ou, em outros termos, na natureza da *obrigação*. Distinguem-se aqui, tradicionalmente, duas soluções: a primeira (que chamaremos kantiana, porque Kant a expressou com maior clareza), segundo a qual norma jurídica é aquela que é obedecida pelas vantagens que dela se podem obter, e como tal se satisfaz com uma mera adesão exterior (ou seja, de uma ação *conforme com o dever*), enquanto a norma moral deve ser obedecida por si mesma, e como tal requer uma obediência interior, que não pode ser obrigada (ou seja, uma ação *pelo dever*); a segunda (da qual se encontra uma recente formu-

lação na teoria geral do direito de Haesaert), segundo a qual só podemos dizer que estamos diante de uma norma jurídica quando aquele a quem ela se dirige está convencido da sua obrigatoriedade e age como se estivesse em estado de necessidade, enquanto normas não jurídicas, como aquelas sociais, caracterizam-se por um menor sentido de dependência do sujeito passivo diante delas, por uma obrigação não incondicionada, mas condicionada à livre escolha do fim.

A esses dois critérios pode-se opor a objeção várias vezes reiterada de que as normas jurídicas, em razão da sua posição intermediária entre as normas morais e as normas sociais, sempre que são caracterizadas exclusivamente tendo o cuidado de distingui-las das normas morais, devem ser colocadas no mesmo grupo das normas sociais e, por outro lado, quando são caracterizadas exclusivamente tendo o cuidado de distingui-las das normas sociais, devem ser colocadas no mesmo grupo das normas morais. Para a confirmação disso, veja-se o primeiro critério: suponhamos que a conformidade exterior da norma seja uma característica distintiva da norma jurídica em relação à norma moral. Mas essa não é uma característica comum às normas jurídicas e às normas sociais? Veja-se em seguida o segundo critério: suponhamos que o sentimento de uma obrigatoriedade incondicionada (o que os juristas chamam, com referência ao costume, de *opinio iuris ac necessitatis*) sirva para caracterizar as normas jurídicas em relação às normas sociais. Mas essa não é uma característica comum às normas jurídicas e às normas morais?

39. Um novo critério: a resposta à violação

Com a enumeração da seção anterior não cremos ter indicado todos os critérios adotados para distinguir as normas jurídicas. Indicamos alguns deles, apenas para dar uma ideia da complexidade do problema e da variedade das opiniões. O que aqui pretendemos evidenciar é: 1) os critérios acima mencionados não são exclusivos, mas sim integrativos um em relação ao outro e, portanto, toda disputa no tocante à superioridade de um ou do outro é estéril; 2) em se tratando de dar uma definição de norma jurídica, e não de descobrir a essência do direito, cada um dos critérios não deve ser valorado como verdadeiro ou falso, mas como mais oportuno e menos oportuno, dependendo do contexto de problemas em que nos encontramos para dar essa definição e das finalidades que com essa definição são propostas.

Consideramos, de resto, que merece ser esclarecido com particular atenção um outro critério, de que os juristas tradicionalmente se servem, sem a compreensão do qual a nossa panorâmica estaria incompleta. Trata-se do critério que se refere ao momento da *resposta à violação* e que, portanto, vai desembocar na noção de *sanção*.

Uma norma prescreve o que deve ser. Mas isso não significa que o que *deve ser* corresponda àquilo que *é*. Se a ação real não corresponde à ação prescrita, diz-se que a norma foi *violada*. A violação está na natureza de toda prescrição, uma vez que a prescrição exprime não o que é, mas o que deve ser. À violação dá-se o nome de *ilícito*. O ilícito consiste numa ação quando a norma é um imperativo negativo, numa omissão quando a norma é um imperativo positivo. No primeiro caso, diz-se que a norma não foi *observada*; no segundo, que não foi *executada*. Embora os termos "observância" e "execução" de uma norma sejam usados indistintamente para indicar o comportamento conforme à norma, o que se observa é uma proibição, o que se executa é um comando, daí os dois modos diversos de violação, a *inobservância* em relação a um imperativo negativo e a *inexecução* em relação a um imperativo positivo.

Diz-se que a possibilidade da transgressão distingue uma norma de uma lei científica. O mesmo conceito pode ser expresso com outras palavras, dizendo-se que a lei científica não permite exceções. Tanto a norma quanto a lei científica estabelecem uma relação entre uma condição e uma consequência. Se no segundo caso a consequência não se verifica, a lei científica deixa de ser verdadeira. Se, ao contrário, não se verifica no primeiro caso, a norma continua a ser válida. Uma lei científica não observada deixa de ser uma lei científica; uma norma ineficaz continua a ser uma norma válida do sistema. Essa diferença nos põe diante dos olhos um critério de distinção entre sistema científico e sistema normativo, que diz respeito à matéria desta seção. Em um sistema científico, caso os fatos contradigam uma lei, devemos nos orientar em direção à modificação da lei; em um sistema normativo, caso a ação que deveria ocorrer não ocorra, devemos nos orientar, ao contrário, a modificar a ação e a salvar a norma. No primeiro caso, o contraste é sanado agindo-se sobre a lei e, portanto, sobre o sistema; no segundo caso, agindo-se sobre a ação não conforme e, portanto, procurando fazer de modo com que a ação não ocorra ou ao menos neutralizar suas consequências. A ação realizada sobre a conduta não conforme para anulá-la ou ao menos para eliminar suas consequências danosas é exatamente aquilo que se chama de *sanção*. A sanção pode ser definida, a partir desse ponto de vista, como o expediente com que se busca, em um sistema normativo, salvaguardar a lei da erosão das ações contrárias; é, portanto, uma consequência do fato de que em um sistema normativo, diferentemente do que ocorre em um sistema científico, os princípios dominam os fatos, e não o contrário. Essa diferença, de resto, nos reconduz àquilo que tivemos ocasião de mencionar outras vezes, ou seja, que sistema científico e sistema normativo se diferenciam pelo critério diferente com base no qual se estabelece a pertinência das proposições ao sistema, valendo no primeiro caso o critério da verificação empírica e, no segundo, o princípio da autoridade.

    Podemos resumidamente definir a sanção como a *resposta à violação*. Todo sistema normativo conhece a possibilidade da violação e um conjunto de expedientes para fazer frente a essa eventualidade. Podemos dizer que todo sistema normativo implica o expediente da sanção. Mas todas as sanções são iguais? Pode ser de algum interesse estudar as respostas às violações que os diferentes sistemas normativos criam. Pode ocorrer que esse exame nos ofereça um critério ulterior de distinção entre a norma jurídica e outros tipos de normas. Violação da norma e sanção como resposta à violação estão implicadas em todo sistema normativo. Trata-se de ver se existem diversos tipos de resposta e se esses diversos tipos de resposta nos permitem uma classificação satisfatória dos diversos ordenamentos normativos.

40. A sanção moral

A sanção pressupõe a violação da norma. Entra em jogo apenas quando se verificou uma violação. Podemos partir da hipótese de um ordenamento normativo que nunca tenha sido violado e, por conseguinte, não tenha necessitado recorrer à sanção. Trata-se de uma hipótese abstrata; para que um ordenamento normativo nunca seja violado são necessárias duas condições: ou que as normas sejam perfeitamente adequadas às inclinações dos destinatários, ou que os destinatários sejam perfeitamente fiéis às prescrições. Existem dois tipos extremos de sociedade que poderiam realizar as duas condições: uma sociedade de seres totalmente racionais, ou seja, uma sociedade um pouco melhor do que a real, e uma sociedade de seres totalmente automatizados, sem iniciativa e sem liberdade, ou seja, uma sociedade um pouco pior do que a real. Nas sociedades históricas as normas nunca são tão racionais a ponto de ser obedecidas por todos por seu valor intrínseco, nem os homens são tão autônomos a ponto de obedecer às normas por uma espécie de passividade resignada. Todo sistema normativo em uma sociedade real encontra resistência e reações. Mas nem todos respondem à violação do mesmo modo. Vejamos como se podem distinguir os vários tipos de normas com base nas diferentes maneiras com que são sancionadas.

Existe um modo de definir as normas morais que se refere precisamente à sanção. Diz-se que são morais aquelas normas *cuja sanção é puramente interior*. Por "sanção" entende-se sempre uma consequência desagradável da violação, cuja finalidade é prevenir a violação ou, caso a violação tenha se verificado, eliminar suas consequências nocivas. A única consequência desagradável da violação de uma norma moral seria o sentimento de culpa, um estado de desconforto, de perturbação, talvez de angústia, que na linguagem da ética é chamado de "remorso" ou "arrependimento". Dado que toda norma, uma vez que prevê uma sanção, pode ser formulada com um juízo hipotético: "Se você não quer Y, deve X", a norma moral "Não mentir" pode ser formulada do seguinte modo: "Se você não quer encontrar-se naquela situação de perturbação chamada 'remorso', e que deriva da sensação de contradição consigo mesmo, não minta". Desse modo, o legislador moral também apela, para obter a obediência, a um estado que o destinatário deseja por mais que lhe seja possível evitar. Diz-se que a norma moral obriga em consciência: um dos significados dessa expressão pode ser esclarecido tendo presente o tipo de sanção puramente interior que acompanha a norma moral. O fato de a norma obrigar em consciência pode significar, efetivamente, dentre outras coisas, que eu respondo por ela apenas diante de mim mesmo: no sentido de que, se a transgrido, não há nenhum outro, além da minha consciência, capaz de me punir. Diz-se que sou responsável pela execução da norma moral apenas diante de mim mesmo. Caso eu respondesse por ela também diante de outros, haveria a intervenção de um novo elemento, ou seja, a relação com outros, a relação chamada externa, intersubjetiva, bilateral, que me faz ingressar numa esfera normativa social ou jurídica. Enquanto eu respondo por ela apenas diante de mim mesmo, a resposta à eventual violação depende apenas de mim. Por outro lado, se eu cumprisse com o meu dever apenas por temer os outros, ou para agradar os outros, ou para evitar que os outros me punam, minha ação deixaria de ser por isso mesmo uma ação moral. Comumente chamamos de "moral" aquela ação que não é realizada por nenhum outro motivo a não ser pela satisfação íntima que a adesão a ela nos provoca, ou pela repugnância à insatisfação íntima que nos provocaria a sua transgressão. Se não aceitarmos falar de satisfação e de insatisfação íntimas, perderemos algum elemento para distinguir as normas morais, e algum critério para distinguir as normas morais das outras. Só faz sentido falar de um mundo moral de um indivíduo enquanto atribuímos àquele indivíduo uma série de ações que ele realiza para evitar que se encontre, se não as cumprir, em desacordo consigo mesmo. Se considerássemos que o homem age somente por temer a pena alheia, teríamos com isso mesmo tolhido toda possibilidade de distinguir a normatividade moral daquela jurídica, ou, nas palavras de Kant, a moralidade da legalidade. Temos plena liberdade para negar essa diferença: mas, é claro, só podemos fazê-lo com a condição de negar a existência de uma sanção interior. A partir daí se vê que o tipo de norma e o tipo de sanção estão estreitamente vinculados.

O defeito da sanção interior é ser pouco eficaz. A finalidade da sanção é a eficácia da norma, ou, em outras palavras, a sanção é um expediente para conseguir que as normas sejam menos violadas ou as consequências da violação sejam menos graves. A sanção interior é sem dúvida um meio inadequado. De fato, ela age, ou seja, mostra a sua funcionalidade, apenas em um número limitado de indivíduos, aqueles capazes de experimentar satisfações e insatisfações íntimas. Mas são justamente esses os indivíduos que costumam respeitar as normas morais. Em um indivíduo que não tenha nenhuma inclinação ao respeito das normas morais, a sanção interior não produz nenhum efeito. Para se sentir em estado de culpa no caso de violação de uma norma, é preciso ser dotado de sensibilidade moral, precisamente daquela sensibilidade que é o melhor terreno em que se desenvolve a inclinação a respeitar as leis morais. A sanção interior é considerada socialmente tão pouco eficaz que as normas morais são geralmente reforçadas com sanções de ordem religiosa, que são sanções externas e não mais internas. Não há nenhum legislador que, para obter o respeito às normas que emana, confie exclusivamente na operatividade da sanção interior.

41. A sanção social

Assim como chamamos de sanção interna aquela que infligimos a nós mesmos, podemos chamar de *externa* aquela que nos provém dos outros, ou singularmente considerados ou enquanto grupo social. Quando a violação de uma norma suscita uma resposta por parte dos outros com os quais convivemos, a norma é externamente sancionada. A sanção externa é característica das normas sociais, ou seja, de todas aquelas normas do costume, das boas maneiras, da vida associada em geral, que têm por finalidade tornar mais fácil ou menos difícil a convivência. Essas normas nascem, em geral, em forma de costumes, a partir de um grupo social, e é o próprio grupo social que responde à violação dessas normas com diversos comportamentos que constituem as sanções.

Esses comportamentos sancionadores são de diversos graus de gravidade: parte-se da pura e simples *reprovação* e vai-se até o *banimento* do grupo, que pode consistir em alguma forma de *isolamento* no próprio interesse do grupo ou em uma verdadeira *expulsão*. A forma mais grave de sanção social é o *linchamento*, que é uma típica sanção de grupo, expressão daquela forma primitiva, espontânea e irrefletida de grupo social que é a multidão.

Não resta nenhuma dúvida de que sanções desse tipo são eficazes. Grande parte da coesão de um grupo social deve-se à uniformidade de comportamentos, provocada pela presença de normas com sanção externa, ou seja, de normas cuja execução é garantida pelas diversas respostas, mais ou menos enérgicas, que o grupo social dá em caso de violação. Diz-se que a reação do grupo à violação das normas que garantem sua coesão é um dos meios mais eficazes de *controle social*. A presença dos outros com os seus gostos, suas opiniões, seus hábitos é, na vida de cada um de nós, pesada, talvez opressiva. Existem muitos comportamentos que assumimos apenas por temer o juízo que os outros farão de nós, e as consequências que esse juízo poderá ter no nosso futuro. Ao ter de viver em meio aos outros, é natural que levemos em conta a reação que nosso comportamento suscita nos outros. Essa presença dos outros é tão mais intensa quanto mais homogêneo, pouco articulado, fechado e exclusivo é o grupo. Em grupos desse tipo a sanção social é tão eficaz a ponto de produzir uma situação de verdadeiro conformismo, ou seja, de adesão generalizada, uniforme e estática, da qual nasce o fenômeno da cristalização social característico das sociedades primitivas. À medida que o grupo perde a homogeneidade, articula-se em subgrupos, abre--se a uma troca contínua de membros de outros grupos e é obrigado a coexistir com outros grupos (deixa de ser exclusivo), as sanções sociais perdem eficácia, ainda que não deixem totalmente de existir. Não há grupo sem um mínimo de conformismo.

Seja como for, o defeito das sanções sociais não é a ausência de eficácia, mas a *ausência de proporção entre violação e resposta*. Por ser a resposta confiada de maneira impessoal ao grupo ou a alguns membros do grupo não pessoalmente definidos, ela não é guiada por regras precisas. Em primeiro lugar, é mais fácil escapar dela do que de uma sanção regulada e confiada a aparatos estáveis do grupo. Comportamentos de hipocrisia estão funcionalmente destinados a escapar das sanções sociais; são o produto natural da exterioridade e do caráter inorgânico de tais sanções. Nesse caso, as sanções sociais pecam por falta. Em segundo lugar, justamente em razão da imediação e da ausência de organicidade da reação, a resposta nem sempre é igual para os mesmos tipos de violação, mas depende do humor do grupo, que é variável: à mesma ação o grupo pode reagir diferentemente por circunstâncias que não têm nada a ver com a gravidade social da ação. Por fim, a resposta pode ser desproporcionada em relação à gravidade da violação: confiada como é à reação imediata e não direta, ela pode exprimir sentimentos que um comportamento controlado e refletido seria capaz de reprimir. Um exemplo típico dessa desproporção é o linchamento. Concluindo, pode-se dizer que os defeitos da sanção social são representados pela *incerteza* do seu êxito, pela *inconstância* da sua aplicação e pela *falta de medida* na relação entre violação e resposta. Esses inconvenientes resultam do fato de que esse tipo de sanção não é *institucionalizado*, ou seja, não é regulado por normas fixas, precisas, cuja execução seja confiada de maneira estável a alguns membros do grupo expressamente designados para isso. Pode-se dizer da seguinte maneira: a sanção social é uma resposta à violação de regras emanadas do grupo; mas ela mesma, enquanto resposta, não é por sua vez regulada. Portanto, é característica de grupos inorgânicos, ou seja, que carecem de organização, isto é, daqueles grupos que, segundo a definição dada na seção 5, ainda não são *instituições*. Para que se possa falar de instituição, não basta que haja regras de conduta que dirijam a conduta dos consociados: é necessária uma organização do próprio grupo, fundada em regras, através da determinação dos fins, dos meios e dos órgãos do grupo. Geralmente faz parte da organização do grupo a produção de regras secundárias para a observância e para a execução das regras primárias, ou seja, a institucionalização das sanções. Diz-se que um grupo se organiza quando passa da fase da sanção incontrolada à fase da sanção controlada. E costuma-se chamar grupo jurídico, ordenamento jurídico, com uma palavra significativa: "instituição", um grupo com sanção institucionalizada.

42. A sanção jurídica

Com o objetivo de evitar os inconvenientes da sanção interna, ou seja, a ausência de eficácia, e os da sanção externa não institucionalizada, sobretudo a ausência de proporção entre violação e resposta, o grupo social institucionaliza a sanção, ou seja, além de regular os comportamentos dos consociados, também regula a reação aos comportamentos contrários. Essa sanção distingue-se da sanção moral por ser *externa*, ou seja, por ser uma resposta de grupo, e da social por ser *institucionalizada*, isto é, por ser regulada em geral com as mesmas formas e através das mesmas fontes de produção das regras primárias. Ela nos oferece um critério para distinguir as normas habitualmente chamadas de jurídicas das normas morais e, ao mesmo tempo, das normas sociais. Trata-se de normas cuja violação tem por consequência uma resposta *externa* e *institucionalizada*. Como se pretendia demonstrar, o tipo de sanção serve para introduzir uma nova distinção entre os vários tipos de normas, e é uma distinção que discrimina um tipo de normas tanto em relação às normas morais quanto às normas sociais. A presença de uma sanção externa e institucionalizada é uma das características daqueles grupos que constituem, segundo uma acepção que está se tornando cada vez mais comum, os ordenamentos jurídicos. Portanto, podemos considerar esse tipo de sanção como um novo critério para distinguir as normas jurídicas. Então, com base nesse critério, chamaremos de "normas jurídicas" aquelas cuja execução é garantida por uma sanção externa e institucionalizada. Não pretendemos alçar esse critério a critério exclusivo. Vamos nos limitar a dizer que ele serve para circunscrever uma esfera de normas que em geral são chamadas de jurídicas, talvez melhor do que qualquer outro critério. A primeira grande manifestação daquilo que habitualmente chamamos de "direito internacional" é o chamado direito de guerra, ou seja, aquele conjunto de regras, aceitas pelos Estados como regras obrigatórias, que disciplinam a guerra como sanção, isto é, como resposta às violações das normas que regulam as relações entre os Estados. Enquanto a guerra não é controlada, pode-se dizer que os Estados vivem entre si num estado de natureza; o estado de comunidade jurídica internacional começa quando a guerra se torna uma instituição disciplinada por regras. O que nos permite falar de instituição jurídica a propósito das associações para delinquir é a precisão com que são estabelecidas as penas para os transgressores e o empenho aplicado em fazer com que sejam executadas. Enquanto a sanção é confiada ao acaso, ao arbítrio deste ou daquele membro do grupo e, portanto, é imprevisível na sua aplicação e na sua medida, o grupo não é, mesmo na acepção mais ampla de instituição, um grupo juridicamente organizado, de modo tal que se possam chamar de jurídicas as regras que o disciplinam. Tendemos a fazer com que a juridicidade coincida com a organização, e a organização com a institucionalização da sanção. Por isso consideramos que é possível dizer que a sanção externa e institucionalizada é uma característica distintiva das normas jurídicas.

Não há dúvida de que o principal efeito da institucionalização da sanção é a maior eficácia das normas respectivas. Quando se fala de sanção institucionalizada, entendem-se três coisas, ainda que nem sempre se elas encontrem juntas ao mesmo tempo, a saber: 1) para toda violação de uma regra primária, é estabelecida a respectiva sanção; 2) é estabelecida, mesmo que dentro de certos limites, a medida da sanção; 3) são estabelecidas as pessoas encarregadas de obter sua execução. Como se vê, trata-se de limitações que tendem a disciplinar o fenômeno da sanção espontânea e imediata de grupo. Com a primeira limitação assegura-se a certeza da resposta; com a segunda, a proporcionalidade; com a terceira, a imparcialidade. Todas as três limitações, juntas, têm o objetivo comum de aumentar a eficácia das regras institucionais e, em suma, da instituição no seu todo. Atendo-nos a esses critérios, poderíamos dizer que a característica das normas jurídicas é serem normas, em relação às normas morais e sociais, com *eficácia reforçada*. Tanto é verdade que são consideradas normas jurídicas por excelência as normas estatais, que se distinguem de todas as outras normas que regulam a nossa vida porque têm o máximo de eficácia.

É claro que também na esfera do normativo com eficácia reforçada existem vários níveis, e sempre existirá aquela zona fronteiriça ou de transição em que todo critério e, portanto, também este, parece inadequado: a realidade é sempre mais rica que qualquer esquema, e que fique bem claro, mais uma vez, que aqui se propõem esquemas de classificação, e não definições de essências puras. Sobretudo no âmbito do esquema aqui explicado, pode-se introduzir uma distinção ao menos entre dois níveis diferentes de eficácia reforçada, conforme o órgão encarregado de executar a sanção seja a própria pessoa do ofendido ou uma outra pessoa. Se chamarmos de *tutela* o complicado processo da sanção organizada, poderemos distinguir um processo de *autotutela*, que tem lugar quando o titular do direito de exercer a sanção é o mesmo titular do direito violado, e um processo de *heterotutela*, que tem lugar quando os dois titulares são pessoas diferentes. O processo de autotutela assegura em menor medida a igualdade proporcional entre violação e resposta e, portanto, é substituído nos ordenamentos mais evoluídos pelo processo de heterotutela. O reconhecimento da vingança privada como sanção em certos ordenamentos primitivos dá lugar a um instituto de autotutela; à medida que se reforça o poder central em um ordenamento, a função da tutela das normas jurídicas é cada vez mais subtraída aos indivíduos e cada vez mais transferida a órgãos diferentes das partes em conflito: o sistema da heterotutela substitui pouco a pouco o da autotutela. Só o sistema da heterotutela garante, além da maior eficácia, também maior proporção entre o mal e a reparação e, portanto, satisfaz melhor algumas exigências fundamentais da vida em sociedade, dentre as quais está certamente a *ordem*, para cuja manutenção basta a garantia de que as normas postas sejam respeitadas, mas existe também e sobretudo a *igualdade de tratamento*, que é mais bem assegurada quando a sanção é atribuída a um órgão *super partes*.

43. A adesão espontânea

Naturalmente, a ideia aqui sustentada de que, para delimitar o âmbito da noção de direito, é útil considerar o tipo de resposta que os diversos ordenamentos dão à violação das regras de conduta, não pode ser aceita por todos aqueles que negam à sanção o caráter de elemento constitutivo da noção do direito e consideram, antes, a sanção como um elemento secundário. Sobre o problema da sanção verteram-se os clássicos rios de tinta: poderíamos quase distinguir os filósofos do direito do passado e do presente em duas grandes fileiras, uma dos "sancionistas" e a outra dos "não sancionistas". Por parte da filosofia do direito, é o problema que talvez tenha incitado as maiores e mais inflamadas discussões e tenha sido objeto de maiores indagações e reflexões.

Vamos nos limitar aqui a expor os principais argumentos sustentados pelos não sancionistas e a demonstrar de que modo, na nossa opinião, tais argumentos podem ser superados.

O primeiro argumento é o da *adesão espontânea*. A sanção, segundo esse argumento, não é elemento constitutivo do direito, pois um ordenamento jurídico conta, antes de tudo, com a adesão espontânea às suas regras, ou seja, com a obediência dada não pelo temor das consequências desagradáveis de uma eventual violação, mas por consenso, convicção, mero hábito, seja como for, por motivos que não pressupõem a possível ativação do mecanismo da sanção. Seria lamentável, observa-se, se um ordenamento jurídico não pudesse contar de algum modo com o consenso dos seus membros. Como poderia ser eficaz se a eficácia tivesse de ser obtida somente com a força? Semelhante tese apoia-se na constatação de que, na imensa maioria dos casos, a ação dos consociados é conforme às regras de conduta estabelecidas pelo ordenamento jurídico e que os casos de violação não são a regra, mas a exceção.

Esse primeiro argumento não é muito sólido. Ninguém desconhece o fato da adesão espontânea, mas esse fato não exclui o outro fato de que existem, historicamente, ordenamentos cuja adesão espontânea não parece garantia suficiente e, portanto, predispõem com outras regras os meios para corrigir a eventual ausência de adesão espontânea. Pode-se dizer que nesses ordenamentos a adesão espontânea é sem dúvida necessária, mas que também não é suficiente. O problema fundamental é se, na falta da adesão espontânea, a regra é violada, ou se existe uma resposta à violação, e com que meios ela é regulada. Em outras palavras, o problema não é saber se a sanção sempre ocorre, mas se ocorre nos casos em que deve ocorrer, ou seja, nos casos de violação. Um ordenamento normativo em que nunca fosse preciso recorrer à sanção e que sempre fosse seguido espontaneamente seria tão diferente dos ordenamentos históricos que costumamos chamar de jurídicos que ninguém ousaria ver ali realizada a ideia do direito: sinal evidente de que a adesão espontânea acompanha a formação e a permanência de um ordenamento jurídico, mas não o caracteriza. A esse respeito Kelsen observa que: "Se o ordenamento social deixasse de ter no futuro o caráter de ordenamento coercitivo, se a sociedade existisse sem 'direito', então a diferença entre essa sociedade do futuro e aquela presente seria incomensuravelmente maior do que a diferença entre os Estados Unidos e a antiga Babilônia, ou entre a Suíça e a tribo dos Ashante"[1]. Concluindo, quem afirma que a sanção organizada é a característica distintiva dos ordenamentos jurídicos não nega a eficácia das regras desse ordenamento por meio da simples adesão espontânea; afirma que o ordenamento conta, *em última instância,* com a eficácia obtida por meio do aparato da sanção.

Os defensores da adesão espontânea poderiam replicar com o argumento "filosófico", segundo o qual o homem, sendo livre por sua natureza, não pode ser obrigado e, portanto, também a obediência obtida por meio da sanção não deixa de ser uma obediência livre, fundada no consenso, e como tal indistinta da chamada adesão espontânea. Aqueles que pretendem se valer desse argumento poderão encontrá-lo exposto com a máxima clareza numa página de Croce, que, justamente a propósito da coação como elemento

---

1. *Teoria generale del diritto e dello Stato,* cit., p. 19.

constitutivo do direito, diz: "Nenhuma ação jamais pode ser obrigada; toda ação é livre, pois o Espírito é liberdade: é possível, num determinado caso, não se encontrar a ação que se imaginou, mas uma ação obrigada é algo inconcebível, pois os dois termos são incompatíveis"[2]. Suponhamos, observa Croce, que a inobservância seja acompanhada pela pena: mas também a pena sempre encontra diante de si a liberdade do indivíduo: "Para evitar a pena ou a renovação da pena este poderá, livremente, observar a lei; mas isso não impede que também possa livremente se rebelar contra ela".

Pode-se sustentar que mesmo a obediência obtida com uma ameaça de sanção se baseia em última instância no consenso, desde que adotemos de um ponto de vista tão elevado (é aquilo que geralmente se chama de ponto de vista "especulativo") que não nos permite mais enxergar as diferenças de grau, que aliás são as únicas diferenças que aqui nos interessam. Suponhamos que o consenso e a força não possam ser diferenciados com um corte nítido, e que um mínimo de consenso seja sempre necessário, mesmo nos casos em que a ação pareça sobretudo obrigada. A distinção empírica entre adesão livre e adesão forçada permanece. A adesão forçada requer um aparato de órgãos e de funções que se sobrepõe a um certo sistema normativo e o completa. Esse aparato tem um certo objetivo, que é o de reforçar a eficácia das normas, e produz um certo efeito, que é o de obter a obediência mesmo quando o consociado recalcitra. Pois bem, é a presença desse aparato que distingue um ordenamento de outro, sejam quais forem as consequências desse aparato sobre o modo como se manifesta a obediência. Se a adesão dada por consenso e aquela dada por força podem parecer indistintas para quem olha o problema preocupado com a liberdade do Espírito, parecem distintas, e claramente distintas, para quem se propõe o objetivo de estudar os meios com que o consenso é obtido e dele extrair

---

2. *Filosofia della pratica*, 3.ª ed., p. 310.

elementos indicativos para caracterizar diversos tipos de ordenamentos normativos.

44. Normas sem sanção

O argumento mais comum e também mais fácil contra a teoria que vê na sanção um dos elementos constitutivos de um ordenamento jurídico é aquele que se funda na presença, em todo ordenamento jurídico, de normas não garantidas por sanção. Não resta dúvida de que em todo ordenamento jurídico existem normas cuja consequência desagradável imputada em caso de violação ninguém saberia indicar. Não há jurista que não possa citar um certo número delas, tanto no direito privado quanto, e sobretudo, no direito público. No campo do direito privado, tome-se, por exemplo, uma norma como o art. 315 do Código Civil italiano: "O filho, seja qual for a idade, deve honrar e respeitar os pais". No direito público os exemplos são mais numerosos, tanto que num texto constitucional, ao menos na parte referente à organização dos poderes do Estado, as normas não sancionáveis prevalecem sobre as sancionáveis. Allorio citou, numa discussão sobre a sanção que veremos mais tarde, o art. 154 do antigo Código de Processo Penal italiano, que parece ter sido feito justamente para levar água ao moinho dos que negam a sanção: "Os magistrados, os escrivães, os oficiais judiciários, os oficiais e agentes de polícia são obrigados a observar as normas estabelecidas neste código, ainda que a *inobservância não importe nulidade ou outra sanção particular*". Nesse artigo o próprio legislador parte do pressuposto de que podem existir normas não sancionadas; em outras palavras, a presença de normas não sancionadas não é apenas um fato observado pela doutrina, mas uma hipótese aceita pelo próprio legislador, uma hipótese a que o próprio legislador une certas consequências (ou melhor, a ausência de certas consequências).

A presença de normas não sancionadas em um ordenamento jurídico é um fato incontestável. A solução para essa dificuldade por parte de quem considera a sanção como elemento constitutivo do direito não é certamente a de negar o fato. O fato é aquilo que é. Trata-se, quando muito, de ver como esse fato pode ser acolhido e justificado em uma teoria do direito como conjunto de regras com sanção organizada. Uma saída seria negar às normas não sancionadas o caráter de normas jurídicas. Mas é uma solução radical desnecessária. A dificuldade pode ser resolvida de outro modo, ou seja, observando que, quando falamos de uma sanção organizada como elemento constitutivo do direito, referimo-nos não às normas singulares, mas ao *ordenamento normativo considerado no seu todo*, razão pela qual dizer que a sanção organizada distingue o ordenamento jurídico de qualquer outro tipo de ordenamento não implica que *todas* as normas desse sistema sejam sancionadas, mas apenas que *a maior parte* o seja. Quando me coloco diante de uma norma singular e me pergunto se é ou não uma norma jurídica, o critério da juridicidade certamente não é a sanção, mas a pertinência ao sistema, ou seja, a *validade*, no sentido já esclarecido de referibilidade daquela norma a uma das fontes de produção normativa reconhecidas como legítimas. A sanção diz respeito não à validade, mas à eficácia, e já vimos que uma norma individual pode ser válida sem ser eficaz (ver pp. 39 ss.).

É claro que o legislador tende a produzir normas não só válidas, mas eficazes: mas pode-se observar que, quando deparamos com normas desprovidas de sanção, geralmente nos encontramos diante dos seguintes casos típicos: 1) ou se trata de normas cuja eficácia, dada a sua reconhecida oportunidade ou correspondência com a consciência popular ou, numa palavra significativa, dada a sua justiça, é confiada à adesão espontânea, motivo pelo qual a sanção é considerada inútil; 2) ou se trata de normas postas por autoridades muito elevadas na hierarquia das normas, a ponto de tornar impossível ou pelo menos pouco eficiente a aplicação de uma sanção. Em ambos os casos a ausência de sanção não depende de uma falha do sistema no seu todo, mas de circunstâncias específicas das normas singulares, circunstâncias essas que tornam, naquele determinado caso, e somente nele, ou *inútil* ou *impossível* a aplicação de uma sanção, sem que por isso seja afetado o princípio que inspira a ativação do mecanismo da sanção, ou seja, o princípio da eficácia reforçada, que vale quando essa eficácia reforçada é possível e quando, sendo possível, também é necessária ou ao menos particularmente útil.

Esse segundo caso, qual seja, o das normas superiores na hierarquia normativa, como são as normas constitucionais, merece particular consideração, pois é um pouco o cavalo de batalha dos não sancionistas, para os quais parece estranho, para não dizer absurdo, que careçam de sanção justamente as normas mais importantes do sistema. Na verdade, para nós essa ausência de sanção nos vértices do sistema não parece absurda, mas, antes, totalmente natural. A aplicação da sanção pressupõe um aparato coercitivo, e o aparato coercitivo pressupõe o poder, ou seja, pressupõe uma separação de força imperativa, ou de autoridade, se se preferir, entre aquele que põe a norma e aquele que deve obedecer a ela. Portanto, é totalmente natural que, à medida que passamos das normas inferiores às superiores, nos aproximamos das fontes do poder e, portanto, diminui a separação de autoridade entre quem põe a norma e quem deve executá-la, o aparato coercitivo perde vigor e eficiência, até que, ao chegar às fontes do próprio poder, ou seja, do poder supremo (como é aquele que se diz "constituinte"), não é mais possível uma força coercitiva, pois a contradição não o permite, ou seja, porque se essa força existisse, esse poder deixaria de ser supremo.

O problema da relação entre direito e força é muito complexo, e agora não é o momento de aprofundá-lo. Por ora basta dizer que na passagem das normas inferiores de um ordenamento para as normas superiores, passamos da fase em que a força se destina a *aplicar* o direito para a fase em que serve para *produzi-lo* e, portanto, passamos do conceito de força como sanção de um direito já estabelecido (ou seja, meio para tornar o direito eficaz) para o conceito de força como produção de um direito que deve valer no futuro. Nessa passagem dos planos mais baixos para os planos mais altos de um ordenamento, pouco a pouco ocorre uma inversão das relações entre direito e força, sem que seja possível precisar em que ponto essa inversão ocorre: nos planos mais baixos *a força está a serviço do direito;* nos planos mais altos *o direito está a serviço da força.* Com outra expressão poderíamos dizer que, olhando um ordenamento jurídico de baixo para cima (e é esse o ponto de vista mais genuinamente jurídico, isto é, próprio do jurista), vemos um poder coercitivo tendente a fazer com que um conjunto de regras seja obedecido; olhando-o de cima para baixo (e é esse o ponto de vista mais propriamente político), vemos um conjunto de regras destinadas a fazer com que um poder possa exercitar-se.

Se as coisas estão desse modo, o fato de as normas superiores não serem sancionadas é natural também por uma outra razão ainda mais decisiva, não por uma razão de fato (a impossibilidade de obrigar com a força quem detém a própria fonte da força), mas por uma razão de direito: quando aqueles que estão no ápice do poder agem de modo não conforme com uma norma do sistema, tal comportamento não é a *violação* de uma norma anterior, mas a *produção* de uma norma nova, ou seja, uma modificação do sistema e, portanto, decai por impossibilidade de proposição o problema da sanção, que pressupõe um ilícito. Não significa, em suma, que um comportamento desconforme seja sempre um ilícito: pode ser a posição de uma nova liceidade, caso em que a sanção é juridicamente impossível. Vamos citar um exemplo extremo: o art. 139 da Constituição italiana, como se sabe, marca um limite normativo ao próprio poder constituinte estabelecendo que "a forma republicana não pode ser objeto de revisão constitucional". O que aconteceria se uma Assembleia Constituinte violasse esse artigo? Haveria pura e simplesmente a instauração de uma nova Constituição.

O que foi dito até aqui sobre as normas superiores do ordenamento não deve levar a crer que o direito público em geral seja um direito não sancionado. Antes, deve-se dizer que, se uma tendência se revelou na evolução do direito público europeu, foi aquela em direção a uma diferenciação cada vez menor entre direito privado e direito público relativamente ao problema da sanção. O "Estado de direito" avançou e continua a avançar na medida em que se substituem aos poderes arbitrários aqueles juridicamente controlados, aos órgãos irresponsáveis os órgãos juridicamente responsáveis, enfim, na medida em que o ordenamento jurídico organiza a resposta às violações provenientes não só dos cidadãos privados, mas também dos funcionários públicos. Poderíamos assinalar uma das muitas diferenças entre Estado de polícia e Estado de direito enfatizando a extensão do mecanismo da sanção partindo da base e subindo cada vez mais em direção aos vértices. O que ainda é uma confirmação da importância da sanção para estabelecer as características diferenciais do ordenamento jurídico; a evolução do ordenamento jurídico se exprime não na restrição, mas na ampliação do aparato sancionador. Estamos inclinados a considerar um ordenamento tão mais "jurídico" (o Estado de direito é um Estado em que o controle jurídico foi-se ampliando e, portanto, é mais "jurídico" do que um Estado de polícia) quanto mais aperfeiçoada é a técnica da sanção.

45. Ordenamentos sem sanção

Existe, porém, uma objeção mais grave. Até aqui nos defendemos diante da objeção fundada na constatação de normas sem sanção em um ordenamento jurídico. E nos defendemos, note-se, sustentando que o que conta para os fins da teoria da sanção não é que todas as normas pertencentes a um sistema sejam sancionadas, mas que a maior parte o seja, ou, em outras palavras, que o ordenamento recorra à técnica da sanção institucionalizada, ainda que depois essa técnica esteja ausente em alguns casos. Respondemos, em suma, passando da norma singular ao ordenamento como conjunto de normas. Mas os não sancionistas reforçam essa resposta afirmando que existem ordenamentos inteiros em que a institucionalização da sanção está completamente ausente, embora eles costumem ser chamados de jurídicos. Diante dessa objeção, a resposta dada na seção anterior não tem mais serventia. O exemplo característico que se costuma dar de ordenamento jurídico sem sanção institucionalizada é o *ordenamento internacional*. Se o ordenamento internacional, conforme se diz, é um ordenamento jurídico, como ainda se pode falar de direito e sanção como dois termos indissolúveis? Em geral, essa objeção é uma das consequências da teoria institucional do direito e da reconhecida pluralidade dos ordenamentos jurídicos. Admitiu-se que a correlação entre direito e sanção podia ser aceita enquanto não se reconhecesse outro ordenamento jurídico além daquele estatal. Ampliada, através da teoria da instituição, a noção de ordenamento jurídico, seriam introduzidos na rede muitos outros ordenamentos em que essa correlação entre direito e sanção não mais se manifesta, ou pelo menos não com a mesma evidência com que se manifestava quando o único ordenamento jurídico considerado era o estatal.

Não consideramos que essa objeção também seja insuperável. Sem dúvida a característica aqui esclarecida da sanção organizada tem uma função limitativa: serve para circunscrever na categoria das instituições ou dos ordenamentos normativos aqueles a que se considera mais apropriado reservar o nome de "jurídicos"; e evita, portanto, a identificação de sistema normativo em geral e sistema jurídico, motivo pelo qual não se vê que vantagens poderiam ser extraídas para uma melhor compreensão do fenômeno jurídico. Mas deve-se acrescentar que essa delimitação não chega a reduzir, mais uma vez, o ordenamento jurídico apenas ao ordenamento estatal. Na definição de ordenamentos com eficácia reforçada mediante a organização da sanção, inserem-se perfeitamente instituições como a máfia, as sociedades secretas, a cavalaria com seu código cavalheiresco, que é essencialmente um conjunto de regras de procedimento, e, em geral, todas as associações organizadas com base no poder de expulsão (e de outras sanções menores) em relação aos sócios transgressores.

No que diz respeito ao ordenamento internacional, haveria, como no caso das normas não sancionadas, a escapatória de não considerá-lo um ordenamento jurídico. Estamos diante de uma questão de palavras, e, portanto, de uma questão de mera oportunidade. Mas efetivamente a expressão "direito internacional" se consolidou e, portanto, é aconselhável servir-se de uma acepção ampliada do termo "direito" de modo a incluir também o ordenamento internacional. Mas é mesmo verdade que a característica da sanção organizada, uma vez aceita, acabaria por excluir das coisas conotadas pelo termo "direito" o ordenamento internacional?

Sem adentrar-nos na questão da juridicidade do direito internacional, seja-nos permitido repetir aqui o que já tivemos ocasião de dizer, ou seja, que o direito internacional nasceu junto com a regulamentação da guerra, isto é, com a consciência, por parte dos membros da comunidade estatal, da natureza sancionadora da guerra e, por conseguinte, da necessidade de demarcar seus limites com regras aceitas em comum acordo, ou seja, nasceu junto com a institucionalização da guerra enquanto sanção. De resto, até alguns internacionalistas aceitam a tese de que o direito internacional também tem suas sanções e prevê o modo e a medida do seu exercício. A violação de uma norma internacional por parte de um Estado constitui um ilícito. Acaso no ordenamento internacional um ilícito não implica alguma consequência? O que são a represália e, nos casos extremos, a guerra se não uma *resposta à violação*, ou seja, aquela resposta à violação que é possível e legítima naquela sociedade específica que é a sociedade dos Estados? Ora, quanto a essa resposta à violação só existem duas possibilidades: ou a resposta é livre ou, ao contrário, é regulada e controlada por outras normas pertencentes ao sistema. A primeira possibilidade é aquela que se realiza no hipotético estado de natureza; a segunda é aquela que encontra aplicação na comunidade internacional por meio da regulamentação do direito de represália e de guerra. Portanto, o ordenamento internacional é também um ordenamento jurídico no sentido preciso em que se fala de ordenamento jurídico como ordenamento com sanção regulada.

Se existe uma diferença entre ordenamento internacional e outros ordenamentos, como, por exemplo, o ordenamento estatal, ela não reside na ausência de uma sanção regulada, mas, quando muito, apenas no modo com que é regulada. Então não se trata de uma diferença principal, mas secundária. Para compreender essa diferença quanto ao modo de exercício da sanção, temos de retomar a distinção feita na seção 42 entre *autotutela* e *heterotutela*, ou seja, entre a sanção exercida pela própria pessoa do ofendido e a sanção exercida por outra pessoa, *super partes*. Se consideramos, por exemplo, a represália como o exercício de uma sanção, não resta dúvida de que se trata de resposta à violação dada pelo mesmo Estado que sofreu as consequências de um ato ilícito por parte de um outro Estado, ou seja, de um ato de autotutela. Portanto, podemos dizer que em geral todo o ordenamento internacional, diferentemente daquele estatal, fundamenta-se no princípio da autotutela e que, portanto, o que diferencia o ordenamento internacional daquele estatal não é a ausência ou a presença de sanções organizadas, mas a organização da sanção por meio da autotutela ou da heterotutela. O fato de o instituto da autotutela ser manifestação de uma sociedade menos organizada do que aquela em que vige o princípio da heterotutela implica uma diferença não de substância, mas de grau entre ordenamento internacional e ordenamento estatal, diferença que, aliás, ninguém jamais negou.

46. As normas em cadeia e o processo ao infinito

Vamos examinar uma quarta objeção: é a objeção chamada de processo ao infinito e que se encontra formulada, por exemplo, em Thon, com as seguintes palavras: "Qualquer atribuição de direitos, até mesmo a fornecida pela mais enérgica coação com uma pena e com um ressarcimento no caso da sua violação, reside, no fundo, apenas num conjunto de imperativos, sendo que o posterior tem sempre por condição a desobediência do anterior, mas o *último, quando transgredido, permanece em todo caso desprovido de consequências*. Portanto, todo o sistema jurídico consta de normas. Ora, se não se quiser dar muita importância à norma como tal, tudo bem: mas, então, será atribuído pouco valor ao direito como um todo, uma vez que é impossível que uma norma, impotente por si, adquira energia *apenas porque no caso da sua transgressão se conecte a ela uma outra norma potente*"[3]. Essa objeção encontra-se repetida sucessivamente inúmeras vezes. Vamos formulá-la de modo mais sintético com nossas palavras: se é verdade que uma norma é jurídica apenas se é sancionada, do mesmo modo a norma que estabelece a sanção só será jurídica se for sancionada, e, por conseguinte, para ser jurídica, a norma que sanciona a primeira norma sancionadora deverá remeter-se, por sua vez, a uma nova norma sancionadora. Chegaremos forçosamente a um ponto em que haverá uma norma sancionadora que, por sua vez, não será sancionada. Podemos exprimir com outras palavras o mesmo conceito do seguinte modo: a norma primária pressupõe a norma secundária; mas essa norma secundária é, por sua vez, norma primária em relação à própria norma sancionadora, que é secundária em relação a esta e terciária em relação à primeira; mas a norma terciária também pressupõe uma norma ulterior etc. etc. Chegaremos a um ponto em que uma norma será apenas secundária, mas não primária, ou seja, a um ponto em que, como não podemos proceder ao infinito, haverá uma norma sem uma sanção que a garanta e, portanto, permanecerá no sistema como norma não sancionada. Essa objeção tende a demonstrar

---

3. *Norma giuridica e diritto soggettivo*, cit., p. 15.

que, por mais que o sistema da sanção organizada se estenda, não pode abranger todas as normas e, portanto, a ausência de sanção não é apenas a resultante de uma constatação de fato, mas também de uma razão implícita no próprio sistema. Essa objeção, porquanto sugestiva, não traz argumentos novos em favor da tese dos não sancionistas. Pode-se efetivamente responder a essa objeção recorrendo aos contra-argumentos expostos na seção 43.

De fato, de um lado ela nos diz que em todo ordenamento, por mais que se admita a organização da sanção, mesmo na forma mais ampla, sempre haverá normas que não são sancionadas. Mas nesse caso podemos responder, com base no que dissemos na seção 44, que a presença de normas singulares não sancionadas não implica recusa da tese sancionista, que se funda na presença do mecanismo da sanção no ordenamento considerado no seu todo. Por outro lado, ela nos faz notar que as normas não sancionadas emergem à medida que se procede das normas inferiores para as normas superiores. Mas também já respondemos a esse argumento na mesma seção, alegando o fato de que, se a sanção implica a presença de um aparato coercitivo, a presença de tal aparato implica, em última instância, a presença de um poder de coação, que por sua vez não pode ser obrigado e que, portanto, a existência de normas não sancionadas no vértice do sistema é o efeito da inversão da relação força-direito que se verifica na passagem das normas inferiores para as normas superiores.

No mais, pode-se ainda objetar se não haveria uma contradição em considerar, de um lado, que a sanção seja elemento constitutivo do direito e, de outro, que careçam de sanção justamente as normas superiores do ordenamento, aquelas que deveriam garantir a eficácia de todo o sistema. Se a objeção que estamos examinando nesta seção apresenta algum interesse em relação às anteriores, está justamente em nos indicar mais claramente essa contradição. Consideramos que se possa resolver essa contradição reportando-nos ao que foi dito sobretudo na seção 43. Por mais que um ordenamento tenda a reforçar a eficácia das próprias normas organizando a coação, não se desconsidera que ele conte também com a adesão espontânea. Nesse caso, acrescentamos que a eficácia direta, ou seja, aquela que deriva da adesão espontânea, não apenas não está excluída, mas é de fato indispensável. As normas, cuja aplicação é sem dúvida confiada à adesão espontânea, são exatamente as normas superiores do sistema. Ora, um sistema em que todas as normas superiores tivessem de ser garantidas pela sanção não só é impossível juridicamente (e efetivamente é sempre válida a pergunta: "Quis custodiet custodes?"), mas é também impossível de fato, pois significaria que aquele ordenamento é fundado apenas na força.

O problema das relações entre *força* e *consenso* é tão complexo quanto o das relações entre força e direito, que já mencionamos. E não é o caso de analisá-lo minuciosamente. Vamos nos limitar a dizer o seguinte: força e consenso são os dois fundamentos do poder. Podemos perfeitamente supor um poder fundado apenas na força e um poder fundado somente no consenso. De fato, os jusnaturalistas, quando elaboravam a teoria contratualista do Estado, imaginavam um Estado fundado exclusivamente no livre acordo dos consociados e o contrapunham aos Estados despóticos, em que se admitia que o direito era a expressão da vontade do mais forte. Basta lermos as primeiras páginas do *Contrato social* de Rousseau para nos convencermos da persistência dessa contraposição. Mas se prescindirmos dessa contraposição puramente teórica e olharmos com isenção para a realidade histórica, perceberemos que força e consenso se confundem e que não há Estado tão despótico que não conte também com o consenso (o déspota espera poder contar ao menos com a fidelidade dos seus acólitos), nem Estado tão fundado no contrato que não precise da força para conter os dissidentes. Os Estados históricos se distinguem entre si pela maior ou menor medida de força e de consenso. Quando falamos, como fizemos até aqui, do aparato da coação para tornar eficaz um ordenamento normativo, sempre tivemos em mira os Estados históricos, nos quais está sempre presente, ao lado da força, um mínimo de consenso. Pois bem, a presença de normas superiores não sancionadas apenas reflete essa situação histórica: as normas não sancionadas representam aquele mínimo de consenso sem o qual nenhum Estado poderia sobreviver.

Capítulo VI
Classificação das normas jurídicas

SUMÁRIO: 47. Normas gerais e singulares. – 48. Generalidade e abstração. – 49. Normas afirmativas e negativas. – 50. Normas categóricas e hipotéticas.

47. Normas gerais e singulares

São possíveis muitas distinções entre as normas jurídicas. Todos os tratados de filosofia do direito e de teoria geral do direito examinam um certo número delas. Mas aqui começaremos fazendo uma primeira distinção entre os próprios critérios de distinção. Existem distinções que dizem respeito ao conteúdo das normas: por exemplo, a distinção entre normas substanciais e normas processuais, ou entre normas de comportamento e normas de organização. Outras distinções referem-se ao modo como as normas são postas, como a distinção entre normas consuetudinárias e normas legislativas. Outras ainda se referem aos destinatários, como a distinção entre normas primárias e normas secundárias. Outras se referem à natureza e à estrutura da sociedade regulada, como, por exemplo, a distinção entre normas de direito estatal, canônico, internacional, familiar etc.

Todas essas distinções não nos interessam aqui. Aliás, elas costumam ser eventualmente examinadas, nos textos das disciplinas jurídicas singulares, por ocasião do estudo de cada um dos problemas nelas implicados. Neste contexto, que é o de uma teoria geral do direito, nos interessa e, portanto, nos é imprescindível, examinar apenas um critério, aquele *formal*. Chamo de critério formal, para distingui-lo dos vários critérios materiais, aquele que diz respeito exclusivamente à *estrutura lógica* da proposição prescritiva. Para desenvolver esse tema nos serviremos de algumas distinções fundamentais e tradicionais, referentes às proposições descritivas, e as estenderemos às proposições normativas.

Uma distinção elementar que se encontra em todos os tratados de lógica é aquela entre *proposições universais* e *proposições singulares*. Chamam-se *universais* aquelas proposições em que o sujeito representa uma classe composta de vários membros, como "Os homens são mortais"; singulares, aquelas em que o sujeito representa um único indivíduo, como "Sócrates é mortal." Essa distinção tem particular importância na classificação das normas jurídicas. Podemos dizer, em geral, que uma primeira grande classificação das normas jurídicas – uma classificação, repito, puramente formal – é aquela entre *normas universais* e *normas singulares*.

Para ser útil, essa primeira distinção precisa ser ulteriormente especificada. Ao se referir às normas jurídicas, ela tem na realidade uma dupla aplicação, sobre a qual devemos nos deter brevemente.

Toda proposição prescritiva e, portanto, também as normas jurídicas, é formada de dois elementos constitutivos e, portanto, imprescindíveis: o *sujeito*, a quem a norma se destina, ou seja, o *destinatário*, e o *objeto* da prescrição, ou seja, a *ação prescrita*. Mesmo na mais simples das prescrições, como "Levante-se", distinguem-se um destinatário-sujeito e uma ação-objeto. Não se pode pensar numa prescrição que não se destine a alguém e que não regule um determinado comportamento. Se consideramos uma norma jurídica qualquer, podemos constatar a presença desses dois elementos: antes, diríamos que o primeiro passo para interpretar uma norma jurídica será o de perceber a quem ela se destina e qual comportamento estabelece. Pois bem, tanto o destinatário-sujeito quanto a ação-objeto podem apresentar-se em uma norma jurídica, em forma universal e em forma singular. Em outras palavras, tanto o destinatário quanto o objeto podem figurar em uma proposição com sujeito universal e com sujeito singular. Desse modo, obtêm--se não dois, mas quatro tipos de proposições jurídicas, ou seja, *prescrições com destinatário universal, prescrições com destinatário singular, prescrições com ação universal, prescrições com ação singular.*

Exemplo das primeiras: "O mandatário é obrigado a cumprir o mandato com a diligência do bom pai de família" (art. 1.710 do Código Civil italiano). Exemplo das segundas: a sentença do tribunal, que, com base no art. 155 do Código Civil italiano, ordena ao cônjuge sobre o qual foi pronunciada a separação manter junto a si os filhos e prover à sua manutenção, educação e instrução. Exemplo das terceiras: "O marido tem o dever de proteger a esposa, de tê-la junto a si e de administrar-lhe tudo o que for essencial às necessidades da vida em proporção às suas posses" (art. 145 do Código Civil italiano). Exemplo das quartas: com base no art. 210 do Código de Processo Civil italiano, o juiz instrutor ordena, a pedido de uma das partes, à outra parte exibir em juízo um documento cuja juntada ao processo considere necessária. A diferença entre o primeiro exemplo e o segundo está no seguinte: o mandatário, a quem a norma do Código Civil se destina, não é uma pessoa determinada, um indivíduo concreto, mas uma classe de pessoas e, portanto, a norma se destina contemporaneamente a todos aqueles que pertençam a essa classe; o destinatário, a quem se dirige o juiz do tribunal para ordenar-lhe que mantenha junto a si os filhos, é um indivíduo concreto, *singular*, e a respectiva norma se destina somente a ele e a mais ninguém. Quanto à diferença entre o terceiro e o quarto exemplo, pode-se dizer o seguinte: a ação prevista e regulada pelo art. 145 do Código Civil italiano é uma ação-tipo, que não se exaure na execução, *una tantum*, mas se prolonga no tempo e vale para todos aqueles comportamentos que podem ser inseridos na ação-tipo; a ação, prevista pelo artigo 210 do Código de Processo Civil italiano, é uma ação singular, ou seja, a exibição daquele documento específico, e, uma vez cumprida, a norma perdeu a sua eficácia.

48. Generalidade e abstração

Com essa ulterior especificação, a distinção entre normas universais e normas singulares nos introduz na antiga doutrina, que se encontra em todos os manuais, em torno da *generalidade* e *abstração* das normas jurídicas, e nos ajuda a ver os limites e as falhas da doutrina. Com efeito, a doutrina da generalidade e abstração das normas jurídicas é, por um lado, imprecisa, pois não costuma esclarecer se os dois termos, "geral" e "abstrato", são usados como sinônimos ("as normas jurídicas são gerais *ou* abstratas") ou se têm significados diferentes ("as normas jurídicas são gerais *e* abstratas"). Por outro lado, é insuficiente ou até falaciosa, pois, ao colocar em evidência os requisitos da generalidade e da abstração, leva a crer que não existem normas jurídicas individuais e concretas.

A classificação feita na seção anterior permite-nos uma distinção mais precisa e mais completa das normas jurídicas. Em vez de usar indistintamente os termos "geral" e "abstrato", consideramos oportuno chamar de "gerais" as normas que são universais em relação ao destinatário, e de "abstratas" aquelas que são universais em relação à ação. Sendo assim, aconselhamos falar de *normas gerais* quando estivermos diante de normas que se destinam a uma classe de pessoas; e de *normas abstratas* quando estivermos diante de normas que regulam uma ação-tipo (ou uma classe de ações). Às normas gerais se contrapõem aquelas que têm por destinatário um único indivíduo, e sugerimos que sejam chamadas de *normas individuais*; às normas abstratas se contrapõem aquelas que regulam uma ação singular, e sugerimos que sejam chamadas de *normas concretas*. A rigor, a expressão "norma concreta" não é muito apropriado, uma vez que a palavra "norma" leva a pensar numa regulamentação continuada de uma ação e, portanto, é mais adequada para designar apenas as normas abstratas. As normas concretas poderiam ser chamadas mais apropriadamente de *ordens*. Vimos anteriormente a relutância de alguns em considerar como comandos as normas jurídicas pelo fato de que o termo "comando" parece referir-se apenas a prescrições com destinatários bem determinados: isso poderia sugerir que se chamassem as normas individuais de *comandos*. Desse modo seria possível propor uma classificação fundada nas duas dicotomias a seguir: *normas gerais* e *comandos*, *normas abstratas* e *ordens*. De resto, não queremos atribuir demasiada importância às questões de denominação. A questão mais importante a esse respeito é que essa quadripartição ajuda-nos a escapar da doutrina tradicional, segundo a qual as características das normas jurídicas seriam a generalidade e a abstração. Se observamos de maneira realista um ordenamento jurídico, não podemos deixar de notar que ele contém, ao lado das normas gerais e abstratas, comandos e ordens. Com isso não se quer dizer que as prescrições de um ordenamento jurídico sejam de igual importância. Uma classificação não é uma escala de graduação. Pretende-se apenas precisar, para corrigir uma doutrina corrente (hoje já em declínio), que, ao lado de prescrições gerais e abstratas, encontram-se prescrições individuais e concretas e, portanto, não se podem elevar os requisitos da generalidade e da abstração, ou ambos juntos, a *requisitos essenciais* da norma jurídica.

Julgamos que o fato de considerar a generalidade e a abstração como requisitos essenciais da norma jurídica tem uma origem *ideológica*, e não *lógica*, ou seja, acreditamos que por trás dessa teoria existe um juízo de valor do seguinte tipo: "Convém (é desejável) que as normas jurídicas sejam gerais e abstratas." Em outras palavras, pensamos que generalidade e abstração são requisitos não da norma jurídica como é, mas como deveria ser para corresponder ao ideal de justiça, para o qual todos os homens são iguais, todas as ações são certas; isto é, que são requisitos *não tanto da norma jurídica* (ou seja, da norma válida num determinado sistema), *mas da norma justa*.

Em particular, quais são os *valores* em que se inspira a teoria da generalidade e da abstração? Em relação a uma prescrição individual, considera-se que uma prescrição geral sirva melhor para realizar um dos fins fundamentais a que todo ordenamento jurídico deveria tender: o fim da *igualdade*. Isso não significa que toda norma individual constitua um privilégio. Mas é certo que os privilégios são estabelecidos por meio de normas individuais. A principal garantia da máxima que se pretenderia igualmente como fundamento dos nossos ordenamentos jurídicos: "A lei é igual para todos" é sem dúvida a generalidade das normas, ou seja, o fato de que as normas não se destinam a este ou àquele cidadão, mas à totalidade dos cidadãos ou a um tipo abstrato de operador na vida social. Quanto à prescrição abstrata, ela é considerada a única capaz de realizar um outro fim a que tende todo ordenamento civil: o fim da *certeza*. Por "certeza" entende-se a determinação, em definitivo, dos efeitos que o ordenamento jurídico atribui a dado comportamento, de modo que o cidadão seja capaz de saber antecipadamente as consequências das próprias ações. Ora, essa exigência é satisfeita ao máximo quando o legislador não abandona a regulamentação dos comportamentos ao julgamento caso a caso feito pelo juiz, mas estabelece com uma norma a regulamentação de uma ação-tipo, de modo que nela se enquadrem todas as ações concretas inseridas naquele tipo. Assim como a generalidade da norma é garantia de igualdade, a abstração é garantia de certeza. Se refletirmos sobre o quanto a ideologia da igualdade, diante da lei e da certeza, inspirou a hodierna concepção do Estado de direito, será mais fácil perceber o estreitíssimo vínculo intercorrente entre teoria e ideologia e, portanto, compreender o valor ideológico da generalidade e abstração, que tende não a descrever o ordenamento jurídico real, mas a prescrever regras para pôr em prática o melhor ordenamento jurídico, que seria aquele em que todas as normas fossem ao mesmo tempo gerais e abstratas.

    Que um ordenamento totalmente composto de normas gerais e abstratas seja um ideal, parece-me que pode ser confirmado pelo fato de que semelhante ordenamento dificilmente poderia subsistir. Se admitirmos, como admitimos até aqui, que, posto um sistema de normas, deve-se prever sua violação, também teremos de admitir, ao lado das normas gerais e abstratas, normas individuais e concretas, apenas para tornar possível a aplicação, em determinadas circunstâncias, das normas gerais e abstratas. Não resta dúvida, por exemplo, de que a sentença com que o juiz condena um indivíduo a um determinado comportamento (por exemplo, ao ressarcimento de danos) é uma norma, ao mesmo tempo, individual e concreta.

Na realidade, combinando-se os quatro requisitos da generalidade, da abstração, da individualidade e da concretude, as normas jurídicas podem ser de quatro tipos: *normas gerais e abstratas* (a maior parte das leis é desse tipo, por exemplo, as leis penais); *normas gerais e concretas* (uma lei que declare a mobilização geral destina-se a uma classe de cidadãos e, ao mesmo tempo, prescreve uma ação individual que, uma vez realizada, exaure a eficácia da norma); *normas individuais e abstratas* (uma lei que atribui a uma determinada pessoa uma função, por exemplo, a de juiz da Corte constitucional, destina-se a um único indivíduo e prescreve-lhe não uma ação singular, mas todas aquelas ações que são inerentes ao exercício do cargo); *normas individuais e concretas* (o exemplo mais característico é fornecido pelas sentenças do juiz).

49. Normas afirmativas e negativas

Uma outra distinção tradicional da lógica clássica, que pode ser aplicada às proposições prescritivas, é aquela entre proposições afirmativas e negativas. Partindo de uma proposição qualquer, obtêm-se outras com os diferentes usos do signo *não*. Até agora falamos de proposições afirmativas. Se partirmos da proposição afirmativa universal ("Todos os homens são mortais"), obteremos outras duas proposições conforme negarmos universalmente ("Todos os homens não são mortais", ou "Nenhum homem é mortal") ou nos limitarmos a negar a universalidade ("Nem todos os homens são mortais" ou "Alguns homens não são mortais"). Se, por fim, combinarmos as negações, ou seja, negarmos ao mesmo tempo universalmente e negarmos a universalidade, obteremos uma quarta proposição ("Nem todos os homens não são mortais" ou "Alguns homens são mortais")[1]. Para indicar essas quatro proposições com termos fáceis de lembrar, usamos os termos latinos: *omnis, nullus, non omnis, nonnullus*. Quanto às relações que intercorrem entre as quatro proposições, limitamo-nos a dizer que a segunda (*nullus*) é a contrária da primeira (*omnis*); a terceira (*non omnis*) é a contraditória da primeira; a quarta (*nonnullus*) é a contraditória da segunda. Em outras palavras: toda proposição tem a sua contrária (que é uma oposição mais fraca) e a sua contraditória (que é uma oposição mais forte). Designando com X a primeira, com X *não* a segunda, com *não* X a terceira e com *não* X *não* a quarta, as relações recíprocas entre as quatro proposições se extraem da seguinte figura:

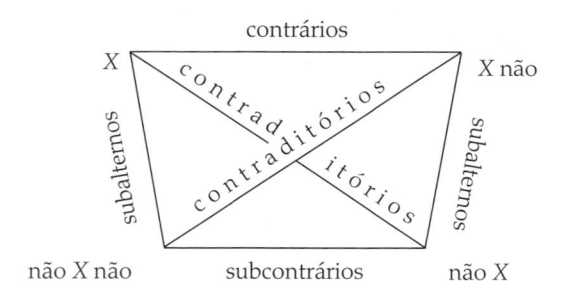

Duas proposições chamam-se *contrárias* quando não podem ser ambas verdadeiras, mas podem ser ambas falsas; chamam-se *contraditórias* quando não podem ser ambas verdadeiras nem ambas falsas; chamam-se *subcontrárias* quando podem ser ambas verdadeiras, mas não podem ser ambas

---

1. Para esta seção, valho-me sobretudo do ensaio de R. BLANCHÈ, "Opposition et négation", in: *Revue philosophique*, 1955, pp. 187-217.

falsas; por fim, chamam-se *subalternas* quando da verdade da primeira pode-se deduzir a verdade da segunda, mas da verdade da segunda não se pode deduzir a verdade da primeira (e, vice-versa, da verdade da primeira não se pode deduzir a verdade da segunda, mas da falsidade da segunda pode-se deduzir a falsidade da primeira). Entre dois contrários diz-se que há relação de *incompatibilidade*; entre dois contraditórios, de *alternativa*; entre dois subcontrários, de *disjunção*; entre o subordinante e o subordinado, de *implicação*.

Para aplicar o que foi dito às proposições prescritivas, vamos partir de uma prescrição afirmativa universal ("Todos devem fazer X"). Com os diferentes usos do signo *não* obteremos outros três tipos de prescrições: a segunda, negando universalmente, com o que teremos uma prescrição do tipo: "Ninguém deve fazer X"; a terceira negando a universalidade, com o que obteremos uma prescrição do tipo: "Nem todos devem fazer X"; a quarta usando ambas as negações, donde obteremos: "Nem todos devem não fazer X". O segundo tipo de prescrição não é manifestamente diferente da prescrição negativa, ou, como também chamamos, o imperativo negativo, ou seja, a *proibição*. A terceira proposição é aquela que, enquanto isenta alguns do dever de fazer, permite-lhes não fazer, e por isso corresponde àquela norma que chamamos (ver p. 168) *permissiva negativa*. A quarta, por fim, é aquela que, enquanto isenta alguns do dever de não fazer, permite-lhes fazer, e é aquela que chamamos de *permissiva positiva*. Simbolizando a primeira proposição com *O* (obrigatório), as outras podem ser simbolizadas na ordem do seguinte modo: *O não* (leia-se: obrigatório não fazer, ou proibido); *não O* (leia-se: não obrigatório fazer, ou seja, permissão negativa); *não O não* (leia-se: não obrigatório não fazer, ou seja, permissão positiva).

É claro que, em vez de partir da prescrição afirmativa, podemos partir de qualquer outra proposição, e com o uso variado da negação obter as outras três. Vamos tentar partir da norma permissiva positiva que simbolizamos com *P*: obteremos primeiro *P não* (leia-se: permitido não fazer, ou seja, permissão negativa); depois *não P* (leia-se: não permitido fazer, ou seja, proibido); por fim, *não P não* (leia-se não permitido não fazer, ou seja, obrigatório). Entre obrigação e permissão a diferença é de duas negações; o que resulta a seguinte tábua de equivalência: *O* = *não P não* (leia-se: deve-se fazer equivale a *não* se pode *não* fazer); *O não* = *não P* (leia-se: deve-se *não* fazer equivale a *não* se pode fazer); *não O* = *P não* (leia-se: *não* é obrigatório fazer equivale a é permitido *não* fazer); *não O não* = *P* (leia-se: *não* é obrigatório *não* fazer equivale a é permitido fazer).

Quanto às relações que intercorrem entre esses quatro tipos de normas, elas correspondem às relações ilustradas no quadrilátero acima mencionado. Para um esclarecimento ulterior reproduzimos aqui o quadrilátero com os símbolos das proposições prescritivas:

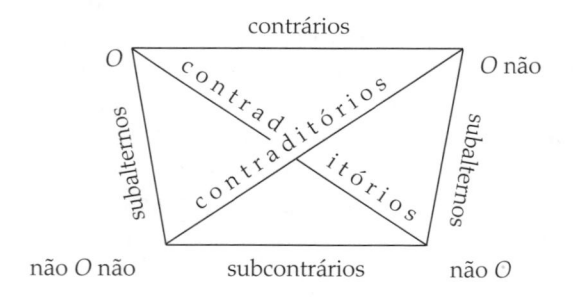

```
                    contrários
        O ┌─────────────────────────┐ O não
          │\   contrários          /│
  s       │ \                     / │       s
  u       │  \                   /  │       u
  b       │   \ contraditórios  /   │       b
  a       │    \               /    │       a
  l       │     \             /     │       l
  t       │      \           /      │       t
  e       │       \         /       │       e
  r       │        \       /        │       r
  n       │         \     /         │       n
  o       │   contraditórios        │       o
  s       │         /     \         │       s
          │        /       \        │
          │       /         \       │
     não O não ──── subcontrários ──── não O
```

Desse quadrilátero resulta que as prescritivas afirmativas e aquelas negativas, ou seja, os comandos e as proibições, são contrários; as permissivas afirmativas e aquelas negativas são subcontrários; comandos e permissões negativos, proibições e permissões positivas são contraditórios entre si (como foi explicado na seção 32)[2].

---

2. Retomaremos esse assunto quando tratarmos das antinomias no ordenamento jurídico.

50. Normas categóricas e hipotéticas

É preciso mencionar uma terceira distinção puramente formal, ou seja, fundada exclusivamente na forma do discurso: a distinção entre *normas categóricas* e *normas hipotéticas*. Tivemos oportunidade de nos ocupar com essa distinção antes (seções 23 e 30) e, portanto, trataremos dela aqui muito brevemente. Tal distinção tem como modelo a tradicional distinção dos juízos em *apodíticos* ("Sócrates é mortal") e *hipotéticos* ("Se Sócrates é um homem, logo Sócrates é mortal"). "Norma categórica" é aquela que estabelece que uma determinada ação deve ser realizada; "norma hipotética" é aquela que estabelece que uma determinada ação deve ser realizada caso se verifique uma determinada condição.

A rigor, todas as normas reforçadas por sanções podem ser formuladas com proposições hipotéticas, no sentido de que se pode considerar a aceitação ou a rejeição das consequências imputadas pela norma sancionadora como uma condição para que se cumpra a obrigação imposta pela norma primária, segundo a fórmula: "Se você não quer se sujeitar à pena Y, deve realizar a ação X". Como, de resto, não se exclui que existam normas não sancionadas, é preciso admitir a existência de normas jurídicas categóricas, ou seja, de normas formuláveis em forma apodítica, sem condições. É claro que as normas jurídicas a que se refere o art. 154 do Código de Processo Penal italiano, já citado, segundo o qual alguns funcionários são obrigados a observar as normas do código mesmo quando a inobservância não implique nenhuma sanção, são normas categóricas, ou seja, normas cuja obediência não é submetida a nenhuma condição, ao menos no que se refere ao sujeito a que é destinada.

Quanto às normas jurídicas hipotéticas, já vimos que elas podem ser de dois tipos segundo a sanção consista na não obtenção do fim desejado ou na obtenção de um fim diferente do desejado. As normas do primeiro tipo, cuja formulação é "Se você quer Y, deve X", podem ser chamadas de *normas instrumentais*, pelo fato de que a ação por elas prescrita é admitida como um meio para alcançar um objetivo. As normas do segundo tipo, cuja formulação é: "Se você não quer Y, deve X", podem ser chamadas de *normas finais*, porque prescrevem ações que têm valor de fim.

Se combinarmos essa distinção entre normas instrumentais e finais com aquela examinada na seção anterior, entre normas afirmativas e positivas, obteremos quatro tipos de normas hipotéticas: 1) "Se você quer Y, deve X"; 2) "Se você quer Y, não deve X"; 3) "Se você não quer Y, deve X"; 4) "Se você não quer Y, não deve X".

Observamos, ainda, à guisa de conclusão, para evitar um possível equívoco, que aqui se falou de normas como proposições hipotéticas no sentido de que essa qualificação serve para distingui-las das normas categóricas. Não se falou, contudo, de um outro sentido em que muitas vezes se fala das normas jurídicas como proposições hipotéticas, ou seja, no sentido de proposições prescritivas que estabeleçam uma obrigação condicionada à ocorrência ou não de um dado evento, segundo a fórmula: "Se é Y, deve ser X". Exemplo: "Se o dote consiste em bens cuja propriedade a mulher conservou, o marido ou seus herdeiros são obrigados a restituí-lo sem demora, caso seja dissolvido o casamento" (art. 193 do Código Civil italiano). Quando os juristas falam das normas jurídicas como normas hipotéticas, o fazem sobretudo neste segundo sentido. Caso, nessa acepção, se queira introduzir uma distinção, não se tratará mais da distinção entre normas categóricas e normas técnicas, mas da distinção entre *obrigações simples* e *obrigações condicionadas*.

SEGUNDA PARTE
Teoria do ordenamento jurídico

Capítulo I
Da norma jurídica ao ordenamento jurídico

SUMÁRIO: 1. Novidade do problema do ordenamento. – 2. Ordenamento jurídico e definições do direito. – 3. A nossa definição do direito. – 4. Pluralidade de normas. – 5. Os problemas do ordenamento jurídico.

1. Novidade do problema do ordenamento

Este curso está diretamente relacionado ao anterior, intitulado *Teoria da norma jurídica*, e constitui sua continuação. Juntos formam uma *Teoria do direito* completa, principalmente sob o aspecto formal. No primeiro curso estudamos a *norma jurídica*, isoladamente considerada; neste novo curso estudaremos aquele conjunto, ou todo, ou sistema de normas que constitui um *ordenamento jurídico*.

A exigência da nova pesquisa nasce do fato de que, na realidade, as normas jurídicas nunca existem sozinhas, mas sempre num contexto de normas que têm relações específicas entre si (e essas relações serão em grande parte o objeto do nosso estudo). Esse contexto de normas costuma ser denominado "ordenamento". E convém observar desde o início que a palavra "direito", dentre os seus muitos significados, também quer dizer "ordenamento jurídico", por exemplo, nas expressões "direito romano", "direito italiano", "direito canônico" etc.

Por mais óbvia que seja a constatação de que as regras jurídicas constituem sempre uma totalidade, e a palavra "direito" seja usada indistintamente tanto para indicar a norma jurídica singular quanto um determinado conjunto de normas jurídicas, todavia o estudo aprofundado do ordenamento jurídico é relativamente recente, muito mais recente do que aquele, de resto bem mais antigo, das normas singulares. Enquanto existem muitos estudos particulares sobre a natureza da norma jurídica, não existe, até hoje, a menos que estejamos enganados, sequer um estudo completo e orgânico sobre todos os problemas que a existência de um ordenamento jurídico suscita. Em outras palavras, pode-se dizer que os problemas gerais do direito foram tradicionalmente estudados mais do ponto de vista da norma jurídica, considerada como um todo distinto, do que daquele da norma jurídica considerada como a parte de um todo mais amplo que a compreende. Ao dizer isso, queremos também chamar a atenção para a dificuldade da sistematização de uma matéria que não tem atrás de si uma tradição segura e, portanto, sobre o caráter experimental deste curso.

Uma rápida vista de olhos na história do pensamento jurídico nos últimos séculos nos dá uma confirmação daquilo que afirmamos até agora: do famoso tratado *De legibus ac Deo legislatore* de Francesco Suarez (1612) aos tratados mais recentes de Thon e de Binding, que mencionamos no curso anterior, resta claro a partir dos títulos que o objeto principal do estudo, o verdadeiro *elemento primordial* da realidade jurídica, é a norma considerada em si mesma. Com isso não se quer dizer que faltasse naquelas obras o estudo de alguns problemas característicos de uma teoria do ordenamento jurídico: mas esses problemas juntaram-se a outros, e não foram considerados merecedores de um estudo separado e particular. Repetindo, a norma jurídica era a única perspectiva por meio da qual o direito era estudado: o ordenamento jurídico era, quando muito, um conjunto de muitas normas, mas não um objeto autônomo de estudo, com os seus problemas particulares e diversos. Para exprimir-nos com uma metáfora, o ordenamento jurídico era considerado uma árvore, mas não a floresta.

Creio que os primeiros a chamarem a atenção para a realidade do ordenamento jurídico foram os teóricos da instituição, de que falamos no curso anterior. Não por acaso o livro, merecidamente famoso, de Santi Romano é intitulado

L'ordinamento giuridico (1917). O que censuramos à teoria da instituição é o fato de ter-se apresentado em polêmica contra a teoria normativa, ou seja, como teoria destinada a suplantar a teoria anterior, enquanto, segundo aquilo que já observamos, essa teoria é sua integração e, portanto, sua continuação. Consideramos oportuno reproduzir aqui as palavras com que concluímos no curso anterior o exame da teoria da instituição: "A nosso ver, a teoria da instituição teve o grande mérito [...] de ressaltar que só se pode falar de direito quando existe um conjunto de normas formadoras de um ordenamento e que, portanto, o direito não é norma, mas um conjunto coordenado de normas; em suma, que uma norma jurídica nunca está sozinha, mas está ligada a outras normas com as quais forma um sistema normativo."

O isolamento dos problemas do ordenamento jurídico daqueles da norma jurídica e o estudo autônomo dos primeiros como uma parte de uma teoria geral do direito foi obra sobretudo de Hans Kelsen. Entre os méritos de Kelsen, pelos quais é justo considerá-lo um dos mais autorizados juristas contemporâneos, está certamente também o de ter tido plena consciência da importância dos problemas ligados à existência do ordenamento jurídico e de ter-lhes dedicado particular atenção. Tomemos a sua obra mais completa e conclusiva, a *Teoria generale del diritto e dello Stato* (trad. it., ed. di Comunità, Milão, 1952), e veremos que o estudo da teoria do direito (aqui prescindimos da teoria do Estado) é dividido em duas partes chamadas respectivamente *Nomostática* e *Nomodinâmica*: a primeira considera os problemas relativos à norma jurídica; a segunda, aqueles relativos ao ordenamento jurídico. Considero que a expressão "nomodinâmica" não é muito feliz; mas, deixando de lado a questão de palavras, o que importa é que, talvez, no sistema de Kelsen, pela primeira vez a teoria do ordenamento jurídico constitui uma das duas partes de uma completa teoria do direito. Não preciso acrescentar que meu curso está diretamente relacionado à obra de Kelsen, da qual constitui ora um complemento, ora um desenvolvimento.

2. Ordenamento jurídico e definições do direito

Dissemos que a teoria do ordenamento jurídico constitui uma integração da teoria da norma jurídica. A esse respeito temos de precisar de imediato que fomos conduzidos necessariamente a essa integração pelos resultados a que chegamos na busca de uma definição do direito, realizada no curso anterior. Para resumir brevemente esses resultados, podemos dizer que não nos foi possível dar uma definição do direito assumindo o ponto de vista da norma jurídica, isoladamente considerada; mas tivemos de ampliar nosso horizonte para considerar o modo como uma determinada norma é tornada eficaz por uma organização complexa que determina a natureza e a importância das sanções, as pessoas que devem exercê-las e sua execução. Essa organização complexa é o produto de um ordenamento jurídico. Portanto, isso significa que uma definição satisfatória do direito só é possível se assumimos o ponto de vista do ordenamento jurídico.

Vamos refletir por um momento sobre as várias tentativas que se fizeram para definir o direito por meio deste ou daquele elemento da norma jurídica. Todas essas tentativas deram lugar a sérias dificuldades. Os critérios adotados a cada vez para encontrar uma definição do direito tomando como base a norma jurídica ou foram tais que deles não se pôde extrair nenhum elemento característico dessa norma em relação a outras categorias de normas, como as normas morais ou sociais e, portanto, levavam a um beco sem saída, ou remetiam àquele fenômeno mais complexo da organização de um sistema de regras de conduta, em que consiste precisamente o ordenamento jurídico, e, portanto, levavam a um caminho livre, mas era o caminho que desembocava no reconhecimento da relevância do ordenamento para a compreensão do fenômeno jurídico.

No conjunto das tentativas realizadas para caracterizar o direito por meio de algum elemento da norma jurídica, consideramos sobretudo quatro critérios: 1) critério formal;

2) critério material; 3) critério do sujeito que põe a norma; 4) critério do sujeito a quem a norma é destinada.

1. Por critério formal entendemos aquele critério pelo qual se considera poder definir o que é direito por meio de algum elemento estrutural das normas que se costumam chamar de jurídicas. Vimos que, em relação à estrutura, as normas podem distinguir-se em:

a) positivas ou negativas;
b) categóricas ou hipotéticas;
c) gerais (abstratas) ou individuais (concretas).

Pois bem, a primeira e a terceira distinção não oferecem nenhum elemento caracterizador do direito, pois em qualquer sistema jurídico encontramos tanto normas positivas quanto negativas, tanto normas gerais (abstratas) quanto individuais (concretas). Quanto à segunda distinção, também admitimos que num sistema normativo existem normas hipotéticas, que podem assumir estas duas formas:

a) *se você quer A, deve B*, segundo a teoria da norma técnica (Ravà), ou das regras finais (Brunetti);
b) *se é A, deve ser B*, em que, segundo alguns, A é o fato jurídico e B a consequência jurídica (teoria do direito como valoração ou juízo de qualificação), e, segundo outros, A é o ilícito e B a sanção (teoria da norma como juízo hipotético de Kelsen).

Em nenhuma dessas duas formulações a norma jurídica assume uma forma caracterizadora: a primeira formulação é própria de qualquer norma técnica ("se você quer comprar os selos, deve ir ao correio"); a segunda formulação é característica de qualquer norma condicionada ("se chove, você deve pegar o guarda-chuva").

2. Por critério material entendemos aquele critério que se pretenderia extrair do conteúdo das normas jurídicas, ou

seja, das ações reguladas. Esse critério é manifestamente inoperante. O objeto de regulamentação por parte das normas jurídicas são todas *as ações possíveis* do homem: e entendemos por "ações possíveis" aquelas que não são nem necessárias nem impossíveis. É claro que uma norma que comandasse uma ação necessária ou proibisse uma ação impossível seria *inútil*; por outro lado, uma norma que proibisse uma ação necessária ou comandasse uma ação impossível seria *inexequível*. Mas, uma vez excluídas as ações necessárias, ou seja, aquelas ações que o homem pratica por necessidade natural e, portanto, independentemente da sua vontade, e as ações impossíveis, ou seja, aquelas ações que o homem não é capaz de praticar, não obstante todo esforço da sua vontade, o campo das ações possíveis é muito amplo, e é comum às regras jurídicas, assim como a todas as outras regras de conduta. Fizeram-se, é verdade, tentativas de separar, no vasto campo das ações possíveis, um campo de ações reservadas ao direito. As duas principais tentativas referem-se ora a uma, ora a outra destas duas distinções:

a) ações internas e ações externas;
b) ações subjetivas e ações intersubjetivas.

À parte o fato de que a categoria das ações externas e a das ações intersubjetivas são extremamente genéricas, é bastante claro que ambas as distinções podem servir para distinguir o direito da moral, mas não para distingui-lo também das regras do costume que se referem sempre a ações externas e muitas vezes a ações intersubjetivas.

3. Ao falar do critério do sujeito que põe a norma, pretendemos nos referir à teoria que considera jurídicas aquelas normas que são postas pelo poder soberano, e entende-se por "poder soberano" o poder acima do qual não existe, naquele determinado grupo social, nenhum poder superior, e que, como tal, detém o monopólio da força. Diante dessa teoria não podemos mais dizer, como para as duas teorias

anteriores, que é inconclusiva. A conclusão que acreditamos ter alcançado no curso anterior é que o direito é aquele conjunto de regras que são feitas valer também com a força, ou seja, é um ordenamento normativo com eficácia reforçada. Ora, aquele que é capaz de exercer a força para tornar eficazes as normas é precisamente o poder soberano, que detém o monopólio do exercício da força. Portanto, teoria do direito como regra coativa e teoria do direito como emanação do poder soberano convergem.

O que essa teoria da soberania nos convida a observar é sobretudo que, uma vez que chegamos a definir o direito por meio do poder soberano, já saltamos da norma singular para o ordenamento no seu todo. Com a expressão muito genérica "poder soberano" referimo-nos àquele conjunto de órgãos por meio dos quais um ordenamento normativo é posto, conservado, aplicado. E é o próprio ordenamento que estabelece quais são esses órgãos. Se é verdade que o conceito de ordenamento jurídico é definido por meio da soberania, também é verdade que o conceito de soberania numa determinada sociedade é definido por meio do ordenamento jurídico. Poder soberano e ordenamento jurídico são dois conceitos que se referem um ao outro. E, portanto, quando o direito é definido por meio do conceito de soberania, o que vem em primeiro plano não é a norma singular, mas o ordenamento; dizer que norma jurídica é aquela emanada do poder soberano equivale a dizer que norma jurídica é aquela que faz parte de um determinado ordenamento. A soberania caracteriza não uma norma, mas um ordenamento.

4. O critério do sujeito a quem a norma é destinada pode apresentar duas variantes, segundo se considere como destinatário o cidadão ou o juiz (ver, no curso anterior, a seção 31, "Os destinatários da norma jurídica"). Vamos examiná-las separadamente.

A afirmação pura e simples de que a norma jurídica é aquela dirigida aos cidadãos é inconclusiva pelo seu caráter genérico. Costuma ser especificada com a determinação da atitude com que os cidadãos a recebem: e se diz jurídica aquela norma que é seguida com a convicção ou a crença da sua obrigatoriedade (*opinio iuris ac necessitatis*), como já mencionado no curso anterior. Essa *opinio iuris ac necessitatis* é um ente bem misterioso. O que significa? A única maneira de dar-lhe um significado é esta: seguir uma norma com a convicção da sua obrigatoriedade significa segui-la com a convicção de que, se a violarmos, iremos ao encontro da intervenção do Poder Judiciário e muito provavelmente da aplicação de uma sanção. O sentimento de obrigatoriedade é, em última instância, o sentimento de que aquela norma singular faz parte de um organismo mais complexo e da pertinência a esse organismo extrai seu caráter específico. Mesmo nesse caso, portanto, a noção a que se recorre para definir a juridicidade de uma norma encontra a sua natural explicação quando se procura ver, por intermédio da norma, o ordenamento que a compreende.

A segunda variante do critério do destinatário é aquela segundo a qual as normas jurídicas são destinadas ao juiz. É claro que uma definição desse tipo só tem algum significado se se define a noção de juiz. Quem é o juiz? O que se entende por juiz? Mas não se pode dar uma definição de juiz sem que se amplie a visão para todo o ordenamento. Diríamos que o juiz é aquele ao qual uma norma do ordenamento atribui o poder e o dever de decidir quem tem razão e quem está errado, de modo a tornar possível a execução de uma sanção. Mas desse modo somos remetidos novamente da norma singular ao sistema normativo. E percebemos, mais uma vez, que assim que procuramos tornar conclusiva uma definição do direito referente à norma, somos obrigados a deixar a norma e a abraçar o ordenamento.

3. A nossa definição do direito

Voltemos agora à definição de direito a que chegamos no curso anterior. Naquela ocasião determinamos a norma jurídica por meio da sanção, e a sanção jurídica por meio das características da *exterioridade* e da *institucionalização*, daí a definição de norma jurídica como aquela norma "cuja execução é garantida por uma sanção externa e institucionalizada".

Essa definição é uma confirmação do que destacamos nas duas primeiras seções, ou seja, da necessidade, em que se encontra o teórico geral do direito, a um certo ponto da pesquisa, de deixar a norma singular pelo ordenamento. Se sanção jurídica é apenas a institucionalizada, é sinal de que, para haver direito, é preciso haver, em maior ou menor medida, uma organização, ou seja, um sistema normativo completo. Definir o direito por meio da noção de sanção organizada significa procurar o caráter distintivo do direito não em um elemento da norma, mas em um conjunto orgânico de normas. Em outras palavras, poderíamos dizer que a pesquisa por nós realizada na *Teoria da norma jurídica* é uma confirmação do caminho obrigatório que o teórico geral do direito realiza da parte ao todo, ou seja, do fato de que, mesmo partindo da norma, chega-se, se se pretende entender o fenômeno do direito, ao ordenamento.

Para maior clareza, podemos também exprimir-nos do seguinte modo: *o que costumamos chamar de direito é um caráter de certos ordenamentos normativos mais que de certas normas*. Se aceitamos essa tese, o problema da definição do direito torna-se um problema de definição de um ordenamento normativo e da consequente distinção entre esse tipo de ordenamento normativo e um outro, não um problema de definição de um tipo de normas. Nesse caso, para definir a norma jurídica bastará dizer que norma jurídica é aquela que pertence a um ordenamento jurídico, remetendo manifestamente o problema de determinar o que significa "jurídico" da norma para o ordenamento. Com esse reenvio demonstra-se que a dificuldade de encontrar uma resposta para a pergunta: "O que se entende por norma jurídica?" resolve-se deslocando o plano da pesquisa, ou seja, fazendo uma nova pergunta: "O que se entende por ordenamento jurídico?". Se, como parece, só se consegue dar uma resposta sensata para essa segunda pergunta, isso significa que o problema da definição do direito encontra o seu âmbito apropriado na teoria do ordenamento, e não na teoria da norma. O que é um argumento em favor da importância, desde o início anunciada, da teoria do ordenamento, a que este novo curso se refere. Somente em uma teoria do ordenamento – esse é o ponto a que era preciso chegar – o fenômeno jurídico encontra a sua explicação adequada.

Já no curso anterior deparamo-nos com o fenômeno de normas sem sanção. Partindo da consideração da norma jurídica, deveríamos responder que, se a sanção é a característica essencial das normas jurídicas, normas sem sanção não são normas jurídicas. Em vez disso, julgamos que era preciso responder que "quando falamos de uma sanção organizada como elemento constitutivo do direito, referimo-nos não às normas singulares, mas ao *ordenamento normativo considerado no seu todo*, razão pela qual dizer que a sanção organizada distingue o ordenamento jurídico de qualquer outro tipo de ordenamento não implica que *todas* as normas desse sistema sejam sancionadas, mas apenas que *a maior parte* o seja" (p. 147). Essa nossa resposta mostra, em concreto, que um problema mal resolvido no plano da norma singular encontra uma solução mais satisfatória no plano do ordenamento.

Pode-se dizer o mesmo sobre o problema da *eficácia*. Se consideramos a eficácia como uma característica das normas jurídicas, a certo ponto deparamos com a necessidade de negar o caráter de norma jurídica a normas que pertencem ao sistema normativo dado (uma vez que foram legitimamente produzidas) e, portanto, são válidas, mas não são eficazes porque nunca foram aplicadas (como é o caso de muitas normas da Constituição italiana). A dificuldade é resolvida, também nesse caso, deslocando-se a perspectiva da norma singular para o ordenamento considerado no seu todo e afirmando que a eficácia é um caráter constitutivo do direito somente se com a expressão "direito" nos referimos não à norma singular, mas ao ordenamento. O problema da validade e da eficácia, que dá lugar a dificuldades insuperáveis enquanto se considera uma norma do sistema (que pode ser válida sem ser eficaz), se resolve se nos referimos ao ordenamento jurídico, em que a eficácia é o fundamento mesmo da validade.

No plano da norma jurídica, um outro problema que deu lugar a infinitas e estéreis controvérsias é o do direito consuetudinário. Como se sabe, o principal problema de uma teoria do costume é o de determinar em que uma norma consuetudinária jurídica se distingue de uma norma consuetudinária não jurídica, em outras palavras, por meio de que processo uma simples norma do costume se torna uma norma jurídica. Talvez esse problema seja insolúvel por estar mal colocado. Se é verdade, como procuramos mostrar até aqui, que o que costumamos chamar de direito é um fenômeno muito complexo que tem como ponto de referência todo um sistema normativo, é inútil procurar o elemento distintivo de um costume jurídico em relação à regra do costume na norma singular consuetudinária. Devemos responder, ao contrário, que uma norma consuetudinária se torna jurídica quando passa a integrar um ordenamento jurídico. Mas desse modo o problema deixa de ser aquele tradicional da teoria do costume: "Qual é o caráter distintivo de uma norma jurídica consuetudinária em relação a uma regra do costume?" e passa a ser outro: "Quais são os procedimentos por meio dos quais uma norma consuetudinária passa a integrar um ordenamento jurídico?".

Concluindo, essa posição predominante que aqui se dá ao ordenamento jurídico leva a uma inversão de perspectiva no estudo de alguns problemas da teoria geral do direito. Essa inversão pode ser expressa sinteticamente da seguinte forma: enquanto para a teoria tradicional um ordenamento jurídico se compõe de normas jurídicas, para a nova perspectiva normas jurídicas são aquelas que passam a integrar um ordenamento jurídico. Em outros termos: não existem ordenamentos jurídicos porque existem normas jurídicas distintas de normas não jurídicas; mas existem normas jurídicas porque existem ordenamentos jurídicos distintos de ordenamentos não jurídicos. O termo "direito", na acepção mais comum de direito objetivo, indica um tipo de sistema normativo, não um tipo de norma.

4. Pluralidade de normas

Uma vez esclarecido que o termo "direito" refere-se a um determinado tipo de ordenamento, cabe-nos aprofundar o conceito de ordenamento. Para começar, vamos partir de uma definição muito genérica de ordenamento, que aos poucos iremos especificando: o ordenamento jurídico (como qualquer outro sistema normativo) *é um conjunto de normas*. Essa definição genérica de ordenamento pressupõe uma única condição: que para a constituição de um ordenamento concorram mais normas (ao menos duas) e que não exista ordenamento composto por uma única norma.

Podemos imaginar um ordenamento composto por uma única norma? Penso que a existência de semelhante ordenamento deve ser excluída. Assim como uma regra de conduta pode referir-ser a todas as ações possíveis do homem, e a regulamentação consiste em qualificar uma ação com uma das três modalidades normativas (ou deônticas) do obrigatório, do proibido e do permitido, para conceber um ordenamento composto por uma única norma seria preciso imaginar uma norma que se referisse a *todas* as ações possíveis e as qualificasse com uma *única* modalidade. Postas essas condições, só existem três possibilidades de conceber um ordenamento composto por uma única norma:

1. *Tudo é permitido*: mas uma norma desse tipo é a negação de qualquer ordenamento jurídico, ou, se se preferir, é a definição do estado de natureza, que é a negação de todo ordenamento civil.

2. *Tudo é proibido*: uma norma desse tipo tornaria impossível qualquer vida social humana, que começa a partir do momento em que o homem, além das ações necessárias, é capaz e tem condições de realizar algumas das ações possíveis; semelhante norma, equiparando as ações possíveis àquelas impossíveis, só deixaria subsistir as ações necessárias, ou seja, as ações meramente naturais.

3. *Tudo é comandado*: mesmo uma semelhante norma torna impossível a vida social, pois as ações possíveis estão em conflito entre si, e comandar duas ações em conflito significa tornar inexequíveis ou uma, ou outra, ou ambas.

Enquanto é inconcebível um ordenamento que regule *todas* as ações possíveis com uma única modalidade normativa, ou, com outras palavras, alcance todas as ações possíveis com um único juízo de qualificação, é concebível um ordenamento que comande (ou proíba) *uma única* ação. Trata-se de um ordenamento muito simples, que considera como condição de vínculo àquele determinado grupo ou associação o cumprimento de uma única obrigação (por exemplo, um clube de nudistas, ou uma associação de beberrões que estabelecesse como única obrigação aquela de beber apenas vinho, e assim por diante). Mas semelhante ordenamento pode ser considerado um ordenamento composto de uma única norma? Eu diria que não. Veremos mais adiante que toda norma particular que regula (comandando-a ou proibindo-a) uma ação implica uma norma geral exclusiva, ou seja, uma norma que subtrai àquela regulamentação específica todas as outras ações possíveis. A norma que prescreve beber apenas vinho implica a norma que permite fazer qualquer outra coisa diferente de beber vinho. Se quisermos dizer a mesma coisa com uma fórmula, diremos que: "x é obrigatório" implica "não x é permitido". Mas dessa forma se vê que as normas, na realidade, são duas, aquela particular e aquela geral exclusiva, ainda que a norma expressamente formulada seja apenas uma. Nesse sentido, pode-se dizer que mesmo o ordenamento mais simples, aquele que consiste em uma única prescrição de uma ação particular, é composto ao menos de duas normas. Será conveniente acrescentar em seguida que um ordenamento jurídico nunca é um ordenamento tão simples. Para conceber um ordenamento jurídico reduzido a uma única norma particular, seria preciso elevar a norma particular ao comando: *neminem laedere*. Creio que apenas o comando de não causar dano aos outros poderia ser concebido como aquele a que possa ser reduzido um ordenamento jurídico com uma única norma particular. Mas, mesmo tão simplificado, um ordenamento jurídico compreende não uma, mas duas normas: aquela que prescreve não causar dano aos outros e aquela que autoriza a fazer tudo o que não cause dano aos outros.

Até aqui, quando falamos das normas que compõem um ordenamento, referimo-nos a *normas de conduta*. Em todo ordenamento, ao lado das normas de conduta, existe um outro tipo de normas, que se costuma chamar de *normas de estrutura* ou *de competência*. São aquelas normas que não prescrevem a conduta que se deve ter ou não mas prescrevem as condições e os procedimentos por meio dos quais são emanadas normas de conduta válidas. Uma norma que prescreve manter-se à direita é uma norma de conduta; uma norma que estabelece que duas pessoas estão autorizadas a regular seus próprios interesses num certo âmbito mediante normas vinculantes e coativas é uma norma de estrutura, uma vez que não determina uma conduta, mas estabelece as condições e os procedimentos para produzir normas de conduta válidas. Vimos até agora que não é concebível um ordenamento composto de uma única norma de conduta. Perguntamo-nos: é concebível um ordenamento composto de uma única norma de estrutura? Um ordenamento desse tipo é concebível. Geralmente se considera como tal o ordenamento de uma monarquia absoluta, em que parece ser possível resolver toda norma na seguinte: "É obrigatório tudo o que o soberano comanda". De resto, que tal ordenamento tenha uma única norma de estrutura não implica que também tenha uma única norma de conduta. As normas de conduta são tantas quantos forem, em um dado momento, os comandos do soberano. O fato de possuir aquela única norma de estrutura tem por consequência a extrema variabilidade das normas de conduta no tempo, não a exclusão da sua pluralidade em um determinado tempo.

5. Os problemas do ordenamento jurídico

Se um ordenamento jurídico é composto de várias normas, isso significa que os principais problemas vinculados à existência de um ordenamento são os problemas que nascem das relações das diversas normas entre si.

Em primeiro lugar, trata-se de saber se essas normas constituem uma *unidade*, e em que modo a constituem. O problema fundamental que deve ser discutido a esse respeito é o da *hierarquia* das normas. À teoria da unidade do ordenamento jurídico é dedicado o segundo capítulo.

Em segundo lugar, trata-se de saber se o ordenamento jurídico constitui, além de uma unidade, também um *sistema*. O problema fundamental que se discute a esse respeito é o das *antinomias jurídicas*. À teoria do sistema jurídico será dedicado o terceiro capítulo.

Todo ordenamento jurídico, unitário e tendencialmente (se não efetivamente) sistemático também pretende ser *completo*. O problema fundamental que aqui se discute é o das chamadas *lacunas* do direito. À teoria da completude do ordenamento jurídico será dedicado o quarto capítulo.

Por fim, não existe entre os homens um único ordenamento, mas existem muitos e de diversos tipos. Os vários ordenamentos têm relação entre si e de que tipo são essas relações? O problema fundamental que aqui deverá ser examinado é o do *reenvio* de um ordenamento ao outro. À teoria das relações entre ordenamentos será dedicado o quinto e último capítulo.

Não pretendemos esgotar desse modo todos os problemas que surgem da reflexão sobre o ordenamento jurídico.

Mas acreditamos que esses sejam os problemas principais, cujo estudo pode permitir traçar as linhas gerais de uma teoria do ordenamento jurídico, destinada a continuar e a integrar, como dissemos logo no início deste primeiro capítulo, a teoria da norma jurídica.

Capítulo II
A unidade do ordenamento jurídico

SUMÁRIO: 6. Fontes reconhecidas e delegadas. – 7. Tipos de fontes e formação histórica do ordenamento. – 8. As fontes do direito. – 9. Construção gradual do ordenamento. – 10. Limites materiais e formais. – 11. A norma fundamental. – 12. Direito e força.

6. Fontes reconhecidas e delegadas

A hipótese de um ordenamento com uma ou duas normas, sugerida no capítulo anterior, é puramente acadêmica. Na realidade, os ordenamentos são compostos de uma miríade de normas que, como as estrelas no céu, ninguém jamais conseguiu contar. Quantas são as normas que compõem o ordenamento jurídico italiano? Ninguém sabe. Os juristas lamentam-se que são muitas; no entanto, criam-se sempre novas normas, e não se pode deixar de criá-las para satisfazer todas as necessidades da cada vez mais variada e intrincada vida social.

A dificuldade de identificar todas as normas que constituem um ordenamento resulta do fato de que geralmente essas normas não derivam de uma única *fonte*. Podemos distinguir os ordenamentos jurídicos em *simples* e *complexos*, conforme as normas que os compõem sejam derivadas de uma única fonte ou de várias fontes. Os ordenamentos jurídicos que constituem a nossa experiência de historiadores e de juristas são complexos. A imagem de um ordenamento composto de apenas dois personagens, o *legislador*, que põe as normas, e os *súditos*, que as recebem, é puramente didática. O legislador é um personagem imaginário, que oculta uma realidade mais complicada. Mesmo um ordenamento restrito, pouco institucionalizado, que compreende um grupo social com poucos membros, como a família, é geralmente um ordenamento complexo: nem sempre a única fonte das regras de conduta dos que pertencem ao grupo é a autoridade paterna; às vezes o pai aceita regras já formuladas pelos antepassados, pela tradição familiar, ou por reenvio a outros grupos familiares; às vezes delega uma parte (maior ou menor segundo as várias culturas) do poder normativo à esposa, ou ao filho mais velho. Nem mesmo numa concepção teológica do universo as leis que regulam o cosmo são derivadas todas de Deus, ou seja, são leis divinas; em alguns casos Deus delegou aos homens a produção de leis para regularem sua conduta, ou através do ditame da razão (direito natural) ou através da vontade dos superiores (direito positivo).

A complexidade de um ordenamento jurídico deriva do fato de que a necessidade de regras de conduta em qualquer sociedade é tão grande que não existe poder (ou órgão) capaz de satisfazê-la sozinho. Para ir ao encontro dessa exigência, o poder supremo costuma recorrer a dois expedientes:

1. a *recepção* de normas já existentes, produzidas por ordenamentos diversos e anteriores;
2. a *delegação* do poder de produzir normas jurídicas a poderes ou órgãos inferiores.

Por essas razões, em todo ordenamento, ao lado da fonte direta, temos fontes indiretas, que se podem distinguir nestas duas classes: *fontes reconhecidas* e *fontes delegadas*. A complexidade de um ordenamento jurídico deriva, pois, da multiplicidade das fontes das quais afluem regras de conduta; em última análise, do fato de que essas regras têm diferentes proveniências e passam a existir (ou seja, adquirem validade) partindo dos pontos mais distantes.

Exemplo típico de *recepção* e, portanto, de *fonte reconhecida*, é o *costume* nos ordenamentos estatais modernos, em que a fonte direta e superior é a lei. Quando o legislador remete expressamente ao costume numa situação específica ou remete, expressa ou tacitamente, ao costume nas matérias não reguladas pela lei (é o caso da chamada *consuetudo praeter legem*), ele acolhe normas já existentes, e enriquece o ordenamento jurídico em bloco de um conjunto que pode ser até abundante de normas produzidas em outros ordenamentos, e talvez mesmo em épocas anteriores à própria constituição do ordenamento estatal. Naturalmente também se pode conceber a referência ao costume como uma autorização aos cidadãos para produzir normas jurídicas através do seu comportamento uniforme, ou seja, considerar também o costume entre as fontes delegadas, atribuindo aos usuários a qualidade de órgãos estatais autorizados a produzir normas jurídicas com o seu comportamento uniforme. Mas essa é uma construção que, embora engenhosa e artificiosa, não leva em conta uma diferença: na recepção, o ordenamento jurídico acolhe um produto já feito; na delegação, determina que seja feito, ordenando uma produção futura. O costume assemelha-se mais a um produto natural, enquanto o regulamento, o decreto administrativo, a sentença do magistrado assemelham-se mais a um produto artificial. Fala-se de poder regulamentar, de poder negocial para indicar o poder normativo atribuído aos órgãos executivos ou aos particulares. Em contrapartida, pareceria inadequado falar de um poder de produzir normas consuetudinárias, porque, dentre outras coisas, não se saberia sequer a quem precisamente atribuí-lo.

Exemplo típico de fonte delegada é o *regulamento* em relação à lei. Os regulamentos são, como as leis, normas gerais e abstratas; mas, diferentemente das leis, sua produção costuma ser confiada ao Poder Executivo por delegação do Poder Legislativo, e uma de suas funções é integrar leis demasiado genéricas, que contêm apenas diretivas de máxima e que não poderiam ser aplicadas sem ser ulteriormente especificadas. É impossível que o Poder Legislativo emane todas as normas necessárias para regular a vida social: limita-se, então, a emanar normas genéricas, que contêm apenas diretivas, e confia aos órgãos executivos, que são muito mais numerosos, o encargo de torná-las exequíveis. A mesma relação existe entre normas constitucionais e leis ordinárias, que às vezes podem ser consideradas, como os regulamentos executivos, diretivas de máxima contidas na Constituição. À medida que se sobe na hierarquia das fontes, as normas tornam-se cada vez menos numerosas e mais genéricas; descendo, ao contrário, as normas tornam-se cada vez mais numerosas e mais específicas.

Outra fonte extremamente abundante de normas em um ordenamento jurídico é o poder atribuído aos particulares de regular, mediante atos voluntários, os próprios interesses: trata-se do chamado *poder negocial*. A pertinência dessa fonte à classe das fontes reconhecidas ou àquela das fontes delegadas é menos nítida. Se se enfatiza a *autonomia privada*, entendida como capacidade dos particulares de dar normas a si próprios numa determinada esfera de interesses, e se se consideram os particulares como partes de um ordenamento jurídico menor absorvido pelo ordenamento estatal, essa vasta fonte de normas jurídicas é concebida mais como produtora independente de regras de conduta que são adotadas pelo Estado. Se, ao contrário, se enfatiza o poder negocial como poder delegado pelo Estado aos particulares para regularem seus próprios interesses num campo estranho ao interesse público, a mesma fonte afigura-se como uma fonte delegada. Em outras palavras, trata-se de decidir se a autonomia privada deve ser considerada um resíduo de um poder normativo natural ou privado, anterior ao Estado, ou um produto do poder originário do Estado.

7. Tipos de fontes e formação histórica do ordenamento

Esta última questão nos mostra que o problema da distinção entre fontes reconhecidas e fontes delegadas é um problema cuja solução também depende da concepção geral que se assume em relação à formação e à estrutura de um ordenamento jurídico.

Em todo ordenamento o ponto de referência último de todas as normas é o poder originário, ou seja, o poder além do qual não existe outro em que se possa fundar o ordenamento jurídico. Esse ponto de referência é necessário, sobretudo, como veremos em breve, para dar unidade ao ordenamento. Chamamos esse poder originário de *fonte das fontes*. Se todas as normas derivassem diretamente do poder originário, estaríamos diante de um ordenamento simples. Na verdade não é o que acontece. A complexidade do ordenamento, ou seja, o fato de que num ordenamento real as normas afluem através de diversos canais, decorre historicamente de duas razões fundamentais:

1. nenhum ordenamento nasce num deserto; metáforas à parte, a sociedade civil em que se vai formando um ordenamento jurídico, como o do Estado, não é uma sociedade natural, absolutamente desprovida de leis, mas uma sociedade em que vigem normas de vários tipos, morais, sociais, religiosas, comportamentais, costumeiras, convencionais e assim por diante. O novo ordenamento que surge nunca elimina completamente as estratificações normativas que o precederam: parte daquelas regras passa a integrar, através de uma recepção expressa ou tácita, o novo ordenamento, que, desse modo, surge limitado pelos ordenamentos anteriores. Quando falamos de poder originário, entendemos originário juridicamente, não historicamente. Podemos falar nesse caso de um *limite externo* do poder soberano;

2. o poder originário, uma vez constituído, cria, ele mesmo, para satisfazer a necessidade de uma normatização sempre atualizada, novas centrais de produção jurídica, atribuindo a órgãos executivos o poder de emanar normas integradoras subordinadas àquelas legislativas (os regulamentos), a organismos autônomos territoriais o poder de emanar normas adequadas às necessidades locais (o poder normativo das regiões, das províncias, das comunas), a cidadãos privados o poder de regular os próprios negócios através de negócios jurídicos (o poder negocial). Nesse caso, a multiplicação das fontes não deriva, como nos casos con-

siderados *sub* 1, de uma limitação proveniente do exterior, ou seja, do choque com uma realidade normativa pré-constituída, com que também o poder soberano deve se deparar, mas de uma *autolimitação do poder soberano*, que subtrai a si mesmo uma parte do poder normativo para atribuí-lo a outros órgãos ou organismos, de algum modo dependentes dele. Pode-se falar nesse caso de *limite interno* do poder normativo originário.

É interessante observar que esse duplo processo de formação de um ordenamento, mediante a absorção de um direito preexistente e a criação de um direito novo, e a consequente problemática da limitação externa e da limitação interna do poder originário, se reflete fielmente nas duas principais concepções com que os jusnaturalistas explicavam a passagem do estado de natureza ao estado civil. A referência que muitas vezes faço às teorias jusnaturalistas deve-se ao fato de que as considero como modelos racionais, úteis para a formulação de teorias simples sobre os problemas mais gerais do direito e do Estado. Segundo o pensamento jusnaturalista, o poder civil originário forma-se a partir de um estado de natureza anterior através do procedimento característico do *contrato social*. Mas existem dois modos de conceber esse contrato social. Com uma primeira hipótese, que poderemos chamar de hobbesiana, os que estipulam o contrato renunciam completamente a todos os direitos do estado de natureza e o poder civil nasce sem limites: toda futura limitação será uma autolimitação. Com uma segunda hipótese, que podemos chamar de lockiana, o poder civil é fundado com o objetivo de melhor garantir o gozo dos direitos naturais (tais como a vida, a propriedade, a liberdade) e, portanto, nasce originariamente limitado por um direito preexistente. Na primeira hipótese o direito natural desaparece completamente ao dar origem ao direito positivo; na segunda, o direito positivo é apenas um instrumento para a completa atuação do direito natural preexistente. E, ainda: na primeira teoria, a soberania civil nasce absoluta, ou seja, sem limites. Os juristas positivistas que aceitam essa hipótese serão obrigados a falar de *autolimitação* do Estado para dar uma explicação para o fato de que também em um ordenamento centralizado, e que se proclama originário, como o Estado moderno, existem poderes normativos descentralizados ou suplementares, ou zonas de liberdade que detêm o poder normativo do Estado. Na segunda teoria, ao contrário, a soberania já nasce limitada, porque o direito natural originário não é completamente suplantado pelo novo direito positivo, mas conserva em parte a sua eficácia no interior do próprio ordenamento positivo, como direito acatado.

Nessas duas hipóteses veem-se muito claramente representados e racionalizados os dois processos de formação de um ordenamento jurídico e a estrutura complexa deles resultante. De um lado, o ordenamento positivo é concebido como se fizesse tábula rasa de todo direito preexistente, representado aqui por aquele direito que vige no estado de natureza; de outro, é concebido como emergente de um estado jurídico mais antigo que continua a subsistir. No primeiro caso, todo limite do poder soberano é autolimitação; no segundo, existem limites originários e externos. Quando falamos de uma complexidade do ordenamento jurídico, decorrente da presença de fontes reconhecidas e de fontes delegadas, acolhemos e reunimos numa teoria unitária do ordenamento jurídico tanto a hipótese dos limites externos quanto a dos limites internos. Exemplificando, o acolhimento de uma norma consuetudinária corresponde à hipótese de um ordenamento que nasce limitado; a atribuição de um poder regulamentar corresponde à hipótese de um ordenamento que se autolimita. Quanto ao poder negocial, ele pode ser explicado com ambas as hipóteses, ora como uma espécie de direito do estado de natureza (a identificação entre direito natural e direito dos particulares encontra-se, por exemplo, em Kant) que o Estado reconhece, ora como uma delegação do Estado aos cidadãos.

8. As fontes do direito

Distinguimos, nas duas seções anteriores, fontes originárias e fontes derivadas; em seguida, subdividimos as fontes derivadas em fontes reconhecidas e fontes delegadas; falamos também de uma fonte das fontes. Mas ainda não dissemos o que se entende por "fonte". Podemos aqui aceitar uma definição que se tornou comum: "fontes do direito" são aqueles fatos e aqueles atos de que o ordenamento jurídico depende para a produção de normas jurídicas. O conhecimento de um ordenamento jurídico (e também de um setor específico desse ordenamento) começa sempre a partir da enumeração das suas fontes. Não por acaso o art. 1º das Disposições gerais é o elenco das fontes do ordenamento jurídico italiano vigente. O que nos interessa notar em uma teoria geral do ordenamento jurídico não é quantas e quais são as fontes do direito de um ordenamento jurídico moderno, mas o fato de que, no mesmo momento em que se reconhece a existência de atos ou fatos de que depende a produção de normas jurídicas (precisamente as fontes do direito), se reconhece também que o ordenamento jurídico, além de regular o comportamento das pessoas, *regula também o modo como devem ser produzidas as regras.* Costuma-se dizer que o ordenamento jurídico regula a própria produção normativa. Já vimos que existem normas de comportamento ao lado de normas de estrutura. Essas normas de estrutura também podem ser consideradas como normas para a produção jurídica: ou seja, normas que regulam os procedimentos de regulamentação jurídica. Elas não regulam um comportamento, mas regulam o modo de regular um comportamento; ou, mais precisamente, o comportamento que elas regulam é aquele de produzir regras.

Consideremos um ordenamento elementar como aquele familiar. Se o concebermos como um ordenamento simples, ou seja, como um ordenamento em que só existe uma fonte de produção normativa, existirá apenas uma regra sobre a produção jurídica, que pode ser formulada do seguinte modo: "O pai tem a autoridade de regular a vida da família". Mas suponhamos que o pai renuncie a regular diretamente um setor da vida familiar, o da vida escolar dos filhos, e confie à mãe o poder de regulá-lo. Teremos, nesse ordenamento, uma segunda norma sobre a produção jurídica, que poderá ser formulada do seguinte modo: "A mãe tem autoridade, que lhe foi atribuída pelo pai, de regular a vida escolar dos filhos". Como se vê, essa norma não diz nada sobre o modo como os filhos devem fazer seus deveres escolares, diz simplesmente a quem cabe estabelecer esses deveres, ou seja, cria uma fonte de direito.

Examinemos agora um ordenamento estatal moderno. Em cada grau normativo encontramos normas de conduta e normas de estrutura, ou seja, normas diretamente destinadas a regular a conduta das pessoas e normas destinadas a regular a produção de outras normas. Vamos começar pela constituição: numa constituição, como a italiana, existem normas que atribuem diretamente direitos e deveres aos cidadãos, como as referentes ao direito de liberdade; mas existem outras normas que regulam o procedimento que o Parlamento deve seguir para exercer o Poder Legislativo e, portanto, não estabelecem nada em relação às pessoas, limitando-se a estabelecer o modo como outras normas destinadas às pessoas poderão ser emanadas. Quanto às leis ordinárias, também elas não são todas diretamente destinadas aos cidadãos; muitas delas, como as leis penais e grande parte das leis processuais, têm o objetivo de instruir os juízes sobre como devem ser emanadas aquelas normas individuais e concretas que são as sentenças; ou seja, não são normas de conduta, mas normas para a produção de outras normas.

Basta-nos ter chamado a atenção para essa categoria de *normas para a produção de outras normas*: é a presença e a frequência dessas normas que constitui a complexidade do ordenamento jurídico; e só o estudo do ordenamento jurídico nos faz entender a natureza e a importância dessas normas. Do ponto de vista formal, a teoria da norma jurídica se deteve na consideração das normas como imperativos, entendendo por imperativo o comando de fazer ou de não fazer. Se levamos em conta também as normas para a produção de outras normas, temos de colocar ao lado dos imperativos – entendidos como comandos de fazer ou de não fazer, e que poderemos chamar de *imperativos de primeira instância* – os *imperativos de segunda instância*, entendidos como comandos de comandar etc. Só a consideração do ordenamento no seu todo permite-nos compreender a presença dessas normas de segunda instância.

A classificação desse tipo de normas é muito mais complexa do que a das normas de primeira instância, para as quais falamos da tripartição clássica em normas *imperativas, proibitivas* e *permissivas*. Essas normas podem se distinguir em nove espécies:

1. normas que *comandam comandar* (por exemplo: art. 34, alínea 2, da Constituição, em que o constituinte comanda ao legislador ordinário emanar leis que tornem obrigatória a instrução);

2. normas que *proíbem comandar* (art. 27, alínea 4, da Constituição, em que se proíbe ao legislador instituir a pena de morte);

3. normas que *permitem comandar* (em todos os casos em que o constituinte considere não ter de intervir para ditar normas sobre determinadas matérias, pode-se dizer que ele permite ao legislador comandar. Por exemplo, o artigo 32, alínea 2, da Constituição, permite ao legislador ordinário estabelecer normas referentes ao tratamento de saúde);

4. normas que *comandam proibir* (art. 18, alínea 2, da Constituição: o constituinte impõe ao legislador ordinário emanar normas que proíbam associações secretas);

5. normas que *proíbem proibir* (art. 22 da Constituição: "Ninguém pode ser privado, por motivos políticos, da capacidade jurídica, da cidadania, do nome");

6. normas que *permitem proibir* (a propósito do art. 40 da Constituição, que sanciona a liberdade de greve, pode-se observar que nem nele nem alhures fala-se de liberdade de

paralisação; essa lacuna poderia ser interpretada como se o constituinte pretendesse deixar ao legislador ordinário a faculdade de proibi-la);

7. normas que *comandam permitir* (esse caso coincide com o quinto);

8. normas que *proíbem permitir* (esse caso coincide com o quarto);

9. normas que *permitem permitir* (assim como a permissão é a negação de uma proibição, esse é o caso de uma lei constitucional que derroga a proibição de uma lei constitucional anterior).

9. Construção gradual do ordenamento

A complexidade do ordenamento, para a qual chamamos a atenção até aqui, não exclui a sua *unidade*. Não poderíamos falar de ordenamento jurídico se não o considerássemos algo unitário. É fácil compreender que um ordenamento simples é unitário, isto é, um ordenamento em que todas as normas derivem de uma única fonte. No entanto, é preciso explicar por que um ordenamento complexo é unitário. Adotamos aqui a teoria da construção gradual do ordenamento jurídico, elaborada por Kelsen. Essa teoria serve para dar uma explicação da unidade de um ordenamento jurídico complexo. O núcleo dessa teoria é que *as normas de um ordenamento não estão todas no mesmo plano*. Existem normas superiores e normas inferiores. As normas inferiores derivam das superiores. Partindo das normas inferiores e passando por aquelas que estão mais acima, chega-se por último a uma norma suprema, que não depende de nenhuma outra norma superior, e sobre a qual repousa a unidade do ordenamento. Essa norma suprema é a *norma fundamental*. Todo ordenamento tem uma norma fundamental. É essa norma fundamental que dá unidade a todas as outras normas; ou seja, faz das normas esparsas e de proveniência variada um conjunto unitário, que se pode chamar a justo título de "ordenamento". A norma fundamental é o termo unificador das normas que compõem um ordenamento jurídico. Sem uma norma fundamental, as normas de que falamos até agora constituiriam um amontoado, não um ordenamento. Em outras palavras, por mais numerosas que sejam as fontes do direito em um ordenamento complexo, esse ordenamento constitui uma unidade pelo fato de que, direta ou indiretamente, com percursos mais ou menos tortuosos, todas as fontes do direito podem remontar a uma única norma.

Em razão da presença de um ordenamento jurídico de normas superiores e inferiores, tal ordenamento possui uma *estrutura hierárquica*. As normas de um ordenamento estão dispostas em *ordem hierárquica*. A relevância dessa ordem hierárquica emergirá no capítulo seguinte, quando falaremos das antinomias e do modo de resolvê-las. Por ora vamos nos limitar a constatá-la e a explicá-la. Consideremos um ato qualquer com que Fulano cumpre a obrigação contraída com Sicrano, e vamos chamá-lo de *ato executivo*. Esse ato executivo é o cumprimento de uma regra de conduta derivada do contrato. Por sua vez, o contrato foi realizado em cumprimento às normas legislativas que disciplinam os contratos. Quanto às normas legislativas, elas podem ser emanadas seguindo as regras estabelecidas pelas leis constitucionais para a emanação das leis. Vamos parar por aqui. O ato executivo, que tomamos como ponto de partida, está ligado, mesmo que mediatamente, às normas constitucionais que são produtivas, ainda que com diversos níveis, das normas inferiores. Esse ato executivo pertence a um sistema normativo dado, uma vez que, de norma em norma, ele pode remontar às normas constitucionais. O cabo recebe ordens do sargento; o sargento, do tenente; o tenente, do capitão, e assim por diante até chegar ao general e acima dele: a unidade do comando em um exército decorre do fato de que a ordem do cabo pode remontar, por meio de vários graus, à ordem do general. O exército é um exemplo de estrutura hierárquica.

Chamamos o ato de Fulano, que executa um contrato, de *ato executivo*, assim como chamamos as normas constitucionais de *produtivas* das normas inferiores. Se observarmos melhor a estrutura hierárquica do ordenamento, perceberemos que os termos *execução* e *produção* são relativos. Podemos dizer que, assim como Fulano *executa* o contrato, da mesma forma Fulano e Sicrano, estipulando o contrato, *executaram* as normas sobre os contratos; e os órgãos legislativos, emanando as leis sobre os contratos, *executaram* a Constituição. Por outro lado, se é verdade que as normas constitucionais *produzem* as leis ordinárias, é igualmente verdade que as leis ordinárias *produzem* as normas sobre os contratos, e aqueles que estipulam um contrato *produzem* o ato executivo de Fulano. Em uma estrutura hierárquica, como aquela do ordenamento jurídico, os termos "execução" e "produção" são relativos, pois a mesma norma pode ser considerada, ao mesmo tempo, *executiva* e *produtiva*: executiva em relação à norma superior; produtiva em relação à norma inferior. As leis ordinárias executam a Constituição e produzem os regulamentos. Os regulamentos executam as leis ordinárias e produzem os comportamentos conformes a elas. Todas as fases de um ordenamento são, ao mesmo tempo, executivas e produtivas, com exceção daquela com grau mais alto e daquela com grau mais baixo. O grau mais baixo é constituído pelos atos executivos: esses atos são apenas executivos, e não produtivos. O grau mais alto é constituído pela norma fundamental (à qual retornaremos na seção seguinte): ela é apenas produtiva, e não executiva. Costuma-se representar a estrutura hierárquica de um ordenamento com a figura da *pirâmide*, razão pela qual se fala também de construção em pirâmide do ordenamento jurídico. Nessa pirâmide o vértice é ocupado pela norma fundamental; a base é constituída pelos atos executivos. Se olharmos a pirâmide de cima para baixo, veremos uma *série de processos de produção jurídica*; se a olharmos de baixo para cima, veremos, ao contrário, uma *série de processos de execução jurídica*. Nos graus intermediários, existem, ao mesmo tempo, produção e execução; nos graus extremos, ou só produção (norma fundamental), ou só execução (atos executivos).

Esse duplo processo ascendente e descendente pode ser esclarecido também com duas outras noções características da linguagem jurídica: *poder* e *dever*. Enquanto a produção jurídica é a expressão de um *poder* (originário ou derivado), a execução revela o cumprimento de um *dever*. Uma norma que atribui a uma pessoa ou órgão o poder de emanar normas jurídicas atribui, ao mesmo tempo, a outras pessoas o dever de obedecer. Poder e dever são dois conceitos correlatos: um não pode existir sem o outro. Chama-se poder, numa das suas mais importantes acepções, a capacidade que o ordenamento jurídico atribui a esta ou àquela pessoa de gerar obrigações em relação a outras pessoas; chama-se obrigação o comportamento que deve ter aquele que está sujeito ao poder. Não existe obrigação em um sujeito sem que exista um poder em outro sujeito. Às vezes pode existir um poder sem uma obrigação correspondente: trata-se do caso em que ao poder não corresponde uma obrigação, mas uma sujeição (os chamados direitos potestativos); mas é questão controversa, que aqui iremos ignorar. Seja como for, poder e obrigação são os dois termos correlatos da relação jurídica, que pode ser definida como a relação entre o poder de um sujeito e o dever do outro sujeito. (Para indicar o correlato da obrigação, preferimos a palavra "poder" à palavra "direito", mais comumente usada, pois esta última palavra, no sentido de direito subjetivo, tem muitos significados diferentes e é uma das maiores fontes de confusão nas controvérsias entre teóricos do direito. "Direito" significa também "faculdade", "permissão", "lícito", no sentido, esclarecido no curso anterior, de comportamento *oposto* à obrigação: a permissão como negação da obrigação. Quando, ao contrário, usa-se "direito" por poder, direito não é negação do dever, mas o termo correlato de dever numa relação intersubjetiva.) Quanto à pirâmide que representa o ordenamento jurídico, a partir do momento em que poder e obrigação são dois termos correlatos, se a considerarmos de cima para baixo, veremos uma série de poderes sucessivos: o poder constitucional, o poder legislativo ordinário, o poder regulamentar, o poder jurisdicional, o poder negocial e assim por diante; se a considerarmos de baixo para cima, veremos uma série de obrigações que se sucedem uma após outra: a obrigação do sujeito de executar a sentença de um magistrado; a obrigação do magistrado de se ater às leis ordinárias; a obrigação do legislador de não violar a Constituição.

Uma última observação sobre a estrutura hierárquica do ordenamento. Embora todos os ordenamentos tenham a forma de pirâmide, nem todas as pirâmides têm o mesmo número de planos. Há ordenamentos em que não existe diferença entre leis constitucionais e leis ordinárias: são aqueles ordenamentos em que o Poder Legislativo pode emanar, com o mesmo processo, leis ordinárias e leis constitucionais e, por conseguinte, não existe uma obrigação de o legislador ordinário cumprir as prescrições contidas nas leis constitucionais. Pode-se imaginar um ordenamento em que seja abolido também o plano das leis ordinárias: seria um ordenamento em que a constituição atribuísse diretamente aos órgãos judiciários o poder de emanar as normas jurídicas necessárias caso a caso. Em um sistema jurídico inspirado numa ideologia coletivista, em que fosse abolida toda forma de propriedade privada, seria eliminado o plano normativo constituído pelo poder negocial. Mas não existem só exemplos de ordenamentos com um número de planos normativos menor que o normal. Não é difícil citar um exemplo de ordenamentos com um plano a mais: são os Estados federais, em que além do Poder Legislativo do Estado federal, existe também um Poder Legislativo, a ele subordinado, dos Estados-membros.

10. Limites materiais e formais

Quando um órgão superior atribui a um órgão inferior um poder normativo, não lhe atribui um poder ilimitado. Ao atribuir esse poder, estabelece também os limites dentro dos quais pode ser exercido. Assim como o exercício do poder negocial ou do poder jurisdicional é limitado pelo Poder Legislativo, da mesma forma o exercício do Poder Legislativo é limitado pelo poder constitucional. À medida que se percorre a pirâmide de cima para baixo, o poder normativo é cada vez mais circunscrito. Imagine-se a quantidade de poder atribuída à fonte negocial em relação àquela atribuída à fonte legislativa.

Os limites com que o poder superior restringe e regula o poder inferior são de dois tipos diferentes:

a) relativos ao conteúdo;
b) relativos à forma.

Por isso fala-se de limites *materiais* e de limites *formais*. O primeiro tipo de limites refere-se ao conteúdo da norma que o poder inferior é autorizado a emanar; o segundo tipo refere-se à forma, ou seja, o modo ou o processo com que a norma do poder inferior deve ser emanada. Se nos colocarmos do ponto de vista do poder inferior, observaremos que este recebe um poder que é limitado ou em relação *àquilo* que pode comandar ou proibir, ou em relação a *como* pode comandar ou proibir. Os dois limites podem ser impostos contemporaneamente; mas em alguns casos um pode existir sem o outro. A compreensão desses limites é importante, pois eles circunscrevem o âmbito em que a norma inferior é legitimamente emanada: uma norma inferior que exceda os limites materiais, ou seja, que regule uma matéria diferente das que lhe foram atribuídas, ou regule de maneira diferente da que lhe foi prescrita, ou exceda os limites formais, ou seja, não siga o processo estabelecido, é passível de ser declarada ilegítima e de ser expulsa do sistema.

Na passagem da norma constitucional àquela ordinária são frequentes e evidentes quer os limites materiais, quer aqueles formais. Quando a lei constitucional atribui aos cidadãos, por exemplo, o direito à liberdade religiosa, limita o conteúdo normativo do legislador ordinário, ou seja, proíbe-lhe emanar normas que tenham por conteúdo a restrição ou a supressão da liberdade religiosa. Os limites de conteúdo podem ser *positivos* ou *negativos*, conforme a constituição imponha ao legislador ordinário emanar normas em uma determinada matéria (comando de comandar), ou o proíba de emanar normas em uma determinada matéria (proibição de comandar, ou comando de permitir). Quando uma constituição estabelece que o Estado deve prover a instrução até uma certa idade, atribui ao legislador ordinário um limite positivo; quando, por sua vez, atribui certos direitos de liberdade, estabelece um limite negativo, ou seja, proíbe emanar leis que reduzam ou eliminem aquela esfera de liberdade. Quanto aos limites formais, eles são constituídos por todas aquelas normas da constituição que estabelecem os processos mediante os quais os órgãos constitucionais devem desempenhar sua atividade. Enquanto os limites formais geralmente nunca estão ausentes, os limites materiais podem faltar nas relações entre Constituição e lei ordinária: isso se verifica naqueles ordenamentos em que não existe uma diferença de grau entre leis constitucionais e leis ordinárias (as chamadas constituições flexíveis). Nesses ordenamentos o legislador ordinário pode legiferar em qualquer matéria e em qualquer direção: em uma constituição tipicamente flexível como a inglesa, existe o ditado de que o parlamento pode fazer tudo, exceto transformar o homem em mulher (que, como ação impossível, é por si mesma excluída da esfera das ações reguláveis).

Se observarmos agora a passagem da lei ordinária à decisão judicial, entendida como regra do caso concreto, encontraremos, na maior parte das legislações, ambos os limites. As leis relativas ao *direito substancial* podem ser consideradas, sob um certo ângulo visual (ou seja, enquanto forem compreendidas como regras destinadas mais aos juízes do que aos cidadãos), como limites de conteúdo ao poder normativo do juiz: em outras palavras, a presença das leis de direito substancial faz com que o juiz, ao decidir uma controvérsia, deva procurar e encontrar a solução naquilo que as leis ordinárias estabelecem. Quando se diz que o juiz *deve* aplicar a lei, isso significa, em outras palavras, que a atividade do juiz é limitada pela lei, no sentido de que o conteúdo da sentença deve corresponder ao conteúdo de uma lei: se essa correspondência não ocorre, a sentença do juiz pode ser declarada inválida, nos mesmos moldes de uma lei ordinária não conforme com a constituição. As leis relativas ao *processo* constituem, por sua vez, os limites formais da atividade do juiz: isso significa que o juiz está autorizado a emanar normas jurídicas no caso concreto, mas deve emaná-las segundo um rito em grande parte preestabelecido pela lei. Em geral, os vínculos do juiz em relação à lei são maiores do que aqueles que subsistem para o legislador ordinário em relação à constituição. Enquanto na passagem da constituição à lei ordinária vimos que se pode verificar o caso de ausência de limites materiais, na passagem da lei ordinária à decisão do juiz essa ausência é difícil de se verificar concretamente: teríamos de supor um ordenamento em que a constituição estabelecesse que o juiz deveria julgar sempre segundo a equidade. Chamam-se "juízos de equidade" aqueles em que o juiz é autorizado a resolver uma controvérsia sem recorrer a uma norma de lei preestabelecida. O juízo de equidade pode ser definido como a autorização ao juiz para produzir direito fora de todo limite material imposto pelas normas superiores. Nos nossos ordenamentos esse tipo de autorização é muito raro. Nos ordenamentos em que o poder criativo do juiz é maior, o juízo de equidade é sempre excepcional: se os limites materiais ao poder normativo do juiz não derivam da lei escrita, derivam de outras fontes superiores, como é o caso do costume ou do precedente judicial.

Na passagem da lei ordinária ao negócio jurídico, ou seja, à esfera da autonomia privada, os limites formais costumam prevalecer sobre os materiais. As normas relativas aos contratos são geralmente regras destinadas mais a estabelecer o modo como o poder negocial deve se manifestar para produzir consequências jurídicas do que a matéria sobre a qual deva se manifestar. Podemos formular o princípio geral de que, em relação à autonomia privada, interessam ao legislador ordinário menos as matérias sobre as quais possa se exercitar que as formas mediantes as quais deva se manifestar. Isso fez com que se dissesse, no âmbito da teoria geral, com uma extrapolação ilícita, que ao direito interessa menos o que os homens fazem do que o modo como o fazem; ou então que o direito não prescreve o que os homens devem fazer, mas o modo, isto é, a forma da ação; em suma, que o direito é uma regra formal da conduta humana. Uma tese desse tipo só tem uma aparência de verdade quando se refere à relação entre lei e autonomia privada. Mas mesmo nesse âmbito restrito deixa de ter fundamento. Vamos imaginar, por exemplo, o poder atribuído ao particular de dispor dos próprios bens mediante testamento. Não há dúvida de que a lei, justamente por uma atitude de respeito à vontade individual, prescreve, até mesmo em detalhes, as formalidades com que um testamento deve ser redigido para que possa ser considerado válido. Mas pode-se dizer que a lei renuncie completamente a determinar regras relativas ao conteúdo? Quando a legislação estabelece quais são as cotas do patrimônio de que o testador não pode dispor (a chamada "legítima"), encontramo-nos diante de limites não mais apenas formais, mas de conteúdo, ou seja, de limites que restringem o poder do testador não só em relação ao *como*, mas também em relação a *o quê*.

11. A norma fundamental

Na seção 4, partindo das normas inferiores às normas superiores, paramos nas normas constitucionais. Será que as normas constitucionais são as últimas normas, além das quais não se pode ir? Por outro lado, tanto naquela seção quanto nesta falamos de uma norma fundamental de todo ordenamento jurídico. Será que as normas constitucionais são a norma fundamental?

Para fechar o sistema devemos ainda dar um passo além das normas constitucionais. Partimos da consideração, muitas vezes feita, de que toda norma pressupõe um poder normativo: norma significa imposição de obrigações (imperativo, comando, prescrição etc.); vimos que, onde há obrigação, há poder. Portanto, se há normas constitucionais, deve haver o poder normativo do qual elas derivam: esse poder é o poder constituinte. O poder constituinte é o poder último, ou, se preferirmos, supremo, originário, num ordenamento jurídico. Mas, se vimos que uma norma jurídica pressupõe um poder jurídico, vimos também que todo poder normativo pressupõe, por sua vez, uma norma que o autorize a produzir normas jurídicas. Dado o poder constituinte como poder último, devemos pressupor então uma norma que atribua ao poder constituinte a faculdade de produzir normas jurídicas: *essa norma é a norma fundamental*. A norma fundamental, enquanto, por um lado, atribui aos órgãos constitucionais o poder de emanar normas válidas, impõe a todos aqueles a quem as normas constitucionais se destinam o dever de obedecer a elas. É uma norma ao mesmo tempo atributiva e imperativa, segundo a consideremos do ponto de vista do poder a que dá origem ou da obrigação que acarreta. Pode ser formulada do seguinte modo: "O poder constituinte é autorizado a emanar normas obrigatórias para toda a coletividade" ou: "A coletividade é obrigada a obedecer às normas emanadas do poder constituinte".

Note bem: a norma fundamental não é expressa. Mas nós a pressupomos para fundar o sistema normativo. Para fundar um sistema normativo é preciso uma norma última além da qual seria inútil ir. Todas as polêmicas sobre a norma fundamental resultam da falta de compreensão da sua função. Posto um ordenamento de normas de diferentes proveniências, a unidade do ordenamento postula que as normas que o compõem sejam reduzidas a unidade. Essa *reductio ad unum* não pode ser realizada se no topo do sistema não se estabelece uma norma única, da qual todas as outras, direta ou indiretamente, derivem. Essa norma única só pode ser aquela que impõe a obediência ao poder originário do qual provêm a constituição, as leis ordinárias, os regulamentos, as decisões judiciais etc. Se não postulássemos uma norma fundamental, não encontraríamos o *ubi consistam* do sistema. E essa norma última só pode ser aquela da qual deriva o poder primeiro. Uma vez definido que todo poder jurídico é produto de uma norma jurídica, só podemos considerar o poder constituinte como poder jurídico se também o consideramos como o produto de uma norma jurídica. A norma jurídica que produz o poder constituinte é a norma fundamental. O fato de essa norma não ser expressa não significa que ela não exista: referimo-nos a ela como fundamento subentendido de legitimidade de todo o sistema. Quando apelamos à nossa Constituição para exigir sua aplicação, acaso nos perguntamos o que significa, juridicamente, esse nosso apelo? Significa que consideramos legítima a Constituição porque foi legitimamente posta. Se nos perguntamos o que significa o fato de ter sido legitimamente posta, ou remontamos ao decreto do lugar-tenente de 25 de junho de 1944, que atribuía a uma futura Assembleia Constituinte a tarefa de deliberar a nova Constituição do Estado, ou – aceitando a tese da ruptura entre o antigo e o novo ordenamento – só nos resta pressupor uma norma que impõe obediência ao que o poder constituinte estabeleceu: e essa é a norma fundamental, que, embora não expressa, é o pressuposto da nossa obediência às leis que derivam da Constituição e à própria Constituição.

Podemos tentar explicar a necessidade de postular a norma fundamental também por outro caminho. Até agora falamos de ordenamento como conjunto de normas. Como fazemos para estabelecer se uma norma pertence a um ordenamento? A pertinência de uma norma a um ordenamento é o que se chama de *validade*. Vimos no curso anterior quais são as condições para que se possa dizer que uma norma é válida. Essas condições servem exatamente para provar que uma determinada norma pertence a um ordenamento. Uma norma existe como norma jurídica, ou é juridicamente válida, uma vez que pertence a um ordenamento jurídico. Saber se uma norma jurídica é válida ou não não é uma questão supérflua. O fato de uma norma jurídica ser válida significa que é obrigatório conformar-se a ela. E, se é obrigatório conformar-se a ela, isso significa geralmente que se não nos conformarmos a ela, o juiz será por sua vez obrigado a intervir, atribuindo uma ou outra sanção. Se é verdade que os cidadãos agem muitas vezes sem se preocupar com as consequências jurídicas de suas ações e, portanto, sem se perguntar se o que fazem é ou não conforme com uma norma válida, o juiz aplica somente as normas que são válidas ou que considere válidas. O juízo sobre a validade de uma norma é sempre decisivo, se não pela conduta do cidadão, pela conduta do juiz. Mas como o cidadão ou o juiz fazem para distinguir uma norma válida de uma norma não válida, em outras palavras, uma norma pertencente ao sistema de uma norma que não pertence a ele? Dissemos no curso anterior que a primeira condição para que uma norma seja considerada válida é que tenha sido emanada por uma autoridade que tinha legitimamente o poder de emanar normas jurídicas. Mas qual é a autoridade que tem esse poder legítimo? Aquela a quem esse poder foi atribuído por uma norma superior, também ela legítima. E de onde deriva essa norma superior? Mais uma vez, de grau em grau, chegamos ao poder supremo, cuja legitimidade é dada por uma norma além da qual não existe outra, e, portanto, é a norma fundamental. Desse modo podemos responder que é possível estabelecer a pertinência de uma norma a um ordenamento: remontando de grau em grau, de poder em poder, até a norma fundamental. E, tendo em vista que a pertinência ao ordenamento significa validade, podemos concluir que uma norma é válida quando pode ser reconduzida, não importa se através de um ou mais graus, à norma fundamental. Então diremos que a norma fundamental é o critério supremo que permite estabelecer a pertinência de uma norma a um ordenamento; em outras palavras, é o *fundamento de validade de todas as normas do sistema*. Portanto, não só a exigência da *unidade* do ordenamento, mas também a exigência de fundar a validade do ordenamento nos induzem a postular a norma fundamental, que é ao mesmo tempo o fundamento de validade e o princípio unificador das normas de um ordenamento. E, tendo em vista que um ordenamento pressupõe que exista um critério para estabelecer a pertinência das partes ao todo e um princípio que as unifique, não pode haver ordenamento sem norma fundamental. Uma teoria coerente do ordenamento jurídico e a teoria da norma fundamental são indissociáveis.

A essa altura alguém pode perguntar: "E a norma fundamental, em que se funda?". Grande parte da hostilidade em se admitir a norma fundamental deriva da objeção que é formulada com essa pergunta. Dissemos várias vezes que a norma fundamental é um pressuposto do ordenamento: ela cumpre, num sistema normativo, a mesma função a que estão destinados os postulados num sistema científico. Os postulados são aquelas proposições primitivas de que se deduzem as outras, mas que por sua vez não são dedutíveis. Os postulados são postos ou por convenção ou por sua suposta evidência. Pode-se dizer o mesmo da norma fundamental: ela é uma convenção ou, se se preferir, uma proposição evidente que é posta no vértice do sistema, para que todas as outras normas possam reconduzir-se a ela. À pergunta "em que ela se funda", deve-se responder que ela não tem nenhum fundamento, pois, se o tivesse, deixaria de ser a norma fundamental, mas existiria uma outra norma superior da qual ela depende. Seja como for, permaneceria sempre em aberto o problema do fundamento dessa nova norma: e esse problema só poderia ser resolvido remontando-se mais uma vez a outra norma ou aceitando-se a nova norma como postulado. Todo sistema tem um início. Questionar-se sobre o que existia antes desse início é um problema mal colocado. A única resposta que se pode dar aos que queiram saber qual é o fundamento do fundamento é que, para sabê-lo, é preciso sair do sistema. Sendo assim, no que diz respeito ao fundamento da norma fundamental, pode-se dizer que, se esse é um problema, não é mais um problema jurídico, mas um problema cuja solução deve ser buscada fora do sistema jurídico, ou seja, fora daquele sistema em que é postulada a norma fundamental. Com o problema do fundamento da norma fundamental saímos da teoria do direito positivo, a que nos ativemos até agora, e entramos na secular discussão em torno do fundamento, ou melhor, da justificação em sentido absoluto do poder. Podemos conceber as tradicionais teorias sobre o fundamento do poder como tentativas de responder à pergunta: "Qual é o fundamento da norma fundamental de um ordenamento jurídico positivo?". Tais respostas podem ser dadas à medida que se transcenda o ordenamento jurídico positivo e se leve em consideração um ordenamento mais amplo, por exemplo, o ordenamento cósmico, ou geralmente humano, do qual o ordenamento jurídico é considerado uma parte; em outras palavras, que se realize a operação de inserir um dado sistema, no nosso caso o sistema jurídico, num sistema mais amplo. Apresentamos aqui, à guisa de ilustração do que estamos dizendo, algumas respostas famosas dadas ao problema do fundamento último do poder, lembrando que cada uma dessas respostas pode ser concebida como a formulação de uma norma superior à norma fundamental, em que nos detivemos, como a descoberta de um poder superior ao poder constituinte, ou seja, de um poder que é a *verdadeira fonte última* de todo poder.

a) Todo poder vem de Deus (*omnis potestas nisi a Deo*).

Essa doutrina integra a norma fundamental de um ordenamento jurídico, afirmando que o dever de obedecer ao poder constituinte deriva do fato de que esse poder (como todo poder soberano) deriva de Deus, ou seja, foi autorizado por Deus para emanar normas jurídicas válidas. Isso significa que na pirâmide do ordenamento é preciso acrescentar um grau superior àquele representado pelo poder normativo dos órgãos constitucionais, e esse grau superior é o poder normativo divino. O legislador ordinário é delegado pelo legislador constituinte; o legislador constituinte é delegado por Deus. A norma fundamental, nesse caso, é aquela que faz de Deus a autoridade capaz de emanar normas obrigatórias para todos os homens e, ao mesmo tempo, comanda a todos os homens que obedeçam aos comandos de Deus.

b) O dever de obedecer ao poder constituído deriva da *lei natural*. Por lei natural entende-se uma lei que não foi posta por uma autoridade histórica, mas é revelada ao homem através da razão. A definição mais frequente do direito natural é *dictamen rectae rationis*. Para justificar o direito positivo, as teorias jusnaturalistas descobrem um outro direito, superior ao direito positivo, que deriva não da vontade deste ou daquele homem, mas da própria razão que é comum a todos os homens. Algumas correntes jusnaturalistas sustentam que um dos preceitos fundamentais da razão, e, portanto, da lei natural, é que é preciso obedecer aos governantes (é a chamada teoria da obediência). Para quem sustenta semelhante teoria, a norma fundamental de um ordenamento positivo é fundada numa lei natural que comanda que se obedeça à razão, que por sua vez comanda que se obedeça aos governantes.

c) O dever de obedecer ao poder constituído deriva de uma *convenção originária*, da qual o poder extrai a própria justificação. Ao longo de todo o curso do pensamento político, desde a Antiguidade até a Idade Moderna, o fundamento do poder foi muitas vezes encontrado no chamado *contrato social*, ou seja, num acordo originário entre aqueles que se reúnem em sociedade ou entre os membros de uma sociedade e aqueles a quem é confiado o poder. Segundo essa doutrina, o poder constituído extrai a sua legitimidade não do fato de derivar de Deus ou da natureza, mas do acordo de vontades daqueles que o criaram. Nesse caso, a vontade coletiva tem a mesma função de Deus nas doutrinas teológicas, e da razão nas doutrinas jusnaturalistas: em outras palavras, tem a função de representar um grau ulterior além da norma fundamental de um ordenamento jurídico positivo, aquele grau supremo que permite dar uma resposta à pergunta sobre o fundamento do fundamento. Mas mesmo essa resposta, apesar das aparências, não é mais realista que as anteriores. E, como as anteriores, desloca o problema da existência do ordenamento jurídico para a sua justificação.

12. Direito e força

Além da objeção sobre o fundamento da norma fundamental, a teoria da norma fundamental é objeto de uma outra crítica muito frequente, que não diz respeito mais ao fato de existir uma norma fundamental, mas ao *conteúdo* desta. A norma fundamental, da forma como a pressupomos aqui, estabelece que é preciso obedecer ao poder originário (que é o próprio poder constituinte). Mas o que é o poder originário? É o conjunto das forças políticas que, num determinado momento histórico, tomaram a dianteira e instauraram um novo ordenamento jurídico. Objeta-se, então, que fazer com que todo o sistema normativo decorra do poder originário significa *reduzir o direito à força*.

Sobre as relações entre direito e força também discorremos brevemente no curso anterior. Aqui vamos procurar desenvolver esses conceitos em relação à presente discussão. Em primeiro lugar, não se deve confundir o *poder* com a *força* (sobretudo com a força física). Quando falamos de poder originário, falamos das forças políticas que instauraram um determinado ordenamento jurídico. O fato de essa instauração ter ocorrido mediante o exercício da força física não está de modo algum implícito no conceito de poder. Pode-se muito bem imaginar um poder que repouse exclusivamente no consenso. Como observamos no curso anterior, qualquer poder originário repousa um pouco na força e um pouco no consenso. Quando a norma fundamental diz que se deve obedecer ao poder originário, não deve absolutamente ser interpretada no sentido de que é preciso submeter-se à violência, mas no sentido de que é preciso submeter-se àqueles que detêm o poder coercitivo. Mas esse poder coercitivo pode perfeitamente ser possuído por consenso geral. Os detentores do poder são aqueles que têm a força necessária para fazer respeitar as normas que eles emanam. Nesse sentido, a força é um instrumento necessário do poder. Isso não significa que também é o seu fundamento. A força é necessária para exercer o poder, não para justificá-lo.

Quando dizemos que o direito é fundado, em última análise, no poder, e entendendo-se por poder o poder coercitivo, ou seja, o poder de fazer respeitar as normas emanadas, mesmo recorrendo à força, não dizemos nada de diferente daquilo que repetidamente afirmamos em relação ao direito como conjunto de regras com eficácia reforçada. Se o direito é um conjunto de regras com eficácia reforçada, isso significa que um ordenamento jurídico é inconcebível sem o exercício da força, ou seja, sem um poder. Estabelecer o poder como fundamento último de uma ordem jurídica positiva não significa reduzir o direito à força, mas simplesmente reconhecer que a força é necessária para a realização do direito. O que é o mesmo que confirmar o conceito do direito como ordenamento com eficácia reforçada.

Se a força é necessária para a realização do direito, então só existe um ordenamento jurídico (ou seja, que corresponde à definição que demos de direito) se, e enquanto, se fizer valer com a força: em outras palavras, um ordenamento jurídico existe enquanto é *eficaz*. Isso implica ainda uma diferença entre a consideração da norma singular e aquela do ordenamento no seu todo. Uma norma singular, como esclarecemos no curso anterior (seção 10), pode ser válida sem ser eficaz. Um ordenamento jurídico, considerado no seu todo, só é válido se é eficaz. A norma fundamental que ordena a obediência aos detentores do poder originário é aquela que legitima o poder originário a exercer a força: e, nesse sentido, tendo em vista que o exercício da força para fazer respeitar as normas é uma característica do ordenamento jurídico, a norma fundamental, assim concebida, consiste realmente no fundamento do ordenamento jurídico. Aqueles que temem que com a norma fundamental, como foi aqui concebida, se opere a redução do direito à força, preocupam-se menos com o direito que com a justiça. Mas essa preocupação é descabida. A definição do direito, tal como foi aqui acolhida, não coincide com a da justiça. A norma fundamental consiste no fundamento do direito tal como ele é (o direito positivo), não do direito tal como deveria ser (o direito justo). Ela autoriza os que detêm o poder a exercer a força, mas não diz que o uso da força, simplesmente por ser desejado pelo poder originário, seja justo. Ela dá uma legitimação jurídica do poder, não uma legitimação moral. O direito tal como é, é expressão dos mais fortes, não dos mais justos. Melhor seria se os mais fortes fossem também os mais justos.

Existe um outro modo de entender as relações entre direito e força, que foi defendido recentemente por Ross, mas remete sobretudo a Kelsen. Em resumo, até aqui sustentamos que a força é *instrumento* para a realização do direito (entendido, em sentido amplo, como ordenamento jurídico). A teoria, enunciada por Kelsen, e defendida por Ross, sustenta por sua vez que a força é o *objeto* da regulamentação jurídica, no sentido de que por direito se deve entender não um conjunto de normas feitas valer com a força, mas um conjunto de normas que regulam o exercício da força numa determinada sociedade. Quando Kelsen diz que o direito é um ordenamento coercitivo, entende que é composto de normas que regulam a coação, e enquanto tais estabelecem o modo como devem ser aplicadas certas sanções. Textualmente: "Uma regra é jurídica não porque sua eficácia é assegurada por uma outra regra que dispõe uma sanção; *uma regra é jurídica porque dispõe uma sanção*. O problema da coerção não é o problema de assegurar a eficácia das regras, mas *o problema do conteúdo das regras*"[1]. Da mesma forma, Ross explicita que: "Devemos insistir no fato de que a relação entre as normas jurídicas e a força consiste em que elas se referem à aplicação da força, e não de que são protegidas por

---

1. *Teoria generale del diritto e dello stato*, ed. it., Milão, 1952, pp. 28-9.

meio da força"². E ainda: "Um sistema jurídico nacional é um conjunto de normas que se referem ao exercício da força física"³.

Parece-me claro que esse modo de entender o direito, que faz com que a força passe de instrumento a objeto da regulamentação jurídica, está estreitamente vinculado a uma teoria que já conhecemos no curso anterior (cf. seção 30), teoria essa que considera como normas jurídicas apenas as normas secundárias, ou seja, as normas que têm por destinatários os órgãos judiciários. Não por acaso Kelsen levou às últimas consequências a tese de que normas jurídicas são apenas aquelas secundárias, a ponto de chamá-las "primárias". De fato, as normas secundárias podem ser definidas como aquelas normas que regulam o modo e a medida com que se devem aplicar as sanções e, tendo em vista que a sanção é, em última instância, um ato de força, essas normas, regulando a aplicação das sanções, regulam na verdade o exercício da força. Se isso é verdade, e o confirma em Kelsen tanto a presença da definição do direito como regra da força, quanto a identificação das normas jurídicas com as normas secundárias, a negação desse modo de entender as relações entre direito e força pode ser feita com os mesmos argumentos com que procuramos rebater a consideração das normas secundárias como únicas normas jurídicas, nessas páginas do curso anterior a que remetemos.

Aqui, no âmbito da teoria do ordenamento jurídico, podemos acrescentar ainda uma observação. A definição do direito como conjunto de regras para o exercício da força é uma definição do direito que podemos classificar entre as definições quanto ao conteúdo. Mas é uma definição extremamente limitativa. Se consideramos as normas singulares de um ordenamento, essa limitação da definição salta imediatamente aos olhos: chamamos de normas jurídicas também aquelas normas que estabelecem de que modo é obrigatório,

---

2. A. ROSS, *On Law and Justice*, Londres, 1958, p. 53.
3. *Op. cit.*, p. 52.

ou proibido, ou lícito aos cidadãos se comportarem. Como dissemos várias vezes, a juridicidade de uma norma não se determina através do seu conteúdo (nem através da forma, ou do fim e assim por diante), mas simplesmente através da sua pertinência ao ordenamento, pertinência que, por sua vez, se determina remontando da norma inferior à norma superior até a norma fundamental. Se consideramos o ordenamento jurídico no seu todo, é certamente lícito dizer que um ordenamento se torna jurídico quando vão se formando regras para o uso da força (passa-se da fase do uso indiscriminado à fase do uso limitado e controlado da força); mas não é igualmente lícito dizer que, em consequência disso, um ordenamento jurídico é um conjunto de regras para o exercício da força. Num ordenamento jurídico, as regras para o exercício da força são aquela porção de regras que serve para organizar a sanção, e, portanto, para tornar mais eficazes as normas de conduta e o próprio ordenamento na sua totalidade. O objetivo de todo legislador não é o de organizar a força, *mas organizar a sociedade mediante a força*. A definição de Kelsen e de Ross parece limitativa também em relação ao ordenamento jurídico considerado no seu todo, pois confunde a parte com o todo, o instrumento com o fim.

Capítulo III
A coerência do ordenamento jurídico

SUMÁRIO: 13. O ordenamento jurídico como sistema. – 14. Três significados de sistema. – 15. As antinomias. – 16. Vários tipos de antinomias. – 17. Critérios para a solução das antinomias. – 18. Insuficiência dos critérios. – 19. Conflito dos critérios. – 20. O dever da coerência.

13. O ordenamento jurídico como sistema

No capítulo anterior falamos da *unidade* do ordenamento jurídico e mostramos que se pode falar de unidade à medida que se pressuponha na base do ordenamento jurídico uma norma fundamental a que possam remontar, direta ou indiretamente, todas as normas do ordenamento. O problema ulterior que se nos apresenta é saber se um ordenamento jurídico, além de uma unidade, também constitui um *sistema*; em síntese, se é uma *unidade sistemática*. Entendemos por "sistema" uma *totalidade ordenada*, ou seja, um conjunto de organismos, entre os quais existe uma certa ordem. Para que se possa falar de uma ordem, é preciso que os organismos constitutivos não estejam apenas em relação com o todo, mas estejam também em relação de compatibilidade entre si. Pois bem, quando nos perguntamos se um ordenamento jurídico constitui um sistema, perguntamo-nos se as normas que o compõem estão em relação de compatibilidade entre si e em que condições é possível essa relação.

O problema do sistema jurídico foi pouco estudado até agora. Juristas e filósofos do direito falam em geral do direito como de um sistema, mas em que consiste esse sistema não é muito claro. Podemos também aqui partir da análise do conceito de sistema feita por Kelsen. Esse autor distingue entre os ordenamentos normativos dois tipos de sistemas, e chama um de *estático* e o outro de *dinâmico*.

Sistema estático é aquele em que as normas estão ligadas umas às outras, como as proposições em um sistema dedutivo, ou seja, pelo fato de que se deduzem umas das outras partindo de uma ou mais normas originárias de caráter geral, que têm a mesma função dos postulados ou axiomas em um sistema científico. Vamos dar um exemplo: Hobbes fundamenta sua teoria do direito e do Estado na máxima "Pax est quaerenda", e com isso quer entender que o postulado ético fundamental do homem é que precisa evitar a guerra e buscar a paz; a partir dessa regra fundamental deduz ou pretende deduzir todas as principais regras da conduta humana, que chama de leis naturais. É claro, então, que todas essas leis formam um sistema enquanto são deduzidas da primeira. A semelhante construção sistemática de um conjunto de normas Kelsen chama de "sistema estático". Com outras palavras, pode-se dizer que num sistema desse tipo as normas estão ligadas entre si em relação ao seu *conteúdo*.

Sistema dinâmico, por sua vez, é aquele em que as normas que o compõem derivam umas das outras através de sucessivas delegações de poder, ou seja, não através do seu conteúdo, mas da *autoridade* que as estabeleceu: uma autoridade inferior deriva de uma autoridade superior, até se chegar à autoridade suprema, que não tem nenhuma outra autoridade acima de si. Pode-se dizer, em outras palavras, que a ligação entre as várias normas, nesse tipo de ordenamento normativo, não é material, mas *formal*. Um exemplo de sistema dinâmico seria aquele que colocasse no vértice do ordenamento a máxima: "É preciso obedecer à vontade de Deus": nesse caso a pertinência de outras normas ao sistema não seria determinada pelo seu conteúdo, ou seja, pelo fato de que estabelecem uma determinada conduta e não outra, mas pelo fato de que, através da passagem de uma autoridade a outra, podem ser reconduzidas à autoridade divina.

A distinção entre os dois tipos de ligação entre normas, a material e a formal, pode ser constatada na experiência cotidiana, quando, para justificar um comando (e a justificação é feita inserindo-o num sistema), abrem-se dois caminhos, ou aquele de justificá-lo deduzindo-o de um comando de alcance mais geral ou atribuindo-o a uma autoridade indiscutível. Por exemplo, um pai ordena ao filho que faça a lição, e o filho pergunta por quê. Se o pai responde: "Porque você deve aprender", a justificação tende à construção de um sistema estático; se responde: "Porque você deve obedecer ao seu pai", a justificação tende à construção de um sistema dinâmico. Suponhamos que o filho, não satisfeito, peça uma ulterior justificação. No primeiro caso perguntará: "Por que devo aprender?". A construção do sistema estático levará a uma resposta deste tipo: "Porque você precisa passar de ano". No segundo caso perguntará: "Por que devo obedecer a meu pai?". A construção do sistema dinâmico levará a uma resposta desse tipo: "Porque seu pai foi autorizado a comandar pela lei do Estado". Observem-se, no exemplo, os dois diferentes tipos de ligação para passar de uma norma a outra: no primeiro caso, através do conteúdo da prescrição; no segundo caso, através da autoridade que a estabeleceu.

Feita essa distinção, Kelsen sustenta que os ordenamentos jurídicos são sistemas do segundo tipo, ou seja, são sistemas dinâmicos. Sistemas estáticos seriam, por sua vez, os ordenamentos morais. Surge aqui um outro critério para a distinção entre direito e moral. O ordenamento jurídico é um ordenamento em que a pertinência das normas é julgada com base num critério meramente formal, ou seja, independentemente do conteúdo; o ordenamento moral é aquele em que o critério de pertinência das normas ao sistema é fundado naquilo que as normas prescrevem (não na autoridade da qual derivam). Mas, se é assim, parece difícil falar do ordenamento jurídico propriamente como de um *sistema*, ou seja, chamar de "sistema" o ordenamento de tipo dinâmico com aquela mesma propriedade com que se fala em geral de sistema como totalidade ordenada, e em particular de sistema estático. Que ordem pode existir entre as normas de um ordenamento jurídico, se o critério de pertinência é puramente formal, ou seja, diz respeito não à conduta que elas regulam, mas unicamente ao modo com que foram postas? A autoridade delegada pode emanar qualquer norma? E se pode emanar qualquer norma, pode emanar também uma norma contrária àquela emanada por uma outra autoridade delegada? Mas ainda podemos falar de sistema, de ordem, de totalidade ordenada num conjunto de normas em que duas normas contraditórias fossem ambas legítimas? Num ordenamento jurídico complexo, como aquele que temos continuamente sob nossos olhos, caracterizado pela pluralidade das fontes, não parece haver dúvida de que possam existir normas produzidas por uma fonte em contraste com normas produzidas por uma outra fonte. Ora, tendo em vista que sistema dinâmico é definido como aquele sistema em que o critério de pertinência das normas é puramente formal, deve-se concluir que num sistema dinâmico duas normas em contraste são perfeitamente legítimas. E, de fato, para julgar o contraste de duas normas é preciso examinar o conteúdo delas; não basta referir-se à autoridade que as emanou. Mas um ordenamento que admita no seu interior organismos em contraste entre si ainda pode ser chamado de "sistema"? Como se vê, o fato de um ordenamento jurídico constituir um sistema, sobretudo se partimos da identificação do ordenamento jurídico com o sistema dinâmico, não é absolutamente óbvio. Ou, pelo menos, é necessário precisar, se se deseja continuar a falar de sistema normativo em relação ao direito, em que sentido, sob que condições e dentro de que limites se pode falar de sistema normativo.

14. Três significados de sistema

Na linguagem jurídica corrente é comum o uso do termo "sistema" para indicar o ordenamento jurídico. Nós mesmos, nos capítulos anteriores, usamos algumas vezes a expressão "sistema normativo" em vez daquela mais frequente de "ordenamento jurídico". Mas geralmente não se esclarece qual o exato significado da palavra "sistema", no que se refere ao ordenamento jurídico. Consideremos, ao acaso, dois dos mais conhecidos autores italianos, Giorgio Del Vecchio e Tommaso Perassi. No ensaio de Del Vecchio, *Sulla statualità del diritto*, lemos o seguinte trecho: "As proposições jurídicas singulares, embora possam ser consideradas também por si mesmas, na sua abstração, tendem naturalmente a constituir-se em sistema. A necessidade da coerência lógica leva a aproximar as que são compatíveis ou respectivamente complementares, e a eliminar as contraditórias ou incompatíveis. A vontade, que é uma lógica viva, só pode se desenvolver, também no campo do direito, unindo as suas afirmações, de modo a reduzi-las a um todo harmônico"[1]. Segundo Perassi, na sua *Introduzione alle scienze giuridiche*: "As normas que passam a constituir um ordenamento não estão isoladas, mas se tornam parte de um sistema, uma vez que certos princípios agem como conexões pelas quais as normas são reunidas de modo a constituir um bloco sistemático"[2].

Se passamos das declarações programáticas ao exercício da atividade do jurista, deparamos com uma outra prova da tendência constante da jurisprudência em considerar o direito como sistema: a consideração comum, entre as várias formas da interpretação, da chamada *interpretação sistemática*. Chama-se "interpretação sistemática" aquela forma de interpretação que extrai seus argumentos do pressuposto de que as normas de um ordenamento, ou, mais precisamente, de uma parte dele (como o direito privado, o direito penal), constituem uma totalidade ordenada (ainda que depois fique um pouco vago o que se deve entender com essa expressão), e, portanto, é lícito aclarar uma norma obscura ou até integrar uma norma deficiente recorrendo ao chamado "espírito do sistema", mesmo indo de encon-

---

1. O ensaio, que é de 1928, encontra-se atualmente em *Studi sul diritto*, 1958, vol. I, pp. 89-115. O trecho citado está à p. 97.
2. T. PERASSI, *Introduzione alle scienze giuridiche*, 1953, p. 32.

tro àquilo que resultaria de uma interpretação meramente literal. Também aqui, para dar um exemplo casual, lembramos que o art. 265 do Código Civil italiano reconhece somente a violência, e não o erro, entre os vícios do reconhecimento do filho natural. Um intérprete, que considerou ter de acolher entre os vícios do reconhecimento do filho natural também o erro, contra a letra da lei, teve de recorrer à chamada vontade objetiva da lei, ou seja, "àquele comando que, por ser fundado na *lógica de todo o sistema*, pode realmente ser chamado de vinculante pelo intérprete"[3]. Que o ordenamento jurídico, ou ao menos uma parte dele, constitua um sistema é um pressuposto habitual da atividade interpretativa, um dos instrumentos de trabalho, por assim dizer, do jurista.

Mas o fato de existir um sistema normativo ainda não significa que se saiba exatamente que tipo de sistema é ele. O termo "sistema" é um daqueles termos com muitos significados, que cada um usa segundo as próprias conveniências. No uso histórico da filosofia do direito e da jurisprudência, parece-me que emergem três diferentes significados de sistema. Um primeiro significado é aquele mais próximo do significado de "sistema" na expressão "sistema dedutivo", ou, mais precisamente, foi calcado nele. Em tal acepção, diz-se que um dado ordenamento é um sistema, uma vez que todas as normas jurídicas daquele ordenamento derivam de alguns princípios gerais (também chamados de "princípios gerais do direito"), considerados nos mesmos moldes dos postulados de um sistema científico. Como se pode ver, essa acepção demasiado vinculativa do termo sistema referiu-se historicamente apenas ao ordenamento do direito natural. Uma das mais constantes pretensões dos jusnaturalistas modernos, pertencentes à escola racionalista, foi a de construir o direito natural como um sistema dedutivo. E, tendo em vista que o exemplo clássico do sistema dedutivo era a geometria de Euclides, a pretensão dos jusnaturalistas re-

---

3. F. SALVI, "L'errore nell'accertamento della filiazione naturale", in: *Riv. trim. dir. e proc. civ.*, VI (1952), p. 24.

solvia-se na tentativa (realmente desesperada) de elaborar um sistema jurídico *geometrico more demonstratum*. Citemos uma passagem muito significativa de Leibniz: "A partir de qualquer definição se podem extrair consequências seguras, empregando as incontestáveis regras da lógica. É exatamente isso que se faz quando se constroem as ciências necessárias e demonstrativas, que não dependem dos fatos, mas unicamente da razão, tais como a lógica, a metafísica, a aritmética, a geometria, a ciência do movimento, e também a *ciência do direito*, que não são absolutamente fundadas na experiência e nos fatos, mas servem para justificar os fatos e para regulá-los antecipadamente: o que valeria, para o direito, ainda que no mundo não existisse nem sequer uma lei"[4]. E em outro trecho: "A teoria do direito faz parte daquelas teorias que não dependem de experimentos, mas de definições; não do que mostram os sentidos, mas do que demonstra a razão"[5].

Um segundo significado de sistema, que não tem nada a ver com aquele ilustrado, pode ser encontrado na moderna ciência do direito, que nasce, ao menos no continente, da pandectística alemã, e remonta a Savigny, que é o autor, não por acaso, do célebre *Sistema do direito romano atual*. É muito frequente entre os juristas a opinião de que a ciência jurídica moderna tenha nascido na passagem da jurisprudência exegética à *jurisprudência sistemática*, ou, em outras palavras, que a jurisprudência tenha se alçado à categoria de ciência tornando-se "sistemática". Parece quase que se quer dizer que a jurisprudência, enquanto não pertença ao sistema, não merece o nome de ciência, mas seja apenas arte hermenêutica, técnica, comentário a textos legislativos. Muitos tratados de juristas intitulam-se *Sistema*, evidentemente para indicar que neles se desenvolve um estudo científico. O que significa "sistema" nessa acepção? Os juristas certa-

---

4. "Riflessioni sulla nozione comune di giustizia", *in*: *Scritti politici e di diritto naturale*, Utet, Turim, 1951, p. 219.
5. *Elementi di diritto naturale*, cit., p. 87.

mente não tencionam dizer que a jurisprudência sistemática consiste na dedução de todo o direito a partir de alguns princípios gerais, como pretendia Leibniz. Nesse caso, o termo "sistema" é usado, ao contrário, para indicar um ordenamento da matéria, realizado com procedimento indutivo, ou seja, partindo do conteúdo das normas singulares com o objetivo de elaborar conceitos cada vez mais gerais, e classificações ou divisões de toda a matéria: a consequência dessas operações será o ordenamento do material jurídico, do mesmo modo que as laboriosas classificações do zoólogo dão um ordenamento ao reino animal. Na expressão "jurisprudência sistemática" usa-se a palavra "sistema" não no sentido das ciências dedutivas, mas no das ciências empíricas ou naturais, ou seja, como ordenamento primitivo, do mesmo modo com que se fala de uma zoologia sistemática. O procedimento típico dessa forma de sistema não é a dedução, mas a *classificação*. Seu objetivo não é desenvolver de forma analítica, mediante regras preestabelecidas, alguns postulados iniciais, mas reunir os dados fornecidos pela experiência com base nas semelhanças para formular conceitos cada vez mais gerais até chegar àqueles conceitos generalíssimos que permitam unificar todo o material fornecido. Conseguimos perfeitamente perceber o significado de sistema como ordenamento primitivo, próprio da jurisprudência sistemática, se consideramos que uma das maiores conquistas de que essa jurisprudência se orgulha é a teoria do negócio jurídico. O conceito de negócio jurídico é manifestamente o resultado de um esforço construtivo e sistemático no sentido do sistema empírico que ordena generalizando e classificando. Ele é fruto da união de fenômenos diferentes e até aparentemente distantes, mas que tinham em comum a característica de ser manifestações da vontade com consequências jurídicas. O conceito mais genérico elaborado pela jurisprudência sistemática é muito provavelmente o de relação jurídica: é um conceito que permite a redução de todos os fenômenos jurídicos a um esquema único e favorece portanto a elaboração de um sistema no sentido de sistema empírico ou indutivo. O conceito de relação jurídica é o conceito sistemático por excelência da ciência jurídica moderna. Mas é claro que a sua função não é iniciar um processo de dedução, mas permitir um melhor ordenamento da matéria.

O terceiro significado de sistema jurídico é sem dúvida o mais interessante, e é aquele em que iremos nos deter neste capítulo: diz-se que um ordenamento jurídico constitui um sistema porque nele não podem coexistir *normas incompatíveis*. Nesse caso, "sistema" equivale a validade do princípio que exclui a *incompatibilidade* das normas. Se num ordenamento passam a existir normas incompatíveis, uma das duas ou ambas devem ser eliminadas. Se isso é verdade, significa que as normas de um ordenamento têm uma certa relação entre si, e essa relação é a relação de compatibilidade. Observe-se, porém, que dizer que as normas devem ser compatíveis não significa dizer que tenham implicação uma com a outra, ou seja, que constituam um sistema dedutivo perfeito. Nesse terceiro sentido de sistema, o sistema jurídico não é um sistema dedutivo, como no primeiro sentido: é um sistema num sentido menos significativo, se se preferir, num sentido negativo, ou seja, de uma ordem que exclui a incompatibilidade de suas partes singularmente consideradas. Duas proposições como "A lousa é negra" e "O café é amargo" são compatíveis, mas não têm implicação uma com a outra. Portanto, não é correto falar, como frequentemente acontece, de *coerência* do ordenamento jurídico no seu todo: pode-se falar de exigência de coerência somente entre as partes singularmente consideradas desse ordenamento. Num sistema dedutivo, caso haja uma contradição, todo o sistema desmorona. Num sistema jurídico, a admissão do princípio que exclui a incompatibilidade tem por consequência, em caso de incompatibilidade de duas normas, não o colapso de todo o sistema, mas apenas de uma das duas normas ou, no máximo, de ambas.

De resto, se o sistema jurídico, confrontado com um sistema dedutivo, é algo menor, confrontado com o sistema dinâmico, de que falamos na seção anterior, é algo maior: de fato, se admitirmos o princípio de compatibilidade, para considerar a pertinência de uma norma ao sistema, não bastará mais mostrar sua derivação de uma das fontes autorizadas, mas será necessário também mostrar que ela não é incompatível com outras normas. Nesse sentido, nem todas as normas produzidas pelas fontes autorizadas seriam normas válidas, mas apenas aquelas que fossem compatíveis com as outras. Trata-se de ver, de resto, se esse princípio que exclui a incompatibilidade existe e qual é a sua função.

15. As antinomias

A situação de normas incompatíveis entre si é uma tradicional dificuldade com que se depararam os juristas de todas as épocas, e que teve uma denominação característica própria: *antinomia*. A tese de que o ordenamento jurídico constitui um sistema no terceiro sentido ilustrado também pode ser expressa dizendo que o *direito não tolera antinomias*. Na nossa tradição romanística, o problema das antinomias já foi colocado com a máxima clareza nas duas célebres Constituições de Justiniano que abrem o *Digesto*: nelas Justiniano afirma imperiosamente que no *Digesto* não existem normas incompatíveis e usa a palavra "antinomia". "Nulla itaque in omnibus praedicti codicis membris *antinomia* (sic enim a vetustate Graeco vocabulo noncupatur) aliquid sibi vindicet lucum, sed sit una concordia, una consequentia, adversario nemine constituto" (*Deo auctore*, ou *De conceptione digestorum*). Analogamente: "Contrarium autem aliquid in hoc codice positum nullum sibi locum vindicabit nec invenitur, si quis subtili animo diversitatis rationes excutiet" (*Tanta*, ou *De confirmatione digestorum*). O fato de que no direito romano, considerado por longos séculos o direito por excelência, não existissem antinomias foi cânone constante para os intérpretes, ao menos enquanto o direito romano foi direito vigente. Um dos objetivos da interpretação jurídica era também o de eliminar as antinomias, caso surgisse alguma, recorrendo aos mais diversos meios hermenêuticos. Nessa obra de resolução das antinomias foram elaboradas algumas regras técnicas que veremos a seguir.

Mas antes cabe responder à pergunta: quando duas normas se dizem incompatíveis? Em que consiste uma antinomia jurídica? Para esclarecer esse ponto nos reportamos ao que foi dito no curso anterior sobre as relações intercorrentes entre as quatro figuras de qualificação normativa: o *comandado*, o *proibido*, a *permissão positiva* e a *permissão negativa*. Reproduzimos, por comodidade, o quadrilátero ilustrativo dessas relações, já representado à p. 180 da Primeira Parte, "Teoria da norma jurídica":

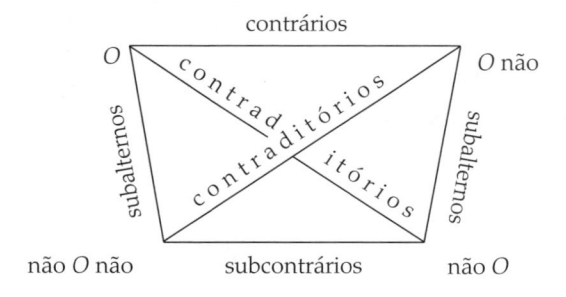

Esse quadrilátero representa seis relações, vale dizer:

1. *O – O não*: relação entre obrigatório e proibido;
2. *O – não O*: relação entre obrigatório e permissão negativa;
3. *O não – não O não*: relação entre proibição e permissão positiva;
4. *O – não O não*: relação entre obrigatório e permissão positiva;
5. *O não – não O*: relação entre proibido e permissão negativa;
6. *não O não – não O*: relação entre permissão positiva e permissão negativa.

Se definimos como incompatíveis duas proposições (no nosso caso, duas normas) *que não podem ser ambas verdadeiras*, das seis relações indicadas, três são de incompatibilidade e três de compatibilidade. São relações de incompatibilidade as três primeiras; são relações de compatibilidade as três últimas. Com efeito:

1. *O e O não* são dois contrários, e dois contrários podem, sim, ser ambos falsos (F), mas não podem ser ambos verdadeiros (V):

O	O não
V	F
F	V ou F

2. *O e não O* são dois contraditórios, e dois contraditórios não podem ser nem ambos verdadeiros nem ambos falsos:

O	não O
V	F
F	V

3. *O não e não O não* são também dois contraditórios, e vale para eles a regra anterior:

O não	não O não
V	F
F	V

4. *O e não O não* são dois subalternos, entre os quais existe uma relação de implicação, no sentido de que da verdade do primeiro (ou subalternante) se deduz a verdade do segundo, e não vice-versa, e da falsidade do segundo (ou subalternado) se deduz a falsidade do primeiro, e não vice-versa. (Se

uma ação é obrigatória, necessariamente é também permitida, mas isso não significa que uma ação permitida seja também obrigatória.) Graficamente, distinguindo a relação que vai de O a *não O não* (ou relação de superimplicação) daquela que vai de *não O não* a O (ou relação de subimplicação):

O	não O não		não O não	O
V	V		V	V ou F
F	F ou V		F	F

5. *O não* e *não O* também são subalternos, e valem as considerações do item anterior.

6. *não O não* e *não O* são subcontrários e vale para eles a regra de que podem ser ambos verdadeiros, mas não podem ser ambos falsos:

não O não	não O
F	V
V	V ou F

Se observamos atentamente as representações gráficas, percebemos que nos primeiros três casos nunca se tem a situação em que se encontrem lado a lado dois V (o que significa que em nenhum dos três primeiros casos as duas proposições podem ser ambas verdadeiras); ao contrário, nos três últimos casos os dois V podem ser encontrados um ao lado do outro (o que significa que nesses três casos as duas proposições podem ser ambas verdadeiras). Reiteramos, portanto, que, se definimos como normas incompatíveis aquelas que não podem ser ambas verdadeiras, verificam-se relações de incompatibilidade normativa nestes três casos:

1. entre uma norma que *comanda* fazer alguma coisa e uma norma que *proíbe* fazê-lo (*contrariedade*);

2. entre uma norma que *comanda* fazer e uma que *permite* não fazer (*contraditoriedade*);
3. entre uma norma que *proíbe* fazer e uma que *permite* fazer (*contraditoriedade*).

Vamos ilustrar esses três casos com três exemplos[6]:

Primeiro caso: o art. 27 da Constituição italiana, no qual se lê: "A responsabilidade penal é pessoal", está em contraste com o art. 57, alínea 2, do Código Penal italiano, que atribui ao diretor do jornal uma responsabilidade pelos crimes cometidos por meio da imprensa por seus colaboradores, caso se interprete esse artigo como caracterizador de uma responsabilidade objetiva (mas pode-se interpretar também de outros modos em que deixe de haver a antinomia). Trata-se de dois artigos destinados aos órgãos judiciários, sendo que o primeiro pode ser formulado do seguinte modo: "Os juízes *não devem* condenar quem não seja pessoalmente responsável"; o segundo de modo oposto: "Os juízes *devem* condenar qualquer pessoa (no caso específico, o diretor do jornal), ainda que não seja pessoalmente responsável." Tendo em vista que uma norma obriga e a outra proíbe o mesmo comportamento, trata-se de duas normas incompatíveis por contrariedade.

Segundo caso: o art. 18, Texto Único, das Leis sobre a Segurança Pública, diz: "Aqueles que promoverem uma reunião em local público ou aberto ao público devem comunicar a respeito, com no mínimo três dias de antecedência, ao comandante de polícia"; o art. 17, alínea 2, da Constituição, diz: "Para as reuniões, mesmo que em lugar aberto ao público, não se requer aviso antecipado."Nesse caso, o contraste é claro: o art. 18, Texto Único, obriga a fazer o que o art. 17 da Constituição permite não fazer. Trata-se de duas normas incompatíveis, pois são contraditórias.

---

6. Extraí esses exemplos e outras ideias apresentadas neste capítulo do livro de G. CAVAZZI, *Delle antinomie*, Turim, 1959.

Terceiro caso: o art. 502 do Código Penal italiano considera a greve um crime; o art. 40 da Constituição diz que: "O direito de greve é exercido no âmbito das leis que o regulam". O que a primeira norma proíbe, a segunda norma considera lícito, ou seja, permite fazer (embora dentro de certos limites). Essas duas normas também são incompatíveis por contraditoriedade.

16. Vários tipos de antinomias

Definimos a antinomia como aquela situação em que são criadas duas normas, sendo que uma obriga e a outra proíbe, ou uma obriga e a outra permite, ou uma proíbe e a outra permite o mesmo comportamento. Mas a definição não está completa. Para que possa haver antinomia são necessárias duas condições, que, embora óbvias, devem ser explicitadas:

1. as duas normas devem pertencer ao mesmo ordenamento. O problema de uma antinomia entre duas normas pertencentes a ordenamentos diferentes surge quando esses ordenamentos não são independentes entre si, mas há entre eles alguma relação que pode ser de coordenação ou de subordinação. Veremos melhor a natureza desse problema no último capítulo, dedicado precisamente às relações entre ordenamentos. Por ora basta mencionar a tradicional discussão em torno da compatibilidade das normas de um ordenamento positivo com aquelas do direito natural. Um verdadeiro problema de antinomias entre direito positivo e direito natural (ou seja, entre dois ordenamentos diferentes) subsiste, na medida em que se considere o direito positivo como ordenamento subordinado ao direito natural: nesse caso o intérprete será obrigado a eliminar não só as antinomias no interior do ordenamento positivo, mas também aquelas subsistentes entre ordenamento positivo e ordenamento natural. Até agora falamos do ordenamento jurídico como sistema. Mas nada impede que o sistema resulte da

ligação de vários ordenamentos num ordenamento mais geral. A própria passagem da norma inferior para a norma superior, que constatamos no interior de um ordenamento específico, pode ocorrer de ordenamento inferior a ordenamento superior até um ordenamento supremo que abranja todos (ao direito natural costuma ser atribuída a função dessa coordenação universal de todo o direito);

2. as duas normas devem ter o mesmo âmbito de validade. Distinguem-se quatro âmbitos de validade de uma norma: *temporal, espacial, pessoal, material.* Não constituem antinomia duas normas que não coincidam em relação à:

a) validade temporal: "É proibido fumar das cinco às sete" não é incompatível com "É permitido fumar das sete às nove";
b) validade espacial: "É proibido fumar na sala cinematográfica" não é incompatível com "É permitido fumar na sala de espera";
c) validade pessoal: "É proibido aos menores de 18 anos fumar" não é incompatível com "É permitido aos adultos fumar";
d) validade material: "É proibido fumar charutos" não é incompatível com "É permitido fumar cigarros".

Após esses esclarecimentos, podemos redefinir a antinomia jurídica como aquela situação que se verifica entre duas normas incompatíveis, pertencentes ao mesmo ordenamento e com o mesmo âmbito de validade. As antinomias, assim definidas, podem ser divididas por sua vez em três diferentes tipos, segundo a maior ou menor extensão do contraste entre as duas normas.

1. Se duas normas incompatíveis têm *igual* âmbito de validade, a antinomia pode ser denominada *total-total*, seguindo a terminologia de Ross, que chamou a atenção para

essa distinção[7]: em nenhum caso uma das duas normas pode ser aplicada sem entrar em conflito com a outra.

Exemplo: "É proibido aos adultos fumar, das cinco às sete, na sala cinematográfica" e "É permitido aos adultos fumar, das cinco às sete, na sala cinematográfica". Dos exemplos mencionados anteriormente, é um caso de antinomia total-total o contraste entre a proibição de fumar e a permissão de fumar.

2. Se duas normas incompatíveis têm âmbito de validade *em parte igual e em parte diferente,* a antinomia subsiste somente para aquela parte que elas têm em comum, e pode denominar-se *parcial-parcial*: cada uma das normas tem um campo de aplicação que está em conflito com a outra e um campo de aplicação em que o conflito não existe.

Exemplo: "É proibido aos adultos fumar cachimbo e charuto, das cinco às sete, na sala cinematográfica" e "É permitido aos adultos fumar charuto e cigarros, das cinco às sete, na sala cinematográfica".

3. Se de duas normas incompatíveis, uma tem um âmbito de validade igual ao da outra, porém mais restrito, ou, em outras palavras, o seu âmbito de validade é em parte igual, mas também em parte diferente em relação ao da outra, a antinomia é total por parte da primeira norma em relação à segunda, e somente parcial por parte da segunda em relação à primeira, e pode denominar-se *total-parcial*. A primeira norma não pode ser em nenhum caso aplicada sem entrar em conflito com a segunda; a segunda tem uma esfera de aplicação que não entra em conflito com a primeira.

Exemplo: "É proibido aos adultos fumar, das cinco às sete, na sala cinematográfica" e "É permitido aos adultos fumar apenas cigarros, das cinco às sete, na sala cinematográfica".

---

7. ROSS, *op. cit.*, pp. 128-9.

Ao lado do significado aqui ilustrado de antinomia como situação produzida a partir do encontro de duas normas incompatíveis, fala-se, na linguagem jurídica, de antinomias também com referência a outras situações. Vamos nos limitar aqui a arrolar outros significados de antinomia, mas tendo em mente que o problema clássico das antinomias jurídicas é aquele ilustrado até aqui. Sendo assim, para distingui-las vamos chamá-las de *antinomias impróprias*[8]. Fala-se de antinomia no direito com referência ao fato de que um ordenamento jurídico pode ser inspirado em valores contrapostos (com ideologias opostas): consideram-se, por exemplo, o valor da liberdade e aquele da segurança como valores antinômicos, no sentido de que a garantia da liberdade geralmente se dá em prejuízo da segurança, e a garantia da segurança tende a restringir a liberdade; por conseguinte, diz-se que um ordenamento que se inspire em ambos os valores repousa em princípios antinômicos. Nesse caso, pode-se falar de *antinomias de princípio*. As antinomias de princípio não são antinomias jurídicas propriamente ditas, mas podem dar lugar a normas incompatíveis. É lícito supor que uma fonte de normas incompatíveis possa ser o fato de que o ordenamento esteja repleto de antinomias de princípio. Uma outra acepção de antinomia é a chamada *antinomia de valoração*, que se verifica caso uma norma puna um delito menor com uma pena mais grave do que a infligida a um delito maior. É claro que nesse caso não existe uma antinomia em sentido próprio, pois as duas normas, aquela que pune o delito mais grave com pena menor e aquela que pune o delito menos grave com pena maior, são perfeitamente compatíveis. Nesse caso não se deve falar de antinomia, mas de injustiça. O que antinomia e injustiça têm em comum é que ambas dão lugar a uma situação que requer uma correção: mas a razão pela qual se corrige a antinomia é diferente daquela pela qual se corrige a injustiça. A antinomia produz *incerteza*;

---

8. Extraí esse rol do extenso tratado de K. ENGISCH, *Einführung in das juristische Denken*, 1956, pp. 158 ss.

TEORIA DO ORDENAMENTO JURÍDICO 249

a injustiça produz *desigualdade* e, portanto, a correção obedece, nos dois casos, a dois valores diversos: no primeiro, ao valor da ordem; no segundo, ao valor da igualdade. Uma terceira acepção de antinomia refere-se às chamadas *antinomias teleológicas*, que têm lugar quando existe um contraste entre a norma que prescreve o meio para alcançar o fim e aquela que prescreve o fim, de maneira que se aplico a norma que prevê o meio não sou capaz de alcançar o fim, e vice-versa. Nesse caso o contraste nasce na maioria das vezes da insuficiência do meio: mas, então, mais que de antinomia, trata-se de *lacuna* (e falaremos amplamente das lacunas no capítulo IV).

17. Critérios para a solução das antinomias

Dada a tendência de todo ordenamento jurídico a se constituir em sistema, a presença de antinomias em sentido próprio é um defeito que o intérprete tende a eliminar. Tendo em vista que "antinomia" significa encontro de duas proposições incompatíveis, que não podem ser ambas verdadeiras, e, com referência a um sistema normativo, encontro de duas normas que não podem ser ambas aplicadas, a eliminação do inconveniente só poderá consistir na eliminação de uma das duas normas (em caso de normas contrárias, também na eliminação de ambas). Mas qual das duas normas deve ser eliminada? Aqui está o problema mais grave das antinomias. O que dissemos na seção 3 referia-se às regras para estabelecer quando estamos diante de uma antinomia. Mas uma coisa é descobrir a antinomia; outra é resolvê-la. As regras até agora consideradas nos servem para saber que duas normas são incompatíveis, mas não nos dizem nada sobre qual das duas deve ser conservada e qual deve ser eliminada. É preciso passar da *determinação* das antinomias à *solução* das antinomias.

No curso da sua secular obra de interpretação das leis, a jurisprudência elaborou algumas regras para a solução das antinomias, que são comumente aceitas. De resto, é preciso acrescentar de imediato que essas regras não servem para resolver todos os casos possíveis de antinomia. Disso resulta a necessidade de introduzir uma nova distinção no mesmo âmbito das antinomias próprias, ou seja, a distinção entre as *antinomias solúveis* e as *antinomias insolúveis*. As razões pelas quais nem todas as antinomias são solúveis são duas:

1. há casos de antinomias em que não se pode aplicar nenhuma das regras excogitadas para a solução das antinomias;
2. há casos em que se podem aplicar ao mesmo tempo duas ou mais regras em conflito entre si.

Chamamos as antinomias solúveis de *aparentes*; as insolúveis, de *reais*. Diremos, portanto, que as antinomias reais são aquelas em que o intérprete é abandonado a si mesmo ou pela ausência de um critério ou por conflito entre os critérios dados: a elas dedicaremos as duas próximas seções.

As regras fundamentais para a solução das antinomias são três:

a) o critério cronológico;
b) o critério hierárquico;
c) o critério da especialidade.

O critério cronológico, também chamado de *lex posterior*, é aquele com base no qual, de duas normas incompatíveis, prevalece aquela sucessiva: *lex posterior derogat priori*. Esse critério dispensa maiores comentários. É regra geral no direito que a vontade sucessiva ab-rogue a anterior, que de dois atos de vontade da mesma pessoa, seja válido o que se realizou por último no tempo. Imagine-se a lei como expressão da vontade do legislador. Não haveria dificuldade em justificar a regra. A regra contrária criaria obstáculo ao progresso jurídico, à adaptação gradual do direito às exigências sociais. Vamos imaginar, por absurdo que seja, as consequências que derivariam da regra que prescrevesse a limitação à norma anterior. Além disso, presume-se que o legislador não queira fazer algo inútil e sem objetivo: se devesse prevalecer a norma anterior, a lei sucessiva seria um ato inútil e sem objetivo. No ordenamento positivo italiano o princípio da *lex posterior* é claramente enunciado pelo art. 15 das Disposições preliminares, em que, entre as causas de ab-rogação, enumera-se também aquela derivada da emanação de uma lei *incompatível* com uma lei anterior. Textualmente: "As leis só podem ser ab-rogadas [...] *por incompatibilidade entre as novas disposições e as anteriores*"*.

O critério hierárquico, também chamado de *lex superior*, é aquele com base no qual, de duas normas incompatíveis, prevalece aquela hierarquicamente superior: *lex superior derogat inferiori*. Não é difícil compreender a razão desse critério após termos visto, no capítulo anterior, que as normas de um ordenamento são postas em planos diferentes, ou seja, são dispostas em ordem hierárquica. Uma das consequências da hierarquia normativa é justamente esta: as normas superiores podem ab-rogar as inferiores; as normas inferiores não podem ab-rogar as superiores. A inferioridade de uma norma em relação a uma outra consiste na menor força do seu poder normativo; essa menor força manifesta-se justamente na incapacidade de estabelecer uma regulamentação que esteja em contraste com a regulamentação de uma norma hierarquicamente superior. No ordenamento italiano o princípio da hierarquia entre normas é expresso em várias formas. A superioridade das normas constitucionais sobre as normas ordinárias é sancionada pelo art. 134 da Constituição; a superioridade das leis ordinárias sobre os regulamentos, pelo art. 4º das Disposições preliminares ("Os regulamentos não podem conter normas contrárias às disposições das leis"); a superioridade das leis ordinárias sobre

---

* O princípio da *lex posterior* está presente na Lei de Introdução ao Código Civil brasileiro, no art. 2º, § 1º, segundo o qual: "A lei posterior revoga a anterior quando expressamente o declare, quando seja com ela incompatível ou quando regule inteiramente a matéria de que tratava a lei anterior". Cabe ressaltar que o critério cronológico é o único contemplado na LICC. [N. da T.]

as sentenças do juiz, pelo art. 360 do Código de Processo Civil, que estabelece os motivos de impugnação de uma sentença, dentre eles a "violação ou falsa aplicação de normas de direito"; por fim, a superioridade das leis ordinárias sobre os atos da autonomia privada, pelo art. 1.343 do Código Civil, que considera como causa ilícita de um contrato o fato de ser contrário "a normas imperativas".

Um problema mais complexo surge para as relações entre lei e costume. No ordenamento italiano o costume é uma fonte hierarquicamente inferior à lei. No art. 1º das Disposições preliminares, o costume ocupa o terceiro lugar na enumeração das fontes (ou seja, vem depois das leis e dos regulamentos). Do art. 8º resulta que os usos "nas matérias reguladas pelas leis e pelos regulamentos [...] têm eficácia só enquanto são por eles referidos". Do fato de que o costume seja hierarquicamente inferior à lei deriva que entre duas normas incompatíveis, sendo uma delas consuetudinária, prevalece aquela legislativa. Com expressão mais corrente diz-se que o costume vale *secundum* e *praeter legem*, mas não vale *contra legem*. Em outras palavras, nos ordenamentos em que o costume é inferior à lei, não vale o costume ab-rogatório; a lei não pode ser ab-rogada por um costume contrário. Mas esse princípio não vale em todos os ordenamentos. Existem ordenamentos mais primitivos, menos concentrados, em que leis e costumes são fontes de grau semelhante. O que acontece em caso de conflito entre lei e costume? Evidentemente, não se pode aplicar o critério hierárquico. Aplicar-se-á, então, o critério cronológico, com a consequência de que a lei posterior ab-roga o costume anterior e vice-versa. Um ordenamento em que o costume tem maior força do que nos ordenamentos estatais modernos é, por exemplo, o direito canônico. O cânone 27 apresenta três casos: 1) um costume contrário ao direito divino e natural: *não prevalece*; 2) um costume contrário ao direito humano eclesiástico: *prevalece*, contanto que seja *rationabilis* e tenha tido uma duração de quarenta anos; 3) um costume contrário a uma lei humana eclesiástica que exclua a validade de qualquer costume futuro: *prevalece*, contanto que tenha tido uma duração de pelo menos cem anos ou seja imemorável. Como se vê, no direito canônico, o costume ab-rogatório, embora dentro de certos limites, é admitido. Como dizíamos, o caso da relação entre lei e costume é mais complexo porque não pode receber uma resposta geral: alguns ordenamentos consideram o costume inferior à lei, e então, em caso de antinomia, aplica-se o critério da *lex superior*; outros ordenamentos consideram lei e costume no mesmo plano, e então é preciso aplicar outros critérios. Em geral, a prevalência da lei é fruto da formação do Estado moderno com poder fortemente centralizado. No antigo direito romano, no direito inglês, na sociedade medieval, o costume era fonte primária, superior à própria lei: a lei contrária ao costume era admitida mediante uma aplicação do terceiro critério, já que era considerada como *lex specialis*.

O terceiro critério, chamado precisamente de *lex specialis*, é aquele com base em que, de duas normas incompatíveis, uma geral e uma especial (ou excepcional), prevalece a segunda: *lex specialis derogat generali*. Também nesse caso a razão do critério não é obscura: lei especial é aquela que derroga uma lei mais geral, ou seja, que subtrai a uma norma uma parte da sua matéria para submetê-la a uma regulamentação diversa (contrária ou contraditória). A passagem de uma regra mais extensa (que contenha um certo *genus*) para uma regra derrogatória menos extensa (que contenha uma *species* do *genus*) corresponde a uma exigência fundamental de justiça, entendida como igual tratamento das pessoas que pertencem à mesma categoria. A passagem da regra geral para a regra específica corresponde a um processo natural de diferenciação das categorias e a uma descoberta gradual, por parte do legislador, dessa diferenciação. Ocorrida ou descoberta a diferenciação, a persistência na regra geral implicaria o tratamento igual de pessoas que pertencem a categorias diversas e, portanto, uma injustiça. Nesse processo de especialização gradual, operado através das leis especiais, coloca-se em prática uma das regras fundamentais de justiça, a do *suum cuique tribuere*. Compreende-se, então, por que a lei especial deve prevalecer sobre a lei geral: ela representa um momento inelimínavel do desenvolvimento de um ordenamento. Criar obstáculo à lei especial ante a lei geral significaria refrear esse desenvolvimento. No direito italiano, esse critério de especialidade está enunciado, por exemplo, no art. 15 do Código Penal: "Quando mais leis penais ou mais disposições da mesma lei penal regulam a mesma matéria, a lei ou disposição de lei especial derroga a lei ou a disposição de lei geral, salvo disposições em contrário".

A situação antinômica, criada a partir da relação entre uma lei geral e uma lei especial, é aquela que corresponde ao tipo de antinomia *total-parcial*. Isso significa que quando se aplica o critério da *lex specialis* não ocorre a eliminação total de uma das duas normas incompatíveis, mas apenas daquela parte da lei geral que é incompatível com aquela especial. Por efeito da lei especial, a lei geral decai *parcialmente*. Quando se aplica o critério cronológico ou aquele hierárquico em geral se tem a eliminação total de uma das duas normas. Portanto, diferentemente da relação cronológica e daquela hierárquica, que não suscitam necessariamente situações antinômicas, a relação de especialidade é necessariamente antinômica. O que significa que os dois primeiros critérios se aplicam *quando* surge uma antinomia; o terceiro se aplica *porque* passa a existir uma antinomia.

18. Insuficiência dos critérios

O critério cronológico serve quando duas normas incompatíveis são sucessivas; o critério hierárquico serve quando duas normas incompatíveis estão em nível diferente; o critério de especialidade serve no conflito entre uma norma geral e uma norma especial. Mas há casos em que se verifica uma antinomia entre duas normas: 1) *contemporâneas*; 2) *no mesmo nível*; 3) *ambas gerais*. É claro que nesse caso os três critérios não resolvem mais. E o caso é menos infrequente do que se possa imaginar. Corresponde à situação de duas normas gerais incompatíveis, que se acham no mesmo código.

Se num código existem antinomias do tipo *total-total* e *parcial-parcial* (com exclusão do tipo total-parcial que incide no critério da especialidade), essas antinomias não são resolúveis com nenhum dos três critérios: nem com o cronológico, pois as normas de um código são emanadas ao mesmo tempo; nem com o hierárquico, pois são todas leis ordinárias; nem com o critério da especialidade, pois ele resolve somente o caso de antinomia total-parcial.

Quid faciendum? Existe um quarto critério que permite resolver as antinomias desse tipo? Nesse caso, por "existe" entendemos um critério "válido", ou seja, um critério que seja reconhecido como vinculante pelo intérprete ou pelo seu bom-senso ou pelo longo tempo de uso sem ser contestado. Temos de responder negativamente. O único critério, cuja menção se encontra nos antigos tratadistas (não encontrei nenhuma menção a ele nos tratados modernos, mas, de todo modo, seria preciso buscar uma confirmação numa paciente análise das decisões dos magistrados), é aquele que era extraído da forma da norma. Segundo a forma, as normas podem ser, como já vimos várias vezes, *imperativas*[9], *proibitivas, permissivas*. O critério é sem dúvida aplicável, pois é claro que duas normas incompatíveis são diferentes quanto à forma: se uma é imperativa, a outra é ou proibitiva ou permissiva e assim por diante. Mas isso não quer dizer que seja justo e que seja constantemente seguido pelos juristas.

O critério que diz respeito à forma consistiria em estabelecer uma classificação de prevalência entre as três formas da norma jurídica, por exemplo, do seguinte modo: se de duas normas incompatíveis uma é imperativa ou proibitiva e a outra é permissiva, prevalece a permissiva. Esse critério parece razoável e corresponde a um dos cânones in-

---

9. Nesse caso entendo "imperativo" em sentido estrito, com exclusiva referência aos imperativos positivos.

terpretativos mais constantemente seguidos pelos juristas, aquele de dar prevalência, em caso de ambiguidade ou de incerteza na interpretação de um texto, à interpretação *favorabilis* sobre aquela *odiosa*. Em linha geral, se se entende por *lex favorabilis* aquela que concede alguma liberdade (ou faculdade, ou direito subjetivo), e por *lex odiosa* aquela que impõe uma obrigação (seguida de sanção), não resta dúvida de que uma *lex permissiva* é *favorabilis*, e uma *lex imperativa* é *odiosa*. O cânone, de resto, é muito menos evidente do que possa parecer a partir do que foi dito, pela simples razão de que a norma jurídica é bilateral, ou seja, ao mesmo tempo atribui um direito a uma pessoa e impõe uma obrigação (positiva ou negativa) a uma outra pessoa; por esse motivo a interpretação em favor de um sujeito é, ao mesmo tempo, odiosa para o sujeito em relação jurídica com o primeiro, e vice-versa. Em outras palavras, é claro que se interpreto uma norma da maneira mais favorável para o devedor, fazendo prevalecer, em caso de ambiguidade ou de conflito, a interpretação que lhe reconheça um determinado direito em vez daquela que lhe imporia uma determinada obrigação, essa minha interpretação é odiosa em relação ao credor. Disso resulta a ambiguidade do cânone apresentado. O problema real, que está diante do intérprete, não é o de fazer prevalecer a norma permissiva sobre a imperativa ou vice-versa, mas sim o de saber qual dos dois sujeitos da relação jurídica é mais justo proteger, ou seja, qual dos dois interesses em conflito é justo fazer prevalecer: mas nessa decisão a diferença formal entre as normas não lhe oferece a mínima ajuda.

No conflito entre duas normas incompatíveis, existe, no que diz respeito à forma das normas, um outro caso: aquele em que uma das duas normas é imperativa e a outra proibitiva. Nessa hipótese, uma solução poderia ser deduzida da consideração de que, enquanto no primeiro caso, já ilustrado, se trata de um conflito entre duas *normas contraditórias*, em relação às quais *tertium non datur* (ou se aplica uma ou se aplica a outra), nesse segundo caso trata-se de um conflito entre duas *normas contrárias*, que se excluem, sim, reciprocamente, mas não excluem uma terceira solução, no sentido, já ilustrado, segundo o qual duas proposições contrárias não podem ser ambas verdadeiras, mas podem ser ambas falsas. No conflito entre obrigação positiva e obrigação negativa, o *tertium* é a permissão. Sendo assim, podemos considerar suficientemente fundada a regra segundo a qual, no caso de duas normas contrárias, ou seja, entre uma norma que obriga a fazer algo e uma norma que proíbe fazê-lo, essas duas normas se elidem reciprocamente e, portanto, o comportamento, em vez de ser ou comandado ou proibido, considera-se permitido ou lícito.

Mas temos de reconhecer que essas regras deduzidas da forma da norma não têm o caráter vinculante daquelas deduzidas dos três critérios examinados na seção anterior. Isso significa, em outras palavras, que no caso de um conflito em que não se possa aplicar nenhum dos três critérios, a solução é confiada à liberdade do intérprete: poderemos quase falar de um verdadeiro poder discricionário do intérprete, ao qual é confiada a resolução do conflito segundo a oportunidade, valendo-se de todas as técnicas hermenêuticas que são usadas há tempos e consolidadas tradicionalmente pelos juristas, e não se limitando a aplicar uma regra única. Portanto, afirmamos mais genericamente que, no caso de conflito entre duas normas, para o qual não sirva nem o critério cronológico, nem aquele hierárquico, e nem aquele da especialidade, o intérprete, seja ele o juiz ou o jurista, tem diante de si três possibilidades:

1. eliminar uma delas;
2. eliminar as duas;
3. conservar as duas.

No primeiro caso, a operação realizada pelo juiz ou pelo jurista chama-se *interpretação ab-rogante*. Mas, na verdade, trata-se de ab-rogação em sentido impróprio, pois, se a interpretação é realizada pelo jurista, este não tem poder normativo e, portanto, não tem nem sequer poder ab-rogatório (o jurista sugere soluções aos juízes e, eventualmente, também ao legislador); se a interpretação é realizada pelo juiz, este em geral (nos ordenamentos estatais modernos) tem o poder de deixar de aplicar a norma que considere incompatível ao caso concreto, mas não de expeli-la do sistema (ou seja, de ab-rogá-la); tanto é verdade que o juiz sucessivo, ao ter de julgar o mesmo caso, poderia dar ao conflito de normas solução oposta, e aplicar justamente aquela norma que o juiz anterior havia eliminado. Não é muito fácil encontrar exemplos de interpretação ab-rogante. No Código Civil italiano, um exemplo de normas que foram consideradas *manifestamente* em contraste entre si é aquele dos arts. 1.813 e 1.822. O art. 1.813 define o mútuo como um contrato real: "O mútuo é o contrato segundo o qual uma parte *entrega* a outra uma determinada quantia em dinheiro etc."; o art. 1.822 disciplina a promessa de mútuo: "Quem prometeu dar em mútuo pode recusar o cumprimento da sua obrigação etc.". Mas o que significa a admissão do valor vinculante da promessa de mútuo senão a admissão, com outro nome, do mútuo como contrato consensual? O mútuo, portanto, é um contrato real, como diz claramente o primeiro artigo, ou um contrato consensual, como deixa entender, ainda que não o diga explicitamente, o segundo artigo? O intérprete que respondesse afirmativamente à segunda pergunta acabaria por considerar inexistente a primeira norma, ou seja, realizaria uma ab-rogação interpretativa.

O segundo caso – eliminação de ambas as normas em conflito – pode verificar-se, como vimos, apenas no caso em que a oposição entre as duas normas seja não de contraditoriedade, mas de contrariedade. Poderíamos ver um exemplo desse caso, ainda que de maneira um pouco forçada, na dúvida que a interpretação do art. 602 do Código Civil italiano pode gerar, respectivamente à colocação da data no testamento hológrafo antes ou depois da assinatura. Do primeiro parágrafo, "o testamento hológrafo deve ser escrito por inteiro, *datado* e assinado de próprio punho pelo testa-

TEORIA DO ORDENAMENTO JURÍDICO 259

dor", poderíamos deduzir que a data deve ser aposta antes da assinatura. Do segundo parágrafo, ao contrário, "a assinatura deve ser aposta ao final das disposições", poderíamos extrair a ilação de que a data, não sendo uma disposição, deve ser colocada após a assinatura. Na dúvida entre a obrigação e a proibição de colocar a data antes da assinatura, o intérprete poderia ser induzido a considerar reciprocamente excludentes as duas normas contrárias, e a considerar que seja lícito apor a data tanto antes quanto depois da assinatura. Também nesse caso é possível falar de interpretação ab-rogante, ainda que, como no caso anterior, de modo impróprio. Mas, diferentemente do caso de duas disposições contraditórias, em que uma elimina a outra e uma das duas não pode deixar de existir, aqui, em se tratando de duas disposições contrárias, *eliminam-se reciprocamente, e nenhuma delas permanece*. Trata-se, como se pode ver, de uma *dupla ab-rogação*, enquanto no primeiro caso tem-se uma *ab-rogação simples*.

A terceira solução – conservar ambas as normas incompatíveis – é talvez aquela a que o intérprete recorre com mais frequência. Mas como é possível conservar duas normas incompatíveis, se por definição duas normas incompatíveis não podem coexistir? É possível com uma condição: demonstrar que não são incompatíveis, que a incompatibilidade é só aparente, que a suposta incompatibilidade deriva de uma interpretação unilateral, incompleta ou errônea de uma das duas normas ou de ambas. A tendência usual do intérprete não é a eliminação das normas incompatíveis, mas a *eliminação da incompatibilidade*. Às vezes, para obter o objetivo, introduz alguma modificação leve ou parcial no texto, e nesse caso tem-se aquela forma de interpretação que se chama *corretiva*. Em geral, a interpretação corretiva é aquela forma de interpretação que pretende conciliar duas normas aparentemente incompatíveis para conservá-las ambas no sistema, ou seja, para evitar o remédio extremo da ab-rogação. É evidente que, na medida em que a correção introduzida modifica o texto original da norma, a interpretação corretiva é também ab-rogante, embora se limite à parte da norma corrigida. Mais que contrapor a interpretação corretiva àquela ab-rogante, deveríamos considerar a primeira como uma forma atenuada da segunda, no sentido de que, enquanto a interpretação ab-rogante tem por efeito a eliminação *total* de uma norma (ou até de duas normas), a interpretação corretiva tem por efeito a eliminação puramente *parcial* de uma norma (ou de ambas as normas). Para dar um exemplo dessa forma de interpretação, reportamo-nos ao caso já ilustrado de antinomia entre o art. 57 do Código Penal italiano sobre a responsabilidade (objetiva) do diretor do jornal e o art. 27 da Constituição, que exclui toda forma de responsabilidade que não seja pessoal. Existem ao menos duas interpretações do art. 57 que eliminam a antinomia, 1) o diretor do jornal é *obrigado* a impedir os crimes dos seus colaboradores (com base no art. 40, alínea 2, do Código Penal, segundo o qual "não impedir um evento que se tem a obrigação jurídica de impedir equivale a causá-lo"); se se presume essa obrigação, a sua condenação não resulta da circunstância objetiva da sua função de diretor, mas da inobservância de uma obrigação, e, portanto, da valoração de uma responsabilidade subjetiva; 2) o diretor do jornal é *obrigado* a exercer vigilância sobre a atividade dos seus colaboradores, ou seja, em última instância, é obrigado a controlar todos os artigos publicados no jornal que dirige; presumindo essa obrigação, a condenação pode ser justificada através do reconhecimento de uma *culpa in vigilando*, ou seja, mais uma vez, de uma responsabilidade subjetiva. Mas é claro que essas duas interpretações são possíveis apenas se se introduz uma ligeira modificação no texto do art. 57 do Código Penal, segundo o qual o diretor responde "somente por isso" pelo crime cometido. É claro que *somente por isso* significa "somente pelo fato de ser diretor do jornal" e, portanto, independentemente de culpa. Sendo assim, é preciso suprimir os dizeres *somente por isso*, se se quer tornar esse artigo compatível com a precisa disposição da Constituição. A *conciliação* acontece por meio de uma *correção*.

Dissemos que essa terceira via é a mais seguida pelos intérpretes. O jurista e o juiz tendem, o máximo possível, à *conservação das normas dadas*. É sem dúvida uma regra tradicional da interpretação jurídica que o sistema deve ser mantido com a mínima perturbação, ou, em outras palavras, que a exigência do sistema não deve causar prejuízo ao princípio da autoridade, segundo o qual as normas passam a existir somente pelo fato de ter sido postas. A esse respeito, vamos citar um exemplo eloquente. Messineo chamou o art. 2.937, alínea 1, do Código Civil italiano, de um quebra-cabeça que "submete a dura prova as meninges do intérprete"[10]. Esse artigo diz que não pode renunciar à prescrição quem não pode dispor validamente do *direito*. Mas de qual direito se fala? A prescrição extintiva a que se refere esse artigo suprime um *dever*, mas não faz surgir um direito. Messineo mostra que esse artigo deriva do art. 2.108 do Código Civil italiano de 1865, em que, não havendo distinção entre a disciplina da prescrição extintiva e a da prescrição aquisitiva (usucapião), o caso da renúncia ao direito referia-se não à primeira, mas à segunda; e, com relação a esta segunda, era perfeitamente apropriado falar de direito de que se possa dispor. Mas, não obstante a manifesta equivocidade da dicção, o nosso autor considera que, de todo modo, é tarefa do intérprete dar a ela um sentido e, portanto, observa que a palavra "direito" poderia ser entendida no contexto do art. 2.937 como "direito à liberação da obrigação". E faz a esse respeito uma declaração, de extremo interesse pelo valor paradigmático que assume em relação à atitude de respeito do intérprete para com o legislador: "É estrito dever do intérprete, antes de chegar à interpretação ab-rogante (à qual, num primeiro momento, estaria inclinado), tentar todas as vias, para que a norma jurídica tenha um sentido. Existe um direito à existência, que não pode ser absolutamente negado à norma, a partir do momento em que ela veio à luz"[11].

---

10. F. MESSINEO, "Variazioni sul concetto di 'rinunzia alla prescrizione'", *in: Riv. trim. dir. e proc. civ.*, XI (1957), pp. 505 ss.

11. *Op. cit.*, p. 516.

19. Conflito dos critérios

Dissemos, no início da seção 5, que existem antinomias insolúveis ao lado de antinomias solúveis, e que as razões pelas quais existem antinomias insolúveis são duas: ou a inaplicabilidade dos critérios, ou a aplicabilidade de dois ou mais critérios em conflito entre si. À primeira razão dedicamos a seção anterior; à segunda, dedicamos a presente.

Vimos que os critérios tradicionalmente aceitos para a solução das antinomias são três: o cronológico, o hierárquico e o critério de especialidade. Ora, pode ocorrer que duas normas incompatíveis estejam entre si numa relação em que possam ser aplicados, ao mesmo tempo, não apenas um, mas dois ou três critérios. Para citar um exemplo mais simples, uma norma constitucional e uma norma ordinária geralmente são emanadas em tempos diversos: entre essas duas normas existe, ao mesmo tempo, uma diferença hierárquica e uma diferença cronológica. Se, como muitas vezes acontece, a norma constitucional é geral, e a norma ordinária é especial, os critérios aplicáveis são no mínimo três. Essa situação complexa não suscita particular dificuldade, quando as duas normas são dispostas de modo que, seja qual for o critério que se queira aplicar, a solução não muda: por exemplo, se de duas normas incompatíveis, uma é superior e subsequente e a outra inferior e antecedente, tanto o critério hierárquico quanto aquele cronológico dão o mesmo resultado de fazer com que prevaleça a primeira. O mesmo acontece se a norma subsequente é especial em relação à anterior: aquela prevalece seja com base no critério de especialidade, seja com base no critério cronológico. Os dois critérios se somam: e, tendo em vista que bastaria apenas um para dar a prevalência a uma das duas normas, diz-se que a norma prevalente prevalece *a fortiori*.

Mas a situação nem sempre é tão simples. Suponhamos o caso em que duas normas se encontrem em relação tal que sejam aplicáveis dois critérios, mas que a aplicação de um critério dê uma solução oposta à aplicação do outro critério.

É claro que nesse caso não se podem aplicar os dois critérios ao mesmo tempo. É preciso aplicar um em preferência ao outro. Qual? Eis o problema. Para citar também aqui um exemplo mais fácil, basta pensar no caso de uma incompatibilidade entre norma constitucional anterior e norma ordinária posterior. É um caso em que são aplicáveis dois critérios, o hierárquico e o cronológico: mas ao se aplicar o primeiro, dá-se prevalência à primeira norma; ao se aplicar o segundo, dá-se prevalência à segunda. Não se podem aplicar os dois critérios ao mesmo tempo: os dois critérios são incompatíveis. Nesse caso temos uma incompatibilidade de segundo grau: não se trata mais da incompatibilidade entre normas, sobre a qual discorremos até agora, mas da incompatibilidade entre os critérios válidos para a solução da incompatibilidade entre as normas. Ao lado do conflito das normas, que dá lugar ao problema das antinomias, existe o conflito dos critérios para a solução das antinomias, que dá lugar a uma antinomia de segundo grau. Essas antinomias de segundo grau são solúveis? A resposta afirmativa depende do fato de se saber se existem regras tradicionalmente admitidas para a solução do conflito dos critérios, assim como existem regras admitidas para a solução do conflito entre normas. Trata-se, em outras palavras, de saber se existe um critério estabelecido para a solução dos conflitos entre critérios e qual seria ele. Não podemos dar uma resposta genérica; temos de examinar, um a um, os casos de conflito entre critérios.

Sendo três os critérios (A, B, C), os conflitos entre critérios podem ser três: A com B, B com C, A com C:

1. *Conflito entre o critério hierárquico e o critério cronológico*: esse conflito ocorre quando uma norma anterior-superior é antinômica em relação a uma norma posterior-inferior. O conflito consiste no fato de que, se for aplicado o critério hierárquico, prevalece a primeira; se for aplicado o critério cronológico, prevalece a segunda. O problema é: qual dos dois critérios tem prevalência sobre o outro? Nesse caso

a resposta não é dúbia. O critério hierárquico prevalece sobre o critério cronológico, o que tem por efeito fazer com que se elimine a norma inferior, ainda que sucessiva. Em outras palavras, pode-se dizer que o princípio *lex posterior derogat priori* não vale quando a *lex posterior* é hierarquicamente inferior à *lex prior*. Essa solução é bastante óbvia: se o critério cronológico prevalecesse sobre o critério hierárquico, o próprio princípio da ordem hierárquica das normas tornar-se-ia ineficaz, pois a norma superior perderia o poder, que lhe é próprio, de não ser ab-rogada pelas normas inferiores. O critério cronológico vale como critério de escolha entre duas normas postas no mesmo plano. Quando duas normas são postas em dois planos diversos, o critério natural de escolha é aquele que nasce da própria diferença de planos.

2. *Conflito entre o critério de especialidade e o critério cronológico*: esse conflito ocorre quando uma norma anterior-especial é incompatível com uma norma posterior-geral. O conflito se dá porque, ao se aplicar o critério de especialidade, dá-se prevalência à primeira norma; ao se aplicar o critério cronológico, dá-se prevalência à segunda. Também nesse caso perpetuou-se uma regra geral, que diz o seguinte: *Lex posterior generalis non derogat priori speciali*. Com base nessa regra, o conflito entre critério de especialidade e critério cronológico deve ser resolvido em favor do primeiro: a lei geral sucessiva não elimina a lei especial anterior. O que leva a uma ulterior exceção ao princípio *lex posterior derogat priori*: esse princípio não se aplica apenas quando a *lex posterior* é *inferior*, mas também quando é *generalis* (e a *lex prior* é *specialis*). Essa regra, de resto, deve ser seguida com uma certa cautela, e tem um valor menos peremptório do que a regra anterior. Diríamos que a *lex specialis* é menos forte do que a *lex superior*; e que, portanto, a sua vitória sobre a *lex posterior* é mais difícil. Para fazer afirmações mais precisas nesse campo, seria preciso dispor de uma ampla casuística.

3. *Conflito entre o critério hierárquico e o critério de especialidade*. Nos dois casos anteriores vimos o conflito entre es-

ses dois critérios respectivamente com o critério cronológico; e constatamos que ambos os critérios são mais fortes do que o critério cronológico. O caso mais interessante de conflito é aquele que se verifica quando não estão mais em contraste um dos dois critérios fortes com o critério fraco (o cronológico), mas os dois critérios fortes entre si. É o caso de uma norma superior-geral incompatível com uma norma inferior-especial. Se for aplicado o critério hierárquico, prevalece a primeira; se for aplicado o critério de especialidade, prevalece a segunda. Qual dos dois critérios deve ser aplicado? Uma resposta segura é impossível. Não existe uma regra geral consolidada. A solução dependerá também nesse caso, como no caso da ausência dos critérios, do intérprete, que irá aplicar ora um ora outro critério segundo as circunstâncias. A gravidade do conflito deriva do fato de que estão em jogo dois valores fundamentais de todo ordenamento jurídico, aquele do respeito à ordem, que exige o respeito à hierarquia e, portanto, ao critério da superioridade, e aquele da justiça, que requer a adaptação gradual do direito às necessidades sociais e, portanto o respeito ao critério da especialidade. Teoricamente, deveria prevalecer o critério hierárquico: caso se admitisse o princípio de que uma lei ordinária especial possa derrogar os princípios constitucionais, que são normas generalíssimas, os princípios fundamentais de um ordenamento jurídico estariam destinados a ser rapidamente esvaziados de todo conteúdo. Mas, na prática, a exigência de adaptar os princípios gerais de uma constituição às situações sempre novas leva muitas vezes a fazer com que triunfe a lei especial, ainda que ordinária, sobre a lei constitucional, como quando a Corte Constitucional italiana decidiu que o art. 3º, alínea 3, da lei de 22 de dezembro de 1956, relativa à instituição do Ministério das Participações Estatais, que impunha às empresas com participação estatal majoritária que deixassem de fazer parte das organizações sindicais dos outros tomadores de serviço, não era incompatível com o art. 39 da Constituição, que garante a todos a liberdade sindical (e, portanto, a liberdade de participar da associação sindical do seu agrado). Nesse caso o contraste era claramente entre uma lei superior geral e uma lei inferior especial; mas, com a exclusão da inconstitucionalidade, pronunciada pela Corte, foi dada prevalência à segunda, não à primeira.

20. O dever da coerência

Todo o discurso feito neste capítulo pressupõe que a incompatibilidade entre duas normas é um mal a ser eliminado, e, portanto, pressupõe uma *regra da coerência*, que poderia ser formulada da seguinte maneira: "Em um ordenamento jurídico não *devem* existir antinomias". Mas essa regra é, por sua vez, uma regra jurídica? O dever de eliminar as antinomias é um dever jurídico? Pode-se dizer que semelhante regra pertença ao ordenamento jurídico, mesmo que não expressa? Existem argumentos suficientes para considerar que em todo ordenamento está implícita a proibição das antinomias, e que cabe ao intérprete apenas torná-lo explícito? Coloco-me por último essa pergunta, porque em geral se presume que a proibição das antinomias é uma regra do sistema; mas não se aprofunda a sua natureza, nem o seu alcance, nem a sua eficácia.

Uma regra que diz respeito às normas de um ordenamento jurídico – como é o caso da proibição de antinomias – só pode ser destinada àqueles que se dedicam à produção e à aplicação das normas, sobretudo ao legislador, que é o produtor por excelência, e ao juiz, que é o aplicador por excelência. Quando destinada aos produtores de normas, a proibição soa da seguinte maneira: "Não criem normas que sejam incompatíveis com outras normas do sistema". Quando destinadas aos aplicadores, a proibição assume esta outra forma: "Caso deparem com antinomias, devem eliminá-las". Trata-se agora de ver se e em que situações existe uma ou outra dessas duas normas, ou ambas.

TEORIA DO ORDENAMENTO JURÍDICO

Vamos citar três casos:

1. aquele das normas com diferente nível, ou seja, dispostas hierarquicamente. Nesse caso, geralmente, a regra da coerência existe em ambas as formas: a) a pessoa ou o órgão autorizado a emanar normas inferiores é obrigado a emanar normas que não estejam em contraste com normas superiores (imagine-se a obrigação de quem tem um poder regulamentar ou um poder negocial de exercer esse poder nos limites estabelecidos pelas normas superiores); b) o juiz, quando estiver diante de um conflito entre uma norma superior e uma norma inferior, é obrigado a aplicar a norma superior;

2. o caso das normas de mesmo nível, sucessivas no tempo. Nesse caso não existe nenhum dever de coerência por parte do legislador, enquanto existe, por parte do juiz, o dever de resolver a antinomia, eliminando a norma anterior e aplicando a norma sucessiva. Portanto, existe a regra da coerência na segunda forma, ou seja, destinada aos juízes, mas não na primeira (destinada ao legislador): a) o legislador ordinário é perfeitamente livre para emanar sucessivamente normas em contraste entre si: ou seja, está previsto, por exemplo, no art. 15 das Disposições preliminares, já mencionado, em que se admite a ab-rogação implícita, ou seja, admite-se a legitimidade de uma lei posterior em contraste com uma lei anterior; b) mas quando o contraste se verifica, o juiz é obrigado a eliminá-lo, aplicando, das duas normas, aquela posterior. Pode-se dizer também da seguinte maneira: o legislador é perfeitamente livre para se contradizer, mas a coerência é salva da mesma maneira, pois das duas normas em contraste uma decai e apenas a outra permanece válida;

3. o caso das normas de mesmo nível, contemporâneas (por exemplo, a emanação de um código, ou de um texto único, ou de uma lei que regule uma matéria inteira). Também

nesse caso não há nenhuma obrigação juridicamente qualificada, por parte do legislador, de não se contradizer, no sentido de que uma lei, que contenha disposições contraditórias, é sempre uma lei válida; sendo assim, são válidas ambas as disposições contraditórias. Em relação ao legislador, podemos falar no máximo de um dever moral de não se contradizer, em consideração ao fato de que uma lei contraditória torna mais difícil o julgamento do juiz. Quanto ao juiz que estiver diante de uma antinomia entre normas, suponhamos, de um código, ele não tem nenhum dever juridicamente qualificado de eliminar a antinomia. Simplesmente, a partir do momento em que duas normas antinômicas não podem ser ambas aplicadas ao mesmo caso, ele se verá na necessidade de aplicar uma delas e deixar de aplicar a outra. Mas trata-se de uma necessidade de fato, não de uma obrigação (ou de uma necessidade moral), tanto é verdade que as duas normas antinômicas continuam ambas a subsistir no ordenamento, lado a lado, e o mesmo juiz em um caso posterior ou um outro juiz no mesmo caso (por exemplo, um juiz de segunda instância) podem aplicar, das duas normas antinômicas, aquela que anteriormente deixou de ser aplicada e vice-versa.

Resumindo, nos três casos mencionados o problema de uma suposta regra da coerência resolve-se de três modos diferentes. No primeiro caso, a regra da coerência vale em ambas as formas; no segundo, vale apenas na segunda forma; no terceiro, não vale nem na primeira, nem na segunda forma, ou seja, não existe nenhuma regra da coerência. A partir dessa elaboração, podemos extrair um lume para aclarar um problema controverso: o de saber se a compatibilidade é uma condição necessária da validade de uma norma jurídica, como dissemos no curso anterior. Nesse caso, após avaliada a situação, devemos responder de forma negativa, ao menos no que diz respeito ao terceiro caso, ou seja, ao caso de normas de mesmo nível e contemporâneas, em que, como vimos, não existe nenhuma regra de coerência.

Duas normas incompatíveis, de mesmo nível e contemporâneas, são ambas válidas. Não podem ser, contemporaneamente, ambas eficazes, no sentido de que a aplicação de uma ao caso concreto exclui a aplicação da outra; mas são ambas válidas, no sentido de que, não obstante o conflito entre elas, continuam ambas a existir no sistema, e não há remédio para a sua eliminação (exceto, é claro, a ab-rogação legislativa). Quando a coerência não é condição de validade, continua a ser condição para a *justiça* do ordenamento. É evidente que quando duas normas contraditórias são ambas válidas e podem ser aplicadas indistintamente, ora uma, ora a outra, segundo o livre juízo daqueles que são chamados a aplicá-las, são violadas duas exigências fundamentais, em que se inspiram ou tendem a se inspirar os ordenamentos jurídicos: a exigência da certeza (que corresponde ao valor da paz ou da ordem) e a exigência da justiça (que corresponde ao valor da igualdade). Quando existem duas normas antinômicas, ambas válidas, e, portanto, ambas aplicáveis, o ordenamento jurídico não consegue garantir nem a certeza, entendida como possibilidade, por parte do cidadão, de prever com exatidão as consequências jurídicas da própria conduta, nem a justiça, entendida como igual tratamento das pessoas que pertencem à mesma categoria. Há um episódio de *Os noivos* [de A. Manzoni] que ilustra muito bem as razões morais pelas quais convém que no Direito não haja antinomias. É o episódio do homicídio praticado por Frei Cristóvão (aliás, Ludovico). A rixa, seguida de um duplo homicídio, nascera porque "os dois (Ludovico e o seu adversário) caminhavam rentes ao muro; mas Ludovico (note bem) passava do lado direito; e isso, segundo um costume, dava-lhe o direito (onde se vai meter o direito!) de não se afastar do referido muro, para dar passagem a quem quer que fosse, coisa que à época se dava grande importância. O outro pretendia, ao contrário, que aquele direito competisse a ele, na qualidade de nobre, e que a Ludovico coubesse andar no meio, e isso por força de um outro costume. Isso porque, nessa questão, como ocorre em muitas outras, estavam em vigor dois costumes contrários, sem que se decidisse qual dos dois era o melhor; o que dava ensejo a uma guerra sempre que uma cabeça dura encontrasse outra do mesmo temperamento"[12].

---

12. *I promessi sposi*, cap. IV, Einaudi, p. 58. O episódio é citado por C. E. BALOSSINI, *Consuetudini, usi, pratiche, regole del costume*, 1958, p. 368.

Capítulo IV
A completude do ordenamento jurídico

SUMÁRIO: 21. O problema das lacunas. – 22. O dogma da completude. – 23. A crítica à completude. – 24. O espaço jurídico vazio. – 25. A norma geral exclusiva. – 26. As lacunas ideológicas. – 27. Vários tipos de lacunas. – 28. Heterointegração e autointegração. – 29. A analogia. – 30. Os princípios gerais do direito.

21. O problema das lacunas

Examinamos nos dois capítulos anteriores duas características do ordenamento jurídico: a unidade e a coerência. Resta-nos considerar uma terceira característica, que lhe é comumente atribuída: a *completude*. Por "completude" entende-se a propriedade pela qual um ordenamento jurídico tem uma norma para regular cada caso. Tendo em vista que a ausência de uma norma costuma ser chamada de "lacuna" (em um dos sentidos do termo "lacuna"), "completude" significa "ausência de lacunas". Em outras palavras, um ordenamento é completo quando o juiz pode encontrar nele uma norma para regular cada caso que se lhe apresente, ou melhor, não há caso que não possa ser regulado com uma norma extraída do sistema. Se preferirmos uma definição mais técnica de completude, poderemos dizer que um ordenamento é completo quando nunca se verifica o caso de que nele não se possam demonstrar a pertinência *nem* de uma determinada norma *nem* da norma contraditória. Se quisermos especificar, a incompletude consiste no fato de que o sistema não compreende nem a norma que proíbe um determinado comportamento nem a norma que o permite. De fato, se se pode demonstrar que nem a proibição nem a permissão de um determinado comportamento podem ser extraídas do sistema, assim como é posto, é preciso dizer que o sistema é incompleto, que o ordenamento jurídico tem uma lacuna.

A partir dessa definição técnica de completude, compreende-se melhor qual é o nexo entre o problema da completude e o da coerência, examinado no capítulo anterior. De fato, podemos definir a coerência como aquela propriedade pela qual nunca se verifica o caso de que se possa demonstrar a pertinência ao sistema *e* de uma determinada norma *e* da norma contraditória. Como vimos, estamos diante de uma antinomia quando percebemos que pertencem ao mesmo tempo ao sistema tanto a norma que proíbe um determinado comportamento quanto aquela que o permite. Sendo assim, o nexo entre coerência e completude está no seguinte: a coerência significa exclusão de toda situação em que pertençam ao sistema ambas as normas que se contradizem; a completude significa exclusão de toda situação em que não pertençam ao sistema nenhuma das duas normas que se contradizem. Diremos que é "incoerente" um sistema em que existem tanto a norma que proíbe um determinado comportamento quanto aquela que o permite; "incompleto", um sistema em que não existem nem a norma que proíbe um determinado comportamento nem aquela que o permite.

O nexo entre os dois problemas foi quase sempre negligenciado. Mas não faltam, na melhor literatura jurídica, referências à necessidade de seu estudo comum. Por exemplo, no *Sistema* de Savigny existe uma passagem que me parece muito significativa: "[...] o conjunto das fontes do Direito [...] forma um todo, que é destinado à solução de todas as questões que se apresentam no campo do direito. Para responder a esse objetivo, ele deve apresentar estas duas características: *unidade e completude* [...]. O procedimento ordinário consiste em extrair do conjunto das fontes um *sistema de direito* [...]. Falta a *unidade*, e então trata-se de remover uma *contradição*; falta a *completude*, e então trata-se de preencher uma *lacuna*. Mas na verdade essas duas coisas podem reduzir-se a um único conceito fundamental. De fato, o que procuramos estabelecer é sempre a unidade: a unidade negativa com a eliminação das contradições; a unidade positiva com o preenchimento das lacunas"[1]. Carnelutti, na sua *Teoria generale del diritto*, trata os dois problemas em conjunto e fala de incompletude por *exuberância* no caso das antinomias, e de incompletude por *deficiência* no caso das lacunas, daí os dois remédios opostos da *purgação* do sistema para eliminar as normas exuberantes, ou seja, as antinomias, e da *integração* para eliminar a deficiência de normas, ou seja, as lacunas[2]. Carnelutti observa com razão que a hipótese de antinomia é aquela em que existem mais normas do que deveriam existir, que é a hipótese que expressamos com as duas conjunções *e* ... *e*, em que a tarefa do intérprete é a de suprimir aquilo que está em excesso; a hipótese de lacuna, ao contrário, é aquela em que existem menos normas do que deveriam existir, que é o que expressamos com as duas conjunções *nem* ... *nem*, em que a tarefa do intérprete é, ao contrário, acrescentar aquilo que falta.

Assim como, no que diz respeito ao caráter da coerência, o problema do teórico geral do direito é saber se e em que medida um ordenamento jurídico é coerente, da mesma forma, no que diz respeito ao caráter da completude, o nosso problema é saber se e em que medida um ordenamento jurídico é completo. No que se refere à coerência, nossa resposta foi que a coerência era uma exigência, mas não uma necessidade, no sentido de que a exclusão total das antinomias não é uma condição necessária para a existência de um ordenamento jurídico: um ordenamento jurídico pode tolerar normas incompatíveis no seu interior sem se extinguir. Diante do problema da completude, se consideramos um certo tipo de ordenamento jurídico, como o nosso, caracterizado pelo princípio de que o juiz deve julgar cada caso mediante uma norma pertencente ao sistema, a completude é mais que uma exigência, é uma necessidade, ou seja, é uma condição necessária para o bom funciona-

---

1. F.C. SAVIGNY, *Sistema del diritto romano attuale*, trad. it., vol. I, seção 42, p. 267.
2. F. CARNELUTTI, *Teoria generale del diritto*, 2.ª ed., 1946, p. 76.

mento do sistema. A norma que estabelece o dever do juiz de julgar os casos com base em uma norma pertencente ao sistema não poderia ser executada se o sistema não fosse pressuposto como completo, ou seja, como detentor de uma regra para cada caso. E, por conseguinte, a completude é uma condição sem a qual o sistema no seu todo não poderia desempenhar a própria função. O arquétipo dos ordenamentos fundados, como foi dito, no *dogma da completude*, é o Código Civil francês, cujo art. 4º diz: "O juiz que se recusar a julgar, a pretexto do silêncio, da obscuridade ou da insuficiência da lei, poderá ser processado como culpado por denegação da justiça". No direito italiano esse princípio foi estabelecido no art. 113 do Código de Processo Penal, que diz: "Ao pronunciar-se sobre a causa, o juiz deve seguir as normas do direito, salvo a lei lhe atribua o poder de decidir segundo a equidade"*.

Em conclusão, a completude é uma condição necessária para aqueles ordenamentos em que valem estas duas regras: 1) o juiz é obrigado a julgar todas as controvérsias que se apresentam ao seu exame; 2) é obrigado a julgá-las com base em uma norma pertencente ao sistema.

É claro que se uma das duas regras faltar, a completude deixa de ser considerada um requisito do ordenamento. Podemos imaginar dois tipos de ordenamentos incompletos, segundo falte a primeira ou a segunda das duas regras. Num ordenamento em que faltasse a primeira regra, o juiz não seria obrigado a julgar todas as controvérsias que se lhe apresentassem: poderia pura e simplesmente rejeitar o caso como juridicamente irrelevante, com um juízo de *non liquet* (não é claro). Para alguns, o ordenamento internacional é um ordenamento desse tipo: o juiz internacional teria a facul-

---

* A esse respeito, podemos citar os seguintes dispositivos da legislação brasileira: art. 126 do CPC: "O juiz não se exime de sentenciar ou despachar alegando lacuna ou obscuridade da lei. No julgamento da lide caber-lhe-á aplicar as normas legais; não as havendo, recorrerá à analogia, aos costumes e aos princípios gerais de direito"; art. 127 do mesmo diploma legal: "O juiz só decidirá por equidade nos casos previstos em lei". [N. da T.]

dade, em alguns casos, de não dar razão a nenhum dos litigantes, e esse juízo seria diferente (mas há controvérsias) do julgamento do juiz que daria razão a um, condenando o outro ou vice-versa. Num ordenamento em que faltasse a segunda regra, o juiz seria, sim, obrigado a julgar cada caso, mas não seria obrigado a julgá-los com base em uma norma do sistema. É o caso do ordenamento que autoriza o juiz a julgar, na falta de um dispositivo de lei ou da lei dedutível, segundo a equidade. Podem ser considerados desse tipo o ordenamento inglês e, embora em menor medida, o suíço, que autorizam o juiz a resolver a controvérsia, na falta de uma lei ou de um costume, como se ele mesmo fosse legislador. É claro que num ordenamento em que o juiz esteja autorizado a julgar segundo a equidade, não tem nenhuma importância o fato de que o ordenamento seja preventivamente completo, porque pode ser completado a todo momento.

22. O dogma da completude

O dogma da completude, ou seja, o princípio de que o ordenamento jurídico seja completo para fornecer ao juiz uma solução para cada caso sem recorrer à equidade, foi dominante, e em parte o é até hoje, na teoria jurídica continental, de origem romanística. É considerado por alguns como um dos aspectos salientes do positivismo jurídico.

Retrocedendo no tempo, esse dogma da completude nasceu provavelmente na tradição romanística medieval, quando o direito romano passa pouco a pouco a ser considerado o direito por excelência, enunciado em definitivo no *Corpus iuris*, ao qual nada há a acrescentar nem a ser retirado, pois ele contém as regras com que o bom intérprete é capaz de resolver todos os problemas jurídicos que já foram apresentados e que irão se apresentar. A completa e sutil técnica hermenêutica que se desenvolve entre os juristas comentadores do direito romano e depois entre os tratadistas é especialmente uma técnica para a ilustração e para o desenvolvimento interno do direito romano, com o pressuposto de que ele constitui um sistema potencialmente completo, uma espécie de mina inesgotável da sabedoria jurídica, que o intérprete deve se limitar a escavar para encontrar seu veio escondido. Se nos fosse concedido resumir com uma frase o caráter da jurisprudência que se desenvolveu sob o Império e à sombra do direito romano, diríamos que ela desenvolveu o método da *extensio* em detrimento daquele da *equidade*, inspirando-se mais no princípio da autoridade do que naquele da natureza das coisas.

Nos tempos modernos o dogma da completude tornou-se parte integrante da concepção estatista do direito, ou seja, daquela concepção que faz da produção jurídica um monopólio do Estado. À medida que o Estado moderno crescia em potência, esgotavam-se todas as fontes do direito que não fossem a lei, ou seja, o comando do soberano. A onipotência do Estado canalizou-se para o direito de origem estatal, e não foi reconhecido outro direito a não ser aquele que era emanação direta ou indireta do soberano. Onipotente como o Estado de que era a emanação, o direito estatal deveria regular todos os possíveis casos: se tivesse lacunas, o que o juiz deveria fazer a não ser recorrer a fontes jurídicas extraestatais, como o costume, a natureza das coisas, a equidade? Admitir que o ordenamento jurídico estatal não era completo significava introduzir um direito concorrente, romper o monopólio da produção jurídica estatal. E é por isso que a afirmação do dogma da completude caminha *pari passu* com a monopolização do direito por parte do Estado. Para manter o próprio monopólio, o direito do Estado deve servir a todos os usos. Uma expressão macroscópica desse desejo de completude foram as grandes codificações; e, observe-se, é justamente no interior de uma dessas grandes codificações que foi pronunciado o veredicto de que o juiz deve julgar permanecendo sempre dentro do sistema já dado. A miragem da codificação é a completude: uma regra para cada caso. O código é para o juiz um prontuário que lhe deve servir infalivelmente e do qual não pode se afastar.

A cada grande codificação (da francesa de 1804 à germânica de 1900) desenvolveu-se entre os juristas e os juízes a tendência a se ater escrupulosamente aos códigos, naquela atitude dos juristas franceses em relação aos códigos napoleônicos que foi chamada de *fetichismo da lei*, mas que se poderia estender a toda nação com direito codificado. Na França, a escola jurídica, que se foi impondo após a codificação, costuma ser designada com o nome de *escola da exegese*, e se contrapõe à *escola científica*, que veio depois. O caráter peculiar da escola da exegese é a admiração incondicional pela obra realizada pelo legislador através da codificação, uma confiança cega na suficiência das leis, a crença definitiva de que o código, uma vez emanado, baste completamente a si mesmo, não tenha lacunas, em resumo, o dogma da completude jurídica. A escola da exegese existiu não só na França, mas também na Itália e na Alemanha. E existe até hoje, ainda que, como veremos, o problema das lacunas já tenha sido elaborado criticamente. Eu diria que a escola da exegese e a codificação são fenômenos estreitamente vinculados e inseparáveis um do outro.

Quando, como veremos na seção seguinte, começou a reação ao fetichismo legislativo, e, ao mesmo tempo, ao dogma da completude, um dos maiores representantes dessa reação, o jurista alemão Eugen Ehrlich, num livro dedicado ao estudo e à crítica da mentalidade do jurista tradicional, *A lógica dos juristas* (*Die juristische Logik*, Tübingen, 1925), afirmou que o raciocínio do jurista tradicional, ancorado no dogma da completude, era fundado nos três pressupostos a seguir: 1) a proposição maior de todo raciocínio jurídico deve ser uma norma jurídica; 2) essa norma deve ser sempre uma lei do Estado; 3) todas essas normas devem formar, no seu conjunto, uma unidade. Ao atingir a mentalidade tradicional do jurista, Erhrlich queria atingir aquela atitude de conformismo estatista, que havia precisamente gerado e enraizado na jurisprudência o dogma da completude.

23. A crítica à completude

O citado livro de Ehrlich é uma das expressões mais significativas daquela revolta contra o monopólio estatista do direito, que se desenvolveu, quase ao mesmo tempo, na França e na Alemanha no final do século passado, e que, embora chamada de diversos nomes, é conhecida sobretudo com o nome de *escola do direito livre*. O principal alvo dessa tendência é o dogma da completude do ordenamento jurídico. Se se quer atingir o fetichismo legislativo dos juristas, é preciso antes de tudo desfazer a crença de que o direito estatal seja completo. A batalha da escola do direito livre contra as várias escolas da exegese é uma batalha pelas lacunas. Os comentadores do direito constituído consideravam que o direito não tinha lacunas, e que a tarefa do intérprete era unicamente a de tornar explícito o que já estava implícito na mente do legislador? Pois bem, os defensores da nova escola afirmam que o direito constituído está repleto de lacunas, e para preenchê-las é preciso confiar principalmente no poder criativo do juiz, ou seja, daquele que é chamado a resolver os infinitos casos que as relações sociais geram, para além e fora de toda regra pré-constituída.

No século passado, as razões pelas quais esse movimento contra o estatismo jurídico e o dogma da completude surge e se desenvolve são várias. Mas considero que as principais sejam estas duas. Em primeiro lugar, à medida que a codificação envelhecia (e isso vale sobretudo para a França), descobriam-se suas insuficiências. O que num primeiro momento é objeto de admiração incondicionada, torna-se pouco a pouco objeto de análise crítica, cada vez mais exigente, e a confiança na onisciência do legislador diminui ou deixa de existir. Na história do direito na Itália, basta confrontar o comportamento da geração mais próxima aos primeiros códigos, aquela entre 1870 e 1890, e o comportamento da geração seguinte. Falou-se muitas vezes da passagem de uma jurisprudência exegética para uma jurisprudência científica para indicar, dentre outras coisas, o desenvolvimento de uma crítica livre em relação aos códigos, que preparou sua reforma. E ainda hoje, quem comparar o comportamento do jurista atual com aquele dos primeiros anos após a emanação dos novos códigos, não tardará em observar um maior desprendimento e um respeito menos passivo.

Em segundo lugar, paralelamente ao processo natural de envelhecimento de um código, é preciso considerar que na segunda metade do século passado ocorreu, por obra da chamada Revolução Industrial, uma profunda e rápida transformação da sociedade, que fez com que as primeiras codificações – que refletiam uma sociedade ainda principalmente agrícola e pouco industrializada – parecessem ultrapassadas, portanto, insuficientes e inadequadas, e acelerou seu processo natural de envelhecimento. Basta pensar que ainda no Código Civil italiano de 1865, que derivava do francês, todos os problemas da relação de trabalho, a que posteriormente foi dedicado um livro inteiro, eram resumidos em um artigo. Falar de completude de um direito que ignorava o surgimento da grande indústria e de todos os problemas da organização do trabalho a ela relacionados significava fechar os olhos diante da realidade por amor a uma fórmula, deixar-se iludir pela inércia mental e pelo preconceito.

Acrescente-se que esse descompasso, cada vez mais rápido e macroscópico, entre o direito constituído e a realidade social, foi acompanhado pelo particular desenvolvimento da filosofia social e das ciências sociais no século XX, que, nas diversas correntes a que deram lugar, tiveram uma característica comum: a polêmica contra o Estado e a descoberta da *sociedade* abaixo do *Estado*. Tanto o marxismo quanto a sociologia positivista – para limitarmo-nos às duas maiores correntes de filosofia social – foram animadas por uma crítica contra o monismo estatista, que teve a sua expressão mais intransigente na filosofia hegeliana, mas tinha ramificações muito mais antigas. O Estado erguia-se sobre a sociedade e tendia a absorvê-la; mas a luta de classes, de um lado, que tendia a romper continuamente os limites da ordem estatal, e a formação espontânea (de todo modo não provocada ou imposta pelo Estado) de grupos sociais sempre novos, como os sindicatos, os partidos, e de relações sempre novas entre os homens, resultantes das transformações econômicas, colocavam em evidência uma vida subjacente ou contrastante com o Estado, que nem o sociólogo nem o jurista podiam ignorar. A sociologia, essa nova ciência, que foi o produto mais típico do espírito científico do século XIX, no momento em que tomou consciência das correntes subterrâneas que animam a vida social, contribuiu para a destruição do mito do Estado. Vimos que um dos elementos desse mito do Estado era o dogma da completude. Sem dúvida a sociologia pôde fornecer armas críticas aos juristas novos contra as várias formas de jurisprudência sempre fiel ao dogma do estatismo e da completude do direito. No final das contas, a consciência que se ia formando sobre o descompasso entre direito constituído e realidade social era auxiliada pela descoberta da importância da sociedade em relação ao Estado, e encontrava na sociologia um ponto de apoio para contrastar a pretensão do estatismo jurídico.

No âmbito mais vasto da sociologia, formou-se uma corrente de sociologia jurídica, da qual Ehrlich, já mencionado, é um dos representantes mais autorizados: no início, o programa da sociologia jurídica foi principalmente o de mostrar que o direito é um fenômeno social, e que, portanto, a pretensão dos juristas ortodoxos de fazer do direito um produto do Estado era infundada e conduzia a vários absurdos, como aquele de acreditar na completude do direito codificado. As relações entre escola do direito livre e sociologia jurídica são muito estreitas: são duas faces da mesma moeda. Se o direito era um fenômeno social, um produto da sociedade (nas suas múltiplas formas) e não apenas do Estado, o juiz e o jurista, a partir do estudo da sociedade, da dinâmica das relações entre as diversas forças sociais e dos interesses que elas representam, deveriam extrair as regras jurídicas adequadas às novas necessidades, e não a partir das prescrições mortas e cristalizadas dos códigos. O direito livre, em outras palavras, extraía as consequências não só

da lição dos fatos (ou seja, da constatação da inadequação do direito estatal diante do desenvolvimento da sociedade), mas também da nova consciência, que o desenvolvimento das ciências sociais ia difundindo, da importância das forças sociais latentes no interior da estrutura, só aparentemente monolítica, do Estado: lições dos fatos e maturidade científica ajudavam-se reciprocamente no combate ao monopólio jurídico do Estado, e, com ele, ao dogma da completude.
A literatura crítica do estatismo jurídico é imensa. Vamos nos limitar aqui a mencionar a obra de François Gény, *Méthode d'interprétation et sources du droit positif*, 1899, que contrapunha à exegese subserviente dos textos legislativos a *libre recherche scientifiche*, por meio da qual o jurista deveria extrair a regra jurídica diretamente do direito vivo nas relações sociais. "O direito é algo demasiado complexo e mutável – escrevia Gény – para que um indivíduo ou uma assembleia, embora investidos de autoridade soberana, possam pretender fixar de imediato seus preceitos de modo a satisfazer a todas as exigências da vida jurídica"[3]. Naquela mesma época os estudos de Edouard Lambert sobre o direito consuetudinário e sobre o direito judiciário serviam para chamar a atenção para um direito de origem não legislativa. Livros como o de Jean Cruet, *La vie du droit et l'impuissance des lois* (1914), em que se propunha o método de uma legislação experimental, que deveria adequar-se às necessidades sociais, considerando sobremaneira o costume e a jurisprudência, ou como o de Gaston Morin, *La révolte des faits contre la loi* (1920), em que se revelava o contraste entre a sociedade econômica e o Estado, são exemplos eloquentes do movimento antidogmático que estava se desenvolvendo na jurisprudência francesa.

Na Alemanha o sinal da batalha contra o tradicionalismo jurídico em nome da sociologia jurídica e da livre pesquisa do direito foi dado por Hermann Kantorowicz, que em 1906

---

3. F. GÉNY, *Méthode d'interprétation et sources du droit positif*, 2.ª ed., 1919, II, p. 324.

publicou um panfleto intitulado *Der Kampf um die Rechtswissenschaft* [A luta pela ciência do direito], com o pseudônimo de Gnaeus Flavius, em que indicava no direito livre, extraído diretamente da vida social, independentemente das fontes jurídicas de derivação estatal, o novo direito natural, que tinha a mesma função do antigo direito natural, qual seja, a de representar uma ordem normativa de origem não estatal, ainda que não tivesse mais sua natureza, a partir do momento em que o direito livre era também ele um direito positivo, e, como tal, eficaz. Só o direito livre era capaz de preencher as lacunas da legislação. O dogma da completude caía, como inútil e perigosa resistência à adequação do direito às exigências sociais. Passou a ocupar seu lugar a convicção de que o direito legislativo era lacunoso, e que as lacunas podiam ser preenchidas não mediante o próprio direito estabelecido, mas apenas através da redescoberta e da formulação do direito livre.

24. O espaço jurídico vazio

A corrente do livre direito, da livre pesquisa do direito, teve muitos adversários entre os juristas: mais adversários que amigos. O positivismo jurídico de estrita observância, ligado à concepção estatista do direito, não se deixou abater. O direito livre representava aos olhos dos juristas tradicionalistas uma nova encarnação do direito natural, que, da escola histórica em diante, considerava-se debelado e, portanto, sepultado para sempre. Admitir a livre pesquisa do direito (livre no sentido de não ligada ao direito estatal), conceder cidadania ao direito livre (ou seja, a um direito criado circunstancialmente pelo juiz) significava romper a barreira do princípio da legalidade, que fora estabelecido em defesa do indivíduo, abrir as portas ao arbítrio, ao caos, à anarquia. A completude não era um mito, mas uma exigência de justiça; não era uma função inútil, mas uma defesa útil de um dos valores supremos a que deve servir a ordem jurídica, *a certeza*.

Por trás da batalha dos métodos havia, como sempre, uma batalha ideológica. A tarefa dos juristas era a de defender a justiça legal ou de favorecer a justiça substancial? Os defensores da legalidade permaneceram fiéis ao dogma da completude, mas para isso tiveram de encontrar novos argumentos. Após o ataque do direito livre, não bastava mais repetir ingenuamente a velha confiança na sabedoria do legislador. A confiança fora abalada. Era preciso demonstrar criticamente que a completude, longe de ser uma ficção cômoda, ou pior, uma crença ingênua, era um caráter constitutivo de todo ordenamento jurídico, e que se havia uma teoria errônea a ser confutada, não era a teoria da completude, mas aquela que sustentava a existência de lacunas. Em suma, os juristas tradicionalistas passaram para o contra-ataque. O efeito desse contra-ataque foi que o problema da completude passou de uma fase dogmática para uma fase crítica.

O primeiro argumento lançado pelos positivistas de estrita observância foi aquele que chamaremos, por brevidade, do *espaço jurídico vazio*. Foi enunciado e defendido por um dos mais ferrenhos defensores do positivismo jurídico contra todo renascimento jusnaturalista, Karl Bergbohm, no livro *Jurisprudenz und Rechtsphilosophie*, de 1892. Foi aceito na Itália por Santi Romano no ensaio *Osservazioni sulla completezza dell'ordinamento statale* (1925). O raciocínio de Bergbohm é, em síntese, o seguinte: toda norma jurídica representa uma limitação à livre atividade humana; com exceção da esfera regulada pelo direito, o homem é livre para fazer o que quiser. O âmbito de atividade de um homem pode, portanto, considerar-se dividido, do ponto de vista do direito, em dois compartimentos: aquele em que é vinculado por normas jurídicas e que poderemos chamar de espaço jurídico cheio, e aquele em que é livre, que poderemos chamar de espaço jurídico vazio. Ou há o vínculo jurídico ou há a absoluta liberdade. *Tertium non datur*. A esfera de liberdade pode diminuir ou aumentar, conforme aumentem ou diminuam as normas jurídicas; mas não se dá o caso de que um ato nosso seja, ao mesmo tempo, livre e vinculado. Vamos transportar essa alternativa para o plano do problema das lacunas: um caso ou é regulado pelo direito, e então é um caso jurídico ou juridicamente relevante, ou não é regulado pelo direito, e então pertence àquela esfera de livre manifestação da atividade humana, que é a esfera do *juridicamente irrelevante*. Não existe nenhum espaço para as lacunas do direito. Assim como é absurdo pensar num caso que não seja jurídico e, todavia, seja regulado, da mesma forma não é possível admitir um caso que seja jurídico e que, não obstante isso, não seja regulado: isto é, não é possível admitir uma lacuna do direito. Até onde o direito chega com as suas normas, não existem lacunas; onde não chega, existe o espaço jurídico vazio, e, portanto, não existe lacuna do direito, mas a atividade indiferente ao direito. Um espaço intermediário entre aquele juridicamente cheio e aquele juridicamente vazio, em que se possam colocar as lacunas, não existe. Ou existe o ordenamento jurídico, e então não se pode falar de lacuna; ou existe a chamada lacuna, e então não existe mais o ordenamento jurídico, e a lacuna deixa de ser lacuna, pois não representa uma deficiência do ordenamento, mas seu limite natural. O que está para além dos limites das regras de um ordenamento não é uma lacuna do ordenamento, mas algo diverso do ordenamento, assim como a margem de um rio não é a ausência do rio, mas simplesmente a separação entre o que é rio e o que não é rio.

O ponto fraco dessa teoria é que se funda num conceito muito discutível como aquele de espaço jurídico vazio, ou de esfera do juridicamente irrelevante. Existe o espaço jurídico vazio? Parece que a afirmação do espaço jurídico vazio nasce da falsa identificação do jurídico com o obrigatório. Mas o que não é obrigatório, e, portanto, representa a esfera do permitido ou do lícito, deve considerar-se juridicamente irrelevante ou indiferente? Aqui está o erro. Falamos muitas vezes das três modalidades normativas do comandado, do proibido e do permitido. Para sustentar a tese do espaço jurídico vazio é preciso excluir o permitido das modalidades jurídicas: o que é permitido coincidiria com o que é juridicamente indiferente. Quando muito seria preciso distinguir duas esferas do permitido ou da liberdade, uma juridicamente relevante e a outra juridicamente irrelevante. Mas é possível essa distinção? Existe uma esfera da liberdade jurídica ao lado de uma esfera da liberdade juridicamente irrelevante? A primeira dúvida de que uma liberdade juridicamente irrelevante não exista nasce do fato de que Romano, para definir essa liberdade e para distingui-la da liberdade jurídica (considerada como esfera do lícito), chame-a de esfera do que não é nem lícito nem ilícito. Ora, como lícito e ilícito são dois termos contraditórios, não podem excluir-se reciprocamente, pois, se não podem ser ambos verdadeiros, não podem sequer ser ambos falsos. E, portanto, não pode existir uma situação que não seja, ao mesmo tempo, nem lícita nem ilícita.

Na verdade, a liberdade não jurídica deveria ser mais bem definida como "liberdade não protegida". O que significa essa expressão? Tem sentido falar de uma liberdade não protegida ao lado de uma liberdade protegida? Senão, vejamos. Por "liberdade protegida" entende-se aquela liberdade que é garantida (por meio da coerção jurídica) contra eventuais impedimentos por parte de terceiros (ou do próprio Estado). Ou seja, trata-se daquela liberdade que é reconhecida no mesmo momento em que é imposta aos terceiros a obrigação jurídica (ou seja, reforçada pela sanção, em caso de inadimplência) de não impedir seu exercício. Note bem que a esfera do permitido (em uma pessoa) está sempre ligada a uma esfera do obrigatório (em uma outra pessoa ou em todas as outras pessoas): isso significa que a esfera do permitido jurídico pode ser sempre considerada do ponto de vista da obrigação (ou seja, da obrigação alheia de não impedir o exercício da ação lícita); e que o direito nunca permite sem, ao mesmo tempo, comandar ou proibir. Pois bem, se por liberdade protegida entende-se a liberdade garantida contra o impedimento alheio, por liberdade não protegida (o que, repetimos, deveria constituir a esfera do juridicamente irrelevante e do espaço jurídico vazio) deveria entender-se uma liberdade não garantida contra o impedi-

mento alheio. Isso significaria dizer que o uso da força por parte de um terceiro para impedir o exercício dessa liberdade seria lícito. Em resumo: *liberdade não protegida* significa *liceidade do uso da força privada*. Mas se é assim, nos nossos ordenamentos estatais modernos, caracterizados pela monopolização da força por parte do Estado, e pela consequente proibição do uso privado da força, a situação suposta como situação de liberdade não protegida não é possível.
É claro que ao Estado, que atribui uma liberdade, não interessa o que eu escolho, mas o fato de que eu possa escolher. O que o Estado protege não é a minha escolha, mas o direito de escolher. Poder-se-ia objetar que o ordenamento estatal moderno não pode ser tomado como modelo de todo ordenamento jurídico possível, e que existem ordenamentos jurídicos em que a monopolização da força não é completa, e, portanto, nesses ordenamentos existem casos em que a intervenção da força privada é lícita. Confesso que também nesse caso parece-me difícil falar de uma esfera do juridicamente irrelevante. O fato de em qualquer hipótese a força privada ser lícita significa que nesse caso a liberdade de um não é protegida, mas é protegida a força do outro, e que, portanto, a relação direito-dever é invertida, no sentido de que ao dever do terceiro de respeitar a liberdade alheia sucede o direito de violá-la, e ao direito de um de exercer a própria liberdade sucede o dever de aceitar o impedimento do outro. O fato de a liberdade não ser protegida não torna essa situação juridicamente irrelevante, pois, no mesmo momento em que a liberdade de agir de um não é protegida, é protegida a liberdade do outro de exercer a força, e, enquanto protegida, ela é juridicamente relevante, ao contrário da outra. A relevância jurídica não cessa: simplesmente muda a relação entre o direito e o dever.

25. A norma geral exclusiva

Se não existe um espaço jurídico vazio, significa que existe apenas o espaço jurídico cheio. Justamente a partir dessa constatação teve início a segunda teoria, que, em reação à escola do direito livre, procurou elaborar criticamente o problema da completude. Em síntese, a primeira teoria, aquela que examinamos na seção anterior, sustentou que não existem lacunas, pois onde falta o ordenamento jurídico, falta o próprio direito, e, portanto, deve-se falar mais propriamente de *limites* do ordenamento jurídico em vez de *lacunas*. A segunda teoria, por sua vez, sustenta que não existem lacunas pela razão inversa, ou seja, pelo fato de que o direito nunca está ausente. Essa segunda teoria foi a princípio sustentada pelo jurista alemão Ernst Zitelmann no ensaio intitulado *Lücken im Recht*, 1903 [As lacunas no direito], e, com alguma variação, na Itália por Donato Donati no importante livro *Il problema delle lacune dell'ordinamento giuridico*, 1910.

O raciocínio seguido por esses autores pode ser resumido da seguinte maneira: uma norma que regula um comportamento não só limita a regulamentação e, portanto, as consequências jurídicas que decorrem dessa regulamentação àquele comportamento, mas ao mesmo tempo *exclui* dessa regulamentação todos os outros comportamentos. Uma norma que proíbe fumar exclui a proibição, ou seja, permite todos os outros comportamentos, exceto fumar. Todos os comportamentos não compreendidos na norma particular são regulados por uma *norma geral exclusiva*, ou seja, pela regra que exclui (por isso é exclusiva) todos os comportamentos (por isso é geral) que não fazem parte daquele previsto pela norma particular. Poderíamos dizer também, com uma outra expressão, que as normas nunca nascem sozinhas, mas em par: toda norma particular, que poderemos chamar de inclusiva, é acompanhada, como se fosse a própria sombra, da norma geral exclusiva. Segundo essa teoria nunca pode existir, para além das normas particulares, um espaço jurídico vazio, mas, para além dessas normas, pode existir toda uma esfera de ações reguladas pelas normas gerais exclusivas. Enquanto para a teoria anterior a atividade humana é dividida em dois campos, um regulado por normas e o outro não regulado, para essa segunda teoria toda a atividade humana é regulada por normas jurídicas, pois a atividade humana que não incide nas normas particulares incide nas normas gerais exclusivas.

Para maior clareza vamos citar as próprias palavras dos dois autores que formularam a teoria. Segundo Zitelman: "Na base de toda norma particular, que sanciona uma ação com uma pena ou com a obrigação ao ressarcimento dos danos, ou atribuindo qualquer outra consequência jurídica, está sempre como que subentendida e não expressa uma norma fundamental geral e negativa, segundo a qual, prescindindo desses casos particulares, todas as outras ações permanecem isentas de pena ou de ressarcimento: toda norma positiva, com que se atribua uma pena ou um ressarcimento, é nesse sentido uma exceção daquela norma fundamental geral e negativa. Disso resulta que: caso falte uma semelhante exceção positiva não existe lacuna, porque o juiz pode a qualquer tempo, aplicando aquela norma geral e negativa, reconhecer que o efeito jurídico em questão não sobreveio, ou que não surgiu o direito à pena ou a obrigação ao ressarcimento."[4] Segundo Donati: "Dado o conjunto dos dispositivos, que, ao prever determinados casos, estabelecem para eles a existência de determinadas obrigações, do conjunto dos mesmos dispositivos deriva, simultaneamente, uma série de normas particulares inclusivas e uma norma geral exclusiva: uma série de normas particulares destinadas a estabelecer, para os casos por elas particularmente considerados, determinadas limitações, e uma norma geral destinada a excluir qualquer limitação para todos os outros casos, não particularmente considerados. Por força dessa norma, todo caso possível encontra no ordenamento jurídico o seu regulamento. Dado um determinado caso, ou existe na legislação um dispositivo que se aplique particularmente a ele, e desse dispositivo derivará para o mesmo caso uma norma particular; ou não existe, e então irá incidir na norma geral mencionada."[5]

---

4. E. ZITELMANN, *Lücken im Recht*, Leipzig, 1903, p. 17.
5. D. DONATI, *Il problema delle lacune dell'ordinamento giuridico*, Milão, 1910, pp. 36-7.

O exemplo dado por Donati é o seguinte: num Estado monárquico falta um dispositivo que regule a sucessão ao trono na hipótese de extinção da família real. Pergunta-se: a quem cabe a Coroa caso se verifique a circunstância da extinção? Parece que estamos diante de um caso típico de lacuna. Donati sustenta, porém, com base na teoria da norma geral exclusiva, que mesmo nesse caso existe uma solução jurídica. Na verdade: tendo em vista que o caso não encontra no ordenamento nenhuma norma particular que se aplique a ele, irá incidir na norma geral exclusiva, que estabelece precisamente, para os casos nela compreendidos, a exclusão de qualquer limitação. Portanto, a questão proposta: "A quem cabe a Coroa?" terá a seguinte solução – e será a única solução jurídica possível: a Coroa não cabe a ninguém, vale dizer: o Estado e os súditos estão livres de qualquer limitação que seja relativa à existência de um rei, e, portanto, terão direito de recusar a pretensão de qualquer pessoa a ser reconhecida como rei. O fato de essa solução ser *politicamente* insatisfatória não significa absolutamente que não seja uma solução *jurídica*. Poder-se-á lamentar que um Estado em que falte semelhante lei seja *mal* constituído; mas não se poderá dizer que o seu ordenamento seja *incompleto* ou lacunoso.

Mesmo essa teoria da norma geral exclusiva tem o seu ponto fraco. O que ela diz, diz bem e com aparência de grande rigor, mas não diz tudo. O que não diz é que num ordenamento jurídico geralmente não existe apenas um conjunto de *normas particulares inclusivas* e uma *norma geral exclusiva* que as acompanha, mas também um terceiro tipo de norma, que é *inclusiva* como a primeira e *geral* como a segunda, e que podemos chamar de *norma geral inclusiva*. Chamamos "norma geral inclusiva" uma norma como aquela expressa no ordenamento italiano, no art. 12 das Disposições preliminares, segundo o qual, em caso de lacuna, o juiz deve recorrer às normas que regulam casos semelhantes ou matérias análogas. Enquanto norma geral exclusiva é aquela norma que regula todos os casos não compreendidos na norma particular, mas os regula *de modo oposto*, a característica da norma geral inclusiva é de regular os casos não compreendidos na norma particular, mas semelhantes a esses, *de modo idêntico*. Diante de uma lacuna, se aplicarmos a norma geral exclusiva, o caso não regulado será resolvido de modo oposto àquele regulado; se aplicarmos a norma geral inclusiva, o caso não regulado será resolvido de modo idêntico àquele regulado. Como se vê, as consequências da aplicação de uma norma geral ou de outra são bem diferentes, ou melhor, são opostas. E a aplicação de uma norma ou de outra depende do resultado da indagação sobre o fato de o caso não regulado ser ou não semelhante àquele regulado. Mas, em geral, o ordenamento não nos diz nada sobre as condições com base nas quais dois casos podem ser considerados semelhantes. A decisão sobre a semelhança dos casos cabe ao intérprete. E, sendo assim, cabe ao intérprete decidir se, em caso de lacuna, ele deve aplicar a norma geral exclusiva, e, portanto, excluir o caso não previsto pela disciplina do caso previsto, ou aplicar a norma geral inclusiva, e, portanto, incluir o caso não previsto na disciplina do caso previsto. Na primeira hipótese diz-se que usa o *argumentum a contrario*; na segunda, o *argumentum a simili*.

Mas, se diante de um caso não regulado, pode-se aplicar tanto a norma geral exclusiva quanto aquela geral inclusiva, é necessário precisar a fórmula, segundo a qual existe sempre, em todo caso, uma solução jurídica, nesta outra: no caso de lacuna, existem ao menos duas soluções jurídicas: 1) a consideração do caso não regulado como diferente do regulado, e a consequente aplicação da norma geral exclusiva; 2) a consideração do caso não regulado como semelhante ao regulado, e a consequente aplicação da norma geral inclusiva. Mas justamente o fato de o caso não regulado oferecer matéria para duas soluções opostas torna o problema das lacunas menos simples, menos claro e menos óbvio do que aquele que se mostrava na teoria, até demasiado linear, da norma geral exclusiva. Se existem duas soluções, ambas possíveis, e a decisão entre as duas soluções cabe ao intérprete, existe uma lacuna, e ela consiste justamente no fato de que o ordenamento não deixou claro qual das duas soluções é a mais desejável. Se existisse, em caso de comportamento não regulado, uma única solução, aquela da norma geral exclusiva, como costuma ocorrer, por exemplo, no direito penal, em que a extensão analógica não é admitida, poderíamos também dizer que não existem lacunas: todos os comportamentos que não são expressamente proibidos pelas leis penais são lícitos. Mas, tendo em vista que as soluções, em caso de comportamento não regulado, são geralmente duas, a lacuna consiste justamente na ausência de uma regra que permita aceitar uma solução em vez de outra.

Desse modo, não só nos parece impossível excluir as lacunas, em contraste com a teoria da norma geral exclusiva, mas o próprio conceito de lacuna foi se tornando preciso: a lacuna se verifica não pela ausência de uma norma expressa para a regulamentação de um determinado caso, mas pela *ausência de um critério para a escolha de qual das duas regras gerais, aquela exclusiva e aquela inclusiva, deva ser aplicada.*
Num certo sentido, fomos além da teoria da norma geral exclusiva, pois admitimos que no caso do comportamento expressamente não regulado não só existe sempre uma solução jurídica, mas, antes, existem duas. Num outro sentido, porém, contestamos a teoria, uma vez que, justamente porque as soluções jurídicas possíveis são duas, e falta um critério para aplicar ao caso concreto uma delas e não outra, descobrimos aqui a lacuna que a teoria acreditou poder eliminar: não a lacuna referente ao caso individual, mas referente ao critério com base no qual o caso deve ser resolvido.

Vamos dar um exemplo. No art. 265 do Código Civil italiano só a violência é considerada como causa de impugnação do reconhecimento do filho natural. O artigo não regula o caso do erro. Trata-se de lacuna? Se tivéssemos de aplicar apenas a norma geral exclusiva, poderíamos responder tranquilamente que não. A norma geral exclusiva implica que o que não está compreendido na norma particular (nesse caso, o erro) deve ter uma disciplina oposta àquela do caso previsto: portanto, se a violência, que está prevista, é causa de impugnação, o erro, que não está previsto, não é causa de impugnação. Mas o problema é que o intérprete deve levar em conta também a norma geral inclusiva, segundo a qual, em caso de comportamento não regulado, este deve ser regulado do mesmo modo do caso semelhante. O caso do erro é semelhante ao da violência? Se o intérprete dá a essa pergunta uma resposta afirmativa, é claro que a solução é oposta à anterior: o erro é, assim como a violência, causa de impugnação. Como se vê, a dificuldade, sobre a qual geralmente não nos detemos, é que, diante do caso não regulado, não é que exista insuficiência de soluções jurídicas possíveis; existe, antes, exuberância de soluções. E a dificuldade de interpretação, em que consiste o problema das lacunas, é que o ordenamento não oferece nenhum meio jurídico para eliminar essa exuberância, ou seja, para decidir com base no sistema em favor de uma solução e não de outra.

Se nos reportamos agora à definição técnica de lacuna, dada na primeira seção deste capítulo, quando dissemos que lacuna significa que em certos casos o sistema não oferece a possibilidade de resolver um determinado caso nem de um determinado modo nem do modo oposto, e àquilo que dissemos sobre a teoria da norma geral exclusiva, devemos concluir que um ordenamento jurídico, não obstante a norma geral exclusiva, *pode ser incompleto*. E pode ser incompleto porque *entre a norma particular inclusiva e a norma geral exclusiva geralmente se interpõe a norma geral inclusiva*, que estabelece uma zona intermediária entre o regulado e o não regulado, que o ordenamento jurídico tende, de forma quase sempre indeterminada e indeterminável, a ocupar. Mas, em geral, no âmbito do sistema, essa ocupação eventual e possível permanece duvidosa. Se, em caso de comportamento não regulado, não tivéssemos outra norma a aplicar a não ser a norma geral exclusiva, a solução seria óbvia. Mas agora sabemos que em muitos casos podemos aplicar tanto a norma que determina que os comportamentos diferentes sejam regulados de modo oposto ao regulado, quanto a norma que determina que os comportamentos semelhantes sejam regulados de modo idêntico ao regulado. E não somos capazes de decidir, mediante regras do sistema, se o caso é semelhante ou diferente. E, então, a solução deixa de ser óbvia. O fato de a solução não ser mais óbvia, isto é, de não se poder extrair do sistema nem uma solução nem a solução oposta, revela que o ordenamento é, no final das contas, incompleto.

26. As lacunas ideológicas

Na seção anterior procuramos esclarecer em que sentido é possível falar de lacunas no ordenamento jurídico, ou de incompletude do ordenamento jurídico: não no sentido, repetimos, de ausência de uma norma a ser aplicada, mas de ausência de critérios válidos para decidir qual norma aplicar. Mas existe um outro sentido de lacuna, mais óbvio, quero dizer, menos controverso, que merece uma breve explanação. Também se entende por "lacuna" a ausência não de uma solução, seja ela qual for, mas de uma *solução satisfatória*, ou, em outras palavras, não a ausência de uma norma, mas a ausência de uma *norma justa*, ou seja, daquela norma que gostaríamos que existisse, mas não existe. Como essas lacunas derivam não da consideração do ordenamento jurídico como ele é, mas do confronto entre o ordenamento jurídico como ele é e como deveria ser, foram chamadas "ideológicas", para distingui-las daquelas que fossem eventualmente encontradas no ordenamento jurídico como é, e que podem ser chamadas de "reais". Podemos também enunciar a diferença do seguinte modo: as lacunas ideológicas são lacunas *de iure condendo*; as lacunas reais são *de iure condito*.

O fato de existirem lacunas ideológicas em todo sistema jurídico é tão óbvio que nem vale a pena insistir nisso. Nenhum ordenamento jurídico é perfeito: ao menos nenhum ordenamento jurídico positivo. Só o ordenamento jurídico natural não deveria ter lacunas ideológicas: antes, uma possível definição de direito natural poderia ser aquela que o definisse como um direito sem lacunas ideológicas, no sentido de que ele é o que deveria ser. Mas ninguém jamais formulou um sistema de direito natural. A nós interessa o direito positivo. Ora, no que diz respeito ao direito positivo, se é óbvio que todo ordenamento tem lacunas ideológicas, é igualmente óbvio que as lacunas com que se deve preocupar aquele que é chamado a aplicar o direito não são as lacunas ideológicas, mas as reais. Quando os juristas sustentam, a nosso ver de maneira equivocada, que o ordenamento jurídico é completo, ou seja, não tem lacunas, referem-se às lacunas reais, não às ideológicas.

Quem procurou colocar em relevo a diferença entre os dois planos do problema das lacunas, aquele *de iure condito* e aquele *de iure condendo*, foi Brunetti, numa série de ensaios que constituem, juntamente com as obras de Romano e de Donati, os maiores contributos da ciência jurídica italiana a esse problema[6]. Brunetti sustenta que, para se poder falar de completude ou de incompletude de qualquer coisa, não é preciso considerar a coisa em si mesma, mas compará-la com alguma outra coisa. Os dois casos típicos em que posso falar de completude ou não são: 1) quando comparo uma determinada coisa com o seu tipo ideal, ou com o que deveria ser ideal: só tem sentido se perguntar se uma determinada mesa é completa ou não se a comparo com a que deveria ser uma mesa perfeita; 2) quando comparo a representação de uma coisa com a coisa representada, por exemplo, um mapa da Itália com a Itália. Ora, em relação ao ordenamento jurídico, Brunetti sustenta que, se o consideramos em si mesmo, ou seja, sem compará-lo com alguma outra coisa, a pergunta se é completo ou não é uma pergunta *sem*

---

6. G. BRUNETTI, *Sul valore del problema delle lacune*, 1913; *Il senso del problema delle lacune dell'ordinamento giuridico*, 1917; *Ancora sul senso del problema delle lacune*, 1917; *Sulle dottrine che affermano l'esistenza di lacune nell'ordinamento giuridico*, 1918; *Il dogma della completezza dell'ordinamento giuridico*, 1924. Esses ensaios estão em *Scritti giuridici vari*, respectivamente, I, pp. 34 ss.; III, pp. 1 ss., 30 ss., 50 ss.; IV, pp. 161 ss.

sentido, como se nos perguntássemos se o ouro é completo, se o céu é completo. Para que o problema das lacunas tenha um sentido, é preciso ou confrontar o ordenamento jurídico real com um ordenamento jurídico ideal, segundo o significado ilustrado *sub* 1, e nesse caso é lícito falar de completude ou de incompletude do ordenamento jurídico, mas não é o sentido que interessa ao jurista (trata-se, de fato, das lacunas ideológicas); ou considerar o ordenamento legislativo como representação da vontade do Estado, segundo o significado ilustrado *sub* 2, e perguntar-se se a lei contém ou não tudo o que deve conter para poder ser considerada a manifestação tecnicamente perfeita da vontade do Estado; mas, nesse segundo caso, o problema da completude ou da incompletude pode referir-se unicamente ao ordenamento legislativo, como parte do ordenamento jurídico, e não ao ordenamento jurídico na sua totalidade. Ao se referir ao ordenamento jurídico na sua totalidade, o problema da completude, segundo Brunetti, não tem sentido, pois o ordenamento jurídico na sua totalidade, por si mesmo considerado, não pertence à categoria das coisas a que se possa atribuir a completude ou a incompletude, assim como não se pode atribuir o azul ao triângulo ou à alma.

Resumindo, segundo Brunetti, o problema das lacunas tem três faces: 1) o problema de saber se o ordenamento jurídico, considerado em si mesmo, é completo ou incompleto: o problema, assim elaborado (e é a elaboração mais frequente por parte dos juristas), não tem sentido; 2) o problema de saber se o ordenamento jurídico é completo ou incompleto como ele é, comparado a um ordenamento jurídico ideal: esse problema tem sentido, mas nesse caso as lacunas em questão são as lacunas ideológicas, que não interessam aos juristas; 3) o problema de saber se é completo ou incompleto o ordenamento legislativo, considerado como parte de um todo, e comparado ao todo, ou seja, ao ordenamento jurídico: esse problema tem sentido e é o único caso em que se pode falar de lacunas no sentido próprio da palavra. Na verdade, mesmo esse terceiro caso pode ser inserido na categoria das lacunas ideológicas, ou seja, no contraste entre aquilo que a lei diz e aquilo que deveria dizer para se adequar perfeitamente ao espírito do sistema como um todo. Logo: para Brunetti, o problema da completude é um problema sem sentido, ou, caso tenha sentido, as únicas lacunas cuja existência pode ser demonstrada são lacunas ideológicas; e é um sentido, como dizíamos, tão óbvio, que se o problema se reduzisse a isso, não faria jus, a bem da verdade, a todos os rios de tinta que se verteram sobre ele.

27. Vários tipos de lacunas

A distinção que ilustramos até agora entre lacunas reais e lacunas ideológicas corresponde aproximadamente à distinção, muitas vezes repetida nos tratados gerais, entre *lacunas próprias* e *impróprias*. A lacuna própria é uma lacuna do sistema ou dentro do sistema; a lacuna imprópria deriva da comparação do sistema real com um sistema ideal. Num sistema em que todo caso não regulado incide na norma geral exclusiva (como é, em geral, um código penal, que não admite extensão analógica), só pode haver lacunas impróprias: o caso não regulado não é uma lacuna do sistema, pois só pode incidir na norma geral exclusiva, mas, quando muito, é uma lacuna em relação a como o sistema deveria ser. A lacuna própria se dá somente quando, ao lado da norma geral exclusiva, existe também a norma geral inclusiva, e o caso não regulado pode inserir-se tanto numa quanto na outra. O que os dois tipos de lacuna têm em comum é que designam um caso não regulado por leis vigentes num dado ordenamento jurídico. O que as distingue é o modo como podem ser eliminadas: a lacuna imprópria, somente por meio da emanação de novas normas; a lacuna própria, mediante as leis vigentes. As lacunas impróprias só podem ser completadas pelo legislador; as lacunas próprias podem ser completadas por obra do intérprete. Mas quando dizemos que um sistema é incompleto, estamos nos referindo às lacunas próprias, e não às impróprias. O problema da completude do ordenamento jurídico é o problema de saber se existem lacunas próprias e como elas podem ser eliminadas. Quanto aos motivos que as provocaram, as lacunas se distinguem em *subjetivas* e *objetivas*. Subjetivas são aquelas que dependem de algum motivo imputável ao legislador; objetivas são aquelas que dependem do desenvolvimento das relações sociais, das novas invenções, de todas aquelas causas que provocam um envelhecimento dos textos legislativos e que, portanto, são independentes da vontade do legislador. As lacunas subjetivas, por sua vez, podem distinguir-se em *voluntárias* e *involuntárias*. Involuntárias são aquelas que dependem de alguma distração do legislador, que leva a crer regulado um caso que não o é, ou faz com que se negligencie um caso que talvez se considere pouco frequente etc.; voluntárias são aquelas que o próprio legislador deixa de propósito, porque a matéria é bastante complexa e não pode ser regulada com regras muito minuciosas, e é melhor confiá-la à interpretação, caso a caso, do juiz. Em algumas matérias o legislador atribui normas muito genéricas que podem ser chamadas de *diretivas*. A característica das diretivas é que traçam apenas as linhas gerais da ação a ser realizada, mas deixam aos particulares a tarefa de determinar quem deve executá-las ou aplicá-las; por exemplo, a diretiva traça o fim que se deve alcançar, mas confia a determinação dos meios adequados para perseguir o fim à livre escolha do executor. Muitas normas constitucionais são, em relação ao legislador ordinário que deverá aplicá-las, puras e simples diretivas: antes, algumas normas constitucionais de caráter geral não podem ser aplicadas se não estão integradas. O legislador que as estabeleceu não ignorava que eram lacunosas; mas a função delas era justamente estabelecer uma diretiva geral que deveria ser integrada ou preenchida sucessivamente por órgãos mais adequados para tal finalidade. Segundo o significado ilustrado de lacuna, essas lacunas voluntárias não são verdadeiras lacunas: nesse caso, de fato, a integração do vazio, propositalmente deixado, é confiada ao poder criativo do órgão hierarquicamente inferior. Existe lacuna em sentido próprio quando se presume que o intérprete (nesse caso o órgão inferior) deve resolver o caso com base numa norma dada pelo sistema, e essa norma não existe ou, para sermos mais exatos, o sistema não oferece a devida solução. Nos casos em que age o poder criativo daquele que deve aplicar as normas do sistema, o sistema é sempre, em sentido próprio, completo, pois pode ser completado em qualquer circunstância; e, portanto, o problema da completude ou da incompletude nem sequer pode ser colocado.

Outra distinção é aquela entre lacunas *praeter legem* e lacunas *intra legem*. As primeiras ocorrem quando as regras expressas, por ser demasiado específicas, não compreendem todos os casos possíveis; as segundas têm lugar, ao contrário, quando as normas são demasiado genéricas, e revelam, no interior dos dispositivos dados, vazios ou buracos que caberá ao intérprete preencher. As lacunas voluntárias, sobre as quais se discorreu há pouco, em geral são *intra legem*. No primeiro caso, a integração consistirá em formular novas regras *ao lado* daquelas expressas; no segundo caso, as novas regras deverão ser formuladas *dentro* das regras expressas.

28. Heterointegração e autointegração

Vimos na seção 2 que o dogma da completude está historicamente relacionado à concepção estatista do direito. Mas não é preciso crer que a possibilidade de completar um ordenamento fosse confiada unicamente à norma geral exclusiva, ou seja, à regra de que todo caso não regulado é regulado pela norma que o exclui da regulamentação do caso regulado. Entre os casos inclusos expressamente e os casos excluídos existe em todo ordenamento, como já advertimos, uma zona incerta de casos não regulados, mas com potencial atração na esfera de influência dos casos expressamente regulados. Todo ordenamento prevê os meios ou as soluções

TEORIA DO ORDENAMENTO JURÍDICO 299

capazes de penetrar nessa zona intermediária, de ampliar a esfera do regulado em relação à do não regulado. Vimos, de resto, no segundo capítulo, que os ordenamentos de que falamos são ordenamentos complexos, cujas normas provêm de fontes diversas, embora reunidas, por meio da ordem hierárquica, em uma unidade. Se um ordenamento jurídico, estaticamente considerado, não é completo, a não ser por meio da norma geral exclusiva, todavia, dinamicamente considerado, *pode ser completado*.

Para se completar, um ordenamento jurídico pode recorrer a dois métodos diferentes que podemos chamar, seguindo a terminologia de Carnelutti, de *heterointegração* e de *autointegração*. O primeiro método consiste na integração operada através: a) do recurso a ordenamentos diversos; b) do recurso a fontes diferentes da dominante (que é, nos ordenamentos que estamos analisando, a lei). O segundo método consiste na integração realizada através do próprio ordenamento, no âmbito da própria fonte dominante, sem recorrer a outros ordenamentos, e com o mínimo recurso a fontes diferentes da dominante.

Nesta seção vamos examinar rapidamente o método da heterointegração nas suas duas formas principais.

O tradicional método de heterointegração mediante recurso a outros ordenamentos consistia na obrigação, por parte do juiz, de recorrer, em caso de lacuna do direito positivo, ao direito natural. Uma das funções atribuídas ao direito natural, durante o predomínio das correntes jusnaturalistas, foi a de preencher as lacunas do direito positivo. O direito natural era concebido como um sistema jurídico perfeito, sobre o qual repousava o ordenamento positivo, imperfeito por natureza: a tarefa do direito natural era remediar as imperfeições inevitáveis do direito positivo. Era doutrina constante do direito natural que o legislador positivo se inspirasse, para a emanação das próprias normas, no direito natural; disso resultava, como consequência lógica, que, em caso de lacuna, o juiz se voltasse à própria fonte. Nas codificações modernas o último resíduo dessa doutrina é o art. 7º do

Código Civil austríaco de 1812, no qual se lê que nos casos dúbios, não resolúveis com normas de direito positivo, o juiz deve recorrer aos *princípios do direito natural* (*natürliche Rechtsgrundsätze*). No art. 17 consta que no *silentium legis*, e até prova em contrário, tem-se como subsistente sem limitações tudo o que é conforme aos direitos naturais inatos (*angeborene natürliche Rechte*). Nas codificações mais recentes essa doutrina foi quase sempre abandonada. No art. 3º das Disposições preliminares do Código Civil italiano de 1865, que derivava direta e quase literalmente do art. 7º do Código austríaco citado há pouco, a expressão "princípios gerais do direito natural" havia sido substituída pela expressão mais simples, e talvez mais equívoca, "*princípios gerais do direito*". A maior parte dos juristas interpretou essa expressão como se significasse "princípios gerais do direito positivo", e com essa interpretação operou-se a passagem do método da heterointegração àquele da autointegração. Mas houve quem, como Giorgio Del Vecchio, sustentou num ensaio muito discutido que, seguindo a tradição jusnaturalista da qual derivou o art. 3º do Código italiano, era necessário interpretar a expressão "princípios gerais do direito" como se significasse "princípios gerais do direito natural"[7].

Isso não impede que um dado ordenamento, para realizar a própria integração, recorra a outros ordenamentos positivos. Podemos distinguir: a) o reenvio a ordenamentos anteriores no tempo, por exemplo, o recurso de um ordenamento vigente ao direito romano, que foi a sua matriz histórica: houve quem considerou ser possível interpretar a tão discutida fórmula dos "princípios gerais do direto" do Código Civil italiano de 1865 como se significasse "princípios gerais do direito romano"; b) o reenvio a ordenamentos vigentes contemporâneos, como no caso em que um ordenamento estatal recorra a normas de um outro ordenamento estatal ou do direito canônico (voltaremos mais detalha-

---

7. G. DEL VECCHIO, "Sui principi generali del diritto" (1920), in *Studi sul diritto*, Milão, 1958, I, pp. 205-71.

damente a esses problemas no último capítulo dedicado à relação entre ordenamentos).

No que diz respeito ao recurso a outras fontes diferentes da dominante, consideramos os nossos ordenamentos, cuja fonte predominante é a lei. A heterointegração assume três formas. A primeira forma é o recurso ao costume, considerado como fonte subsidiária à lei. Trata-se do chamado *consuetudo praeter legem*. Pode-se distinguir uma aplicação ampla e uma aplicação restrita do costume *praeter legem*, ou *integrador*, como também é chamado para indicar exatamente a sua função de fonte subsidiária. A aplicação ampla se dá quando o costume é evocado por uma norma do seguinte tipo: "O costume vige em todas as matérias não reguladas pela lei". A aplicação restrita se dá quando a referência está contida numa norma do seguinte tipo: "O costume vige somente nos casos em que é expressamente referido pela lei". O art. 8º das Disposições preliminares, que diz: "Nas matérias reguladas pelas leis e pelos regulamentos, os usos têm eficácia somente enquanto são por eles referidos", pode ser interpretado, ao mesmo tempo, como referência em sentido amplo e como referência em sentido estrito.

O método mais importante de heterointegração, entendida como recurso a outra fonte diferente da legislativa, é o recurso, em caso de lacuna da lei, ao poder criativo do juiz, ou seja, ao chamado *direito judiciário*. Como se sabe, os sistemas jurídicos anglo-saxões recorrem a essa forma de integração em maior medida do que os sistemas jurídicos continentais, em que não se reconhece, ao menos oficialmente, o poder criativo do juiz, salvo em casos expressamente indicados em que se atribui ao juiz a função de emitir *juízos de equidade*. Graças à batalha desencadeada pela escola do direito livre em favor do direito judiciário, o Código Civil suíço enunciava no art. 1º o princípio segundo o qual, em caso de lacuna, seja da lei, seja do costume, o juiz podia decidir o caso como se ele mesmo fosse legislador. Foi demonstrado, de resto, que o juiz suíço quase nunca recorre ao emprego de um poder tão amplo, mostrando claramente com isso o apego da nossa tradição jurídica à autointegração, ou, de todo modo, a desconfiança em relação ao direito judiciário, considerado como veículo de incerteza e de desordem.

A rigor, pode-se considerar como recurso a outra fonte o recurso às opiniões dos juristas, às quais seria atribuída, em circunstâncias particulares, como no caso de silêncio da lei e do costume, autoridade de fonte do direito. Para designar essa fonte do direito podemos usar a expressão de Savigny: *direito científico*. Nos nossos ordenamentos, assim como não é reconhecido direito de cidadania ao juiz como fonte normativa, da mesma forma, e com maior razão, não é atribuído direito de cidadania ao jurista, que exprime opiniões que podem ser levadas em conta tanto pelo legislador quanto pelo juiz, mas nunca emite juízos vinculantes nem para o legislador nem para o juiz. Para ilustrar essa forma de integração vamos nos limitar a supor um ordenamento que contivesse uma norma do seguinte tipo: "Em caso de lacuna da lei (e do costume), o juiz deverá ater-se à opinião prevalente na doutrina", ou, ainda mais particularmente "... à solução adotada por este ou por aquele jurista". Essa hipótese, de resto, não é de todo inventada. Recordemos a *Lei das citações* (426 d.C.), de Teodósio II e Valentiniano III, que estabelecia o valor a ser atribuído em juízo à obra dos juristas, e reconhecia de antemão plena autoridade a todas as obras de Papiniano, Paulo, Ulpiano, Modestino, Gaio.

29. A analogia

O método da autointegração se vale sobretudo de dois procedimentos: 1) a analogia; 2) os princípios gerais do direito. É o método que nos interessa mais de perto, pois é aquele particularmente adotado pelo legislador italiano, que no art. 12 das Disposições preliminares do Código Civil dispôs: "Se uma controvérsia não puder ser decidida com um dispositivo preciso, devem-se considerar os dispositivos que regulam *casos semelhantes ou matérias análogas*; se o caso ainda permanecer dúbio, decide-se segundo os princípios gerais do ordenamento jurídico do Estado". Com a indicação dos dois procedimentos da analogia e dos princípios gerais do direito, o legislador pretende ou presume que, em caso de lacuna, a regra deve ser encontrada no próprio âmbito das leis vigentes, ou seja, sem recorrer a outros ordenamentos nem a fontes diferentes da lei.

Entende-se por "analogia" aquele procedimento pelo qual se atribui a um caso não regulado a mesma disciplina de um caso regulado *de maneira semelhante*. Já tivemos oportunidade de encontrar a analogia quando falamos da norma geral inclusiva: o art. 12 supracitado pode ser considerado a norma geral inclusiva do ordenamento italiano. A analogia é certamente o mais típico e o mais importante dos procedimentos interpretativos de um determinado sistema normativo: é aquele procedimento mediante o qual se manifesta a chamada tendência de todo sistema jurídico a *expandir-se* para além dos casos expressamente regulados. Foi amplamente usado em todas as épocas. Recordemos a seguinte passagem do Digesto: "Non possunt omnes articuli singillatim aut legibus aut senatus consultis comprehendi: sed cum in aliqua causa sententia eorum manifesta est, is qui jurisdictioni praeest *ad similia procedere* atque ita ius dicere debet" (10 D. *de leg.* 1, 3). No direito intermediário, a analogia ou *argumentum a simili* era considerado o procedimento mais eficaz para realizar a chamada *extensio legis*.

O raciocínio por analogia foi estudado pelos lógicos. Encontra-se menção a seu respeito sob o nome de *paradigma* (traduzido posteriormente em latim por *exemplum*) no *Organon* de Aristóteles (*Analitici priores*, II, 24). O exemplo aduzido por Aristóteles é o seguinte: "A guerra dos focenses contra os tebanos é ruim; a guerra dos atenienses contra os tebanos é semelhante à guerra dos focenses contra os tebanos; a guerra dos atenienses contra os tebanos é ruim".
A fórmula do raciocínio por analogia pode ser expressa esquematicamente da seguinte maneira:

```
M   é   P
S   é   semelhante a M
S   é   P
```

Essa formulação deve ser brevemente comentada. Da forma como está exposta, apresenta-se como um silogismo em que a proposição menor exprime uma relação de semelhança em vez de identidade (a fórmula do silogismo é: M é P; S é M; S é P). Na verdade, ela oculta o vício chamado de *quaternio terminorum*, segundo o qual os termos são aparentemente três, como no silogismo, mas na verdade são quatro. Vamos dar um exemplo:

Os homens são mortais;
os cavalos são semelhantes aos homens,
os cavalos são mortais.

A conclusão é lícita somente se os cavalos são semelhantes aos homens numa qualidade que seja a razão suficiente pela qual os homens são mortais. Diz-se que a semelhança não deve ser uma semelhança qualquer, mas uma *semelhança relevante*. Suponhamos que essa semelhança relevante entre homens e cavalos, com o fim de deduzir a mortalidade dos cavalos, seja que ambos pertencem à categoria dos *seres vivos*. Disso resulta que os termos do raciocínio não são mais três (homem, cavalo, mortal), mas quatro (homem, cavalo, mortal e ser vivo). Para extrair a conclusão "os cavalos são mortais" dos três termos, o raciocínio deveria ser formulado da seguinte maneira:

Os seres vivos são mortais;
os cavalos são seres vivos;
os cavalos são mortais.

Nesse caso os termos passaram a ser três; mas, como se vê claramente, não se trata mais de um raciocínio por analogia, mas de um silogismo comum.

O mesmo vale no raciocínio por analogia usado pelos juristas. Para que se possa extrair a conclusão, ou seja, a atribuição ao caso não regulado a partir das mesmas consequências jurídicas atribuídas ao caso regulado semelhante, é preciso que entre os dois casos não exista uma semelhança qualquer, mas uma *semelhança relevante*, ou seja, é preciso remontar os dois casos a uma qualidade comum a ambos, que seja ao mesmo tempo a razão suficiente pela qual foram atribuídas ao caso regulado aquelas e não outras consequências. Uma lei de um Estado americano atribui uma pena detentiva a quem exerce o comércio de livros obscenos. Trata-se de saber se igual pena pode estender-se, de um lado, aos livros policiais, de outro, a discos que reproduzem canções obscenas. É provável que o intérprete aceite a segunda extensão e rejeite a primeira. No primeiro caso, existe de fato uma visível semelhança entre livros obscenos e livros policiais, mas trata-se de semelhança não relevante, pois o que têm em comum, ou seja, o fato de serem compostos de papel impresso, não foi a razão suficiente da pena detentiva estabelecida pela lei aos divulgadores de livros obscenos. No segundo caso, ao contrário, a semelhança entre livros obscenos e discos que reproduzem canções obscenas é relevante (ainda que menos visível), pois tal gênero de discos tem em comum com os livros obscenos exatamente aquela qualidade que foi a razão da proibição. Por razão suficiente de uma lei entendemos aquela que tradicionalmente se chama *ratio legis*. Sendo assim, diremos que, para que o raciocínio por analogia seja lícito no direito, é necessário que os dois casos, aquele regulado e aquele não regulado, tenham em comum a *ratio legis*. De resto, é o que foi transmitido com a fórmula: "Ubi eadem ratio, ibi eadem iuris dispositio". Suponhamos que um intérprete se pergunte se a proibição do pacto comissório (art. 2.744 do Código Civil italiano) se estende à venda com objetivo de garantia. Em que direção ele desenvolverá a sua indagação? Buscará a razão pela qual o legislador estabeleceu a proibição prevista no art. 2.744 e estenderá ou não a proibição segundo considere ou não válida a mesma razão para a proibição da venda com objetivo de garantia.

Costuma-se distinguir a analogia propriamente dita, também conhecida com o nome de *analogia legis*, seja da *analogia iuris*, seja da *interpretação extensiva*. É curioso o fato de que a *analogia iuris*, não obstante a identidade do nome, não tem nada a ver com um raciocínio por analogia, ao passo que a interpretação extensiva, não obstante a diversidade do nome, é um caso de aplicação do raciocínio por analogia. Por *analogia iuris* entende-se o procedimento com que se extrai uma nova regra para um caso imprevisto não a partir da regra que se refere a um caso singular, como ocorre na *analogia legis*, mas a partir de todo o sistema ou de uma parte dele: esse procedimento não difere em nada daquele empregado no recurso aos princípios gerais do direito, e falaremos a respeito na seção seguinte. Quanto à interpretação extensiva, é opinião comum, embora às vezes contestada, que ela seja algo diverso da analogia propriamente dita. A importância jurídica da distinção está no seguinte: considera-se em geral que quando a extensão analógica é proibida, como segundo o art. 14 das Disposições preliminares do Código Civil italiano, nas leis penais e nas leis excepcionais, a interpretação extensiva é lícita. Nesse caso, trata-se de observar, referindo-nos ao que dissemos reiteradamente a propósito das lacunas, que, quando não é admitida a extensão analógica, funciona imediatamente, em caso de *silentium legis*, a norma geral exclusiva. Não existe uma zona intermediária entre o caso individual expressamente regulado e os casos não regulados.

Mas qual é a diferença entre analogia propriamente dita e interpretação extensiva? Foram excogitados vários critérios para justificar a distinção. Creio que o único critério aceitável seja aquele que procura compreender a diferença em relação aos diversos efeitos, respectivamente, da extensão analógica e da interpretação extensiva: o efeito da primeira é a criação de uma nova norma jurídica; o efeito da segunda é a extensão de uma norma a casos não previstos por ela. Vamos citar dois exemplos. Pergunta-se se o art. 1.577 do Código Civil italiano, que diz respeito às obrigações do locador em relação às reparações da coisa locada, pode estender-se às obrigações de mesma natureza do comodatário: se a resposta for afirmativa, criou-se uma regra nova para disciplinar o comodato, que antes não existia. Pergunta-se, ao contrário, se o art. 1.754 do Código Civil italiano, que define como mediador "aquele que põe em contato duas ou mais partes para a conclusão de um negócio", estende-se também àquele que "induza à conclusão do negócio depois que as partes tenham iniciado os contatos sozinhas ou por meio de outro mediador": se a resposta for afirmativa, não se criou uma regra nova, mas simplesmente ampliou-se o alcance da regra dada. O primeiro exemplo é de analogia; o segundo, de interpretação extensiva. Com esta nos limitamos à redefinição de um termo, mas a norma aplicada é sempre a mesma. Com aquela se passa de uma norma a outra. Enquanto é correto dizer que com a interpretação extensiva estendeu-se o conceito de mediador, não seria igualmente correto dizer, no caso do art. 1.577 do Código Civil italiano, que com a analogia estendeu-se o conceito de locação. Nesse caso acrescentou--se a uma norma específica uma outra norma específica, remontando a um *genus* comum. Naquele caso acrescentou-se uma nova *species* ao *genus*, previsto na lei. Esquematicamente, os dois casos podem ser expressos do seguinte modo:

1. *Analogia*
   a' (caso regulado)
                           A (a *ratio* comum a ambos)
   a" (caso não regulado)
           a" é semelhante a a' mediante A
           donde (A) a'   e   (A) a"

2. *Interpretação extensiva*
   Aa' (caso regulado)
   a" (caso não regulado)
           a" é semelhante a a'
           onde Aa'a"

30. Os princípios gerais do direito

O outro procedimento de autointegração é o recurso aos princípios gerais do direito, tradicionalmente conhecidos como *analogia iuris*. A expressão "princípios gerais do direito" foi usada pelo legislador de 1865; mas pelos equívocos a que podia dar lugar, ou seja, se se devia entender por "direito" o direito natural ou o direito positivo, o projeto do novo código havia adotado a fórmula "princípios gerais do direito vigente", que foi alterada na última redação na atual fórmula: "princípios gerais do ordenamento jurídico do Estado". Essa alteração é explicada no Relatório do ministro com as seguintes palavras: "Em lugar da fórmula 'princípios gerais do direito vigente', que poderia parecer demasiado limitativa da obra do intérprete, considerei preferível a outra, 'princípios gerais do ordenamento jurídico do Estado', na qual o termo 'ordenamento' compreende, no seu significado amplo, além das normas e dos institutos, também a orientação político-legislativa estatal e a tradição científica nacional (direito romano, comum etc.). Tal ordenamento, adotado ou sancionado pelo Estado, ou seja, o nosso ordenamento, seja privado ou público, dará ao intérprete todos os elementos necessários para a pesquisa da norma reguladora". Citamos na íntegra essa passagem do Relatório, pois as últimas linhas são uma expressão bastante característica do dogma da completude e, por outro lado, a referência à "tradição científica nacional" pode levar a pensar numa evasão, até inconsciente, em direção à heterointegração.

Que o recurso aos princípios gerais, mesmo na nova formulação, represente um procedimento de heterointegração, foi sustentado pelo maior estudioso italiano do problema da interpretação, Betti, com argumentos que de resto não me convencem. Betti coloca o recurso aos princípios gerais do direito entre os métodos de heterointegração ao lado dos juízos de equidade, com o seguinte argumento: "Um desses instrumentos (de heterointegração) é constituído pelos princípios gerais do direito, se e enquanto possa ser-lhes reconhecida uma forma de expansão não meramente lógica, mas axiológica, de modo a ir bem além das soluções legislativas determinadas pelas suas valorações e, portanto, de modo a transcender o mero direito positivo"[8]. Em outro trecho: "E, assim como as normas singulares só refletem em parte os princípios gerais [...], da mesma forma os princípios gerais, enquanto critérios de valoração imanentes à ordem jurídica, são caracterizados por um *excesso de conteúdo deontológico* (ou *axiológico,* se preferirmos*)* em confronto com as normas singulares, também reconstruídas no seu sistema"[9]. A dificuldade dessa tese de Betti deriva do fato de que é sustentada com duas afirmações contrastantes: de um lado, os princípios gerais do direito são considerados *imanentes* à ordem jurídica; de outro, *excedentes*. Se fossem realmente "excedentes", o recurso a eles, em vez de integrar o sistema, acabaria por colocá-lo em desordem.

Os princípios gerais, a meu ver, são apenas normas fundamentais ou normas generalíssimas do sistema. O nome "princípios" induz a erro, de tal forma que é antiga questão entre os juristas saber se os princípios gerais são normas. Para mim não resta dúvida: os princípios gerais são normas como todas as outras. E essa é também a tese sustentada pelo estudioso que se ocupou mais amplamente do problema, Crisafulli[10]. Para sustentar que os princípios gerais são normas, os argumentos são dois, e ambos válidos: em primeiro lugar, se são normas aquelas das quais os princípios gerais são extraídos, mediante um procedimento de generalização sucessiva, não há motivo para que eles também não sejam normas: se abstraio de espécies animais, obtenho sempre animais, e não flores ou estrelas. Em segundo lugar, a função pela qual são extraídos e usados é igual

---

8. E. BETTI, *Interpretazione della legge e degli atti giuridici,* Milão, 1949, p. 52.
9. *Op. cit.,* p. 211.
10. V. CRISAFULLI, "Per la determinazione del concetto dei principi generali del diritto", in *Riv. int. fil. dir.,* XXI (1941), pp. 41-64; 157-82; 230-65. Do mesmo autor cf. também *La costituzione e le sue disposizioni di principio,* Milão, 1952, sobretudo pp. 38-42.

àquela realizada por todas as normas, ou seja, a função de regular um caso. Com que objetivo são extraídos em caso de lacuna? Para regular um comportamento não regulado, é claro: mas então servem ao mesmo objetivo a que servem as normas expressas. E por que não deveriam ser normas? O que não concordo com Crisafulli é sobre a tese, por ele sustentada, de que o art. 12 se refira tanto aos princípios gerais não expressos quanto aos expressos. Crisafulli distingue os princípios gerais em expressos e não expressos; os expressos, distingue-os, por sua vez, em expressos já aplicados e em expressos ainda não aplicados. Muitas normas, seja dos códigos seja da Constituição, são normas generalíssimas e, portanto, são verdadeiros princípios gerais expressos: eu colocaria nessa categoria normas como o art. 2.043 do Código Civil italiano, que formula um dos princípios fundamentais sobre o qual se rege a convivência social, expressa pela conhecida máxima da justiça: *neminem laedere*; o art. 2.041 do Código Civil italiano, relativo ao enriquecimento ilícito; o art. 1.176 desse mesmo código, relativo ao cumprimento das obrigações. Muitas normas da Constituição são princípios gerais do direito: mas, diferentemente das normas do Código Civil, algumas delas ainda esperam ser aplicadas: são princípios gerais expressos não aplicados.

Ao lado dos princípios gerais expressos existem os não expressos, ou seja, aqueles que podem ser extraídos por abstração de normas específicas ou ao menos não muito gerais: são princípios, ou seja, normas generalíssimas, formuladas pelo intérprete, que busca compreender, comparando normas aparentemente diferentes entre si, aquilo que comumente se chama de espírito do sistema. Perguntamo-nos se os princípios gerais de que fala o art. 12 são apenas os não expressos ou também os expressos: consideramos que são apenas os não expressos. O art. 12 refere-se às lacunas e aos meios para completá-las: uma vez que os princípios gerais são expressos; uma vez que, como dissemos, são normas como todas as outras, não se pode falar de lacuna. A primeira condição para que se possa falar de lacuna é que o caso não seja regulado: o caso não é regulado quando não existe nenhuma norma expressa, nem específica, nem geral, nem generalíssima, que se refira a ele, ou seja, quando, além da ausência de uma norma específica que se refira a ele, também o princípio geral, dentro do qual poderia se inserir, não é expresso. Se o princípio geral fosse expresso, não haveria diferença entre julgar o caso com base nele ou com base numa norma específica. É verdade que o legislador italiano não disse "na ausência de um dispositivo *expresso*", mas "na ausência de um dispositivo *preciso*". Mas um princípio geral expresso é um dispositivo *preciso*. O art. 12 autoriza o intérprete a buscar os princípios gerais não expressos. Quanto aos princípios gerais expressos, seria bem curioso que ocorresse uma norma própria para autorizar sua aplicação.

Capítulo V
Os ordenamentos jurídicos em relação entre si

SUMÁRIO: 31. A pluralidade dos ordenamentos. – 32. Vários tipos de relações entre ordenamentos. – 33. Estado e ordenamentos menores. – 34. Relações temporais. – 35. Relações espaciais. – 36. Relações materiais.

31. A pluralidade dos ordenamentos

Até agora consideramos os problemas que nascem *dentro* de um ordenamento. Existe ainda um problema a ser tratado para completar aquela teoria do ordenamento jurídico a que nos propusemos desde o início: o problema das relações entre ordenamentos, ou seja, os problemas, se preferirmos nos exprimir com a fórmula correspondente, que nascem *fora* de um ordenamento. É um problema até agora pouco tratado, do ponto de vista da teoria geral do direito. Este capítulo será apenas um esboço de um estudo, que mereceria ser muito mais amplo.

A primeira condição para que se possa falar de relações entre ordenamentos é que os ordenamentos jurídicos existentes sejam mais de um, e que não exista apenas um ordenamento jurídico. O ideal do ordenamento jurídico único, como várias vezes tivemos ocasião de notar, foi persistente no pensamento jurídico ocidental. O prestígio do direito romano, antes, do direito natural depois, determinou o surgimento e a permanência da ideologia de um único direito universal, de que os direitos particulares não eram senão especificações históricas. Mais do que indagar sobre as relações entre ordenamentos diversos, tratava-se de colocar em relevo as relações dos vários direitos particulares com o direito universal único. Um dos problemas mais discutidos no âmbito da ideologia universalista do direito foi justamente o problema das relações entre direito positivo e direito natural. Os processos mediante os quais a ideologia universalista do direito se enfraqueceu são principalmente dois, e se sucederam no tempo. Se chamamos de "monismo jurídico" a ideia universalista com base na qual existe um único ordenamento jurídico universal, e de "pluralismo jurídico" a ideia oposta, podemos dizer que o pluralismo jurídico percorreu duas fases.

A primeira fase foi aquela que corresponde ao nascimento e ao desenvolvimento do *historicismo jurídico*, que, sobretudo através da escola histórica do direito, afirma a nacionalidade dos direitos que emanam direta ou indiretamente da consciência popular. Ao único direito natural, comum a todas as pessoas, contrapõem-se, assim, tantos direitos quantos forem os povos ou as nações. O direito também é um produto típico do chamado gênio das nações, que constituirá um dos motivos recorrentes das doutrinas nacionais do século XIX. Essa primeira forma de pluralismo tem caráter estatista. Existe não apenas um, mas muitos ordenamentos jurídicos, pois existem muitas nações, cada uma das quais tende a exprimir, num ordenamento unitário (o ordenamento estatal), a sua personalidade, ou, se se preferir, o seu gênio jurídico. Esse esfacelamento do direito universal em tantos direitos particulares, um independente do outro, é confirmado e teorizado pela corrente jurídica, que acabou por dominar na segunda metade do século XIX, e ainda hoje está longe de declinar: falo do *positivismo jurídico*, ou seja, daquela corrente segundo a qual não existe outro direito a não ser o direito positivo, e é característica do direito positivo ser posto por uma vontade soberana (o positivismo jurídico identifica-se com a concepção voluntarista do direito). Onde quer que exista um poder soberano, existe um direito, e como todo poder soberano é, por definição, independente de qualquer outro poder soberano, todo direito constitui um ordenamento à parte. Existem tantos direitos, um diferente do outro, quantos são os poderes soberanos. O fato de os poderes soberanos serem muitos e independentes é um dado concreto. Partindo do dogma voluntarista do direito, um direito universal só pode ser concebido presumindo-se um único poder soberano universal: essa hipótese deu origem à ideia de que o direito era emanado de uma única vontade soberana, a vontade de Deus, e cada um dos poderes soberanos históricos eram emanações, diretas ou indiretas, da vontade de Deus. Mas essa ideia foi abandonada com o surgimento do pensamento político moderno, para o qual a ideia universalista do direito ressurgiu sob a forma do direito natural, cujo órgão criativo não é mais a vontade, mas a razão. Porém, reconduzido o direito, assim como sua fonte, não à razão, mas à vontade, e uma vez enfraquecida a concepção teológica do universo na filosofia e nas ciências modernas, resultou, como consequência inevitável, o pluralismo jurídico.

A segunda fase do pluralismo jurídico é aquela que podemos chamar de *institucional* (para distingui-la da primeira, que podemos chamar de estatal ou nacional), e para a qual já chamamos a atenção no curso anterior. Nesse caso, "pluralismo" tem um significado mais expressivo (tanto que, quando falamos de "pluralismo" sem ulteriores especificações, referimo-nos a essa corrente, e não à anterior): significa não só que existem muitos ordenamentos jurídicos (mas todos do mesmo tipo) em contraposição ao único direito universal, mas que existem ordenamentos jurídicos de *muitos tipos diferentes*. Ele é chamado de "institucional", porque sua tese principal é de que existe um ordenamento jurídico onde quer que exista uma instituição, ou seja, um grupo social organizado. As correntes de pensamento que o originaram são aquelas mesmas correntes sociológicas, antiestatistas, que já vimos na fonte da escola do direito livre (na seção 23 do capítulo anterior). A teoria institucional é também um produto da descoberta da sociedade abaixo do Estado. A consequência dessa teoria é uma ulterior fragmentação da ideia universalista do direito e, é evidente, um enriquecimento do problema, que se torna cada vez mais complexo e repleto de perspectivas, referente às relações entre ordenamentos. Uma vez aceita a teoria pluralista institucional, o problema das relações entre ordenamentos passa a compreender não só o problema das relações entre ordenamentos estatais, mas também o problema das relações entre ordenamentos estatais e ordenamentos diferentes dos estatais. Entre os ordenamentos não estatais, distinguimos quatro tipos:

a) ordenamentos *acima* do Estado, como o ordenamento internacional, e, segundo algumas doutrinas, o da Igreja Católica;
b) ordenamentos *abaixo* do Estado, como aqueles propriamente sociais, que o Estado reconhece, limitando-os ou absorvendo-os;
c) ordenamentos *ao lado* do Estado, como aquele da Igreja Católica, segundo outras concepções, ou, também, aquele internacional, segundo a concepção chamada "dualista";
d) ordenamentos *contra* o Estado, como as associações para delinquir, as seitas secretas etc.

Uma vez constatado o declínio da concepção universalista do direito, não queremos com isso dizer que o universalismo jurídico esteja morto também como exigência moral, ou como tendência prático-política. Pelo contrário: o universalismo como tendência nunca morreu e, nos últimos anos, sobretudo após a Segunda Guerra Mundial e a criação da Organização das Nações Unidas, está mais vivo que nunca. O universalismo jurídico ressurge hoje não mais como crença num direito natural eterno, já estabelecido em caráter definitivo, mas como vontade tendente a constituir um *único direito positivo*, que reúna numa unidade todos os direitos positivos existentes, e que seja produto não da natureza, mas da história, e esteja não no início do desenvolvimento social e histórico (como o direito natural e o estado de natureza), mas no fim. A ideia do Estado mundial único é a ideia-limite do universalismo jurídico contemporâneo;

é uma unidade que se busca não contra o positivismo jurídico, com um retorno à ideia de um direito natural revelado à razão, mas através do desenvolvimento, até ao limite extremo, do positivismo jurídico, ou seja, à constituição de um direito positivo universal.

32. Vários tipos de relações entre ordenamentos

Tendo em vista que as normas singulares de um ordenamento podem ser dispostas em ordem hierárquica, nada impede que os vários ordenamentos mantenham entre si uma relação de superior para inferior. A pirâmide que nasce no interior de um ordenamento pode prolongar-se para fora do ordenamento, se alguns ordenamentos de um determinado tipo são subordinados a um ordenamento superior, e este, por sua vez, a um outro, e assim por diante. A imagem da pirâmide das normas pode ser completada com a imagem da pirâmide dos ordenamentos. Por isso, uma primeira classificação das relações entre ordenamentos pode ser feita com base nos diferentes graus de validade que eles têm uns em relação aos outros. Vamos distingui-los da seguinte maneira:

a) relações de coordenação;
b) relações de subordinação (ou de supremacia recíproca).

Típicas relações de *coordenação* são aquelas que ocorrem entre Estados soberanos, e dão origem àquele regime jurídico específico, que é próprio das relações entre organismos que estão no mesmo plano, o regime pactual, ou seja, aquele regime em que as regras de coexistência são o produto de uma autolimitação recíproca. Típicas relações de *subordinação*, por sua vez, são aquelas entre o ordenamento estatal e os ordenamentos sociais parciais (associações, sindicatos, partidos, Igrejas etc.), que têm estatutos próprios, cuja validade deriva do reconhecimento do Estado. Na concepção curial das relações entre Estado e Igreja, relação de subordinação é também a intercorrente entre o ordenamento fundado na *potestas temporalis* e o fundado na *potestas spiritualis*. Existe uma concepção das relações entre ordenamentos estatais e ordenamento da comunidade internacional (o direito internacional), chamada de concepção monista do direito internacional, segundo a qual a relação entre o direito internacional e o direito de cada Estado é uma relação entre superior e inferior.

Um segundo critério de classificação das relações entre ordenamentos é aquele que leva em conta as diversas *extensões* recíprocas dos respectivos âmbitos de validade. Nesse caso, podemos ter três tipos de relações:

a) relações de exclusão total;
b) relações de inclusão total;
c) relações de exclusão parcial (ou inclusão parcial).

Exclusão total significa que os âmbitos de validade de dois ordenamentos são delimitados de modo a não se sobrepor um ao outro em nenhuma de suas partes. Como exemplo típico pode ser admitido o de dois ordenamentos estatais que se excluem totalmente (salvo alguma exceção) em relação à validade espacial das respectivas normas jurídicas: podem ser representados como dois círculos que não têm nenhum ponto em comum. Estado e Igreja, por sua vez, podem ser concebidos como reciprocamente excludentes, se se parte da teoria dos ordenamentos coordenados: nesse caso, porém, a exclusão ocorre não em relação à validade espacial (e de fato as normas da Igreja e as do Estado são válidas no mesmo território), mas em relação à respectiva validade material (a matéria regulada por um dos dois ordenamentos é diferente da regulada pelo outro). No que diz respeito às diferentes validades materiais, consideram-se excludentes o ordenamento jurídico e o ordenamento moral por parte daqueles que defendem a teoria de que direito e moral se distinguem pelo objeto diferente dos respectivos ordenamentos normativos: o direito regula as ações externas; a moral, as internas. *Inclusão total* significa que um dos ordenamentos tem um âmbito de validade compreendido totalmente no âmbito de validade do outro. Se considerarmos, por exemplo, a validade espacial, o ordenamento de um Estado-membro estará totalmente compreendido no ordenamento do Estado federal. Considerando, por sua vez, também a validade material, o ordenamento da Igreja está totalmente incluído no ordenamento do Estado numa concepção de tipo erastiano das relações entre Estado e Igreja, ou seja, numa concepção em que não existem matérias especificamente espirituais reservadas à Igreja, mas a total jurisdição, seja em matéria espiritual, seja em matéria temporal, é reservada ao Estado. Existe uma concepção das relações entre direito e moral que pode ser representada como exemplo de inclusão total: é aquela concepção segundo a qual a extensão das regras jurídicas é mais restrita que a das regras morais, e não há regra jurídica que não seja também regra moral. Essa concepção também é chamada, na teoria do direito, como "mínimo ético", para indicar que o direito, no seu conjunto, compreende um mínimo de regras morais, aquele mínimo necessário à coexistência (ou seja, para evitar o mal maior, que é o da desordem e da guerra).

Exclusão parcial e *inclusão parcial* significam que dois ordenamentos têm uma parte em comum e a outra não. Essa situação verifica-se quando o ordenamento estatal absorve ou assimila um ordenamento diferente, como o ordenamento da Igreja, ou o ordenamento de uma associação particular, mas não o absorve totalmente: uma parte do ordenamento absorvido permanece, então, fora do ordenamento estatal e continua a regular o comportamento dos seus membros em uma zona que é, em relação ao Estado, de mera liceidade; e, ao mesmo tempo, o Estado se estende em muitas zonas do comportamento humano, que são estranhas àquelas a que se destina o ordenamento parcial absorvido. Para caracterizar essa situação, não importa que a esfera comum seja grande ou pequena: o que importa é que, além da esfera comum, em que os dois ordenamentos coincidem, existam outras duas esferas, em que um dos ordenamentos não coincide com o outro. Na questão das relações entre direito e moral, a solução que apresenta essas relações como relações de inclusão parcial e de exclusão parcial é talvez a mais comum: direito e moral, segundo essa perspectiva, em parte coincidem e em parte não, o que significa que existem comportamentos obrigatórios tanto para um quanto para o outro, mas também existem comportamentos obrigatórios moralmente e lícitos juridicamente, e, vice-versa, comportamentos obrigatórios juridicamente e lícitos moralmente. A proibição de roubar vale tanto em moral quanto em direito; a obrigação de pagar as dívidas de jogo vale somente em moral; a obrigatoriedade de se realizar um ato com certas formalidades para que seja válido vale só em direito.

Enfim, se considerarmos as possíveis relações entre ordenamentos de um terceiro ponto de vista, ou seja, partindo da validade que um determinado ordenamento atribui às regras de outros ordenamentos com os quais toma contato, estaremos diante de três situações diferentes, que podemos formular esquematicamente da seguinte maneira:

a) indiferença;
b) recusa;
c) absorção.

Por situação de *indiferença* entendemos aquela em que um ordenamento considera lícito aquilo que num outro ordenamento é obrigatório: por parte de um ordenamento jurídico, como o nosso, em que as dívidas de jogo são obrigações naturais, exemplo típico são as obrigações contraídas reciprocamente pelos jogadores. Por situação de *recusa* entendemos aquela em que um ordenamento considera proibido aquilo que num outro ordenamento é obrigatório (ou, vice-versa, considera obrigatório aquilo que alhures é proibido): o exemplo mais típico é aquele das relações entre Estado e sociedade para delinquir. Finalmente, por situação de *absorção* entendemos aquela em que um ordenamento considera obrigatório ou proibido aquilo que num outro ordenamento é obrigatório ou proibido. Esta última situação pode assumir duas formas, que chamamos reenvio formal e reenvio material, ou, mais simplesmente, *reenvio* e *recepção*. Por "reenvio" entendemos aquele procedimento pelo qual um ordenamento renuncia a regular uma dada matéria e acolhe a regulamentação estabelecida por fontes normativas pertencentes a outros ordenamentos; por "recepção" entende-se aquele procedimento pelo qual um ordenamento incorpora no próprio sistema a disciplina normativa de uma dada matéria, assim como foi estabelecida num outro ordenamento.

33. Estado e ordenamentos menores

Na fenomenologia das relações entre ordenamentos, ocupam um lugar à parte as relações entre o ordenamento estatal e certos ordenamentos menores, cuja vida se desenvolve no interior da vida do Estado e com ela se entrelaça de vários modos. Nesse caso, entendo por "ordenamentos menores" aqueles ordenamentos que mantêm unidos os seus membros para objetivos parciais e que, portanto, colidem apenas em parte com a totalidade dos interesses das pessoas que compõem o grupo. Poderiam também ser chamados de "ordenamentos parciais", não fosse pelo fato de que não se pode chamar de "total" nem o Estado, nem o Estado totalitário. Não estou aqui definindo se esses ordenamentos menores são também jurídicos ou não. São considerados jurídicos pela teoria institucional, que se limita a exigir como requisito da juridicidade um mínimo de organização. A questão de se saber se são ou não são jurídicos não tem particular relevância na presente discussão. Aqui precisamos observar que o ordenamento jurídico de um Estado não é um bloco compacto: assim como o geólogo pesquisa os vários estratos da Terra, da mesma forma o teórico do direito procederá corretamente ao se colocar diante de um ordenamento jurídico na atitude do historiador que pesquisa suas várias fases de formação. Quando falamos das fontes, no segundo capítulo, distinguimos ordenamentos simples e ordenamentos complexos; e repetimos várias vezes que os ordenamentos estatais, com os quais nos ocupamos, são ordenamentos complexos. Podemos acrescentar agora que não são simples também em outro sentido, ou seja, no sentido de que são *compostos*: nesse caso, por "compostos" entendemos que são *estratificados*, isto é, são produto de uma estratificação secular de ordenamentos diversos, ao mesmo tempo independentes uns dos outros, e depois, pouco a pouco, absorvidos e amalgamados no único ordenamento estatal ora vigente.

Um dos processos com que se deu essa estratificação é aquele procedimento de absorção de um ordenamento jurídico por parte de um outro que, na seção anterior, chamamos de *recepção*. Na relação entre Estado e ordenamentos menores, são exemplo típico de recepção aquelas partes do ordenamento estatal que originariamente eram ordenamentos parciais, surgidos em comunidades com interesses e objetivos específicos, como o direito comercial ou o direito da navegação, que no início e por longos séculos foram o produto da atividade independente dos comerciantes e dos navegantes, e depois pouco a pouco introduzidos e integrados no ordenamento estatal único com a progressiva extensão e o fortalecimento do monopólio jurídico do Estado. É claro que, onde ocorreu a recepção, não existe mais vestígio externo do ordenamento originário: somente a pesquisa dos estratos o revela. E essa pesquisa não tem uma relevância jurídica direta; tem um interesse principalmente histórico, e para a teoria geral do direito.

Mas nem sempre ocorre a recepção: outras vezes o procedimento com que o ordenamento estatal utiliza os ordenamentos menores é aquele do *reenvio*, ou seja, é aquele procedimento pelo qual um ordenamento não se apropria do conteúdo das normas de um outro ordenamento, como acontece na recepção, mas limita-se a reconhecer sua plena validade no próprio âmbito. Por exemplo, a vida da família de colonos não é regulada por normas materialmente pertencentes ao ordenamento estatal: é regulada por costumes, aos quais o ordenamento estatal atribui validade de normas jurídicas por meio de um reenvio de caráter geral. Se tivermos sempre presente a nossa definição de ordenamento jurídico como conjunto de regras com eficácia reforçada, no caso de ordenamentos menores, a que o ordenamento estatal reenvia, poderemos dizer que nos encontramos diante de regras de conduta que se formaram fora e independentemente do ordenamento estatal cujo Estado oferece a própria proteção. Ver, por exemplo, o recurso que o legislador italiano faz em alguns casos às regras da *retidão* (art. 1.175 do Código Civil) e às regras da *retidão profissional* (art. 2.598, alínea 3, do Código Civil): trata-se de regras de relações sociais, que são produzidas a partir das exigências da conveniência e da comunicação em condições específicas de ambiente e de atividade. O legislador italiano não diz quais são essas regras; limita-se a reconhecer sua existência e a conceder-lhes proteção em determinados casos, como se fossem normas emanadas diretamente dos próprios órgãos dotados de poderes normativos. Um Estado que venha a incorporar um grupo étnico com costumes, cultura e história muito diferentes daqueles do grupo étnico dominante pode seguir o caminho da absorção e o da tolerância: o primeiro requer, diante do ordenamento menor, o procedimento que chamamos de recusa, ou seja, do não conhecimento das regras próprias do grupo étnico, e da substituição violenta com as normas já em vigor no ordenamento estatal; o segundo caminho, por sua vez, poderá ser colocado em prática com o procedimento do reenvio, ou seja, atribuindo às normas, provavelmente a um grupo de normas, que se formaram integralmente no ordenamento menor, a mesma validade das normas próprias do ordenamento estatal, *como se* aquelas fossem idênticas a estas.

A atitude mais frequente do Estado em relação às regras de ordenamentos menores e parciais é a da *indiferença*. Isso significa que esses ordenamentos têm os seus comandos e as suas proibições; mas o Estado não os reconhece. Esses comandos e essas proibições valem para as pessoas que aderem àquele ordenamento, e são condição necessária para que participem dele; mas o Estado não lhes concede nenhuma proteção, com a consequência de que se torna lícito no ordenamento estatal o que é ilícito no ordenamento não reconhecido. Exemplo típico dessa atitude é aquela que o Estado geralmente assume diante dos regulamentos dos jogos e dos esportes, e das obrigações assumidas pelos jogadores e pelos esportistas entre si. Para o jogo e para a aposta o legislador italiano dispôs, com o art. 1.933, alínea 1, do Código Civil, que "não cabe ação para o pagamento de uma dívida de jogo ou de aposta, mesmo que se trate de jogo ou de aposta não proibidos"*. O fato de não caber ação ao vencedor para obter o valor que lhe compete significa que seu direito não é protegido; e o fato de seu direito não ser protegido significa que não existe uma obrigação juridicamente relevante do perdedor. O que é obrigatório entre jogadores, pagar as dívidas de jogo, não é obrigatório para o ordenamento estatal, ou seja, é *lícito* não pagá-las. A dívida de jogo é um caso particular da mais ampla categoria das chamadas obrigações naturais a que se refere o art. 2.034 do Código Civil italiano; são obrigações para as quais o legislador italiano "não concede ação", mesmo excluindo a repetição "daquilo que foi espontaneamente prestado". O art. 2.034 desse Código fala em geral de "deveres morais e sociais" sem ulterior especificação.

Às vezes a atitude do Estado em relação aos ordenamentos menores é de recusa. Caso típico no ordenamento

---

* De maneira análoga, o Código Civil brasileiro dispõe, no art. 814, *caput*, que "As dívidas de jogo ou de aposta não obrigam a pagamento [...]" e, no parágrafo 2º, que "O preceito contido nesse artigo tem aplicação, ainda que se trate de jogo não proibido, só se exceptuando os jogos e apostas legalmente permitidos". [N.da T.]

italiano é aquele do duelo, que é sem dúvida um comportamento obrigatório no ordenamento supérstite dos "gentis-homens", regulado por aquele código específico de procedimento, que é conhecido com o nome de "código cavalheiresco". O que é obrigatório para aquele que se considera partícipe do ordenamento dos gentis-homens é proibido no ordenamento estatal. O legislador italiano considera o duelo um crime sob o título de "tutela arbitrária das próprias razões" (arts. 394-396 do Código Penal).

34. Relações temporais

As relações mais importantes, e mais merecedoras de estudo, são aquelas que intercorrem entre os ordenamentos estatais, ou entre ordenamentos estatais, de um lado, e ordenamentos originários, aos quais se atribui por consenso comum o caráter de ordenamentos jurídicos, como é o caso do ordenamento internacional e do ordenamento da Igreja Católica.

Vamos tentar uma classificação dessas relações partindo dos diversos âmbitos de validade de um ordenamento, sobretudo dos âmbitos *temporal, espacial* e *material*. Se dois ordenamentos se diferenciam em relação a esses três âmbitos, é provável que não tenham entre si nenhuma interferência: portanto, um problema das relações entre eles não está nem sequer em questão. Quando se diz que estão entre si em relação de *total exclusão,* diz-se tudo, e não é necessário acrescentar nada. O exame das relações entre ordenamentos torna-se interessante quando têm entre si, em comum, dois desses âmbitos e diferem em relação ao terceiro. Basta a diferença de um dos três âmbitos para excluir a identificação entre eles, ou seja, aquela relação de total subordinação que seria pouco interessante, assim como aquela da total exclusão. Mas o fato de ter em comum dois âmbitos é condição suficiente para o nascimento de interferências recíprocas que merecem alguma atenção.

Podemos distinguir três tipos de ordenamentos, conforme o âmbito diferente seja temporal, espacial ou material:

1. dois ordenamentos têm em comum entre si o âmbito espacial e o material, mas não aquele temporal. Trata-se do caso de dois ordenamentos estatais que se sucedem no tempo no mesmo território;
2. dois ordenamentos têm em comum entre si o âmbito temporal e o material, mas não aquele espacial. Trata-se da relação entre dois Estados contemporâneos, que vigem ao mesmo tempo e regulam *grosso modo* as mesmas matérias, mas em dois territórios diferentes;
3. dois ordenamentos têm em comum entre si o âmbito temporal e espacial, mas não aquele material. Trata-se da relação característica entre um ordenamento estatal e o ordenamento da Igreja (com particular atenção às Igrejas cristãs, e principalmente à Igreja Católica): Estado e Igreja estendem a sua jurisdição no mesmo território e ao mesmo tempo, mas as matérias reguladas por um e por outro são diferentes.

Nesta seção vamos começar a considerar a primeira dessas três relações. Em síntese, trata-se da relação entre ordenamento velho e ordenamento novo, que se verifica, por exemplo, graças a uma revolução, que interrompe a continuidade de um ordenamento jurídico (do ponto de vista interno e também do ponto de vista do direito internacional, motivo pelo qual vale o princípio *forma regiminis mutata non mutatur ipsa civitas*). O que se entende juridicamente por revolução? Entende-se o aniquilamento ilegítimo de um ordenamento jurídico preexistente, praticado internamente, e, ao mesmo tempo, a constituição de um ordenamento jurídico novo. A definição jurídica de revolução causou dificuldades aos juristas, pois ela apresenta duas faces: em relação ao ordenamento anterior é um fato ilegítimo (tanto é verdade que, se falhar, aqueles que estiverem envolvidos acabarão mal, e nem sequer continua a se chamar revolução, mas insurreição, motim etc.); em relação ao ordenamento sucessivo, que se origina dela, é o próprio fundamento da legitimidade de todo o ordenamento, ou seja, é um fato constitutivo de direito. A dificuldade consiste em que em ambas as faces apresenta-se como um mero fato, não é por si mesma um ato jurídico, no sentido de ato qualificado por uma norma jurídica. Carnelutti observou bem essa dificuldade, distinguindo os fatos jurídicos em bilaterais e unilaterais, conforme tenham caráter jurídico a situação inicial e aquela final, ou só uma das duas, e aqueles unilaterais, por sua vez, em constitutivos (como o costume) e extintivos (como o desuso), e considerando a revolução como um duplo fato unilateral, ao mesmo tempo extintivo (do velho ordenamento) e constitutivo (do novo). E como é possível um mero fato produzir direito? Essa pergunta não nos espanta, uma vez que acreditamos, e muitas vezes repetimos, que o direito nasce do fato: o fundamento de um ordenamento jurídico, conforme dissemos, é um poder tão grande a ponto de possuir não só a autoridade de emanar normas para os membros de um grupo, mas também a força de fazer com que sejam cumpridas por aqueles que não se importam com elas.

De todo modo, as tentativas de dar uma definição jurídica do "fato" revolução são muitas; mas podem ser reduzidas a uma das três possibilidades a seguir[1]:

a) a revolução é por si mesma um fato jurídico e, portanto, tem autonomia jurídica. É a teoria de Romano, segundo a qual a revolução é uma instituição enquanto organização estatal embrionária, ou seja, é um ordenamento jurídico à parte, diferente tanto do ordenamento anterior que se extingue quanto daquele seguinte que irá nascer;

b) a revolução é um fato juridicamente qualificado do ponto de vista de um ordenamento diferente do estatal. É a tese de Kelsen, segundo a qual a qualificação jurídica da re-

---

1. Para um exame detalhado dos vários problemas ligados à revolução cf. M. A. CATTANEO, *Il concetto di rivoluzione nella scienza del diritto*, Milão, 1960.

volução deve ser buscada no direito internacional: a revolução nada mais é do que um dos procedimentos previstos e, portanto, legítimos (do ponto de vista do ordenamento internacional), mediante os quais se pode modificar um ordenamento jurídico estatal;

c) a revolução é um fato jurídico do ponto de vista do próprio direito interno do Estado. É a teoria, talvez mais difundida, segundo a qual, entre as fontes do direito, ainda que não expressa, deve ser considerada a *necessidade*, e a revolução é uma manifestação específica da necessidade, que justifica o que, afora aquele particular estado de necessidade, seria ilegítimo.

Como quer que seja justificada a transição, é certo que com a revolução tem-se uma interrupção na continuidade: ela é como um divisor de águas que separa um ordenamento do outro. Mas essa divisão é absoluta? O ordenamento velho e o novo estão entre si em relação de exclusão recíproca? Eis o problema. Mas a resposta só pode ser negativa: a revolução opera uma interrupção, porém não uma completa solução de continuidade: há o novo e o velho, mas há também o velho que se transborda no novo, e o novo que se mistura ao velho. É um fato que, em geral, parte do velho ordenamento transborda para o novo, e às vezes só se modificam alguns princípios fundamentais referentes à constituição do Estado. Como se desdobra essa transição? A melhor explicação é aquela que recorre à figura, já várias vezes empregada, da *recepção*. No novo ordenamento ocorre uma verdadeira recepção de boa parte do velho: e costuma-se entender por recepcionadas todas aquelas normas que não são explícita ou implicitamente ab-rogadas. O fato de o novo ordenamento ser constituído em parte pelas normas do velho não prejudica em nada o seu caráter de novidade: as normas comuns ao velho e ao novo ordenamento pertencem apenas *materialmente* ao primeiro, *formalmente* são todas normas do novo ordenamento, no sentido de que elas são válidas não com base na norma fundamental do velho ordenamento, mas com base na norma fundamental do novo. Nesse sentido, falamos de recepção, e não pura e simplesmente de permanência do velho no novo. A recepção é um ato jurídico com o qual um ordenamento acolhe e faz suas as normas de um outro ordenamento em que essas normas permanecem materialmente as mesmas, mas não são mais as mesmas em relação à forma.

Uma interessante tipologia das atitudes que o novo ordenamento jurídico pode assumir diante do velho observa-se no decreto legislativo n? 249, de 5 de outubro de 1944, sobre a *Estrutura da legislação nos territórios libertados*, em que os atos ou provimentos da República de Salò são divididos em quatro categorias: a) *inválidos* (os atos de governo e as leis em geral); b) *inválidos mas convalidáveis* (os atos administrativos, arrolados no art. 2?, e as sentenças referidas no art. 5?, alínea 2); c) *válidos mas invalidáveis* (os atos administrativos diferentes dos arrolados no art. 2?, e as sentenças referidas no art. 6?, alínea 2); d) *válidos* (os atos de estado civil em geral).

35. Relações espaciais

O caso em que pode parecer que o estudo das relações entre ordenamentos não ofereça muita matéria de exame é aquele da relação entre ordenamentos que têm validade espacial diferente, como é o caso de dois Estados cujas normas valem entre limites espaciais (o chamado território) bem definidos. Poderíamos considerar que, nesse caso, deveria ser aplicada a figura da exclusão recíproca: e, na verdade, os Estados se consideram independentes uns dos outros, dotados de um poder originário e autônomo que lhes assegura a não ingerência de outros Estados em seu domínio reservado. Todavia, existe uma série de casos em que o Estado também recorre a normas de um outro Estado para resolver algumas controvérsias. Trata-se daqueles casos que são estudados por uma disciplina jurídica especializada, o direito internacional privado, que faz parte didaticamente do curso de direito internacional, razão pela qual limito-me aqui a poucas observações.

O direito regula geralmente relações intersubjetivas com referência a coisas, bens e serviços atinentes a um determinado território. Tudo corre bem quando os sujeitos da relação são cidadãos do mesmo Estado, e os bens a que se referem pertencem ao território desse Estado. Mas e se um dos sujeitos é estrangeiro? E se os dois sujeitos pertencem a um Estado, mas o bem a que se referem encontra-se em outro Estado? Bastam essas duas perguntas para nos fazer entender que infinitos são os casos, principalmente no mundo contemporâneo, em que as relações internacionais vão se intensificando, que podem ser resolvidos segundo se leve em conta a nacionalidade de um sujeito ou do outro, ou a nacionalidade do bem em relação à dos sujeitos, com normas pertencentes a dois ordenamentos diferentes. Mas, tendo em vista que não se pode aplicar a um caso mais de uma norma, é preciso escolher uma ou outra. Em alguns casos é escolhida a norma estrangeira. Em geral, pode-se dizer que em todo ordenamento moderno existem casos que são resolvidos aplicando-se não uma norma do ordenamento, mas do ordenamento estrangeiro. Em síntese, verificam-se, não muito raramente, situações particulares, em que vigoram num ordenamento estatal normas de um outro ordenamento. Como se vê, esse é um caso, bastante claro e de enorme interesse prático, de reenvio de um ordenamento a outro, mais precisamente de reenvio entre dois ordenamentos com diverso âmbito de validade espacial.

O ordenamento italiano faz largo uso da aplicação de normas estrangeiras nos casos referentes à disciplina do direito internacional privado. Como se sabe, as normas que regulam esses casos fazem parte das Disposições preliminares do Código Civil (arts. 17-31)*. Basta uma vista-d'olhos

---

* No ordenamento brasileiro as normas de direito internacional estão contidas na Lei de Introdução ao Código Civil nos arts. 7º a 19. [N. da T.]

nessas normas para percebermos em quantas circunstâncias diversas o juiz italiano deve aplicar a lei estrangeira. O problema teórico que essas normas suscitam, e que foi objeto de intermináveis disputas, é sobre qual a natureza do reenvio que elas contemplam. Também para essa discussão remetemos ao curso de direito internacional. Vamos nos limitar aqui a considerar as duas figuras de reconhecimento de um direito externo, que chamamos de recepção e reenvio. Não resta dúvida de que as normas de direito internacional privado põem em prática não uma recepção, mas um reenvio. Elas, de fato, não tencionam se apropriar do conteúdo de normas de outros ordenamentos em determinadas circunstâncias, mas indicam pura e simplesmente a fonte de onde a norma deverá ser extraída, seja qual for o seu conteúdo. Em outras palavras, o direito italiano reenvia em algumas circunstâncias ao direito estrangeiro, não porque seja objetivamente melhor, isto é, dê uma solução mais justa, mas porque considera conveniente que toda situação tenha a regra adequada: nesse caso, "a cada um o seu" significa "a cada um a própria regra". Tanto é verdade que a legislação estrangeira, a que o ordenamento italiano reenvia naquela determinada matéria, pode mudar, mas continua a ser automaticamente referida. Aquilo a que o ordenamento italiano reenvia não é ao *modo* como uma matéria é regulada, mas à *fonte* que a regula.

36. Relações materiais

De gênero diferente são as relações entre ordenamento do Estado e ordenamento da Igreja Católica, considerado como ordenamento jurídico originário. As normas dos dois ordenamentos têm, além da mesma validade temporal, no sentido de que são contemporaneamente vigentes, também a mesma validade espacial, no sentido de que são vigentes no mesmo território. Porém, não se identificam e só raramente se sobrepõem (e quando se sobrepõem nascem os célebres conflitos entre Estado e Igreja). Esses ordenamentos se diferenciam um do outro em relação ao âmbito de validade material: o que em outras palavras significa que um e outro se destinam às mesmas pessoas, no mesmo território, ao mesmo tempo, mas regulam matérias diferentes. A linha de divisão entre os dois ordenamentos não é um limite espacial, como aquele que divide um Estado de outro, mas um limite ideal, muito mais difícil de determinar, entre a matéria espiritual e a matéria temporal. Tendo em vista que esse limite é mais difícil de determinar, os casos de ingerência de um ordenamento no outro, e, portanto, de conflito, são mais frequentes que nas relações entre dois Estados e também de mais difícil solução. De resto, no que diz respeito às relações entre os Estados, enquanto existe um ordenamento internacional, que compreende todos os Estados, e pode dirimir os conflitos entre eles, não existe um ordenamento superior que compreenda de modo estável os Estados e as Igrejas, porque se trata de ordenamentos heterogêneos que não podem ser unificados num ordenamento comum.

A história das relações entre Estado e Igreja (do cristianismo em diante) está repleta de conflitos. E é bastante conhecida para nos atermos a ela aqui. Ao longo dos séculos foram propostos vários tipos de solução, que foram classificados nos mais diversos modos. A classificação mais sintética nos parece a seguinte:

1. *reductio ad unum*. Distingue-se conforme se trate da redução do Estado à Igreja (teocracia) ou da Igreja ao Estado (cesaropapismo na época imperial, erastianismo nos modernos Estados nacionais protestantes);

2. *subordinação*. Nesse caso também é preciso distinguir duas teorias ou sistemas segundo se pretenda que o Estado seja subordinado à Igreja (a teoria, prevalentemente seguida pela Igreja Católica, da *potestas indirecta* ou da *potestas directiva* da Igreja sobre o Estado), ou que a Igreja seja subordinada ao Estado (jurisdicionalismo e territorialismo, durante o período das monarquias absolutas);

3. *coordenação*. É o sistema fundado em relações harmônicas, que pressupõem o reconhecimento recíproco dos dois poderes como "cada um, na própria ordem, independentes e soberanos" (art. 7º da Constituição italiana);
4. *separação*. Segundo o sistema do separatismo, praticado, por exemplo, nos Estados Unidos, as Igrejas são consideradas associações privadas, cuja liberdade de desenvolver sua missão dentro dos limites das leis é reconhecida pelo Estado.

Para o aprofundamento desse tema remetemos às lições do direito eclesiástico, assim como na seção anterior remetemos às lições de direito internacional. Todos os temas tratados neste último capítulo encontram-se no limite de várias disciplinas. O presente estudo foi uma indicação de problemas, mais do que uma análise completa: uma indicação de problemas que poderão encontrar respostas mais adequadas nos outros cursos.

3ª edição 2010 | **3ª reimpressão** abril de 2019 | **Fonte** Palatino Light
Papel Offset 75 g/m² | **Impressão e acabamento** Graphium

LEIVINHA,
O CAMISA 8 DE OURO

LEIVINHA,
O CAMISA 8 DE OURO

Editora
IDEIAS &
LETRAS

Luciano Ubirajara Nassar

Direção Editorial:
Marcelo Magalhães

Conselho Editorial:
Fábio E. R. Silva
José Uilson Inácio Soares Júnior
Márcio Fabri dos Anjos
Mauro Vilela

Preparação e Revisão:
Pedro Paulo Rolim Assunção
Thalita de Paula

Diagramação:
Tatiana A. Crivellari

Capa:
Tatiane Santos de Oliveira

Todos os direitos em língua portuguesa, para o Brasil, reservados à Editora Ideias & Letras, 2019.

As fotos que ilustram o livro fazem parte dos acervos pessoais do autor e do biografado.

1ª impressão

EDITORA IDEIAS & LETRAS

Rua Barão de Itapetininga, 274
República - São Paulo/SP
Cep: 01042-000 – (11) 3862-4831
Televendas: 0800 777 6004
vendas@ideiaseletras.com.br
www.ideiaseletras.com.br

Dados Internacionais de Catalogação na Publicação (CIP) de acordo com ISBD

Leivinha, o camisa oito de ouro/Luciano Ubirajara Nassar.
São Paulo: Ideias & Letras, 2019.
296 p.: il.; 16cm x 23cm.

ISBN: 978-85-5580-062-7

1. Biografia. 2. Futebol. 3. Leivinha. I. Título.

2019-1437

CDD 920
CDU 929

Elaborado por Vagner Rodolfo da Silva - CRB-8/9410

Índices para catálogo sistemático:
1. Biografia 920
2. Biografia 929

Dedico este livro ao meu pai herói, Ubirajara João Nassar, e à minha mãe rainha, Itália Bianculli Nassar. À minha esposa amada, Mariana Araújo Roggero, e à minha filha maravilhosa, Ana Luiza Roggero Nassar. Aos meus adorados sogros, Luiz Attilio Roggero e Ilsa Araújo Roggero. À minha querida irmã, Marisa Bianculli Nassar. E aos meus amigos Alexandre Ricardo Geraldo e João Carlos Falbo Mansur.

Dedico também aos 240 milhões de brasileiros no Brasil e espalhados pelo mundo.

Vai, levanta voo
Cabeceia, salta no ar
Faz o gol, águia real

Vai, Leivinha, decola
Cabeceia, encanta o mundo
Arrisca a vida

Dribla, fascina
Carrega a camisa 8
Joga bonito, engana o beque

Cabeça erguida, cabelos ao vento
Liberdade no jogar
Explosão do povo

Vamos lá, cabeceia
Olha o mundo de cima
Antecipa a jogada
Faz o gol, águia real

Vai Leivinha, levanta voo
Entra na história
Destino sagrado
Gol de placa

Leivinha, Águia Real, de Luciano Ubirajara Nassar

Sumário

Prefácio   11
1. O futebol de Leivinha   15
2. Início em Lins   27
3. Linense, Leivinha e o futebol profissional   39
4. Portuguesa de Desportos e o olhar altivo   51
5. Início no Palmeiras   75
6. O ano mágico   83
7. César e Leivinha, a dupla inesquecível   95
8. Dudu, Leivinha e Ademir da Guia: o melhor meio de campo do futebol mundial   105
9. Leivinha, o inventor e propagador do drible da pedalada   113
10. Luís Pereira e Leivinha: dois heróis brasileiros ensinando o mundo a viver   119
11. Leivinha, "o cabeça de ouro": o melhor cabeceador do mundo   131
12. Deus Pelé e Leivinha, o menino de ouro   145
13. O dia da convicção em seu futuro no futebol   153
14. Palmeiras x Corinthians, o jogo da afirmação   161
15. O gol anulado, as consequências e a mídia   167
16. Troféu Ramón de Carranza   173
17. Copa do Mundo (extra) 1972, "Taça Independência": campeão do mundo, sim, senhor!!!   177
18. Leivinha e o gol mil da Seleção Brasileira   193
19. Copa do Mundo de 1974, a "Era dos nervos"   199
20. Palmeiras 1x0 Corinthians, 22 de dezembro de 1974: o jogo do século   219

21. Palmeiras 3x1 Fluminense, 24 de agosto de 1975:
despedida do Brasil pelo Palmeiras   231
22. Atlético de Madrid e o "Velho Mundo"   237
23. Seleção Brasileira 3x0 Atlético de Madrid: um outro sentimento 259
24. São Paulo e encerramento da carreira   267
25. Nova vida, Balancê e televisão   275
26. Fama e consequências   289

Prefácio

Escrever sobre a história e a cultura brasileira é um dever absoluto. Pensar, analisar e encontrar respostas dentro da história de homens que marcaram a vida brasileira é uma necessidade. Os registros históricos do Brasil devem ser resgatados e realçados com a máxima correção e justiça.

O futebol é a manifestação mais popular do mundo, e no Brasil ajudou na expressão de sentimentos e na flexibilidade do pensar. Em apenas duas décadas, tornou-se o esporte predileto de todas as classes sociais. É obvio que o contexto futebol-história-realidade se renova a cada ano na procura por explicações mais consistentes e contundentes sobre esse fenômeno.

Assim como as guerras, o futebol marca a vida das pessoas, mas diferente daquelas, marca positivamente, pois promove amizades, une o povo e democratiza a ideia de nação e do próprio individualismo humano. Através do futebol se constrói a paz mundial. O rei Pelé parou duas guerras africanas, na Nigéria e no Congo belga. As Copas do Mundo e as Olimpíadas têm como fundamento unir as nações e criar uma ética que englobe sete bilhões de seres humanos.

O futebol é um dos símbolos do Brasil e o seu principal farol artístico na política externa. Produzimos, moldamos e exportamos nossos craques da bola para o mundo e, consequentemente, a imagem do país vai crescendo cada vez mais. Portanto, chegamos a uma conclusão: o interesse pelo futebol não cessa, só aumenta sistematicamente; apesar de falsas pesquisas desse ou daquele veículo de comunicação, o futebol tupiniquim continua a ser a bola da vez.

E quem abriu as portas para que os jogadores de futebol tivessem esse respeito, essa admiração e essa tranquilidade econômica dos dias atuais? Os jogadores do passado, não é? Simples a reflexão. Os craques do passado arrombaram a porta, expondo o corpo e a alma a todo tipo de provações. Abriram o mercado internacional, tornaram-se ídolos no Brasil, conquistaram títulos e formaram sucessores. Eles nos fazem lembrar da nossa infância e dos momentos bonitos e inesquecíveis vividos no seio familiar. E esse sentimento puro e singelo não pode ser descrito, pode apenas ser sentido e nomeado de saudade.

Lembrar, comentar, entrevistar e escrever é de suma importância para recuperar os elos perdidos com a poeira do tempo. Lutas, feitos, vitórias ou derrotas trilham um caminho que nos ajuda a entender nossa posição atual.

A relação simbólica, espiritual e mítica do futebol com a sociedade é algo simplesmente magnífico. É nesse contexto que o futebol e os jogadores preenchem o lado afetivo e emocional de toda a população; estabilizam a relação do adolescente com a realidade; humanizam os descontentes; formam homens conscientes e projetam o futuro como algo próximo e não distante. O futebol, com sua arte e imprevisibilidade intrínseca, é um destruidor de estigmas e de opiniões imutáveis. Um universo extremamente rico e positivo, o futebol é o principal xodó do Brasil.

Ao mesmo tempo que o futebol é o principal instrumento de produção artística em suas várias frentes e construções, é também um grande armazenador de injustiças, pois destinos e vidas são decididos com o aplauso ou o esquecimento do povo. Quando o jogador está em atividade, no seu auge técnico e esplendor físico, todos o procuram e lembram dele, mas no encerramento da carreira, quando cessam os holofotes, o atleta é colocado em segundo plano. Esse quadro se repete milhares de vezes no Brasil e no mundo, mas não deveria e nem poderia acontecer.

Imortalizar quem merece é o meu dever, como já foi citado no primeiro parágrafo. Imortalizar, aqui, não significa entrar no campo da nostalgia e permitir que o atavismo tome conta da imaginação. A saudade histórica pode ser lesiva ao pensador, dependendo de como ele vai utilizá-la. Passado, presente e futuro se coadunam na linha do tempo, repará-los ou reparti-los é desonestidade histórica e produto de políticas tendenciosas.

Desmistificar o passado e colocá-lo na reta do presente constitui-se como um alto compromisso de cidadania. Demonstrar e provar que a arte é eterna e não passageira através do benéfico culto à memória, cravado na razão e na emoção, é obrigação de todos os indivíduos.

Este livro relembra as conquistas, vitórias e derrotas de Leivinha, um dos melhores jogadores de futebol do mundo, o verdadeiro camisa número 8. Escrever, pensar e assistir seus gols representa a vitória do Brasil, de seu povo e de todos os torcedores dos times que ele defendeu.

Leivinha construiu a sua história nos campos com sentimento e dignidade. O homem Leivinha tem grandeza e respeito ao ser humano e ao profissional.

Eu, como escritor e pensador, tive total liberdade para trabalhar, pensar e escrever, e não sofri nenhum tipo de censura, restrição ou interferência.

Foi gratificante e especial escrever sobre ele. Com o livro, que é o instrumento de perpetuidade mais sólido e significativo, Leivinha torna-se imortal.

Gol de Leivinha.

Boa leitura.

Luciano Ubirajara Nassar

1
O futebol de Leivinha

Jogava com extrema inteligência. Possuía habilidade e técnica para decidir e liquidar qualquer defesa.

Futebol de fina estirpe que fazia a diferença.

Talentoso que sabia armar com classe, acionava os atacantes com passes precisos e fazia gols espetaculares.

Craque irretocável e irrepreensível.

Seu futebol leve e dinâmico facilitava a movimentação de toda a equipe. Ponta de lança que não escolhia campo ou terreno e jogava com intensa dedicação e amor à camisa em qualquer estádio.

Leivinha tinha, na colocação em campo, outra de suas inúmeras virtudes: não corria desnecessariamente como a maioria dos jogadores atuais.

Notável atleta que fazia o difícil parecer fácil e simples.

Único jogador a fazer do cabeceio uma arte milenar. A camisa 8 era a sua sina, sua vida e o seu destino. Futebol sério, cativante e valente.

Corrida elegante, toque de bola estratégico, drible curto e gol de placa. Isso sintetizava o futebol de Leivinha.

Combinava tranquilidade com explosão, e astúcia com estilo de jogo. Possuía um futebol sutil e técnico. Leiva desenhava o jogo com a sua inteligência e não tinha medo ou receio do novo. Criatividade com inovação e cadência do samba no jogar.

Seu futebol solto arrebentava com os formalismos e a rigidez da vida em sociedade, desmantelando as cerradas zagas inimigas. Se a bola vinha alta ou no chão, ele resolvia a questão.

Jogador objetivo, conhecedor de todos os segredos do futebol e que não perdia tempo com firulas desnecessárias ou dribles equivocados. O time era a prioridade e o fundamental. A sua ideia de time e coletividade refletiam princípios de dignidade e espírito de solidariedade.

O seu jogo de bola mesclava um aspecto nítido de imortalidade com atitudes dotadas de um sentido libertário. Jogava com alma, sentimento e coração, tudo feito com imensa elegância e classe.

Futebol racional, sem euforia ou depressões. Mesmo quando jovem já demonstrava experiência e maturidade. Com apenas 23 anos, era um dos melhores pontas de lança do futebol mundial.

As suas eloquentes narrativas com a bola conduziam-no a um patamar de ídolo do esporte. Ídolo plenamente consciente sobre o que era a carreira de um jogador de futebol.

Jogador completo, sem ponto fraco, e especialista no cabeceio.

A bola descansava segura nos seus pés de ouro. Um dos poucos jogadores a pisar no gramado com a firmeza dos guerreiros celtas e com a delicadeza de um mestre de artes marciais. Inteligente, sabia jogar sem bola como os craques Tostão e Américo Murolo.

Passadas largas, rápidas e elegantes. Desde cedo, compreendeu qual era o seu estilo de jogo. É um estilista do futebol que nunca traiu os seus princípios de jogador fora de série. Um acadêmico do futebol que jogou na verdadeira "Academia" do futebol mundial. Jogador querido que não utilizava de maldade, ameaças ou subterfúgios para atingir seus objetivos e proezas dentro de campo.

Homem digno que deixava transparecer a sua hombridade em cada lance e jogada; vivia e sentia com simplicidade o futebol, como nenhum outro craque.

O futebol representava a conclusão dos seus sonhos e um meio de compreender a vida e os seres humanos.

Homem simples, educado e com opiniões balizadas, que se transformava em um gigante quando adentrava o gramado. Sabia o que queria, e isso bastava. Jogador de prestígio internacional que galgou o seu lugar na história com sangue, suor e lágrimas.

A imprevisibilidade do seu futebol pedia passagem e arrancava suspiros do povo. O seu futebol alterava as percepções e sugestionava os torcedores na apreciação da arte e do talento; era um álbum de memórias composto com engenho, arte e muita emoção. Seus gols tinham plasticidade e assinatura.

Conseguia expandir a sua arte com a pelota nos pés, sem prendê-la em uma redoma, como vários craques do momento. Futebol que unia ferocidade mansa e imprevisível. Quando subia para cabecear, sacudia o planeta Terra.

O seu surgimento no futebol brasileiro foi avalizado pela mídia como a renovação necessária e fundamental para continuarmos com a nossa saga de conquistas ao redor do mundo.

O seu jeito de jogar criou uma atmosfera de respeito, valorização e compreensão com todos os atletas que atuavam na mesma posição. Formou sucessores sem premeditar ou ter consciência do que representava.

Futebol rasgante, que penetrava pela linha inimiga até chegar ao gol. Sua arrancada rápida e cadenciada com a bola colada ao pé possuía um *swing* irresistível. Leivinha tinha uma inteligência tática que visava o coletivo, mas um talento individual que resolvia em um único lance a partida. Múltiplo e coeso. Polivalente, mas acima de tudo um camisa 8.

O futebol de João Leiva Campos Filho era definitivamente um brinde ao que existe de mais belo na arte contemporânea, e um brinde a uma história de sentimento pelo esporte nacional. Futebol com estilo e alma de Brasil. Realizava-se jogando futebol e proporcionava alegria, paz e prazer ao torcedor.

Jogou no Linense, Portuguesa de Desportos, Palmeiras, Atlético de Madrid, São Paulo, na Seleção Paulista e na Brasileira. Em todos esses clubes e seleções, de 1965 a 1979, deu o seu sangue e a sua vida. Um profissional de responsabilidade e compromisso. Ponta de lança que preparava as jogadas para a equipe e fazia belos gols. Na Portuguesa de Desportos marcou 73 gols; no Palmeiras, 106, com assinatura de gênio da bola. No Atlético de Madrid balançou as redes 45 vezes e na Seleção Brasileira, 7 vezes. Na

Seleção Paulista marcou 4 gols e no São Paulo, 2, totalizando 237 gols. Um *show* de habilidade.

Com sua criatividade lúcida e objetiva fazia com que qualquer jogo chato e modorrento virasse uma epopeia grega.

O futebol era decorrência da sua alma de valente. Naturalmente despertava uma profunda empatia nos torcedores quando jogava futebol. Até as torcidas rivais gostavam dele.

Leivinha foi possivelmente um dos inventores do drible da pedalada, que é passar o pé por cima da bola e ludibriar o adversário. O seu corpo ia para um lado e o do beque para o outro. O drible e a finta em um sincronismo único. Um *show*. Suas virtudes tão decantadas pelos especialistas do futebol também incluíam seus ritmos intercalados em campo; ele conseguia energizar e organizar todo o time.

Uma pessoa fora de série com um futebol intergaláctico. A sua arte tinha talento, criação e exatidão condensados.

Ter saudade é poder sonhar. E sonhar é poder recordar Leivinha e seus belos gols. Um eterno menino de ouro que amou o futebol. Indiscutivelmente, um dos melhores jogadores de todos os tempos.

Leivinha jovem na Portuguesa de Desportos

Leivinha jogando pelo Palmeiras

Treinamento físico no Palmeiras

Cabeceio jogando pela Seleção Brasileira

Leivinha em sua Sala de Troféus

2
Início em Lins

A cidade de Lins, no estado de São Paulo, fica a 423 quilômetros da capital paulista, e é pacata e extremamente hospitaleira. Situada próxima a Bauru, Marília, São José do Rio Preto e Araçatuba, a recatada cidade de Lins conserva, apesar do tempo, um lado provinciano, carinhoso e independente. É um lugar que prioriza a tranquilidade e o sentimento coletivo, de forma que reconquista os seus visitantes a cada dia. Com uma população estimada em 97 mil habitantes em 2019, tem no seu crescimento moderado uma das causas do seu equilíbrio financeiro.

João Leiva Campos Filho nasceu em Novo Horizonte, cidade a 111 quilômetros de Lins, em 11 de setembro de 1949, primogênito de uma família de quatro irmãos; filho de João Leiva Campos, um delegado sério e honesto, e Laine Farah Leiva, uma mulher verdadeira, bondosa e extremamente dedicada aos seus filhos. Seus irmãos se chamam Jackson Leiva (Dadá), Jadyr Leiva (Didi) e Jussara Leiva. Uma família digna, generosa e tradicional. A felicidade e a simplicidade típicas do interior estavam presentes na rotina da casa.

O escritor Bernard Shaw afirmou certo dia: "Creio que o maior serviço que alguém pode prestar ao seu país e à humanidade é o de formar uma família".

O almoço em família, as brincadeiras e os sonhos que fazem de toda criança um rei ou uma rainha funcionavam como um bálsamo para Leivinha. Um de seus passatempos preferidos era brincar no riacho e trazer pedrinhas e peixinhos para o tanque de casa. Um mundo puro e singelo.

A casa da família em Lins era na Vila Ribeiro, com um enorme espaço no quintal, numa época em que se tinha o costume – e era viável – de ficar sentado na frente do portão de casa, batendo papo ou jogando conversa fora.

O passeio pela praça central, o inocente cinema e o jogo de dominó ou carteado eram os entretenimentos principais nas décadas de 1950 e 1960.

O domingo era um dia especial para o garoto Leivinha. Precisamente às 8 horas da manhã ele seguia para a missa na Igreja Dom Bosco, posteriormente, em frente ao cinema, às 10 horas acontecia a tão aguardada troca de gibis e, na sequência, às 11, a tão esperada matinê na sessão Zigue-Zague do Cine São Sebastião. Geralmente os filmes que passavam eram do genial Mazzaropi, do talentoso Jerry Lewis e da Disney. Em cada domingo perfeito, momentos inesquecíveis. Era uma infância descontraída e alegre, bem diferente das crianças de hoje em dia, com suas obrigações digitais e os excessos de compromissos desnecessários e cansativos.

***

A população do Brasil nessa época beirava os 52 milhões de habitantes, já em 2019, chegou aos 210 milhões. O Brasil ainda não era a potência mundial que Leivinha ajudaria a construir na década de 1970, com seus gols, jogadas e passes.

***

O próximo passo seria a bola de meia, forrada com papel amassado e jogada até o entardecer. Nos jogos entre os colegas, Leiva se destacava com seus dribles e gols.

O admirado e respeitado escritor Mário Prata, nascido em Lins, e autor de *Palmeiras, um Caso de Amor*, cita essa passagem quando comenta sobre Leivinha: "Acredite ou não, joguei muito futebol com o Leivinha (com s no final), como já era chamado em Lins, onde passamos a adolescência. Quando se tirava o par ou ímpar, para escolher o jogador, ele era sempre o primeiro a ser escolhido. Magro, magro, magro. Mas impossível de marcar".

Desde criança, por ser muito mirrado e magro, começou a reforçar a alimentação e a tomar óleo de fígado de bacalhau.

Leivinha estudava no Instituto 21 de Abril em Lins, e nesse ambiente sua vida de esportista começou. Multiesportista, jogava futebol de salão, basquete e vôlei. Em todas as seleções da escola ou de Lins, ele estava convocado.

O jovem Leivinha, em 1967, confessou: "Mesmo depois que fui para o Linense, continuei a praticar aqueles esportes, pois sempre gostei de futebol de salão, já que era onde eu me saía melhor. Depois a preferência era o basquete (onde eu era só bonzinho) e finalmente o futebol de campo". Apenas quando assinou seu primeiro contrato profissional é que abandonou as outras modalidades esportivas.

No time de basquete, Leivinha jogava no Grêmio Estudantil Rui Barbosa, o famoso G.E.R.B. O cestinha e melhor jogador de basquete era o ala Pachequinho. Leivinha também jogava de ala. Esse time formava a Seleção de Lins e disputava a classificação para os "Jogos Abertos" do interior.

No ano de 1965 classificaram-se para disputar os "Jogos Abertos", vencendo o forte time de Bauru. Leivinha foi impossibilitado de viajar e, consequentemente, de jogar, pois já tinha assinado contrato profissional com o Linense, time em que começou sua carreira no ano de 1963 como atleta do time infantil, chamado carinhosamente de Linensinho.

O melhor jogador da história do futebol francês, Michel Platini, e o maior e mais completo jogador do Uruguai de todos os tempos, Pedro Rocha, jogaram basquete na infância e aperfeiçoaram os dribles e a movimentação tática. Com Leivinha aconteceu a mesma coisa. O basquete e o futebol possuem muita coisa em comum. Entendendo a mecânica da coordenação motora e o ritmo do jogo, ambos se complementam.

No futebol de salão, rebatizado na década de 1990 de futsal, Leivinha jogava muito bem. A sua equipe na escola, entrosada e bem treinada, ganhava de todos os adversários, inclusive dos adultos da faculdade. Leivinha jogava de pivô e, nessa fase, aprimorou a rapidez, o drible curto e os chutes com as duas pernas.

No futsal, Leivinha fazia dupla com o craque Pezão, jogador habilidoso que marcava gols, driblava e tinha um chute forte e direcionado. A sua jogada predileta era a "lambreta" ou "carretilha", drible que joga a bola por cima do beque. Um chapéu com requinte, aplicado no marcador. O movimento das pernas e pés para erguer a bola do chão imita o giro da roda e é feito com o calcanhar. Belo *show*, mas com objetividade. Executado com velocidade é arte da melhor qualidade. Com essa técnica, Pezão realmente fazia a diferença.

***

O drible da lambreta foi imortalizado pelo ótimo ponta-direita Kaneco, que jogou no Santos na década de 1960. Com essa jogada, ele ajudou na realização de um dos gols mais lindos da história do futebol brasileiro e internacional, acontecido na Vila Belmiro, na vitória do Santos sobre o Botafogo por 5x1, em 9 de março de 1968. O ponta-direita Kaneco deu um drible espetacular de carretilha no marcador e cruzou rasteiro para o goleador Toninho Guerreiro fazer um gol antológico. Esse golaço é repetido em imagens pelo Brasil em vários programas de televisão até os dias de hoje.

Leivinha jogaria pela Portuguesa de Desportos e pelo Palmeiras contra o heroico artilheiro Toninho Guerreiro, único pentacampeão paulista, com títulos em 1967, 1968 e 1969 pelo Santos, em 1970 e 1971 pelo São Paulo. Um goleador espetacular, que marcou sua passagem com louvor pela Terra.

***

Em Lins, o prazer maior de Leivinha era jogar futebol de salão. O seu time e de Pezão passava meses invicto, ganhando das Faculdades de Engenharia, Odontologia e Educação Física. A Escola Industrial e o Instituto Americano de Lins perdiam com frequência. Faculdades e colégios da cidade selecionavam os melhores jogadores com a finalidade de vencer esses meninos atrevidos, mas essa missão era impossível.

Os jogos na quadra da escola lotavam sempre. Esses meninos pré-adolescentes foram tricampeões de Lins.

Leivinha tinha a vida que pediu a Deus. Amado pela família, livre para voar com as namoradinhas e praticando esportes com destreza; os dias só comportavam alegria.

O futuro ídolo do Palmeiras colaborava em todas as modalidades esportivas e nunca repetiu um ano sequer na escola. O *slogan* "Bom de bola e bom na escola" tinha absoluta sintonia com ele. Nessa época se desenvolveu o seu espírito de grupo e seu senso crítico.

Sua mãe e seu pai o apoiavam em todos os momentos e situações lhe passando força e confiança. A família sempre foi a base e o esteio na vida deste camisa 8 de ouro. O filósofo Augusto Comte dizia: "O espírito científico não mais permite que se veja a sociedade humana composta apenas de indivíduos. A verdadeira união social repousa na família".

A família adorava esportes e respirava, sentia e amava o futebol. O futebol fazia parte da rotina diária. Seu pai jogou no América de Ibitinga, Novorizontino e no Grêmio Silvio de Magalhães Padilha. Leiva pai tinha um bom toque de bola, sabia jogar com inteligência e possuía habilidade na armação de jogo; atuava de volante ou meia-esquerda. Ele jogava no amador e era remunerado. Os melhores e mais talentosos jogadores recebiam cachê no futebol da várzea, que na época tinha um tremendo prestígio. Leivinha enfatiza: "Meu pai sempre me orientou, viveu no meio do futebol e conhecia o futebol".

O irmão Jadyr Leiva, conhecido como Didi, jogava como zagueiro central e atuou profissionalmente no Linense, no Noroeste, ao lado do já citado goleador Toninho Guerreiro, e no Guarani de Campinas. Atualmente é um respeitado advogado.

O outro irmão, Jackson Leiva, o popular Dadá, é um conceituado dentista e jogou profissionalmente como ponta de lança no Linense, no

Marília e no Corinthians de Presidente Prudente. Atuou também nas categorias de base do Palmeiras. Por fim, a irmã Jussara Leiva se formou em educação física. Os três com formação universitária. Um grande orgulho!

O filho de Jackson Leiva, sobrinho de Leivinha, é o famoso volante e meio-campista Lucas Leiva, ex-jogador do Grêmio que também jogou na Seleção Brasileira. Em 2006, Lucas conquistou a "Bola de Ouro", prêmio oferecido ao melhor, mais regular e mais eficiente jogador do campeonato brasileiro pela mais importante revista de esportes do Brasil, a famosa *Placar*.

No ano de 2007, Lucas Leiva foi contratado pelo Liverpool da Inglaterra, equipe em que permaneceu durante dez anos, mantendo uma média de rendimento e equilíbrio excepcionais. Ele atuou pela equipe inglesa num total de 365 jogos. Jogador valoroso, que marca, destrói as jogadas adversárias, começa jogando com a bola dominada e tem uma inteligência tática apurada. Foi um dos mais importantes jogadores do Liverpool e do futebol inglês. Em 2017 acertou a sua transferência para a equipe do Lázio na Itália.

Leivinha diz que surgirá um outro craque na família: trata-se de seu neto de 8 anos, Enzo, que já joga na escolinha e tem uma enorme facilidade para fazer gols.

A família Leiva continua com o seu brilho intenso.

Leivinha bebê

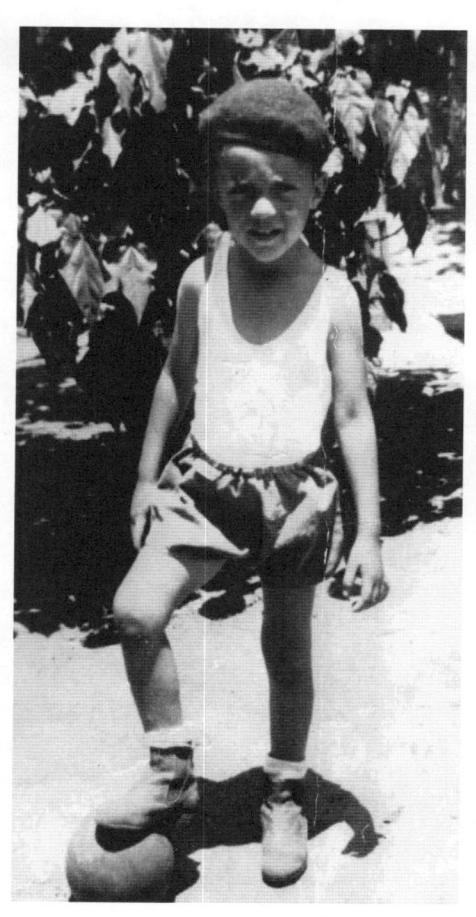

Leivinha criança

Foto do time de futebol de salão no qual Leivinha jogava em Lins

Foto do time de basquete, também em Lins. Leivinha está em pé, com a camiseta de número 9, o primeiro da esquerda para a direita

Time de futebol de salão de Lins. Leivinha está em pé, o quinto da esquerda para direita

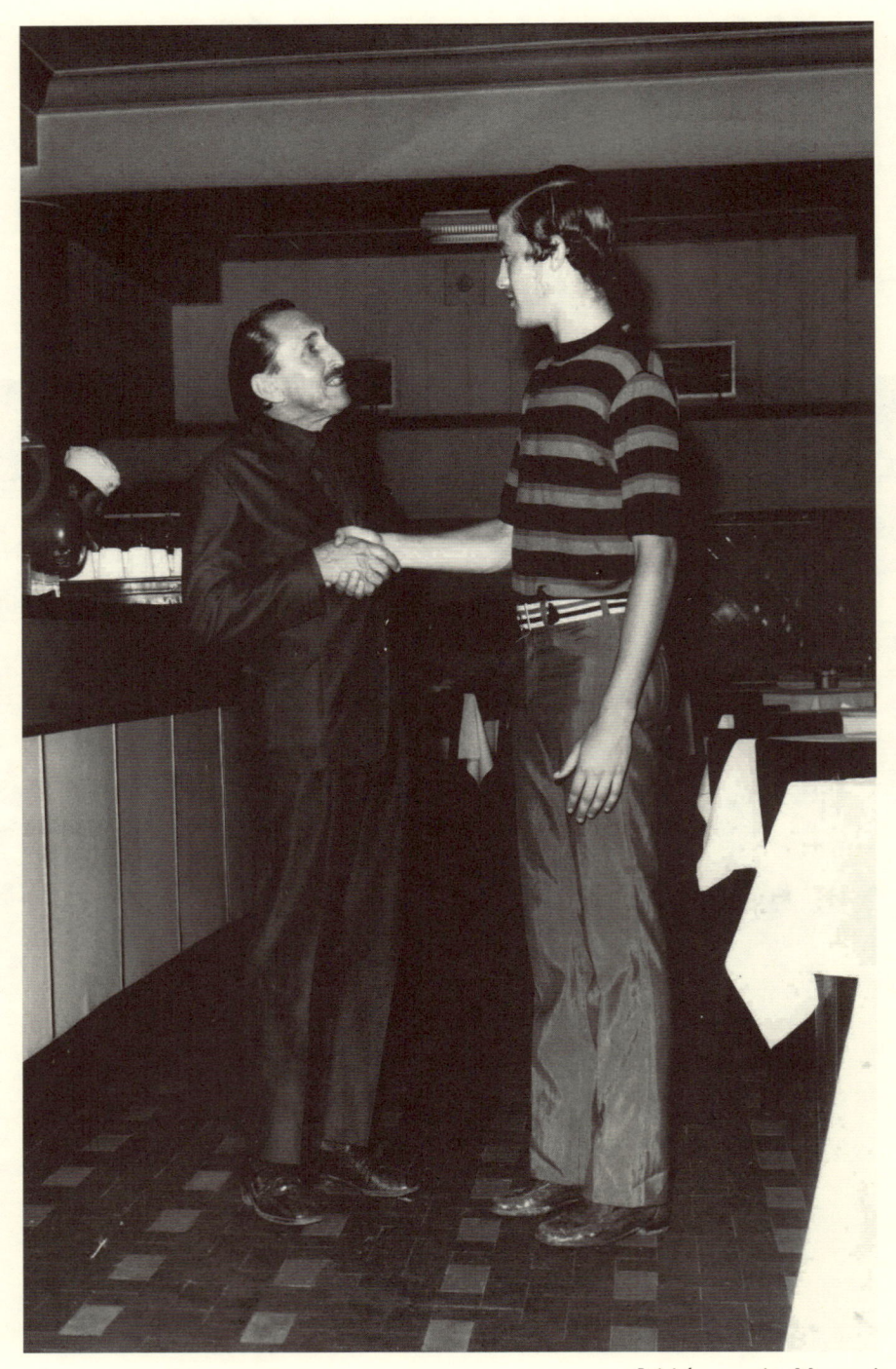

Leivinha e o artista Mazzaropi

3
Linense, Leivinha e o futebol profissional

O Clube Atlético Linense é uma das mais tradicionais equipes do futebol paulista. Fundado em 12 de junho de 1927, está a apenas oito anos de comemorar o seu centenário.

Chamado carinhosamente de "Elefante da Noroeste", o Linense possui um fardamento de camisas brancas, com listas horizontais vermelhas, calções pretos e meias brancas. Um charme de beleza!

O Linense tem estádio próprio, o Gilberto Siqueira Lopes, com capacidade para 15 mil pessoas.

Time de futebol brioso e determinado, participou da primeira até a quinta divisão divisão do futebol paulista, resistindo com tenacidade e segurança às quedas.

Sua torcida apoia sempre, vibrando com intensidade e amor. A cidade de Lins e seus torcedores adotaram o time.

Cidade com inúmeras universidades e faculdades, e com uma vida noturna convidativa e agitada, formou inúmeros simpatizantes ao longo do tempo. É muito comum universitários de outras cidades do Brasil estudarem em Lins e acompanharem os jogos do Linense, formando uma agradável torcida organizada.

A sua torcida não tem a impaciência original das equipes poderosas da cidade de São Paulo, que almejam títulos todos os anos. Ela enxerga o futebol com um olhar diferenciado e sente o time carinhosamente. Isto é uma evolução no torcer.

O título mais importante da história do clube aconteceu em 31 de março de 1953, na vitória por 3x2 contra a Ferroviária de Araraquara. Os três gols do Linense foram marcados por Américo Murolo, um jogador que pressentia o gol. A equipe do Linense venceu a segunda divisão e subiu para a divisão principal.

***

Américo Murolo se destacava pela técnica apurada, a inteligência tática e os gols feitos com imensa categoria. Jogou no Palmeiras entre

1958 e 1962, totalizando 97 gols. Uma de suas principais virtudes era jogar sem a bola, abrindo espaços e propiciando novas ações ofensivas, tal qual os imortais craques Tostão e Leivinha.

Durante a carreira, Américo atuou no Jabaquara de Santos, XV de Jaú, Linense, Palmeiras e Lanerossi da Itália. É uma das bandeiras do Linense.

A sua consagração aconteceu na Sociedade Esportiva Palmeiras em 1959, conquistando o difícil campeonato paulista. A famosa linha atacante do Palmeiras com Julinho, Américo, Romeiro e Nardo é lembrada até os dias atuais. Uma máquina de jogar futebol.

Os dois maiores jogadores da história do Linense e que chegaram mais longe no futebol foram Américo Murolo e Leivinha. Os dois mais talentosos artistas do futebol que vestiram a camiseta branca com listras horizontais vermelhas; e a equipe em que os dois mais brilharam foi o Palmeiras.

***

O Linense jogava em São José do Rio Preto, Penápolis, Neves Paulista, Orlândia, Tupã, Assis, Itapetininga e São José dos Campos, entre outras cidades.

Na composição de sua história, o Linense teve jogadores de altíssimo nível, com qualidade técnica elevada e valentia de guerreiros: Alfredinho, década de 1950; Mão de Onça, década de 1960; Reinaldo Lapão, lateral e zagueiro, também jogou no Palmeiras, nos anos 1960; Édson Só, armador da década de 1980 e que se tornou técnico de futebol quando encerrou a carreira; Natalino, o maior zagueiro da história do interior do estado, jogou quase a vida inteira no Linense; Paulo Cardoso, atacante destemido e decisivo, décadas de 1970 e 1980; Cardosinho, ponta-direita driblador que jogou no Palmeiras de 1966 a 1968; Beu, um ponta-esquerda e atacante de extrema habilidade e rapidez que jogou no Linense na década de 1980; e Fausto, goleador atual com 131 gols pelo Linense.

Na história do time, o seu mais expressivo resultado aconteceu em 13 de dezembro de 1953, em Lins, na vitória por 4x1 sobre o São Paulo. Uma festa tomou conta da cidade. O São Paulo possuía uma das melhores equipes do futebol mundial com Poy, De Sordi, Mauro, Bauer, Gino e Teixeirinha. A equipe do Linense não tomou conhecimento disso e o goleou impiedosamente.

Em 2012, o Linense subiu para a disputa da divisão principal do futebol paulista e não desceu mais até o ano de 2017.

***

O futebol profissional foi definitivamente oficializado em 1933, na presidência de Getúlio Vargas. O primeiro gol do novo regime coube ao primeiro ídolo da história do futebol brasileiro, Arthur Friedenreich, na vitória do São Paulo por 5x1 sobre o Santos na Vila Belmiro, em 12 de março de 1933.

***

Desde menino, Leivinha, jogando pelo Linensinho, já chamava a atenção pelo seu futebol. Os dirigentes e diretores conversavam sempre com seus pais, sobre a sua possível profissionalização. Com a devida autorização dos pais, João Leiva Campos Filho assinou o seu primeiro contrato como atleta profissional de futebol com apenas 15 anos. O destino estava levando Leivinha para o esporte das multidões.

Nesse período, era chamado de Leivinhas, com o marcador de plural "s" no final, já que o seu pai era o Leiva. No jornal *Gazeta de Lins* é tratado nas primeiras matérias como Leivas, e não Leiva.

O talento e a inteligência o diferenciavam dos demais. Leivinha repensa o passado: "Eu era muito magrinho, mas quando tinha a bola dominada partia para cima dos zagueiros. Sabia ser individualista e driblador. Eu era ousado e usava o drible curto para ultrapassar meus marcadores. A consequência disso eram as pancadas. Tomava muita pancada e o futebol não estava me dando mais prazer. Resolvi ter uma conversa com papai e comunicar-lhe minha decisão de largar o futebol de campo".

Felizmente não largou e prosseguiu sua jornada. Natal, conhecido pelo apelido de Javali, era o massagista do Linense, homem vivido, honesto e respeitado por todos, e que sempre alertou o jovem Leivinha sobre os perigos, riscos e problemas da profissão, acarretados pelo uso de *doping* ou de algum outro barbitúrico, muito comum nas divisões intermediárias do futebol mundial e brasileiro.

Leivinha sempre teve uma ótima conduta, era o atleta mais protegido do time. Todos o queriam bem.

O Linense fazia ótima campanha no campeonato paulista dos anos 1965-66 e, nesse tempo, a equipe do Palmeiras foi convidada para fazer um amistoso contra o Linense na inauguração dos refletores do estádio Gilberto Siqueira Lopes. O menino loirinho, que seria ídolo do Palmeiras na década de 1970, jogou contra os míticos Djalma Santos e Servílio. Um presente para Leivinha. Final da peleja: Palmeiras 2x0 Linense.

***

Naquela noite, um dos destaques do Linense foi o ainda garoto Piau que, inclusive, recebeu elogios do maior lateral-direito da história do futebol, Djalma Santos.

Piau é amigo de infância de Leivinha. Nascido na cidade de Getulina, desde cedo mostrava talento de gente grande. Tinha habilidade e técnica sutil no drible, na condução de bola e nas arrancadas inteligentes. Um menino craque. Com o tempo se tornou um dos melhores dribladores do futebol brasileiro atuando na Portuguesa de Desportos, no São Paulo e no Corinthians. A amizade sincera entre os meninos, nascida nos campos de futebol, é mantida e preservada até os dias de hoje, depois de mais de cinquenta anos.

***

Antigamente, a distância até a capital, em comparação com aquela entre as cidades do interior, parecia muito maior do que de fato era. E essa relação valia para todo um aparato imaginário e idealizado na concepção de um jovem sonhador. Certa vez, o Linense concentrou-se no estádio Pacaembu, a poucos minutos do centro da cidade. E Leivinha, deslumbrado com a imponência da metrópole, algo normal e natural na vida de um adolescente, acabou tendo um desejo pitoresco, mas simples e direto: conhecer a tão decantada rua Augusta. Na década de 1960, esta rua foi ponto de encontro de endinheirados do pedaço e consumidores vorazes. A noite paulistana fervia. Ele foi, viu, gostou, mas percebeu logo que se tratava apenas de uma rua da moda como tantas outras e nada mais. Coisas de um menino que morava no interior, ainda no seio familiar.

***

A dificuldade e a precariedade dos times das demais divisões brasileiras comprovam a força e a resistência dos clubes em continuar na luta incessante da ascensão.

Leivinha lembra que, em uma viagem feita com o Linense, o ônibus que levava toda a delegação era bem antigo e desgastado pelo tempo. No trajeto sofreu uma pane e quebrou na estrada. A famosa "Jardineira" pifou a 18 quilômetros de Lins, mais especificamente em Cafelândia. Toda a comissão técnica e os jogadores ficaram surpresos e preocupados, esperando uma solução imediata para chegar na capital e se concentrar no Pacaembu, com a finalidade de decidir o título. Felizmente, chamaram o ônibus da Reunidas que fazia o trajeto Lins-São Paulo e tudo foi resolvido a tempo, e a equipe chegou no horário determinado. Essa era a época do futebol romântico com as suas realidades concretas e seus contratempos.

A paixão e o amor pelo futebol é que mantêm acesa a chama desses abnegados heróis anônimos, nos diversos campeonatos pelo Brasil.

***

Um dos ataques marcantes do Linense contava com Moacir, Leivinha, Bá, Xerém e Piau.

Leivinha enfrentava a dureza, as pressões e a vilania de alguns adversários na disputada segunda divisão paulista. Espaços reduzidos, dificuldades para criar e violência generalizada.

O time do Linense chegou na final, contra o São José. No primeiro confronto, o Elefante da Noroeste venceu por 1x0, com gol de Moacir, ponta-direita rápido e goleador. No segundo e decisivo jogo, perdeu por 3x1, em São José dos Campos, ficando com o vice-campeonato.

No segundo jogo, Leivinha foi marcado pelo ótimo quarto zagueiro Ademar, que não o deixou livre sequer por um instante, evitando o desenvolvimento do seu futebol na partida.

Mas Leiva não estava satisfeito. Cansado de tomar tanta pancada em campo e prestes a deixar o futebol definitivamente para começar a trabalhar em outra profissão, a sua sorte começou a mudar. Em uma partida do Linense, o diretor da Portuguesa de Desportos, Jorge Margy, estava presente e ficou encantado com o talento do zagueiro Natalino, e acabou também gostando do futebol moleque e atrevido daquele menino loirinho.

Natalino era o melhor zagueiro da segunda divisão, apelidado, com o passar do tempo, de "Luís Pereira do interior"; elogio deste grau e nível, só os grandes jogadores recebiam. O loirinho chamava-se Leivinha. Os dois passariam um período de testes na Portuguesa e, se aprovados, assinariam contrato.

Novamente, o destino trabalharia a seu favor. Ele teria folga de uma semana do colégio, dada para todas as turmas, e poderia viajar tranquilo para São Paulo sem impedimento.

Os diretores do Linense pensaram duas vezes, relutaram, alegando que se tratava do garoto do time e ressaltando sua pouca idade, mas não teve jeito, ele iria treinar na Lusa.

Os descobridores de talentos são importantíssimos na manutenção da hegemonia do futebol brasileiro e, sem sombra de dúvidas, merecem um pouco mais de reconhecimento da sociedade, das confederações e dos clubes.

Como o mestre Waldemar de Brito descobriu o rei Pelé, o inteligente Jorge Margy descobriu Leivinha.

Novas emoções e uma nova vida; o camisa 8 de ouro caminhava ao encontro da glória. O menino prodígio alçava voo.

Equipe do Clube Atlético Linense em 1966, em um jogo contra o Orlândia. Em pé, da esquerda para a direita: Vilomar, Wilson, Natalino, Catalan, Celso, Roque e Ponce. Agachados: Adolfo (massagista), Moacir, Ivan, Leivinha, Xerém e Mardo

Elenco completo do Linense, em 1966. Leivinha está agachado, o sétimo da esquerda para a direita

Leivinha e Djalma Santos em 1965

4
Portuguesa de Desportos
e o olhar altivo

A Portuguesa de Desportos, desde sua fundação até os dias de hoje, sempre procurou revelar joias raras para o futebol brasileiro e, consequentemente, mundial. Este trabalho de base profícuo e meticuloso rendeu glórias, orgulho e conquistas.

Fundada por abnegados e idealistas, com o sonho de disseminar através do esporte e, principalmente, do futebol, princípios de educação, cidadania e competitividade sadia, a Lusa é um time de futebol com trabalho voltado para a lapidação de diamantes. A cobrança é menor e a paciência é maior.

Campeã paulista em 1935, 1936 e posteriormente em 1973, conquistou soberbamente e com todos os méritos possíveis o Rio-São Paulo em 1955 e 1956. A Lusa sabia o caminho e o destino de ser uma força no estado de São Paulo e no Brasil.

Desde a década de 1960, sempre angariou naturalmente a simpatia de todos os seus rivais da capital.

***

Chegando à Portuguesa para um período de testes ao lado do craque Natalino, Leivinha vinha como uma espécie de contrapeso e teria pouquíssimo tempo para provar o seu valor. A chance de sua vida estava no seu primeiro treino. Expectativa, esperança e preocupação, mas uma certa tranquilidade, própria dos escolhidos nas missões mais espinhosas.

O técnico da Lusa era o popular e querido Wilson Francisco Alves, chamado no meio esportivo de "Capão". Experiente e vivido no meio do futebol, Capão sabia reconhecer quando o atleta tinha futuro. Ele revelou inúmeros craques para o futebol brasileiro, tais como Zé Maria, Marinho, Basílio, Mirandinha, Paraná, entre outros.

Wilson Francisco Alves jogou futebol profissional no Vasco da Gama do Rio de Janeiro de 1942 a 1952, Santos e Portuguesa Santista. Quando encerrou a carreira de atleta, começou a de técnico. Dirigiu o São Bento de Sorocaba por quatro vezes (tricampeão do interior), duas vezes o América de São José de Rio Preto, além de Guarani, Noroeste, Paulista, Prudentina (subiu para a divisão especial), Marília, Portuguesa de Desportos, e outros clubes. Certamente, ninguém poderia avaliar melhor o futebol de uma promessa do que ele.

No primeiro treino de Leivinha, a boa nova: jogaria no time titular. Os jogadores Ivair e Renê estavam lesionados. Do ataque titular, somente o goleador Sílvio, que jogaria posteriormente no Corinthians, estava presente. Pelo time reserva, o ídolo do Linense, o zagueiro forte e clássico, Natalino.

Naquela tarde, em um campo de terra no Canindé (ainda não existia o imponente estádio), Leivinha maravilhou a todos com seu futebol flexível, dinâmico e criativo. Jogando mais pelo lado direito do campo, fez quatro gols, um mais bonito do que o outro, sendo que no primeiro driblou os três beques e entrou com bola e tudo. Bingo! Além dos gols, fez tabelas envolventes, deu passes açucarados e lançamentos precisos. *Show* ao vivo e a cores.

Conclusão do fato: Natalino voltou para Lins e Leiva ficou na Lusa. A revelação do Linense começava a sua trajetória em uma equipe de ponta.

Wilson Francisco Alves, no momento de lançá-lo em seu teste decisivo, afirmou com a sabedoria que lhe era peculiar: "Ou vai ou racha. Se for de alguma coisa, reage bem. Caso contrário, afunda de uma vez".

Perguntado sobre o seu desempenho, o futuro ídolo do Brasil, saiu-se com essa: "Quem consegue aguentar-se de pé nos jogos da segundona, pode topar qualquer parada".

Depois de três dias assinou o contrato como jogador oficial da Portuguesa de Desportos, que desembolsou 28 mil cruzeiros, no total. Quatorze mil para o atleta e a outra metade para o Linense. Seu salário mensal beirava os Cr$110,00. A aquisição de Leivinha pela Lusa sanou o *deficit* financeiro do Linense.

Os dirigentes e torcedores empolgados diziam que tinha surgido o "Pelé branco", o "fenômeno do interior". Sua vida deu um giro de 360 graus. Da vida pacata e previsível do interior a uma metrópole que se expandia freneticamente.

Aos 17 anos, tinha 1,78 metros de altura e pesava 67 quilogramas. Magro, mas com uma inteligência desconcertante.

Nos primeiros meses em São Paulo a saudade bateu forte. Toda vez que passava em frente à rodoviária e olhava as partidas dos ônibus, ele chorava copiosamente. Nesse momento, formava-se um ser humano com a natureza dos valentes e dos invencíveis. Persistiu para triunfar.

Um dos amigos mais importantes na sua afirmação como atleta e cidadão foi o seu protetor Jorge Margy. Leivinha não esquece a amizade deste diretor da Lusa: "Jorge Margy foi meu segundo pai".

Seu sonho era formar-se em medicina, depois concluir educação física. Mas o futebol falou mais alto e passou a ser a sua prioridade ampla, geral e inquestionável.

Sua primeira partida na Lusa aconteceu em um clássico contra o São Paulo no estádio Pacaembu, e que marcou também a estreia do inigualável armador Didi, bicampeão do mundo em 1958 e 1962 com a Seleção Brasileira. Apelidado honrosamente de "Príncipe Etíope" pelo escritor Nelson Rodrigues em suas crônicas, foi um dos mais talentosos, elegantes e clássicos jogadores do futebol de todos os tempos. O melhor pensador que já existiu no futebol.

Nesse jogo, a zaga do São Paulo, com Bellini e Jurandir, era um paredão intransponível. Não passava nem pensamento, como diz o jargão esportivo.

Hideraldo Luis Bellini, o grande capitão, admirado e enaltecido no mundo pelo seu estilo viril, seguro, destemido e com uma liderança majestosa, já estava com 36 anos e teve que enfrentar Leivinha.

Um dos lances mágicos do jogo e que marcou a carreira do menino foi o drible da pedalada, aplicado em cima do lendário campeão do mundo Bellini.

O drible de Leiva não enganou apenas Bellini, mas toda a zaga do São Paulo e os torcedores que assistiam ao jogo. A Portuguesa venceu por 2x0, com gols de Ivair e Paes. No dia seguinte a mídia dizia: "Vieram para ver Didi, viram Leivinha".

Nesse início, seu pai, João Leiva, lhe deu um conselho: "Filho, seja um pouco mais incisivo e um pouco mais individualista. Pense um pouco em você. Decida as partidas e chute no gol. Objetividade é tudo no futebol. Jogue em direção ao gol e arremate sem medo de errar. Não só passe a bola. Você tem potencial para ser um jogador completo".

O primeiro gol de Leivinha atuando pela Lusa aconteceu contra o Comercial de Ribeirão Preto, em um empate de 4x4, em 10 de novembro de 1967. Nesse mesmo ano, o honorável camisa 8 foi convocado pela primeira vez para servir à Seleção Brasileira.

Nesse contexto, Leivinha amadureceu rapidamente, adaptando-se à cidade de São Paulo e aos seus costumes. Começou morando nos alojamentos do próprio estádio Canindé, posteriormente, com o passar dos anos, morou no Pari, na rua Cásper Líbero e na Avenida Ipiranga. Durante um breve período, ficou hospedado no Hotel Osires e no Hotel Bandeiras. Concluindo o curso científico no colégio Pucca, começou a gostar da metrópole.

Na cidade de São Paulo, independente das reflexões teóricas, só existem duas formas de lidar com as dificuldades: viver, enfrentar as durezas e as imposições de uma cidade que tritura e descarta a sua população, ou deixar-se abater, fugir dela e nunca mais voltar. Leivinha, o jovem craque loirinho, optou por ficar e provar o sabor das glórias e das dores. E o Brasil ganhou com isso.

Amparado por uma estrutura ética e moral bem definida e por uma educação impecável, não tão comum nos meios de competitividade exacerbada, fez dos amigos do futebol uma quantidade enorme de irmãos, ainda que por um curto espaço de tempo. Ele expandia bondade e positividade em suas ações.

No Pari, Leiva morou com Zé Roberto, que já conhecia dos tempos de Linense. Na Cásper Líbero, com Sérgio Valentim, Yaúca e Nenê, todos jogadores do São Paulo, e na Avenida Ipiranga, dividia apartamento com Marinho Peres, Tatá e Piau. O camisa 8 fazia dos amigos a extensão da sua própria família.

Nesse período cronológico, principalmente nas décadas de 1960 e 1970, as pessoas e os atletas tinham sinceridade, hombridade e espírito de equipe.

O meio do futebol hoje em dia é extremamente concorrido, desgastante e se o atleta não estiver preparado pode ser jogado nos subterrâneos das frustrações.

Formar amigos nesse ambiente de egos, vaidades e disputas tolas por poder, dentro e fora de campo, principalmente nos tempos atuais, é o principal prêmio que um atleta pode conquistar durante a curtíssima e incerta carreira.

Os jogadores do século XXI têm dificuldades para fazer e manter amizades, por medo, insegurança ou falta de identidade com o clube e com todos que os cercam. E isso precisa melhorar.

Leivinha equilibradamente nunca permitiu que a ilusão do excelente e requintado jogador de futebol lhe manipulasse e dominasse sua mente e sua personalidade.

No famoso edifício Montreal moravam os quatro craques e excelentes seres humanos, vindos cada um de uma cidade, todos jogadores da Lusa. Tatá, centroavante goleador, que faria uma dupla sensacional com o genial Enéas, era de Londrina; Marinho Peres, zagueiro valente e técnico, que seria campeão brasileiro pelo Internacional em 1976, nasceu em Sorocaba; Piau, habilidoso driblador que jogaria no São Paulo e Corinthians, é de Getulina; e Leivinha, de Novo Horizonte.

O primeiro contrato de Leivinha como jogador da Portuguesa foi assinado em 11 de outubro de 1966 com duração até 24 de setembro de 1968. O segundo contrato durou de 1 de outubro de 1968 a 25 de setembro de 1970. O terceiro, de 28 de setembro de 1970 a 31 de dezembro de 1970.

A colocação da Portuguesa no campeonato paulista foi a seguinte: 1966 - 6º lugar; 1967 - 5º lugar; 1968 - 4º lugar; 1969 - 5º lugar; e 1970 - 6º lugar.

***

Também é das favelas próximas ao bairro do Canindé que, nos anos 1960, revela-se para o Brasil e para o mundo a magnífica Carolina Maria de Jesus, a rainha das escritoras.

Carolina de Jesus relata a dura, triste e excludente realidade da vida na favela; os problemas, as crises e a luta pelo alimento em um mundo discriminado e marginalizado pelas autoridades.

A rainha Carolina Maria de Jesus foi uma mulher valente, talentosa e criadora de um novo paradigma de escrita literária. Utilizando da realidade concreta como ponto de partida na montagem dos textos, produziu e relatou ao mundo, com uma linguagem identitária, o contexto psíquico da vida de milhões de brasileiros.

Uma mulher que nunca fugiu de polêmicas e lutou pela igualdade social do povo brasileiro. O seu livro *Quarto de Despejo* conheceu o planeta e ela imortalizou-se como uma lenda viva. Uma das maiores artistas da história e um dos maiores seres humanos que pisou o solo brasileiro. Como existe Nossa Senhora Aparecida, a padroeira do Brasil, existirá eternamente Carolina Maria de Jesus, a rainha das escritoras.

Leitura, fé, literatura e futebol. Gol do Brasil.

***

No ano de 1967, o time base da Lusa era este: Félix, Zé Maria, Marinho Peres, Ulisses, Augusto, Lorico, Paes, Ratinho, Leivinha, Ivair e Rodrigues. O terrível e inesquecível ataque demolidor contava com Ratinho, Leivinha, Paes, Ivair e Rodrigues. Nesse time, Félix e Zé Maria seriam campeões do mundial de 1970 pela Seleção Brasileira; Marinho Peres, capitão do selecionado verde e amarelo de 1974; Ulisses, zagueiro forte, resistente e determinado e que esteve entre os quarenta convocados para os treinamentos da pré-Seleção Brasileira para a Copa de 1966; Augusto, um lateral que marcava muito bem, executando com seriedade e firmeza a sua função; e Lorico, com sua resistência física extraordinária e sua colocação em campo, faziam a diferença.

O líder Lorico foi um dos jogadores mais versáteis e dedicados; com ótima leitura de jogo, simbolizava uma Lusa vencedora e altiva. Polivalente e extremamente aplicado, Lorico jogou na Portuguesa Santista, no Vasco da Gama, na Prudentina, no Noroeste e no Botafogo de Ribeirão Preto. Teve uma das carreiras mais extensas e bonitas do futebol brasileiro, jogando até os 40 anos.

No período de Leivinha, a Portuguesa de Desportos teve os seguintes técnicos: Wilson Francisco Alves, João Avelino, Nena, Brandãozinho, Ipojucan, Filpo Núñez e Lula.

O competentíssimo Lula foi um dos melhores técnicos do futebol brasileiro e mundial. Com um estilo próprio que mesclava cultura esportiva e popular, psicologia brasileira e inteligência emotiva, formou e armou o melhor time de todos os tempos, o Santos do rei Pelé na década de 1960. Na Portuguesa de Desportos trouxe atletas do Santos para reforçar o elenco: Lalá, Geraldino, Maneco, Gaspar e o maravilhoso Coutinho.

Honesto, sério, com bom humor e evoluído espiritualmente, Lula tinha uma postura requintada de valorização das coisas do cotidiano brasileiro, o que fazia a diferença no convívio do esporte. Um gênio com a simplicidade de um homem que falava a linguagem dos jogadores e do povo.

Os clubes brasileiros de maior destaque excursionavam todos os anos para a África, Europa, Ásia e países vizinhos na América do Sul. O poderoso Santos de Pelé, o encantador Botafogo de Garrincha, a Academia Palmeirense de Ademir da Guia e a Portuguesa de Ivair e Leivinha.

A Lusa e seus atletas orgulhavam o Brasil.

***

No seu tempo de Portuguesa, Leivinha não esquece da amizade e do respeito que todos os atletas tinham pelo "Tio Mário", como era conhecido Mário Américo, um dos mais célebres arautos do futebol brasileiro. Um exemplo de vida e de profissionalismo. Massagista, fisioterapeuta, psicólogo, motivador e protetor dos atletas do Brasil; defensor da dignidade e lealdade no mundo esportivo. Sempre entrosando o elenco e dialogando com eles, ajudou todos os atletas que jogaram na Lusa. Foi um patriota na verdadeira acepção da palavra. O inesquecível Mário Américo participou da conquista do tricampeonato mundial de futebol pela Seleção Brasileira em 1958, 1962 e 1970. Um herói brasileiro.

***

No campeonato paulista de 1968, Leivinha fez doze gols, e sua capacidade para decidir e armar o jogo ficou comprovada em todo o país.

Uma das mais espetaculares vitórias da Portuguesa sobre o Corinthians por 4x0 contou com Leivinha em um dia inspirado, marcando três golaços. O outro gol da Lusa foi marcado por Basílio, o mesmo que, em 1977, defendendo as cores do Corinthians, faria o gol da redenção sobre a Ponte Preta no estádio Morumbi, quebrando um intervalo de 21 anos sem título.

Jogar na Portuguesa contra Santos, Palmeiras, Corinthians e São Paulo significava enfrentar as "feras do futebol" em todos os embates históricos. As partidas desses esquadrões jogadas contra a Lusa eram chamadas de clássicos, bem diferente dos dias de hoje. Atuar contra o rei Pelé, o divino Ademir da Guia, o reizinho do Parque Rivelino e o habilidoso zagueiro Roberto Dias do São Paulo era tarefa eletrizante.

***

Leivinha lembra de uma jogada do rei Pelé: "Estávamos ganhando o jogo e, de repente, surge o rei, em velocidade, e coloca as suas pernas no meio das pernas dos beques, que fizeram o pênalti. Pelé bateu e fez o gol. Estávamos felizes, preparados para vencer o jogo, mas o imprevisível Pelé aprontou das suas. Incrível. Saímos tristes com o placar final de 1x1".

O camisa 8 de ouro também recorda: "Em 1966, contra o Corinthians, nós vencemos por 3x1, com uma bela atuação de toda a equipe. E meu amigo Zé Roberto, que depois jogaria na Bélgica, fez uma grande partida, inclusive, marcando extremamente bem o genial Rivelino, estrela maior do Corinthians. Zé Roberto foi um dos mais perfeitos marcadores que eu conheci".

Outro craque indiscutível era o centroavante Pagão, ídolo do time do Santos e do São Paulo. Jogou também na Seleção Paulista e Brasileira. Jogador de técnica refinada e criativo ao extremo.

Leiva volta no tempo: "A Portuguesa de Desportos jogou contra a Portuguesa Santista no estádio Ulrico Mursa, em Santos. Pagão fez um gol com paradinha no grande goleiro Orlando. Ele ameaçou bater a bola de um lado e bateu de outro. Eu nunca tinha visto nada igual. Foi fantástico. Inacreditável. Coutinho do Santos, um dos melhores centroavantes da história do futebol, falava que Pagão era um gênio".

Fatos, momentos, situações e lembranças de conversas, detalhes das partidas e ocasiões vividas com sentimento e vibração fazem parte da sua vida e renascem a cada gol visto, revisto e eternizado na alma.

João Leiva Campos Filho se emociona: "A Portuguesa de Desportos teve uma grande importância em minha vida. Antigamente nós fincávamos raízes. Nós criávamos amor pelo clube. Hoje o clube vira refém dos jogadores".

***

Um dos mais belos gols de Leivinha em sua carreira aconteceu na partida contra a Fiorentina, na Itália, no empate de 1x1. Ele pegou a bola na intermediária e saiu driblando quem aparecia pela frente em um ritmo alucinante. Driblou um, dois, três, o arqueiro, e entrou com bola e tudo. Imprevisibilidade e grandiosidade, suspense e emoção raciocinada. Gol com a assinatura do menino prodígio. Simplesmente sensacional. Os italianos ficaram perplexos e estupefatos, aplaudindo de pé. Um suspiro de emoção tomou conta do estádio. Leivinha e a Lusa orgulhavam mais uma vez o Brasil.

Outro grande momento das excursões para fora do país foi o das partidas contra a Seleção do Haiti. Foram três jogos, com três empates, em 1x1, 2x2 e 0x0. O amor do povo haitiano pelo Brasil era demonstrado a todo tempo. Os torcedores do Haiti aplaudiam os atletas brasileiros e a todo momento citavam, chamavam e gritavam o nome de Pelé. O clamor popular pelo nome de Pelé irmanava e ligava toda a delegação da Lusa ao povo haitiano. Uma festa de cidadania e respeito.

***

Na época, o Haiti tinha como presidente o ditador François Duvalier, o "Papa Doc", que depois de vencer as eleições se autoproclamou presidente vitalício, dominando o Haiti de 1957 a 1971.

O Haiti foi o primeiro país latino-americano a se tornar independente, combatendo com vigor, destemor e amor à pátria o domínio criminoso e cruel dos exércitos franceses. De 1791 até 1804, os idealistas e revolucionários haitianos ao lado do povo, sem privilégios ou elitizações, concluíram a mais consistente revolução democrática do planeta. O seu símbolo maior foi o herói Toussaint Louverture, um dos maiores políticos, guerreiros e educadores da história, chamado de "Napoleão das Antilhas" e "pai do Haiti".

François Duvalier formou-se em medicina e começou o seu trabalho no Haiti. Dedicado e empenhado, ao lado de uma equipe de médicos, erradicou e varreu do país a malária, a varíola e a bouba. No período mais conturbado da epidemia arriscou a própria vida para salvar a população mais carente. Eleito Ministro da Saúde, continuou o seu trabalho à frente dos mais necessitados. Envolvido pela política, mudou a sua forma de pensar e tornou-se um nacionalista ferrenho, irredutível e doutrinador. Ditador, comandou o Haiti com seus soldados, os chamados *Tonton Macoutes*, durante toda a sua vida, depois de praticamente isolar-se do mundo.

No ano de 2003, a Seleção Brasileira, que havia recém conquistado a Copa do Mundo em 2002, foi fazer um amistoso no Haiti, contra a seleção local. A festa na recepção dos atletas brasileiros é um dos momentos mais belos da história do esporte. Um povo sofrido e marcado por inúmeras guerras civis, mas com um coração puro, verdadeiro e com uma alma do tamanho do globo terrestre. Foi a maior prova e demonstração de amor e carinho que a Seleção Brasileira recebeu de um povo fora do país.

As ajudas humanitárias e do exército brasileiro no Haiti são exemplos de generosidade e bondade ao longo dos anos.

O povo haitiano respeita e gosta do convívio dos brasileiros, muito mais do que qualquer outro povo. É algo de emocionar e abrir o coração.

Nos últimos dez anos, mais de 130 mil haitianos vieram para o Brasil em busca de emprego e de melhores condições de vida. É uma honra para o Brasil receber esse povo valente, carinhoso e tão tradicional. Nossos irmãos do Haiti devem saber que o país verde e amarelo é também a casa deles. Haiti e Brasil, Brasil e Haiti: uma coisa só!

Ataque "iê, iê, iê": Ratinho, Leivinha, Ivair, Paes e Rodrigues

Um dos maiores ataques do futebol brasileiro e mundial. Ataque de ouro, que marcou época no futebol verde e amarelo. Jogavam com alegria, liberdade e sentimento de amor ao futebol. Meninos homens, que atuavam com prazer e talento, jogando um futebol tipicamente brasileiro.

A Lusa tinha o respeito, a simpatia e a consideração de todos os outros times e clubes. Não tinha rejeição.

Esses cinco craques, praticando um futebol ofensivo e de qualidade, caíram no gosto popular e se tornaram os xodós das torcidas na cidade de São Paulo. Um modelo de ataque com uma concepção nova de buscar o gol. Jogavam com a leveza dos jovens craques sonhadores. Eles possuíam uma simbiose artística e de alma, que recriava o próprio prazer de assistir, sentir e praticar o futebol. A evolução do jogo desse quinteto sinalizava um futuro virtuoso ao futebol brasileiro.

Ratinho, Leivinha, Ivair, Paes e Rodrigues, cada um com o seu estilo, jeito e modo de jogar futebol. E tudo se concatenava como em uma roda de samba. Voz, instrumentação e ritmo. Esses cinco craques triangulavam passes, faziam combinações de jogadas, driblavam em espaços curtos, realizavam tabelas e estufavam as redes. Futebol reluzente, atraente e com a raça de jovens campeões.

Ratinho era um autêntico ponta-direita, que buscava a linha de fundo com velocidade, rapidez e visão de gol. Troncudo e resistente, cruzava bem, tinha um chute forte e driblava com objetividade. Jogou na Portuguesa de Desportos e, posteriormente, no São Paulo. Leivinha, com seus gols, dribles e jogadas mirabolantes, determinava o andamento do jogo. Ivair desequilibrava o jogo com sua agilidade, raciocínio rápido e ginga fantástica de corpo. Paes, um armador técnico, tranquilo e cerebral, tocava muito bem a bola, enxergava o jogo e dominava a situação com talento e criatividade. Jogou durante muitos anos no Equador com a mesma garra e categoria. Rodrigues, com sua arte genuinamente brasileira, jogava com leveza, velocidade, inteligência e técnica apurada. Futebol com ginga de corpo e que decidia as partidas. Atuava como ponta-esquerda e movimentava-se pelo meio de campo. Exímio para puxar contra-ataques. Tinha importância tática fundamental para o time. Foi contratado do Nacional para a Portuguesa. Posteriormente rumou para o São Bento de Sorocaba.

Ataque afiado, afinado e fulguroso. Faziam do futebol uma poesia explosiva, com arte e plenitude. Eram donos de um futebol veloz e pensado, radiante e prazeroso.

A Lusa orgulhava-se desses meninos que expressavam amor ao futebol livre, solto e bem jogado.

A dança do *iê, iê, iê* era a moda rítmica do balanço de corpo, praticado pela juventude brasileira e norte-americana na década de 1960. Ao som de um rock meio sambado, misturado com ritmos difusos ao comando de uma guitarra e um baixo, o *iê, iê, iê* proporcionava graça, alegria, empolgação e uma certa rebeldia pausada. Música que marcou uma época.

O ataque da Lusa trazia um fascínio único e irremediavelmente universal. Valia a pena ver esses meninos jogarem futebol e encantarem o povo.

Esse ataque deslumbrou o mundo nas suas excursões pela Europa, África, América Central e pelos EUA. Jogando na Itália, Alemanha, Iugoslávia, em El Salvador e Portugal, fizeram exibições magníficas com muita ginga, inteligência, talento e furor juvenil. De 1966 até 1969, a Lusa ensinou ao mundo como se joga o verdadeiro futebol. Foram quatro anos de emoção e glórias.

Leivinha lembra com saudades desse quinteto de ouro da Portuguesa de Desportos, e quem teve o prazer de vê-los jogar jamais esquece.

"Os quatro Beatles do futebol": Ivair (o Príncipe), Leivinha (o Pelé branco), Enéas (o feitiço encantado do Canindé) e Dener (o Reizinho da Lusa)

O *Quarteto Fantástico*, os meninos de ouro da Lusa. Formadores e mentores de uma nova tradição. Artistas do futebol. Cada um em seu tempo e com as suas características: Ivair, Leivinha, Enéas e Dener.

Gênios que explodiram no futebol com a camiseta rubro-verde da Portuguesa de Desportos. Queridos e amados por toda a colônia portuguesa no Brasil e pelos torcedores de todos os clubes e agremiações.

Os "quatro Beatles" com seus talentos intactos e insuperáveis. Poesia dinâmica, raça de heróis e dinastia de mágicos do esporte. Combinação perfeita entre arte rupestre, tropicalismo e escultura de vanguarda. Quatro gigantes da bola encontrando o destino do esporte nos gramados do Canindé.

Os "quatro Beatles" proporcionaram as maiores glórias à Portuguesa. A equipe que teve esses quatros gigantes vestindo a sua camiseta jamais pode considerar-se média ou pequena. Esses craques consumados garantem a vida eterna de qualquer agremiação. A arte sincera desses meninos eclipsa as equipes, criando uma junção do ídolo com o povo benéfica para o crescimento da sociedade.

Os "quatro cavaleiros do Apocalipse" assinaram, desenharam e esculpiram seus nomes na galeria dos incontestáveis mestres da arte. Incrível como jogavam e deliciavam o povo! Representavam o Brasil na sua essência mais revolucionária.

Futebol com cacoete de samba, exclamações e convicções. Rapsódia em *blues*, malícia brasileira e espetáculo na terra.

Os inimigos da arte brasileira ficavam com taquicardia ao ver o quarteto em campo com a bola nos pés.

Os "três mosqueteiros + um" eram atrevidos, abusados e goleadores quando entravam em campo, para o delírio das torcidas. Sabiam do seu valor e decidiam as partidas.

Nasceram no tempo e na época certa. Um sucedia o outro na Portuguesa de Desportos. Nenhuma equipe do futebol mundial teve tantos craques dessa qualidade e esmero em trinta anos ininterruptos.

Ivair, Leivinha, Enéas e Dener. Como é gostoso e faz bem pronunciar esses nomes! Quando entravam em campo o brilho era deles, com a naturalidade de uma encantadora batucada de morro ou uma sinfonia de Villa Lobos. Futebol com efeitos especiais. Futebol com intenso balanço de corpo e malícia.

Ivair, o Príncipe, jogou na Portuguesa de 1962 a 1969, totalizando 315 partidas com 106 gols marcados. Atuou no Fluminense, conquistando o campeonato carioca em 1971 e 1973. Em 1971 foi o artilheiro máximo do tricolor na campanha, marcando nove gols. Jogou ainda no América do Rio de Janeiro e Paissandu de Belém do Pará. Entre 1969 e 1971 jogou no Corinthians, contratado por 970 mil cruzeiros, uma fortuna na época e uma das maiores transações econômicas do futebol brasileiro. Pelo alvinegro do Parque São Jorge jogou 77 partidas e fez 22 gols. Com extremo destaque atuou no Canadá pelo Toronto Metros entre 1975 e 1979. Nos Estados Unidos, jogou no Cleveland Force em 1980 e 1981, e no Falls Rivers em 1982. Em solo estrangeiro, recebeu a admiração de todos, sendo também chamado de "The Prince". Atuou pela Seleção Paulista e Seleção Brasileira em 1961 e 1966.

Ivair jogava uma enormidade. Um craque fora de série. Veloz, inteligente e talentoso. Arrancadas espetaculares e sentimento de amor à Portuguesa. O rei do futebol e atleta do século, Pelé, ao lado do sempre participativo e criativo repórter Eli Coimbra, o chamou de "fenomenal" e "príncipe" depois de uma vitória por 3x2 da Portuguesa sobre o Santos em 1963. Ivair fez dois gols e Pelé o presenteou com sua camisa lendária. Honraria para poucos.

Na Portuguesa, o adversário que mais sentia a fúria talentosa do seu belo futebol era o Palmeiras. Foram quinze gols entre 1962 e 1968, inclusive com um golaço incrível feito do meio de campo.

Leivinha e Ivair jogaram juntos e fizeram tabelas inesquecíveis. Uma dupla de ouro. Que bonito para o esporte e para a vida!

Os dois meninos da Lusa, Ivair, nascido em 1945, e Leivinha, em 1949, jogaram por quatro anos juntos, conduzindo a Lusa a vitórias homéricas. Leivinha define o amigo: "Ivair foi dignamente merecedor do apelido de Príncipe. Depois do Rei, o Príncipe. Eu aprendi muito com ele. A sua experiência teve uma grande importância para a minha carreira".

Enéas, o homem dos gols de bela feitura, magnetizava o coração do povo com suas jogadas mirabolantes. "O feitiço encantado do Canindé", "El Diablo" e "Pérola Negra", tantos apelidos elogiosos e virtuosos faziam de Enéas a luz maior do futebol.

Enéas foi um dos jogadores com mais habilidade e ginga de corpo da história do futebol. Impetuoso, clássico e romântico dentro de campo. Possuía um poder de fintar e driblar inimaginável. Jogador completo e atleta perfeito que formou uma legião de fãs e admiradores no futebol brasileiro e estrangeiro. Comparado ao deus Pelé durante dez anos, Enéas seria naturalmente o seu sucessor.

Pela Portuguesa de Desportos, de 1972 a 1980, fez 179 gols e conquistou o campeonato paulista de 1973, a Taça São Paulo também em 1973 e o Torneio Governador do Estado em 1976. Posteriormente, jogou no Bolonha da Itália em 1980 e 1981, no Palmeiras de 1981 a 1983, totalizando 28 gols; no XV de Piracicaba; Juventude; Ponta Grossa do Paraná; e na Desportiva do Espírito Santo, conquistando o título capixaba e a artilharia do certame com seis gols, no ano de 1986. Encerrou a carreira no Central de Cotia. Jogou na Seleção Paulista, Olímpica, Brasileira e de Master.

Durante a carreira fez mais de 250 gols – contabilizando apenas o período profissional – e só gols com refinamento e beleza. Possuía a técnica perfeita de um mestre absoluto em todos os fundamentos que um verdadeiro jogador de futebol deve saber. Suas arrancadas em zigue-zague, enfileirando os beques, utilizando os dois pés em diagonal, eram os momentos mais encantadores do futebol. Futebol do tamanho do mapa do Brasil. Enéas foi eletrizante e fantástico. Seu futebol era a verdade inquestionável da perfeição.

Leivinha fala do amigo: "Enéas foi um dos grandes estilistas do futebol. Jogador inteligente, que fazia do futebol o seu jardim de infância. Quando ele começou nas categorias de base da Portuguesa já se percebia que seria um craque de primeira grandeza". Leivinha assistia Enéas jogar nas categorias de base da Lusa.

Em 1971, Leivinha assinou contrato com o Palmeiras e Enéas se profissionalizou. Jogaram contra várias vezes e lado a lado na Seleção Paulista e Brasileira. Sempre mantiveram a amizade e a camaradagem.

Enéas faleceu em decorrência de um acidente automobilístico em 1988.

Dener, o fabuloso driblador, era a mistura do rei Pelé e do magistral Garrincha, como cantava a inflamada torcida da Portuguesa, depois de mais uma arrancada inigualável. Seu futebol solto, faceiro e criativo proporcionava alegria e satisfação a todo o povo brasileiro.

A habilidade de Dener e o seu repertório de dribles com conclusões perfeitas o levaram à Seleção Olímpica e Brasileira.

Este garoto de ouro recuperou a autoestima do povo brasileiro com suas jogadas e criações de um verdadeiro rei. Chamado carinhosamente de "Reizinho do Canindé", Dener driblava os beques, desviando e flutuando no ar. Com as pontas dos pés em alta velocidade fazia de suas arrancadas algo indescritível.

O menino-artista Dener deu vida e sentido ao futebol na década de 1990. Sua imagem correu o mundo. Ele reduzia seus marcadores a pó. Em pouco tempo, fez com que o drible se tornasse centenário.

Jogador que possuía um grau elevadíssimo de inteligência e imprevisibilidade, ele era fora de série. A bola admirava o seu futebol e deliciava-se sendo tocada por um craque tão mítico. Seu futebol produzia a arte de ensinar e aprender para todo o povo.

Dener começou nas categorias de base da Portuguesa de Desportos vencendo a Taça São Paulo de 1991 e sendo eleito o melhor jogador do torneio. Na Lusa, jogou de 1989 a 1993. Em 1993, foi contratado por empréstimo para defender o Grêmio e conquistou o campeonato gaúcho. No ano de 1994, jogando pelo Vasco da Gama, sofreu um acidente automobilístico e faleceu com apenas 23 anos.

Seu futebol maravilhoso se iniciava e se recriava em cada segundo de jogo. Um mestre e um inventor. Dener, indiscutivelmente, foi um dos melhores jogadores do mundo de todos os tempos.

O empresário Leivinha, no seu bar *O Balancê*, foi apresentado por um amigo ao jogador Dener, que já estava de saída do recinto. Leiva o saudou com ênfase: "Você é um grande jogador, garoto. Desse jeito você vai longe. Continue assim". Dener respondeu educadamente: "Obrigado pelos elogios e até a próxima".

Leivinha enfatiza com lembranças uma época de ouro do futebol brasileiro: "Dener era magistral. Lépido, driblador e inteligentíssimo. Tinha pleno domínio da bola em velocidade. Como uma máquina, suas arrancadas espetaculares passavam da primeira para a quinta marcha em frações de segundos. Que pena que nos deixou tão cedo".

Ivair, Leivinha, Enéas e Dener: os "quatro Beatles", um presente do destino para o mundo. Todos brasileiríssimos dos pés à cabeça. Jamais serão esquecidos.

Leivinha: a revelação da Portuguesa de Desportos

Time da Portuguesa de Desportos em 1966. Em pé, da esquerda para direita: Augusto, Ulisses, Jorge, Zé Roberto, Orlando e Edilson. Agachados: Ratinho, Leivinha, Ivair, Paes e Stefano

Time da Portuguesa de Desportos em 1970. Em pé, da esquerda para direita: Orlando, Luisão, Marinho Peres, Zé Maria, Lorico e Augusto. Agachados: Ratinho, Ivair, Leivinha, Paes e Rodrigues

5
Início no Palmeiras

O Palmeiras era uma potência futebolística em 1971, ano em que Leivinha foi contratado. Ademir da Guia, que ditava o ritmo do time com sua inteligência e posicionamento perfeito, havia chegado ao clube em 1960; o goleador César vestiu a camiseta verde pela primeira vez em 1967, vindo do Flamengo; o rei dos zagueiros, Luís Pereira, começava a se firmar no time e a marcar época; e o volante Dudu, que liderava a equipe, completava sete anos de clube; a espinha dorsal, portanto, estava composta.

Em 25 de fevereiro de 1971, o Palmeiras pagou 600 mil cruzeiros pela aquisição definitiva (passe) de Leivinha, sendo 300 mil à vista e o restante em cinco parcelas. Nesse período, a Sociedade Esportiva Palmeiras fazia as contratações cirurgicamente e acertava quase sempre.

Inúmeros times queriam a sua contratação, tais como Corinthians, São Paulo, Santos, Sporting e Benfica de Portugal, Fluminense, Flamengo, Vasco da Gama e Botafogo. O prestígio de Leiva estava em alta.

O técnico e ex-jogador Candinho sempre comentava com Leivinha que o levaria para jogar no Palmeiras.

Candinho jogou nas categorias de base do time e na Venezuela. Como técnico, em 1996 levou a Lusa a um brilhante e inesquecível vice-campeonato brasileiro. Trabalhou também no Juventus, Santos, Corinthians, Flamengo, Vitória da Bahia, Bahia, São Caetano e Al Helal da Arábia Saudita. Dirigiu a Seleção da Arábia Saudita, classificando-a para a Copa do Mundo em 1998, e comandou a Seleção Brasileira nas eliminatórias da Copa do Mundo de 2002, em um jogo contra a Venezuela. Resultado da partida: 6x0, para o escrete nacional. Sério e responsável, conhecia tudo de futebol. Simples e bacana, foi um dos mais competentes técnicos da história da Portuguesa de Desportos.

Uma pessoa decisiva para a contratação de Leivinha foi o diretor do Palmeiras, Ernâni Matarazzo, um homem de educação elevada, querido por todos os atletas e associados, e que definitivamente marcou a sua trajetória no clube com lealdade e tratamento igual para todos, sem distinção. Exemplo de vida.

Os diretores se cotizaram e investiram na contratação do menino de ouro da Lusa. Um deles era Domingos Ianacone, o popular Minguinho, um símbolo de dignidade e modernidade no Palmeiras. Diálogo, compreensão e talento no convívio e na coordenação da equipe fizeram de Minguinho um dos mais capacitados e sinceros dirigentes do futebol paulista e brasileiro. Um herói dos tempos áureos, em que o dirigente dava a vida pelo clube e pelo atleta.

A sua contratação foi rápida. Da Lusa para o Palmeiras: a consagração definitiva.

Leivinha, em 1971, ressaltava: "No Palmeiras eu ganhei projeção, e isso não tem preço. Eu sou e sempre serei grato à Portuguesa, à torcida e aos amigos que lá deixei. Foi uma honra ter jogado nesse time. Sair da Portuguesa para a Seleção Brasileira é um milagre. Sei que alguns já saíram, eu mesmo consegui isso. Mas mesmo assim é muito difícil. Agora, do Palmeiras para a Seleção é um passo".

A estreia de Leivinha com o sagrado manto alviverde ocorreu na vitória do Palmeiras sobre o Guarani por 4x0, em 14 de março de 1971. Aos 18 minutos do primeiro tempo fez o seu primeiro gol jogando no novo time. Usava a camisa número 9. Recebeu um passe-cruzamento de Eurico e, na entrada da área, tocou com calma e habilidade para o fundo do gol.

Com muita luta, tranquilidade e talento, conquistaria o seu espaço definitivamente como titular do Palmeiras, assumindo a camisa número 8.

O então titular da camisa 8 do Palmeiras era o craque da Seleção Uruguaia e campeão do mundo pelo Peñarol em 1966, Héctor Silva. Ele fez uma grande dupla com o maestro Pedro Rocha no tradicional Peñarol do Uruguai.

No seu período de Palmeiras, Leivinha teve grandes técnicos: Rubens Minelli, Mário Travaglini, Oswaldo Brandão, Valdir Joaquim de Moraes e Dino Sani.

Oswaldo Brandão montou e comandou um dos mais perfeitos times da história de 1972 a 1975. O Palmeiras encantaria o mundo com um esquadrão fantástico. Em 1971, Leiva fez um gol na vitória sobre o Santos por 2x0 e outro sobre a Portuguesa por 2x1.

***

Um célebre amigo de Leivinha era o atacante Fedato. O lutador centroavante jogou no Palmeiras de 1971 a 1975, totalizando 61 gols em 269 partidas. Era o talismã do Verdão. Entrava no decorrer da partida e mudava o resultado do jogo, com gols e belas jogadas. Entrava e virava o marcador.

Fedato e Leivinha tinham grande amizade e respeito um pelo outro. Inclusive, quando o jogo já estava ganho, Leivinha pedia para ser substituído, para o amigo entrar em seu lugar e consequentemente também ganhar o "bicho" pela vitória.

O artilheiro Fedato foi um dos jogadores mais queridos do elenco; quando encerrou a carreira de atleta assumiu com dignidade e convicção o comando técnico do próprio Palmeiras em períodos distintos na década de 1980.

No ano de 1975, Fedato e Mário, centroavante goleador que jogaria no América do Rio de Janeiro e Internacional, foram contratados pelo Náutico de Recife e fizeram uma ótima dupla de ataque.

Em 1978, ele encerrou a carreira prematuramente em função de sérias lesões nos joelhos. Em 2000, mais precisamente em 26 de janeiro, Antônio Carlos Fedato faleceu com apenas 51 anos, vítima de parada cardíaca.

Leivinha lembra do amigo: "Foi uma perda irreparável, que saudades eu tenho do meu grande amigo. Fefê era o seu apelido entre os jogadores. Estudamos juntos Educação Física. Foi um grande cara".

Leivinha vestindo a camisa do Palmeiras pela primeira vez

Leivinha jogando com a camisa 8 do Palmeiras

Foto oficial de Leivinha autografada

6
O ano mágico

Um ano mágico para o Palmeiras, time fadado a conquistar e vencer com intensa consistência e equilíbrio tático, foi o ano de 1972.

O Palmeiras tinha um especialista em cada posição. Uma equipe jovem e madura, preparada para os grandes desafios. Essa equipe sabia exatamente como fazer o resultado dentro de campo. Os atletas conheciam a força e o potencial uns dos outros, jogavam em bloco e liquidavam naturalmente o adversário. Ofensivo quando necessário, defensivo na hora certa e com um contra-ataque mortal. Não era um contra-ataque movido somente por lançamentos, e sim regido pelo toque de bola de Ademir da Guia e Leivinha. O alviverde de Parque Antártica sabia como se impor durante o jogo, neutralizando o mais feroz adversário.

A equipe tinha compactação ágil, saída com rapidez pelas laterais, um meio-campo que coordenava as ações ofensivas e um ataque marcador de gols. Os jogadores assumiam responsabilidades em campo e fora dele, e isso se refletia nas vitórias históricas e antológicas. Equipe com um preparo físico excepcional e com consciência de coletividade acima do normal. O coletivo aflorava o talento individual, e o talento criativo trabalhava em função do time, ajustado e azeitado, como se fosse uma máquina trituradora. Quem cruzasse o caminho do Palmeiras seria superado física e psicologicamente.

O técnico desse esquadrão chamava-se Oswaldo Brandão, um dos maiores nomes da história do futebol brasileiro e internacional. Técnico comandante que disciplinava e moldava a sua equipe, respeitando os atletas e as capacidades técnicas e individuais de cada um. Oswaldo Brandão era um profundo conhecedor de futebol e da psicologia humana. Espírita kardecista, tinha uma percepção fantástica da cientificidade do futebol e um aguçado sentido do que poderia ocorrer dentro de campo. O gênio dos técnicos. Montava e arrumava uma equipe como nenhum outro e sabia fazer a substituição do jogador no momento e no instante mais adequado da partida. Paizão e chefe, carismático e folclórico, Brandão criou a sua própria marca e estilo de trabalho no futebol brasileiro.

Ex-jogador de futebol, treinou Palmeiras, Corinthians, São Paulo, Peñarol do Uruguai, Seleção Paulista, Seleção Brasileira e inúmeros outros times. No Palmeiras, foi um mestre e um guia, apontando o caminho da vitória.

Como preparador físico, o eficiente e talentoso Hélio Maffia tornava a equipe a mais bem preparada do Brasil.

Emblemático, o Palmeiras construía sua história com louvor, merecimento e um belíssimo padrão tático. A equipe jogava com variações táticas de 4-3-3 para 4-2-4 ou 4-4-2, embaralhando a marcação adversária.

Um time cantado em verso e prosa por suas proezas nos gramados do mundo. Time definido e gravado na mente e na alma das torcidas e que se sintonizava com os mais modernos métodos de treinamento e postura em campo.

A popularidade do Palmeiras ultrapassava as fronteiras brasileiras e ganhava o mundo.

Os jogadores mais experientes e com mais tempo de casa, como Dudu, Ademir da Guia e César, amparavam e auxiliavam os mais jovens craques, promessas que chegavam ao clube.

O mestre Oswaldo Brandão, com a sua costumeira simplicidade, creditava o sucesso do time ao preparo físico, enaltecendo as qualidades do professor Hélio Maffia, que, por sua vez, dizia: "Quando o jogador está em perfeita forma dificilmente se machuca. O homem bem preparado fisicamente, quando se contunde, sara mais depressa".

Com um elenco reduzido de dezoito atletas, a equipe conseguiu manter uma sequência de partidas. Leivinha confirma: "Dificilmente a equipe tinha lesões e conseguia manter uma regularidade impressionante. Não tinha um elenco numeroso, mas os titulares mantinham o mesmo ritmo durante todas as partidas".

O Palmeiras era uma equipe incansável e com extrema determinação. Somava força física e talento em altas proporções. A equipe alviverde decorada e exaltada pelo torcedor jogava com Leão, Eurico, Luís Pereira, Alfredo, Zeca, Dudu, Leivinha, Ademir da Guia, Edu, César e Nei.

Com a suspensão do incrível goleador César no campeonato brasileiro de 1972, seu substituto passou a ser o argentino Madurga.

Madurga começou a jogar de ponta de lança e Leivinha um pouco mais adiantado. A adaptação natural e instantânea fez com que Leivinha se tornasse o artilheiro de ouro do esquadrão verde e branco.

Leiva sente saudades: "A melhor equipe que eu joguei. Os jogadores se completavam pelas suas próprias características. Era como a construção de um edifício. É impossível fazer um edifício só com engenheiros ou só com obreiros. Tudo é compartilhado e dividido. Cada um com uma função. Nunca gostei de fazer comparações de nossa equipe com outras que brilharam como o Palmeiras. Mas uma coisa é certa: a nossa Academia é inesquecível".

O Palmeiras teve três "Academias" de futebol, nos anos de 1960, 1970 e 1990.

Esse termo "Academia" se tornou um substantivo meritório para designar e definir tudo que fosse clássico, esplendoroso e fascinante no meio do futebol.

A equipe tinha como principal virtude o toque de bola cadenciado e inteligente.

O atacante e ponta-direita Ronaldo, campeão brasileiro pelo Atlético Mineiro em 1971 e pelo Palmeiras em 1972 e 1973, afirma com inteligência e convicção: "Eu não tenho dúvida de que a segunda 'Academia', da década de 1970, era como o Barcelona atualmente. Era uma formação tecnicamente perfeita. Um time que ficou muito tempo junto, que sofria poucos gols e marcava muitos. Não existia adversário para o Palmeiras".

Essa entrevista aconteceu em 2014, época em que o futebol do Barcelona da Espanha encantava o futebol internacional. Portanto, o Barcelona copiou e adequou o seu futebol ao estilo de jogo do futebol brasileiro.

O divino Ademir da Guia afirma: "A escalação daquele time está até hoje na ponta da língua de todos os palmeirenses".

O Palmeiras venceu cinco torneios em 1972, um dos recordes mundiais interclubes. Disputou cinco títulos e venceu todos. Memorável. Conquistou o Torneio Mar Del Plata na Argentina, o Costa do Sol na Espanha, a Taça Governador do Estado de São Paulo (Laudo Natel), o campeonato paulista e o campeonato brasileiro. O ano de 1972 marcava o Sesquicentenário da Independência do Brasil e o Verdão ditava as regras.

No campeonato brasileiro de 1972, Leivinha fez 15 gols e chegou à vice-artilharia do Brasil. Os artilheiros do campeonato brasileiro foram Pedro Rocha do São Paulo e Dario do Atlético Mineiro, ambos com 17 gols.

No campeonato brasileiro de 1973, Leivinha fez 20 gols, ficando a apenas um gol da artilharia máxima, pertencente ao centroavante Ramón, do Santa Cruz de Recife. Nesse mesmo ano, o Palmeiras novamente é campeão brasileiro com uma belíssima campanha, vencendo 25 jogos, empatando 12, e perdendo apenas 3.

Leivinha é o maior goleador da história do Palmeiras em campeonatos brasileiros, somando 41 gols no período de 1971 a 1975.

Eterno camisa 8, Leivinha comenta a repercussão desse feito: "Naquele período só se falava na linha do Santos com Dorval, Mengálvio, Coutinho, Pelé e Pepe, bicampeã do mundo em 1962 e 1963. Passado algum tempo, a escalação do Palmeiras é que começou a ser citada e lembrada por torcedores do Palmeiras e de outras equipes. Eu só pude saber e ter consciência da força e importância dessa equipe para o futebol quando encerrei a carreira".

E a conclusão é óbvia: será extremamente difícil algum clube formar uma equipe de seleção como aquele Palmeiras invencível.

Leivinha jogando pelo Palmeiras contra o São Bento

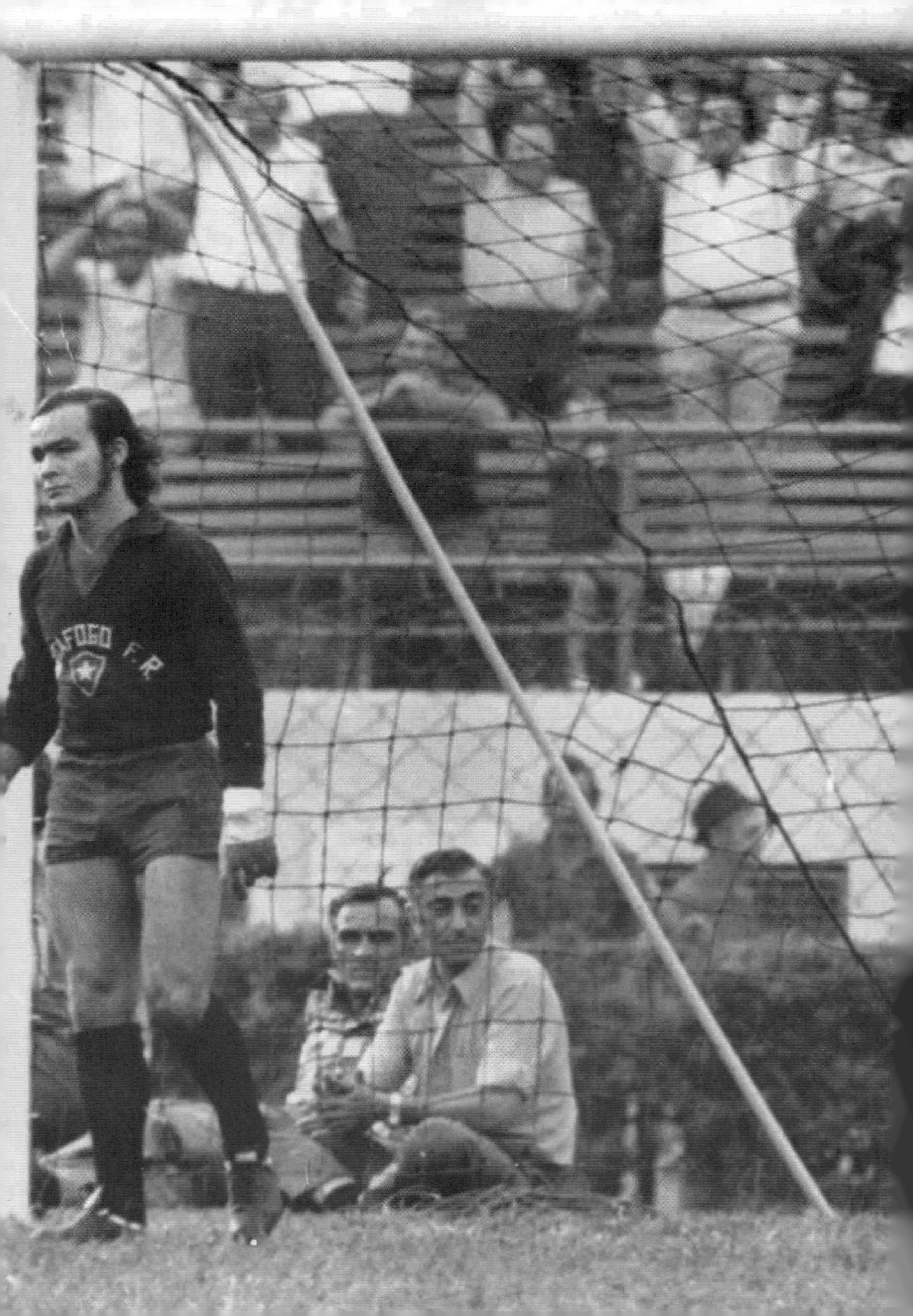
AFOGO F.R.

Levinha na vibração do gol pelo Palmeiras

Leivinha e Ademir da Guia jogando pelo Palmeiras

Equipe do Palmeiras em 1972. Em pé, da esquerda para direita: Eurico, Leão, Luís Pereira, Alfredo, Dudu e Zeca. Agachados: Edu, Fedato, Leivinha, Ademir da Guia e Nei

Equipe do Palmeiras em 1972. Em pé, da esquerda para direita: Eurico, Leão, Luís Pereira, Alfredo, Dudu e Zeca. Agachados: Ronaldo, Leivinha, Madruga, Ademir da Guia e Nei

7
César e Leivinha, a dupla inesquecível

Dois goleadores impossíveis de marcar, César e Leivinha foram a dupla inesquecível do Verdão. Um dueto perfeito, com entrosamento, percepção do lance e instinto de gol. Dupla de coragem, integral, delirante e explosiva. Ambos se completavam. Um pensava pelo outro. Raciocínio rápido, ataque demolidor e muita vontade de vencer.

Leivinha, com seu futebol clássico e de toque de bola, sabia ser explosivo e rompedor quando o momento do jogo exigisse. César, peito de aço e lutador na área, sabia ser refinado e artista da bola quando a situação do jogo pedia. Homens de decisão que sabiam das suas responsabilidades e não temiam pressões de nenhum tipo. Os dois nasceram com uma missão sagrada: fazer do Palmeiras o melhor time de futebol do mundo. E triunfaram.

César nasceu em Niterói, Rio de Janeiro, e jogava no Flamengo. Leivinha nasceu em Novo Horizonte e veio da Portuguesa de Desportos. Caminhos cruzados pelo destino, que colocou a camisa número 8 e a camisa número 9 no mesmo time, para levantar e alegrar a massa. Dupla de ouro e do povo.

Com o toque de bola do Divino, Ademir da Guia, a rapidez e a ginga dos pontas Edu Bala e Nei, o Palmeiras dependia muito das definições de César e Leivinha. Quem foi testemunha ocular da história do futebol paulista e brasileiro pode compreender o que eu estou dizendo.

Nesse período em que o Palmeiras dominava o futebol, a dupla de ouro era temida e respeitada. César e Leivinha antecipavam o raciocínio dos beques e produziam as mais lindas e belas jogadas. Cada um com o seu estilo próprio, suas peculiaridades e seus cacoetes dentro de campo, mas ambos maravilhosos. Os dois entravam na área inimiga com valentia e a certeza da vitória.

As características individuais dos dois não sobrepujavam o objetivo dos títulos e das vitórias do Palmeiras. Leivinha e César orgulhavam o Brasil.

Com um futebol insubmisso, rasante e goleador, os dois heróis alviverdes que formavam uma unidade dentro de campo cravaram com garra seus nomes na história do futebol e da cultura popular. Nada podia bloquear ou segurar essa dupla magnetizada pela arte da guerra. Leivinha, mais calmo, César, uma bomba-relógio. Ambos gigantes e reis.

César, o "imperador do Parque", Leivinha, o "rei do cabeceio". Precisa dizer mais alguma coisa?

Artilheiros que sabiam utilizar o pensamento positivo na construção da vitória, César fez 182 gols de 1967 a 1974 pelo Palmeiras, e Leivinha fez 106 gols de 1971 a 1975. Uma parceria de aço.

Quando o matador sagrado César Augusto da Silva Lemos não podia jogar, Leiva assumia a missão e continuava a balançar as redes.

Leivinha e César, embora jovens, possuíam experiência suficiente para entender e enfrentar a realidade do futebol e superar qualquer impedimento ou obstáculo que aparecesse pelo caminho. A vitória da dupla foi estrondosa com repercussões pelo mundo inteiro. Venceram tudo que disputaram no Brasil e no exterior.

Dois cabeludos estilo samba-rock, preparados para dinamitar o futebol e as certezas reinantes na sociedade com seus gols que levantavam a massa.

O goleador César tinha na sua extroversão uma marca própria para promover o espetáculo; Leivinha, mais introvertido, comemorava e vibrava sem extravasar com tanta intensidade. Ambos se equilibravam nas suas particularidades.

O futebol da dupla fascinava os observadores e os analistas. O time do Palmeiras sob o comando de Oswaldo Brandão tinha uma magia perfeccionista que beirava o inacreditável. Leivinha preparava a jogada e César fuzilava. Seja com bolas altas ou rolando pelo gramado verde molhado pela chuva fina de São Paulo, a dupla resistia no tempo e enlouquecia o mundo do futebol.

Elogiar quem merece e narrar feitos do time que se perpetuou pelo tempo é algo que me proporciona extrema alegria. Elegê-los como uma das maiores duplas do Brasil e do mundo nesse período é raciocinar respeitando os fatos e suas consequências. Analisar sem protecionismos ou tendências isolacionistas é mais justo e coerente quando se trata de avaliações deste tipo.

O Brasil teve duplas memoráveis ao longo da história, tais como Pelé e Coutinho no Santos, Friedenreich e Mário de Andrade no Paulistano, Jair Rosa Pinto e Ademir de Menezes no Vasco da Gama, Sócrates e Palhinha no Corinthians, Adílio e Zico no Flamengo, Enéas e Dicá na Portuguesa de Desportos, Dirceu Lopes e Tostão no Cruzeiro, Pedro Rocha e Muricy no São Paulo, Jorge Mendonça e Toninho no Palmeiras, Renato e Serginho no São Paulo, Robinho e Diego no Santos, Neymar e Ganso também no Santos, entre outras.

Leivinha e César brilharam na fase mais linda do futebol brasileiro e disputaram juntos a Copa do Mundo de 1974 na Alemanha.

César começou e despontou no futebol jogando como ponta de lança do Flamengo do Rio de Janeiro entre 1965 e 1967, marcando 38 gols. Contratado pelo Palmeiras, jogou de 1967 a 1974, totalizando 182 gols. Posteriormente, atuou no Corinthians, Santos, Fluminense, Botafogo de Ribeirão Preto, Seleção Paulista e Seleção Brasileira.

O goleador César foi um dos mais corajosos centroavantes típicos e tradicionais do futebol de todos os tempos. Dava a vida em campo, protegia os colegas de time em confusões e a torcida tinha verdadeira adoração por ele. O Palmeiras foi e é a sua vida. Através desse time é que vieram o auge, o esplendor e o reconhecimento.

Essa dupla de ouro se adaptava em qualquer situação e circunstância, e criava opções de ataque para todo o time. Gênios dos gols e das jogadas imprevisíveis.

O centroavante César, quando estava lesionado ou cumprindo suspensão, sempre apoiou e passou força espiritual para Leivinha substituí-lo com talento e muitos gols. Nunca existiu nenhuma forma de vaidade ou inveja entre eles. A competitividade foi transformada em cooperação mútua e a solidariedade e a camaradagem sempre prevaleceram. Dois ídolos que sabiam dividir os holofotes e o estrelato.

Leivinha vestia a camisa 8 do Palmeiras, e César, a 9. E o povo sorria feliz. Na Academia dos anos 1970, os dois ídolos marcaram quase 70% dos gols do time. Uma média fantástica.

Na Copa de 1974, a Seleção Brasileira perdeu por 2x0 da Seleção Holandesa que assombrou o mundo. Leivinha e César estavam contundidos, não jogaram este jogo, mas faziam parte da delegação.

A vingança viria no mesmo ano, no importante torneio Ramón de Carranza, jogado na Espanha e vencido brilhantemente pelo Palmeiras. O Palmeiras, com César e Leivinha, deu uma aula de futebol para a equipe do Barcelona da Espanha dos craques Cruyff e Neeskens, que eram da Seleção Holandesa. O placar final de 2x0 para o Verdão deu uma resposta ao povo brasileiro, sul-americano e europeu.

No jogo da final, o Palmeiras, representando o Brasil, venceu o Espanyol por 2x1 e levou a taça. Na última partida (amistoso), o alviverde de Parque Antártica venceu bravamente por 1x0 o Atlético de Madrid.

A dupla César e Leivinha brilhou em todos os jogos.

Leivinha comenta do amigo: "Antes de ser contratado pelo Palmeiras, em 1971, nós já éramos amigos. Encontrava o César em eventos e festas. Mesmo jogando contra, eu pela Lusa e ele pelo Palmeiras, sempre existiu uma afinidade fora de campo, facilitando o entrosamento. Eu sempre gostei de jogadores como o César; valente, aguerrido e lutador como um típico centroavante. O seu grande futebol facilitava e fazia com que aparecessem as minhas próprias características técnicas, táticas e de movimentação. A satisfação e a alegria é que a amizade continua a mesma e estamos sempre contando histórias juntos".

A amizade entre eles ultrapassou décadas e venceu o tempo. César, o peito de aço, sucessor do estupendo Vavá, campeão do mundo em 1958 e 1962, e Leivinha, o ponta de lança clássico e goleador que fez do cabeceio um ato poético. Indiscutivelmente, essa foi a maior dupla de ataque da história em mais de cem anos de Palmeiras.

Equipe do Palmeiras em 1972. Em pé, da esquerda para direita: Eurico, Leão, Luís Pereira, Alfredo, Dudu e Zeca. Agachados: Ronaldo, Leivinha, César, Ademir da Guia e Nei

Equipe do Palmeiras em 1973. Em pé, da esquerda para direita: Eurico, Leão, Dudu, Luís Pereira, Alfredo e Zeca. Agachados: Edu, Leivinha, César, Ademir da Guia e Nei

8

Dudu, Leivinha e Ademir da Guia: o melhor meio de campo do futebol mundial

O meio de campo é o setor mais importante de um time. É onde nascem as coordenações e variações táticas. É no meio de campo o local em que o atleta tem mais espaço para se movimentar, criar e concatenar as ações ofensivas e defensivas. Todos dependem dos jogadores do meio e de suas distribuições de jogo.

No meio de campo precisa-se de jogadores versáteis que executem inúmeras funções táticas e técnicas. Os estudiosos e os especialistas em futebol afirmam sem receio de errar que, quando uma equipe tem o meio desestabilizado, a probabilidade de perder é enorme.

As partidas nascem e se desenvolvem no meio de campo. Geralmente os jogadores mais estratégicos habitam esse terreno. Jogar no meio de campo na década de 1970 significava um luxo para qualquer craque. Vestir a camisa número 10, a 10 do rei Pelé, representava o máximo na vida de um jogador.

No Brasil, um dos jogadores pioneiros na valorização da camisa número 8 foi Leivinha. A partir dele, vestir a 8 era só para craques diferenciados e criativos.

O meio de campo do Palmeiras com Dudu, Leivinha e Ademir da Guia era o melhor do mundo. A combinação perfeita entre marcar o adversário, criar as jogadas e definir o gol chegava ao máximo de qualidade e objetividade com esse trio.

De 1971 a 1975, esses craques brilharam e ganharam títulos, condecorações e honrarias no Brasil e no exterior.

Formar um meio de campo seguro, coeso, sereno e criativo era o pensamento de Oswaldo Brandão. Dudu, Leivinha e Ademir da Guia representavam a juventude, a experiência e a vontade de vencer. Foram cinco anos de alegria e satisfação da torcida palmeirense e dos verdadeiros apreciadores do futebol-arte.

Dudu marcava, coordenava e protegia a zaga com liderança e inteligência. Ademir da Guia cadenciava o jogo, dava o seu ritmo à equipe e, com o seu toque de bola mágico, envolvia e dominava os adversários. Leivinha armava o jogo, tabelava, arrancava com a bola e fazia muitos gols. Tudo pronto, ajustado e definido.

O volante Dudu começou a carreira despontando na Ferroviária de Araraquara, jogando ao lado do craque Bazani. Em 1964, foi contratado pelo Palmeiras jogando ininterruptamente até 1976. No total, jogou 609 partidas e fez 25 gols. Na Seleção Brasileira esteve convocado em 1965, 1966 e 1968, conquistando a Taça Oswaldo Cruz. Jogou na Seleção Paulista em vários anos. Pelo alviverde, conquistou o campeonato paulista em 1966, 1972, 1974 e 1976, já como técnico da equipe. Venceu o campeonato brasileiro no ano de 1967 (Taça Brasil), 1967 e 1969 (Roberto Gomes Pedrosa), 1972 e 1973. Um símbolo de bravura e dignidade. Foi um jogador que se multiplicava em campo para ajudar toda a equipe. Marcou com fibra os melhores jogadores do futebol mundial e nunca quebrou ou contundiu alguém. Jogava sério, lutava os noventa minutos, mas sempre com lealdade. Recebeu como merecimento pela sua dedicação e luta um busto em bronze no clube do Palmeiras.

Ademir da Guia, o Divino, possui como homenagens a ele: um busto em bronze nas alamedas do Parque Antártica; um livro de Kléber Mazziero de Souza, com o título *Divino, a Vida e a Arte de Ademir da Guia*; uma poesia de minha autoria; uma poesia de João Cabral de Melo Neto; e um filme longa-metragem intitulado *Um Craque Chamado Divino* feito pelo cineasta Penna Filho. Todos esses prêmios são resultado de um histórico de vida de extrema bondade, caráter e respeito.

O camisa 10 Ademir da Guia tinha uma técnica primorosa e uma habilidade incomum. Jogava com a sabedoria dos maestros e com a arte milenar dos monges orientais. A Academia do Palmeiras o tinha como regente, o filho do grande Domingos da Guia.

Ademir foi o jogador com maior classe e elegância na história do futebol, um verdadeiro estilista. O seu futebol era um reflexo da sua alma pacata e abençoada. Seu jeito de jogar conversava e dialogava com os iluministas franceses, com os juristas da Roma Antiga, com os mitólogos da Grécia Clássica, mas era, acima de tudo, brasileiríssimo de samba nos pés. O Divino jogava com o cérebro e o time girava em torno dele.

No Palmeiras, foi o atleta que mais vestiu a camiseta, com 901 partidas e 153 gols. Conquistou por cinco vezes o campeonato brasileiro: 1967 (Taça Brasil), 1967 e 1969 (Roberto Gomes Pedrosa), 1972 e 1973. No campeonato paulista obteve cinco títulos em 1963, 1966, 1972, 1974 e 1976. Foi o armador intelectual e o mentor de duas Academias do Palmeiras. É impossível para qualquer ser humano descrever tamanha genialidade. Um futebol que dava gosto de ver e sonhar, e até os dias de hoje nos preenche de saudade.

O Divino disputou a Copa do Mundo de 1974 pela Seleção Brasileira e por mais de dez anos jogou pela Seleção Paulista.

Leiva jogava em determinados jogos, mais enfiado no ataque e mais próximo do gol, expondo toda a sua genialidade e talento em prol da equipe. Nenhum time podia com esse trio fantástico, sem vaidades ou individualismos. O melhor de cada jogador era absorvido pela equipe.

O ponta de lança Leivinha no sistema tático 4-3-3 atuava como ponta de lança armador, chegando na área inimiga e movimentando-se pelo lado esquerdo do campo. No 4-2-4, atuava como mais um atacante, usando a espertza e a inteligência para abrir espaços. Durante o transcorrer do jogo aconteciam as alternâncias táticas de acordo com a necessidade do resultado e as características do adversário. Ademir da Guia e Leivinha corriam e se movimentavam pelo campo todo. Dudu, uma espécie de líbero, ficava mais atento à marcação, mas quando atacava surpreendia os adversários e fazia gols.

A equipe jogava por música, e esse trio de meio ditava o ritmo e a velocidade do jogo. Três craques inteligentes que sabiam jogar com técnica e simplicidade.

O futebol brasileiro sempre foi espetacular com jogadores e trios de meios de campo. Vamos lembrar de alguns trios que orgulharam o Brasil com um belo futebol: no Flamengo, Andrade, Adílio e Zico; no Internacional: Falcão, Caçapava e Paulo César Carpegiani; no Cruzeiro: Zé Carlos, Tostão e Dirceu Lopes; no São Paulo: Édson, Gérson e Pedro Rocha; no Guarani: Zé Carlos, Renato e Zenon; no Fluminense: Jandir, Delei e Assis; na Ponte Preta: Vanderlei, Marco Aurélio e Dicá; na Portuguesa de Desportos: Badeco, Enéas e Dicá; no Santos: Clodoaldo, Brecha e Pelé.

Esses trios que atuaram nas décadas de 1970 e 1980 marcaram época e estão na memória afetiva do povo.

A competitividade e a luta por vitórias dos times nos campeonatos disputados no Brasil eram enormes. Os melhores campeonatos eram aqueles jogados aqui.

No período de 1971 a 1975 esse trio de ouro do Palmeiras encantou e reinou sobre o futebol mundial. Dudu, Leivinha e Ademir da Guia estão na boca do povo. O troféu é deles.

Leivinha e Ademir da Guia na comemoração do título

Equipe do Palmeiras em 1974. Em pé, da esquerda para a direita: Jair Gonçalves, Leão, Luís Pereira, Alfredo, Dudu e Zeca. Agachados: Edu, Leivinha, Ronaldo, Ademir da Guia e Nei

9

Leivinha, o inventor e propagador do drible da pedalada

O drible é o momento mais incrível do futebol, a magia multiplicada e o êxtase cravado no sentir. Nele se percebe com clareza a evolução humana desde a pré-história passando por todas as fases de evolução e construção, até chegar ao homem da era espacial. É a fantasia do futebol, o riso escancarado.

Nos campos, nas ruas, quadras ou terrenos baldios, é o drible que deu origem ao futebol, e não o contrário, e foi o drible brasileiro que propagou o futebol pelo mundo.

A vida dos apreciadores e torcedores de futebol está marcada por dribles, fintas e cortes com a bola. É no drible que as multidões aprendem a pensar, sentir, se emocionar e respeitar o atleta.

Embora dribles e gols andem juntos, em muitos casos, o drible vale mais do que o gol. O drible tem vida, alma e espírito próprio.

Para ser o maior, melhor e mais completo jogador, é preciso saber driblar e criar dribles. O rei Pelé é um exemplo significante dessa realidade.

Com uma sonoridade própria, o drible traduz em movimento as dimensões cósmicas de aprimoramento humano. A execução de um drible no futebol mexe com todos os músculos do corpo e com as mais profundas formas de criar e inovar.

Não precisa ser especializado no assunto para vivenciar no espírito a atração que o drible proporciona.

O grande driblador deve ter quatro quesitos básicos para o sucesso na aplicação: vocação, inspiração, coragem e inteligência. Drible não se premedita, acontece naturalmente. É balanço, improviso e metafísica. A frequência e o ritmo do drible são fundamentais para a sequência e a concretização do lance.

O drible é uma poesia descontraída, mas eficaz no seu propósito. Não é algo aleatório.

Segundo o método racional instintivo, o drible pode ser como um mantra indiano e penetrar na alma, causando um estado de dormência positiva, ou como um *heavy metal*, com suas transgressões e projeções psíquicas alucinantes.

Driblar é ir ao encontro da imortalidade. É uma ode ao planeta.

O mistério do futebol está no drible. No drible é que se reconhece a personalidade de um povo. Na história do futebol brasileiro tivemos os mais incríveis dribladores do mundo. Cada um com seu jeito, estilo e encanto.

Leivinha criou, inventou e difundiu o drible da pedalada, jogando futebol de salão na cidade de Lins, no começo da década de 1960 e, posteriormente, pelo mundo do futebol profissional. Ele aplicava uma pedalada e levava vantagem em quantos marcadores estivessem à sua frente. A sua clássica pedalada não permitia a segunda chance de recuperação ao marcador.

Pedalada é passar o pé sobre a bola e driblar o adversário com a outra, usando a ginga, a malícia e o movimento resvaladiço do corpo.

Acabou sendo uma marca registrada, desenvolvida até em pequenos espaços, com um resultado quase sempre perfeito. Driblava com elegância e a pedalada se tornava extensão funcional de seu próprio corpo. Leivinha criou, propagou e imortalizou esse drible.

Leivinha executando drible

10

Luís Pereira e Leivinha: dois heróis brasileiros ensinando o mundo a viver

Luís Pereira, o maior, mais completo e mais talentoso zagueiro do futebol de todos os tempos, o deus da zaga, o mito da camisa número 3. Um jogador que revolucionou a forma de jogar e pensar de todos os zagueiros do mundo.

Luís Pereira foi um zagueiro artilheiro. Com as suas arrancadas para o ataque, criou um estilo e espalhou discípulos pelo mundo. Um homem que fez o futebol evoluir de forma tática, lúdica e emocional.

Suas arrancadas da defesa para o ataque, em linha reta ou diagonal, surpreendendo o adversário, faziam a alegria e a esperança da nação. O povo amava e admirava esse gênio do futebol.

Antes de Luís Pereira, os beques apenas marcavam e desarmavam, depois dele, os beques passaram a fazer gols e a participar mais do jogo.

Ele foi o mestre da zaga, aquele jogador que deixava todo o time tranquilo. Um paredão intransponível e inexpugnável que protegeu todos os times em que atuou. Um gigante que conseguiu mesclar arte, força e destemor. Um xerife incontestável, com enorme talento e qualidade técnica. Seu futebol era um esplendor, composto de música clássica e samba. Brasileiro de alma, coração e sentimento.

Pronunciar o seu nome é uma honra para qualquer cidadão. Luís Pereira foi o "deus da raça do futebol brasileiro". Quando jogava, sabia o destino da bola e o que o atacante poderia fazer. Tinha um desarme perfeito, utilizava o carrinho (deslizar na grama com as duas pernas interceptando a jogada do atacante) de frente e de lado com extrema perícia e potência. Nenhum jogador desarmava de carrinho melhor do que ele. Reinventou esse desarme com força e jeito, sem machucar o atacante da outra equipe.

Inteligentíssimo, sabia os atalhos do campo e produzia jogadas brilhantes e inesperadas. Jogava com alegria e prazer. Um exemplo!

Seu futebol gigantesco tinha algo de mágico vindo do seu peito valente. Seu instinto de jogador de futebol jorrava sabedoria, pensamentos positivos e energia cósmica.

Um zagueiro que não fazia faltas, não lesionava os adversários e que ninguém conseguia superar. Ele pairava acima dos demais. Saía jogando da zaga com a bola dominada, driblava os atacantes e fazia gols de placa. Zagueiro artilheiro com alma de poeta e que amava o futebol.

Jogava com leveza e antevia todo o desenvolvimento do lance. Algo fantástico. Emérito cabeceador que não perdia o tempo de bola. Considerado pela imprensa mundial e pelos estudiosos de futebol como um zagueiro imbatível.

Seu futebol lúcido tinha um conjunto de conhecimentos magnetizadores e acadêmicos que lembrava os mestres da filosofia.

O futebol de Luisão Pereira sinalizava o futuro, a imortalidade, e era sinônimo de vigor, luta e superação. Futebol que falava a linguagem da obstinação e impulsionava todo o time.

Luís Edmundo Pereira nasceu em Juazeiro, na Bahia, em 21 de junho de 1949. Sua cidade natal tem 300 mil habitantes e sua distância para Salvador é de 513 quilômetros. De Juazeiro para o mundo; com seis meses de vida, Luís Pereira mudou-se para São Caetano do Sul.

Juazeiro também é a cidade natal do mestre João Gilberto, da espetacular cantora e *show woman* Ivete Sangalo e do vitorioso e brilhante conquistador de títulos Daniel Alves, jogador do São Paulo e da Seleção Brasileira. Todos admirados e aplaudidos mundialmente, portanto, orgulhos do Brasil.

O majestoso Luís Pereira começou jogando no GM Clube na equipe mirim, com 14 anos, depois jogou no Cerâmica pelo infantil, e posteriormente foi para o juvenil do São Bento de Sorocaba. Nesse time, obteve o título de revelação do campeonato paulista de 1967.

O Palmeiras demonstrou interesse e o contratou para um empréstimo de três meses, no dia 20 de junho de 1968. Renovou o empréstimo por mais três meses e, em janeiro de 1969, firmou um contrato definitivo. De 1968 a 1975, e de 1981 a 1984, Luís Pereira defendeu com amor, dignidade e fibra de gigante a camiseta do Verdão.

Pelo Palmeiras, atuou em 568 partidas e fez 35 gols, conquistou o tricampeonato brasileiro em 1969, 1972 e 1973, o campeonato paulista em 1972 e 1974, e inúmeras outras copas e torneios internacionais. Um dos mais respeitados foi o tricampeonato pelo Palmeiras do Ramón de Carranza em 1969, 1974 e 1975. Nesse período, Luís Pereira recebeu uma sentença elogiosa e definitiva do rei Pelé: "Luís Pereira é o melhor zagueiro do futebol mundial".

Luís Pereira foi o jogador mais importante da história do Palmeiras. Ele conseguiu, com seu talento e lealdade, democratizar a torcida em todos os sentidos e aspectos. Ele comentou certa vez: "Apesar de todo negro do meu tempo ser santista, são paulino ou corintiano, eu sempre fui palmeirense de paixão". Por causa de Luís Pereira, milhões de negros do Brasil passaram a torcer pelo Palmeiras. Este foi seu gol mais importante.

Chamado carinhosamente de "Luís Chevrolet" e "rei da zaga", declarava o seu amor pelo Verdão a todo momento em um simples bate-papo descontraído ou em uma entrevista para a mídia brasileira ou internacional.

Um fato importante para o estudo da fé e das religiosidades no Brasil é que durante toda a sua carreira Luís Pereira sempre usou em seu pescoço um colar verde, uma guia benzida e abençoada para protegê-lo das lesões e acidentes, tão comuns nos jogos de futebol. Luís Pereira é filho de Ogum, orixá extremamente respeitado e admirado nas religiões afro-brasileiras.

Ogum e São Jorge no sincretismo brasileiro representam a mesma energia, são guerreiros destemidos e honrados que possuem enorme representatividade no Brasil. Na Umbanda e no Candomblé, Ogum (São Jorge) é a força máxima. Um guerreiro do bem, da justiça, dos excluídos e da superação. Herói de guerra e libertador dos povos oprimidos. Ogum seria uma espécie de deus, com seus vários nomes, significados e derivativos, tanto no continente africano, como no Brasil e na América do Sul. Ogum e São Jorge representam o Brasil em seu sentido mais forte, vivo e emotivo, sem radicalismos ou fanatismos.

Altaneiro, imponente e guerreiro, Luís Pereira, ou Luís Chevrolet, como ficou conhecido por ter jogado no início de carreira na General Motors (GM), dignificou, como um verdadeiro rei, todos os times em que atuou.

Em 1975, foi contratado pelo Atlético de Madrid da Espanha, equipe em que jogou por cinco anos. Venceu o campeonato espanhol em 1977 e inúmeros outros torneios, taças e copas, inclusive o Ramón de Carranza outras vezes. Na Espanha, movimentava-se pelo campo todo. Tornou-se um líbero, um homem tático, defendendo, atacando e fazendo gols de uma forma que só ele era capaz. Recebeu o apelido de "El Mago" e "rey Pereira", demonstrando ser um jogador completo.

Atuou também no Flamengo em 1980, na Portuguesa de Desportos em 1985 – sendo eleito o melhor zagueiro do futebol paulista aos 36 anos –, no Corinthians em 1986 e no Santo André, jogando com o mesmo vigor e elegância dos tempos da juventude. O Santo André teve o melhor desempenho de sua história tendo Luís Pereira como capitão. Em 1989, ele jogou no Central de Cotia levando o time ao título da segunda divisão.

No ano de 1990, ajudou o São Caetano com seu talento e experiência a subir duas divisões e, consequentemente, alcançar a elite do futebol. No ano de 1992, o São Bernardo também subiu de divisão com "El Mago" em campo. E, cumprindo a promessa, encerrou a carreira no São Bento.

Com a carreira encerrada, atuou pelo time de veteranos da Seleção Brasileira e foi técnico do próprio São Bento.

Pela Seleção Brasileira, disputou 35 jogos de 1972 a 1977, e jogou na Seleção Paulista durante vários anos. Em 1980, jogou no Rio de Janeiro e também foi convocado pela Seleção Carioca, inclusive, marcando um gol no empate diante da Seleção Paulista por 3x3.

No ano de 1974, Luisão Pereira disputou a Copa do Mundo na Alemanha e foi eleito o melhor e mais perfeito zagueiro do mundo. Ele praticamente carregou o time nas costas. Se todos os atletas brasileiros tivessem a mesma vontade e o mesmo espírito de luta que ele teve, o Brasil seria tranquilamente decacampeão mundial de futebol.

Ele fez do dinamismo e da versatilidade em campo uma realidade no futebol mundial. Com um porte elegante, uma corrida com estilo e um carisma jamais visto, mudou a própria concepção do esporte com o seu futebol participativo e que estava em todos os lugares e setores do campo. Quem tinha que se preocupar com suas arrancadas e investidas eram os atacantes adversários, e não o contrário. Luís Pereira foi um gênio.

Luís Pereira e Leivinha jogaram juntos de 1971 a 1979. Um era a garantia da proteção à defesa, o outro decidia o jogo na frente. Ambos faziam gols. Dupla infalível. Foram cinco anos de Palmeiras e quatro de Atlético de Madrid. Atuaram diversas vezes juntos nas Seleções Brasileira e Paulista.

Leivinha dá o seu depoimento sobre Luís Pereira:

"Para mim, foi o jogador mais completo que conheci. Um fenômeno. Forte, rápido, inteligente e talentoso. Fisicamente completo e perfeito, como o rei Pelé.

Fazia do futebol uma brincadeira séria. Era a alegria em pessoa. Jogava feliz. Mesmo quando vaiado pelo adversário, retribuía com um sorriso.

Quando nós chegamos na Espanha, os zagueiros eram rebatedores e nunca saíam jogando com a bola dominada, Luís Pereira mudou totalmente este conceito, com a sua costumeira classe e habilidade. Um torcia pelo outro, eu jogando mais à frente e o Luís na zaga. A torcida do Atlético não estava habituada a ver o zagueiro sair jogando com a bola, armar o jogo e, ainda por cima, fazer gols. As tabelas que nós fazíamos no Atlético de Madrid lembravam os tempos de Palmeiras e geralmente terminavam em gols, o que facilitou a nossa adaptação de forma convincente. Jogamos juntos muito tempo. Foram cinco anos de Palmeiras e quatro na Espanha.

Foi o brilhante Garrincha da zaga central, fazia muitos gols de cabeça, excelente na bola aérea e com uma impulsão incrível. Colocação perfeita na área, tanto para defender como para atacar. Luisão valia o ingresso. Mesmo estando muito tempo longe, quando nos reencontramos é uma grande alegria e satisfação. Nós relembramos histórias e momentos maravilhosos que passamos no futebol. Nós estamos recompensados por termos aberto definitivamente as portas do futebol europeu aos brasileiros. Eu tive a honra de ter jogado durante nove anos com um jogador sensacional. Meu amigo, meu irmão."

Uma amizade sincera, sólida e verdadeira que ultrapassou o tempo.

Luís Pereira, negro, Leivinha, branco de cabelos loiros. Uma dupla perfeita e escolhida por Deus com a finalidade de ensinar os espanhóis e os europeus a respeitarem a boa e sadia convivência entre as raças. A partir de Luís Pereira, o maior zagueiro que já existiu, é que os espanhóis, italianos, ingleses e alemães abriram as portas dos seus campeonatos para outros jogadores negros de alguns países da África e da América do Sul.

Luís Pereira, sempre educado, solícito e tranquilo. Um homem querido por todos.

Leivinha e Luís Pereira, dois filhos do Brasil que modificaram o mundo. Por meio do exemplo, dentro e fora de campo, alteraram a sociedade europeia.

Nas décadas de 1950 e 1960, dois craques fantásticos, Djalma Santos e Julinho, a ala direita mais perfeita do mundo, já realizavam um grande trabalho educacional com a bola nos pés, nas excursões da Portuguesa, do Palmeiras e da Seleção Brasileira pelos cinco continentes. O lateral-direito Djalma Santos era negro e o ponta-direita Julinho era branco. *Show* de bola. As bandeiras tremulando. Brasil na cabeça e democracia racial no planeta Terra.

Leivinha e Luis Pereira no Atlético de Madrid

Es un decir. Una expresión. En AS, ayer, se publicó: «El Valencia, en... "pie de guerra".» Así, entrecomillado. Y el Atlético de Madrid, con sus «armas a punto», también entrecomillado, desde luego. El fútbol jamás puede ser la guerra. ¡Jamás! Es un juego. Pero... decía: «El Atlético de Madrid, con sus "armas a punto".» Y no son secretas. Se llaman Pereira y Leivinha. Y, no nos engañemos, desde que los dos brasileños entraron en el equipo todo marcha viento en popa. Y el Valencia, créanselo, también tiene sus «armas»: Rep y Keita. Uno rubio y otro moreno. ¡Coincidencia! Veamos qué opinan los rojiblancos.

PEREIRA: «REP DOMINA LA BOLA»

LUIZ Pereira, ayer, terminó el entrenamiento chorreando sudor. El primer entrenamiento del año. Y mira al porvenir con ilusión. Y con cierta confianza.

—El Valencia es uno de los grandes. Un buen equipo. Muy bueno.

Lo dijo así, sin salirse de una medida aceptable. Y uno se pregunta cómo Luiz Pereira puede catalogar a un equipo.

—Fácil. Lo he visto por televisión. Tiene maneras y gran conjunto.

Pero hay más. Luiz Pereira conoce, y muy bien, a la «estrella» del Valencia. Al holandés Rep, que, al parecer, va a jugar de extremo izquierdo el domingo.

—Lo conocí en el último Mundial. Un gran jugador. Fuerte. Con facultades. Sabe llevar la bola. Domina. Me gustó. ¿Me entiendes? El dominar es una cosa muy importante.

KEITA, HABILIDOSO

Era —lo reconozco— como un así jamás es cómoda la conversación. Dice lo que siente. Y lo dice sonriendo, sin darle mucha importancia.

—Jugar en Valencia es muy interesante. Ganar, pienso, no será fácil.

Quise saber qué opina Pereira de otro moreno, el valencianista Keita. El brasileño sabe de fútbol. Capta a los hombres. Los encasilla con prontitud y acierto.

—Es un jugador brillante. Ágil. Con fácil desplazamiento. Habilidoso. También sabe dominar la bola.

—¿Miedo?

—¡No! Yo jamás he tenido miedo en el fútbol. Digo sólo que son dos jugadores, Rep y Keita, muy importantes y con clase para su equipo.

SIEMPRE GANAR

También lo es Pereira. Se lo dije. Él es algo así como el «portón» del equipo cuando juega fuera. La gran muralla.

—No lo creo. Y no lo soy. Lo somos todos. Yo solo nada podría hacer.

Y el Atlético en esta Liga con marcha triunfal hacia el título. Quizá no piense así Pereira.

PEREIRA Y LEIVINHA juzgan a REP Y A KEITA

SOBRE EL HOLANDES
EL DEFENSA:
● "Es un jugador impor-

SOBRE EL DE MALI
● Para Luiz, es un futbolista muy habilidoso

Destaque de um jornal espanhol com Luís Pereira e Leivinha

Leivinha e Luís Pereira em restaurante espanhol

Leivinha e Luís Pereira em treinamento no Atlético de Madrid

11
Leivinha, "o cabeça de ouro": o melhor cabeceador do mundo

Leivinha foi o mestre dos mestres do cabeceio. Testava com certeza, força e decisão. Possuía obstinação e técnica genuína no cabeceio. O seu ritmo para acertar o instante exato de colocar a cabeça na bola tinha algo de fantástico e paranormal.

Seu cabeceio era um golpe fatal na esfera redonda. A pelota viajava no ar e encontrava sua cabeça de ouro ou de aço e morria no fundo do gol inimigo. Missão cumprida.

Quando os beques e marcadores faziam o movimento de corpo para ganhar impulsão e cabecear, Leiva já tinha pulado e feito o gol. Impressionava pela qualidade e pelo conjunto da obra. Parecia ter uma terceira visão ou um instinto dilatado que o fazia pressentir o momento do gol.

O velocíssimo ponta-direita Edu Bala, o magnífico driblador Nei e o seguro e eficiente lateral Eurico cruzavam para o "cabeça de ouro" estufar as redes.

A sua cabeçada era equivalente a um chute forte a mais de 100 quilômetros por hora. Uma espetada sutil e violenta ao mesmo tempo.

Bola pingada, cruzada, espirrada ou rebatida, lá estava ele explodindo as redes.

Leivinha possuía a frieza, a valentia e a colocação dos cabeceadores iluminados.

Quando se pensa em Leivinha e sua história no futebol, o seu cabeceio já vem associado. Pronunciar o nome de Leivinha significa citar naturalmente o seu poder de cabeceio. O inconsciente da torcida está atado aos cabeceios de Leivinha. A sua fama ultrapassou fronteiras. Daqui a cem anos lembrarão dos seus feitos golpeando a bola no ar, com suas cabeçadas científicas.

O camisa 8 tinha uma musculatura extremamente forte no pescoço e uma impulsão em velocidade assustadora. Usava os braços e fazia como um arco, utilizando toda a força do corpo para cabecear a bola.

O mais técnico e hábil cabeceador da história. Era um golpe furioso e abençoado na bola.

***

O cabeceio é a jogada mais perigosa no futebol. Sem proteção alguma, as cabeças se chocam no alto e as lesões acontecem. Na grande área, a disputa pela bola beira a loucura. Socos, cotoveladas, dedos nos olhos, empurrão e jogo de corpo. Em muitas situações, o próprio atleta não sabe de onde veio, como aconteceu e qual adversário o feriu. É tudo muito rápido, instantâneo e em frações de segundos. Na área, o que vale é a conclusão certeira, sem pensar. A luta pela vitória não conhece limites. As contusões mais frequentes são as fraturas de nariz, maxilar e afundamentos dos ossos da face.

Infelizmente, é muito mais comum do que se pode imaginar jogadores morrerem em um campo de futebol. A principal causa são as fraturas de crânio, consequência das pancadas na cabeça. Em cada cabeceio a massa encefálica chacoalha na caixa craniana. Dependendo do peso, da força e da reação, equivaleria a um soco frontal de um boxeador. Lesões cerebrais decorrentes do futebol acontecem aos montes e os atletas não são indenizados pelos clubes, sindicatos, ou qualquer órgão governamental. Um verdadeiro descalabro.

Outra lesão gravíssima é na coluna cervical. O jogador impulsiona o corpo para executar o cabeceio e, na direção contrária, é puxado bruscamente pelo cabelo. Vários jogadores terminam seus dias presos a uma cadeira de rodas, paraplégicos, inutilizados precocemente para o futebol e com sérias limitações para o resto da vida.

O futebol, portanto, jogado com os pés, é o segundo esporte mais violento do mundo. O futebol norte-americano, praticado com as mãos, também tem uma violência incalculável em todos os setores do campo. Segundo os próprios médicos, uma única pancada na cabeça pode levar à morte.

O boxe é considerado o esporte mais violento e cruel, e continua a fazer suas vítimas. Sobre esse esporte, o neuropatologista da Universidade do Texas, nos Estados Unidos, Friedrich J. Unterharnscheidt afirma: "O boxe é o único esporte (esporte?) em que o alvo principal é a cabeça, em que o objetivo é castigar o adversário, fazendo-o perder os sentidos. Mas não é preciso um lutador perder os sentidos ou sofrer uma fratura no crânio para ter lesões graves. Ele pode ser vítima de diminutas hemorragias ou de outros danos no cérebro que nem sempre são percebidos, mesmo pelos médicos especializados".

O médico Ward C. Halstead, da Universidade de Chicago, diz: "A maioria das contusões causadas por um golpe na cabeça verifica-se nos lobos frontais, a zona do cérebro que regula a coordenação, o controle e o autodomínio. Esses lobos repousam contra uma crista óssea pontiaguda; quando a massa encefálica se choca dentro do crânio, essas cristas laceram os lobos frontais, destruindo-lhes o tecido. O cérebro, ao contrário de algumas outras partes do corpo, não pode substituir os seus tecidos. O dano, portanto, é permanente".

Em uma abrangente pesquisa realizada pela Associação Médica Americana, constatou-se que, entre 1945 e 1974, morreram 195 pugilistas, vítimas de pancadas e contusões sofridas dentro de um ringue. São números alarmantes que acabam retratando o sadismo do homem capitalista com a sua exacerbada necessidade de competir, vencer e sobrepujar o derrotado.

Todos esses riscos tiveram que ser vencidos por Leivinha para que ele se tornasse o mestre dos professores no cabeceio.

***

O Brasil teve maravilhosos cabeceadores, vamos a eles: Friedenreich do Paulistano e do São Paulo; Feitiço do Santos; Baltazar do Corinthians; Enéas da Portuguesa de Desportos; Dario do Atlético Mineiro; Escurinho do Internacional; e Luís Pereira do Palmeiras. Esse time fantástico deslumbrou o mundo e moldou o estilo de jogar do atleta brasileiro.

***

Desde menino, Leiva tinha facilidade no cabeceio, jogando futebol de salão e basquete na cidade de Lins. Pela Portuguesa de Desportos, fez vários gols de cabeça, mas no Palmeiras atingiu seu auge.

Leivinha lembra com orgulho e alegria:

> *"Após o treinamento normal, o preparador físico Hélio Maffia me ajudava e auxiliava nos treinamentos de cabeceio. Jogava as bolas para o alto e eu tinha que pular e cabecear de várias posições da área, simulando um jogo. O treinamento com a forca também era muito usado.*
>
> *Eu tinha muita facilidade na impulsão, principalmente quando vinha na corrida. A perna esquerda servia como apoio. Tinha força na testa. Era como se fosse um chute.*
>
> *Para mim não existia dificuldade alguma, fazer o cumprimento japonês de cima para baixo com a cabeça. Utilizava os braços, para dar equilíbrio. Só se consegue dar direção certa à bola quando o corpo está em perfeita posição.*
>
> *Cabeceava com os olhos abertos e dava direção a bola. Eu escolhia onde queria colocá-la. Algumas artimanhas você utiliza com os zagueiros, principalmente apoiar sem cometer falta.*
>
> *Na grande área é uma confusão total. Não tem bobo na área, o mais bonzinho tem vinte anos de pena."*

Hélio Maffia, um dos mais completos preparadores físicos das décadas de 1970 e 1980, comenta: "Eu e o Leivinha, depois do treinamento diário, fazíamos o treino extra que consistia em cem cabeceios. Eu jogava a bola e ele a pegava no ponto mais alto da trajetória. Sua amplitude era a maior de todas no gesto de cabecear. Treinava com muita boa vontade e era dedicado. Para mim foi o maior cabeceador daquela época".

***

Exatamente nesse período que Leivinha passou a ser comparado a Heleno de Freitas em São Paulo e, principalmente, no Rio de Janeiro.

Heleno de Freitas é um dos maiores símbolos e mitos do futebol brasileiro e internacional. Seus feitos e conquistas correram o mundo. Polêmico, verdadeiro, corajoso e um mestre da bola inquestionável. Jogava de centroavante e não levava desaforo para casa. Amava e dava a vida pelo Botafogo do Rio de Janeiro. Genial atacante da década de 1940 que botava medo em qualquer beque sul-americano ou europeu. Um dos maiores cabeceadores de todos os tempos. Belo, culto e charmoso, parecia um artista de cinema.

Nessa época, jogador de futebol não tinha o costume de formar-se em uma universidade. Heleno, no entanto, mesmo depois de rico e famoso, formou-se em direito e falava quatro idiomas. Mas dentro de campo, transformava-se em um herói de guerra, com o seu talento divino e seu sentimento puro.

Com um futebol magistral e um cabeceio sublime, Heleno de Freitas ganhou o célebre apelido de "Diamante Branco", já que Leônidas da Silva, ídolo do futebol brasileiro, era o "Diamante Negro".

Ser comparado a Heleno de Freitas é uma das principais honrarias concebidas para um atleta em qualquer época, tempo ou país. Principalmente na década de 1970, quando sua imagem ainda abastecia a mídia e causava debates acalorados.

***

Leivinha deixaria a vida em um campo de futebol se preciso fosse. Cabeceava sem dó nem piedade, com todas as forças do corpo e da alma. E as ocorrências aconteciam. Teve inacreditáveis sete desmaios em choques de cabeça com os beques (quatro no Brasil e três na Espanha) e fraturou quatro vezes o nariz. Nos desmaios, tinha concussão cerebral e amnésia parcial (perda momentânea de memória). Levado ao hospital, realizavam todos os exames possíveis e nada constatavam.

Nos choques de cabeça, causadores de concussão cerebral, Leivinha não lembrava como tinha acontecido o acidente em campo.

Homem sem medo, dor ou receio, no jogo seguinte estava outra vez lutando, brigando pela bola e cabeceando com a raça e a categoria costumeira. Poderia ter morrido em uma dessas disputas no ar, mas os deuses do futebol não permitiram.

Passados mais de 35 anos, Leivinha continua sem sequelas ou problemas. Possui uma excelente memória, disposição em questões do cotidiano e motivação para a vida.

Inúmeros jogadores famosos, de destaque internacional, e inclusive campeões do mundo jamais gostaram de cabecear, com medo de pancadas ou de violência. Encolhiam a cabeça, não saltavam, escondiam-se no amontoado de jogadores na área ou ficavam fora da disputa esperando uma sobra de bola para chutar.

Alguns atletas com habilidade e renome mundial preferiam matar a bola no peito ou concluir de primeira no lugar de cabecear. O pânico e a fuga do cabeceio dos atacantes brasileiros é algo preocupante. Não se fabricam mais cabeceadores como antigamente.

Indiscutivelmente, João Leiva Campos Filho foi o último romântico na história do cabeceio, um dos maiores cabeceadores do mundo de todos os tempos.

Leivinha, pelo Palmeiras, cabeceando em jogo contra o Sergipe

Leivinha cabeceando em jogo pelo Palmeiras, e, de frente para a foto, o artilheiro César

Leivinha cabeceando em jogo pelo Palmeiras

Leivinha cabeceando em jogo da Seleção Brasileira contra o Zaire na Copa do Mundo de 1974

Leivinha cabeceando em jogo pelo Palmeiras

Leivinha controlando a bola de cabeça em jogo pelo Atlético de Madrid

12
Deus Pelé e Leivinha, o menino de ouro

Pelé é o deus do futebol e de todos os esportes. O mais inteligente, talentoso e fascinante jogador de futebol da história. Rei, mito e senhor absoluto.

Falar no nome de Pelé é repetir 1284 vezes a palavra perfeição. Um atleta de ouro que fez 1284 gols no período e época mais difícil de se jogar futebol, com fortes marcações, retrancas e violência incontrolável. Mas nada neste mundo podia deter o verdadeiro rei.

Pelé tinha 1,70 metros de altura, mas quando corria parecia ter muito mais. Os seus dribles imprevisíveis, a sua criatividade monumental e o seu raciocínio rápido comprovavam se tratar do maior símbolo humano de todos os tempos.

Homem que parou guerras em países africanos e ensinou a Europa a jogar futebol, o rei Pelé alterou e transformou o modo de trabalhar, classificar o futebol e produzir uma análise tática de toda a imprensa mundial, que começou a adjetivar com louvor os esportistas por intermédio dele.

Incomparável gênio que conseguiu a proeza de fazer o esporte ter a sua importância na rotina de todas as famílias em pleno século XX. Foi três vezes campeão do mundo em 1958, 1962 e 1970 pela Seleção Brasileira e todos os títulos possíveis e imagináveis conquistados pelo Santos.

O mundo prostrou-se diante do rei Pelé e ele sempre manteve a humildade e o sentimento fraterno dos escolhidos por Deus.

Encerrou a carreira mais bela e de sucesso da história dos esportes no Cosmos dos Estados Unidos em 1977.

Sobre Pelé foram feitos filmes, desenhos, biografias, músicas, poesias, estátuas, estádios e inúmeras propagandas enaltecendo a sua história de "rei dos reis" do esporte mundial.

Ele criou e recriou o futebol com suas jogadas inesquecíveis e seus gols épicos.

Nem daqui a 2 milhões de anos surgirá um jogador tão fantástico como Pelé.

Não existem adjetivos para descrevê-lo, tamanha a sua grandeza e magnitude.

Reis, rainhas, príncipes, papas, ditadores e presidentes de nações estrangeiras curvaram-se a ele.

Durante toda a carreira de esportista, Pelé sempre manteve a simplicidade e a bondade. Exemplo e modelo de cidadão e ser humano, ajudou e auxiliou muita gente. A sua imagem imortalizada com o soco no ar produz uma avalanche de nobres e bons sentimentos.

Eleito "Atleta do Século" pelos franceses e "Melhor Jogador do Século" pela FIFA, Pelé retrata a verdade e a honra do Brasil para o mundo.

Homenageado e laureado mais do que qualquer ser humano, Pelé conquistou o mundo com o seu talento, lutando no campo pela vitória. Um herói de ouro.

Foi o maior brasileiro e o maior homem da história universal, acima do escritor Machado de Assis, do pai da aviação, Santos Dumont, e do honorável presidente Getúlio Vargas. Três gigantes e três ícones.

Na composição e trajetória da história humana superou intelectuais, guerreiros, pacifistas e cientistas. Pelé é a maior referência de vitórias e glórias que o mundo pode ter. Influenciou positivamente bilhões de pessoas ao longo da vida.

Nenhum ser humano, entidade, embaixada ou empresa divulgou o país mais do que o rei Pelé, fato que se reflete fundamentalmente no nosso PIB, de quase R$ 7 trilhões por ano.

Rei, mito e deus, Pelé é tudo isso e muito mais.

Gilmar dos Santos Neves, um dos maiores goleiros de todos os tempos, campeão mundial pela Seleção Brasileira em 1958 e 1962, afirmou: "Descrever o que foi Pelé é humanamente impossível. Foi a perfeição. Ele desequilibrou o mundo".

Sunday Mirror, jornal da Inglaterra: "Pelé nunca será superado porque é impossível haver algo melhor do que a perfeição. Ele teve tudo: físico, habilidade, controle de bola, velocidade, poder, espírito, inteligência, instinto e sagacidade".

Diálogo do jornal inglês *Sunday Times*:

"– Como se soletra Pelé?

– Com as letras G-O-D [Deus em inglês]".

Kocsis, um dos maiores jogadores da Hungria, vice-campeão do mundo em 1954: "Um jogador como Pelé só vai nascer daqui a mil anos. Preste atenção: eu não disse cem, mas mil anos".

Leivinha jogou contra o rei Pelé de 1966 a 1971, pela Portuguesa de Desportos e de 1971 a 1974, pelo Palmeiras. Foram nove anos dividindo o campo de jogo com Pelé. Que extrema honra e privilégio.

Leivinha foi convocado pela primeira vez para a Seleção Brasileira em 1967, pelo técnico Aimoré Moreira. Estava em disputa a "Taça Rio Branco" contra a Seleção Uruguaia, mas justamente depois da convocação teve uma grave contusão nas costas e não pode estrear. A próxima convocação aconteceu em 1968, no jogo entre Seleção Brasileira e o Coritiba.

A Seleção Brasileira venceu a equipe do Coritiba por 2x1, no estádio Couto Pereira no Paraná, para um público de 23.624 pagantes. Os gols do escrete canarinho foram dos craques inesquecíveis Dirceu Lopes e Zé Carlos, ambos jogadores do Cruzeiro. Passarinho fez o gol do Coritiba. Leivinha entrou no segundo tempo no lugar do veloz Jairzinho e atuou ao lado do rei Pelé, seu ídolo de infância. O sonho do garoto de Lins estava realizado.

No dia 10 de novembro de 1968, a Seleção Paulista venceu por 3x2 a Seleção Carioca, no estádio Maracanã, para um público de 85.187 torcedores e uma renda de NCr$ 326.720,25. Os gols do jogo foram marcados por Toninho, aos 5 minutos, Pelé aos 40, e Roberto aos 43 do primeiro tempo. Na segunda etapa, Carlos Alberto, de pênalti, aos 19, e Paulo César, também de pênalti, fecharam o placar.

Leivinha teve a suprema honra de substituir o deus Pelé, que saiu no meio do segundo tempo para ser premiado no final do jogo pela rainha Elizabeth e o príncipe Philip da Inglaterra nas tribunas de honra do Maracanã.

Pelé recebeu das mãos da rainha o troféu e a coroa de rei, em uma bonita e comovente premiação, que marcou a história e a boa relação diplomática, esportiva e política entre Brasil e Inglaterra.

Leivinha fala categoricamente sobre Pelé:

"Para mim, o Pelé era incomparável, de outro planeta. Eu não vi nada, até hoje, igual. Todas as virtudes foram direcionadas a ele. Um privilegiado de Deus. Perfeito em todos os fundamentos e até jogando no gol, quando preciso, em uma emergência, se destacou.

Meu pai me levava para ver o Santos de Pelé no seu auge, sempre que eles jogavam em Bauru. Certa vez, o Santos venceu por 7x1 o Noroeste em 1961, e Pelé teve uma atuação espetacular, fazendo três gols.

Assisti o maior ataque de todos os tempos jogar: Dorval, Mengálvio, Coutinho, Pelé e Pepe. E sempre acompanhei o Santos para ver o Rei.

Pelé foi meu único ídolo. Ídolo de verdade. Me orgulho por ter sido um atacante e jogado contra e ao lado de Pelé na Seleção Paulista e Brasileira.

Agradeço a Deus por ter jogado na época do Pelé.

As gerações atuais não sabem o que ele fazia em campo. Vi coisas fantásticas no gramado, que ele criava e executava e que não estão na televisão (não tem imagens). Infelizmente jogamos mais contra do que a favor.

É importante que todos saibam: se Pelé durante a sua carreira fez mais de mil gols, hoje em dia ele faria muito mais. Com a evolução física, os gramados perfeitos, as chuteiras e bolas feitas com alta tecnologia e uma medicina avançadíssima, diferentemente da nossa época, com pouquíssimos recursos para aprimorar a produção do jogador, tenho absoluta certeza que Pelé faria muito mais gols. E com a mídia que tem hoje, seria muito mais famoso.

Pelé foi o deus do futebol."

Pelé e Leivinha antes de um clássico Palmeiras e Santos

13

O dia da convicção em seu futuro no futebol

A Copa do Mundo de 1970 no México foi um marco e um divisor de águas na história do futebol. Foi, indiscutivelmente, a copa das copas, pela expectativa do mundo e, principalmente, pela quantidade de craques qualificados que desfilaram sua arte nos gramados. Uma copa que solidificou o futebol como o esporte dos esportes e propagou a imagem de dignidade e personalidade em relação aos combates em campo.

Foi a Copa do Mundo em que a arte sobrepujou a força bruta, a violência e a guerra. A arte venceu a ideia e a prática da pancadaria e da perseguição individual ao jogador. A magia e o estupendo futebol apresentado pela Seleção Brasileira derrubaram a mentalidade pragmática e covarde dos europeus de jogarem futebol. Nessa copa, o olhar e o sentido de jogo foram alterados e transformados em função dos geniais craques brasileiros. Ela significou o apogeu de uma geração de ouro que mudou o conceito de futebol.

***

O mundo não é mudado com armamentos de tecnologia avançada, muito pelo contrário, a única mudança possível é por meio da arte, do talento e do bom usufruto do entretenimento. A arte dos geniais jogadores de futebol pode e faz com que o planeta seja um lugar melhor para se viver e sonhar.

Nenhum ser humano tem uma vida plena e recompensadora espiritualmente se não possuir um sonho aberto ou nos recônditos da alma.

***

A Seleção Brasileira campeã do mundo em 1970 proporcionou alegria e prazer não somente ao Brasil, mas ao mundo inteiro. Os magníficos jogadores desta seleção deram uma aula inesquecível de como jogar futebol com garra, leveza, criatividade e inteligência.

A partir desse espetáculo de futebol ofensivo proporcionado pelos brasileiros, utilizar e preparar retrancas como os europeus, virou sinônimo de futebol deprimido e mesquinho. As retrancas retratavam o feio e o ultrapassado. Vencer dessa forma seria pior do que perder.

A filosofia racional e criativa da Seleção Brasileira encantou milhões de seres humanos e é copiada até hoje por todas as seleções e clubes do mundo. Óbvio que sem o mesmo efeito e resultado.

A Copa do Mundo de 1970 no México contou com as seguintes seleções: Brasil, Uruguai, Peru, Alemanha Ocidental, México, Israel, Tchecoslováquia, Inglaterra, Romênia, URSS, Bélgica, El Salvador, Itália, Suécia, Bulgária e Marrocos. O Brasil venceu com supremacia seus seis jogos: 4x1 Tchecoslováquia, 1x0 Inglaterra, 3x2 Romênia, 4x2 Peru, 3x1 Uruguai e 4x1 Itália. *Show* absoluto da Seleção Brasileira.

A Seleção Brasileira jogou com Félix, Carlos Alberto Torres, Brito, Piazza, Everaldo, Clodoaldo, Gérson, Jairzinho, Tostão, Pelé e Rivelino. O técnico era Zagallo.

A incomparável Seleção Brasileira dos reis, mestres e apenas um deus, Pelé, parou para sempre o mundo que, incrédulo, via a perfeição se materializar na realidade.

Jairzinho, o "Furacão da Copa", esteve maravilhoso, fazendo gols em todas as partidas. Gérson, "O Canhotinha de Ouro", com seus lançamentos e liderança, decidia os jogos. Rivelino, "O Reizinho do Parque", com seus chutes incríveis, encantava o mundo, e o deus Pelé comprovava ser o maior jogador de todos os tempos. Tostão, o "Mineirinho de Ouro", abria espaços e proporcionava com a sua inteligência novas criações. Clodoaldo, um volante de classe e raça, sucessor do mestre Zito no Santos e na Seleção Brasileira. Brito, um guerreiro e o melhor condicionamento físico da Copa. Piazza, com sua experiência e calma, dava padrão tático na organização da equipe. Everaldo, um gladiador de ouro que assumiu a lateral-esquerda com sua garra de gaúcho. Félix, um arqueiro fantástico que jogava com a alma e o coração. Carlos Alberto

Torres, um dos mais valentes jogadores da história, jogou a copa na lateral-direita com toda a sua capacidade de comandar, impor respeito e demonstrar talento.

Como suplentes, os inesquecíveis Ado do Corinthians, um goleiro com agilidade, ótima colocação e rapidez; Leão do Palmeiras, que viria a ser um dos melhores arqueiros do mundo em 1974 e 1978; Zé Maria da Portuguesa, com o seu vigor físico e a sua fibra de luta; Fontana do Cruzeiro, com a sua capacidade de liderança; Marco Antônio do Fluminense, com sua classe e seus cruzamentos perfeitos; Dario do Atlético Mineiro, um emérito artilheiro; Paulo César Lima do Botafogo, com sua ginga e seu estilo clássico de jogar; Roberto Miranda do Botafogo, um guerreiro preparado para triunfar; Edu do Santos, o melhor ponta-esquerda do futebol mundial; Baldochi do Palmeiras, com a sua garra e raça; e Joel do Santos, um beque de ouro.

Aplausos para esses 22 jogadores que fizeram a alegria do mundo e, principalmente, do futebol brasileiro. Aplausos para Zagallo, o técnico da seleção, que comprovou toda a sua competência e perícia tática e triunfou com destemor.

A partir dessa copa, todos os clubes e seleções idealizaram praticar o futebol exatamente como o escrete nacional praticava. Era como se o inconsciente mítico e espiritual da arte brasileira estivesse no cérebro de todos os outros povos. O Brasil se tornou amado e querido por todas as classes sociais em centenas de países e em diversos regimes políticos.

Foi a primeira Copa do Mundo transmitida ao vivo pela televisão, para um público de um bilhão de telespectadores.

Essa Copa de 1970 definiu o espaço justo e frequente das seleções dos países africanos que se classificassem nas eliminatórias para as copas futuras. Também nesta copa, foi homologada pela FIFA, através da Internacional Board, as substituições dos jogadores durante as partidas. Até dois atletas poderiam ser substituídos.

Na final, no dia 21 de junho, o Brasil massacrou a Itália por 4x1, e a euforia tomou conta do país. O Brasil possuía 100 milhões de habitantes que esbanjavam contentamento nas ruas, avenidas e bairros. Um carnaval de danças, fogos e cantorias. Agitação, contentamentos irrefreáveis, gritos e marchinhas cantadas pelas multidões. A festa não tinha fim.

Leivinha foi com alguns amigos para a Avenida Paulista em São Paulo, comemorar o feito. Nessa comemoração, Leiva descobriu, aos 21 anos, que tinha se tornado craque, e o próximo passo e objetivo seria a Seleção Brasileira na Copa do Mundo de 1974. As suas conclusões foram certeiras. Triunfaria no Brasil e no mundo do esporte.

Um jovem vindo do interior sentiu na alma que o futebol era de fato a sua vida. "É isso que eu quero. Quero a vitória na Copa do Mundo em 1974. E eu estarei lá", disse bem baixinho.

Na alegria de uma nação, o camisa número 8 da Portuguesa projetou a conquista de coisas grandes para o futuro de sua carreira: "Quero ver o povo feliz novamente em 1974 na Alemanha, e eu vou realizar este sonho".

Ele estava triste por um lado, por não estar entre os 21 atletas convocados, mas feliz e recompensado por outro, pelo direito de poder comemorar o título do Brasil conquistado pelos seus amigos com a torcida que também o aplaudia.

Ele teve a sensação de júbilo com a indiscutível e fascinante conquista brasileira e o raciocínio lógico dos artistas obstinados. Fez da sensação um símbolo, e do desejo, uma vocação.

Passaria por todas as angústias, privações e sofrimentos inerentes à carreira de um jogador de futebol para afirmar-se como uma brilhante realidade.

Enfático na pureza de seu sentimento e sensato na necessidade de proporcionar satisfação ao povo com seus gols, seu ego humilde proclamava, quase sussurrando, que a partir daquele momento, Leivinha seria mais Leivinha.

O dia 16 de junho é o momento em que João Leiva Campos Filho passa a ser a "águia real", como se fosse um grito de libertação. Intenso e verdadeiro, desde cedo demonstrava a personalidade que faria dele um grande campeão.

14

Palmeiras x Corinthians, o jogo da afirmação

Palmeiras e Corinthians sempre protagonizaram inenarráveis jogos. Rivais centenários que se odeiam e se amam de um modo contraditório e complexo. Dois gigantes do futebol mundial, que lutam pela hegemonia do futebol paulista e brasileiro. Oponentes que se provocam, mas, acima de tudo, se respeitam. Rivalidade inquebrável, insuperável e posta à prova em todos os clássicos.

O Corinthians conquistou o campeonato mundial em 2000 e 2012, o Palmeiras faturou o título mundial na Copa Rio em 1951. A torcida do Corinthians é a segunda maior torcida do mundo, a primeira é a do Flamengo. A torcida do Palmeiras é a terceira maior do Brasil, com 16 milhões de torcedores.

Credenciados pelo destino místico e espiritual para reinarem, Corinthians e Palmeiras sempre foram um espetáculo à parte na história do futebol. Um jogo que está acima de qualquer campeonato, desempenho individual de algum atleta ou de qualquer vaidade que atrapalhe a expectativa do clássico.

Palmeiras e Corinthians é um clássico maior e mais importante que Boca Juniors e River Plate na Argentina, Barcelona e Real Madrid na Espanha, Roma e Lázio na Itália, Internacional e Grêmio no Brasil, Benfica e Porto em Portugal, Fenerbahçe e Galatasaray na Turquia, CSKA Moscou e Dínamo Moscou na Rússia, Olympiacos e Panathinaicos na Grécia, entre outros.

Emoção, comoção, pressão e ardência. Quem mantém a racionalidade durante a partida ganha o jogo. Nervos à flor da pele, fios de esperança em cada lance e um jogo que nunca termina.

Esse clássico de uma outra dimensão planetária envolve santos, guias, entidades e espíritos e faz com que o futebol tenha sentido. Esse jogo consegue ter uma face dramática e dolorosa. Quem vence, quer vencer sempre e, quem perde, aguarda ansiosamente a revanche. O que significa que ninguém nunca está tranquilo e realizado. Corinthians e

Palmeiras tem sempre surpresas reservadas durante as semanas que antecedem o jogo.

Um dos maiores jogos dessas duas potências do futebol aconteceu no dia 25 de abril de 1971, no estádio Morumbi em São Paulo, com 61 mil torcedores. O resultado, 4x3 para o Corinthians, retratou um jogo eletrizante e indescritível, repleto de emoções e perplexidades do começo ao fim.

Designar este jogo como emocionante seria pouco. Foi uma epopeia a céu aberto, em uma tarde com chuva e garoa, tipicamente paulistana. A renda da partida atingiu Cr$ 405.269,00. Como árbitro estava o talentoso e seguro Armando Marques.

O time do Palmeiras jogou com Leão, Eurico, Baldochi, Luís Pereira, Dé, Dudu, Hector Silva, (Leivinha), Ademir da Guia, Fedato, César e Pio. Como técnico, Rubens Minelli. O Corinthians atuou com Ado, Zé Maria, Luís Carlos, Sadi, Pedrinho, Tião, Samarone, (Adãozinho), Rivelino, Lindóia, (Natal), Mirandinha e Peri. Como técnico, Francisco José Sarno.

Os gols, no primeiro tempo, foram de César aos 28 segundos e aos 9 minutos. No segundo tempo, foram de Mirandinha aos 5 e aos 43, Adãozinho aos 24, Leivinha aos 25 e Tião aos 27 minutos. Um *show* de eficiência, um espetáculo inacreditável com viradas, gols incríveis e luta incessante das duas equipes.

Taticamente as duas equipes estiveram perfeitas e a qualidade técnica e individual dos jogadores presentes em campo era altíssima. Indiscutivelmente, foi o melhor jogo daquele ano no futebol brasileiro e mundial.

Leivinha entrou na partida aos 23 minutos do segundo tempo e bateu a primeira bola que pegou, de fora da área, de perna esquerda, no ângulo do ótimo goleiro Ado. Um golaço. Gol sensacional. Um petardo indefensável. A bola descreveu uma curva e morreu na forquilha do gol alvinegro.

Esse jogo emblemático marcou a afirmação de Leivinha no futebol. O Corinthians venceu a partida por 4x3, mas o Palmeiras ganhou definitivamente um dos maiores craques da sua história.

15
O gol anulado, as consequências e a mídia

Estávamos no campeonato paulista de 1971 e o regulamento previa que os doze times jogassem em turno e returno, totalizando 22 jogos cada um. Quem fizesse o maior número de pontos seria o campeão. Simples e justo, um campeonato sem elucubrações, fases e grupos. Esse era o campeonato regional mais forte do Brasil, e a maioria dos atletas brasileiros queriam disputá-lo.

Os times que jogaram o campeonato foram: São Bento de Sorocaba, Botafogo de Ribeirão Preto, Guarani e Ponte Preta de Campinas, Paulista de Jundiaí, Ferroviária de Araraquara e Palmeiras, São Paulo, Corinthians, Juventus e Portuguesa de Desportos da cidade de São Paulo.

O Palmeiras chegou na final com 33 pontos e o São Paulo com 34.

A partida decisiva seria travada no estádio Morumbi para um público de 103.887 pagantes, com uma renda de Cr$ 913.196,00. O Palmeiras precisava vencer o jogo e o empate servia ao São Paulo por ter feito a melhor campanha. Esse jogo fatídico aconteceu no dia 27 de junho de 1971.

A equipe do Palmeiras jogou com Leão, Eurico, Luís Pereira, Minuca, Dé, Dudu, Leivinha, Ademir da Guia, Edu, César, Pio, (Fedato). O técnico era Mário Travaglini. O São Paulo jogou com Sérgio Valentim, Forlan, Jurandir, Arlindo, Gilberto Sorriso, Édson, Gérson, Pedro Rocha, (Carlos Alberto), Terto, Toninho Guerreiro e Paraná. O técnico era Oswaldo Brandão. Dois times fabulosos. Duas forças do futebol brasileiro e internacional.

Nesse período, as partidas entre São Paulo e Palmeiras eram simplesmente fantásticas. No tricolor do Morumbi, o genial Gérson, um dos maiores jogadores de futebol de todos os tempos, comandava a equipe. "El Verdugo", Pedro Rocha, o maior jogador da história do Uruguai, impunha respeito. Toninho Guerreiro fazia os gols decisivos e buscava o seu pentacampeonato. Havia vencido em 1967, 1968 e 1969 pelo Santos e em 1970 pelo São Paulo.

No Verdão, a "Academia" da década de 1970 começava a ganhar corpo. Uma equipe com uma média de 25 anos prometia novas glórias para um futuro nem tão distante.

Foi um jogo nervoso, difícil e extremamente disputado. Não existia espaço para criar. Uma árdua disputa, com os atletas multiplicando-se em campo tomou conta do jogo. Aos 5 minutos do primeiro tempo, Toninho Guerreiro fuzila de primeira, fazendo um golaço para o São Paulo, depois de uma falha da zaga. Era o seu gol de número quinze. Só restava para o alviverde do Parque Antártica virar o jogo e levantar o título.

Aos 22 minutos do segundo tempo, Eurico pega a bola pelo lado direito e faz um cruzamento sob medida para Leivinha, que mergulha de cabeça e faz o gol. Golaço. O árbitro da partida, Armando Marques, não viu e invalidou o gol, alegando mão na bola.

O movimento de Leivinha com os braços para impulsionar o corpo, na direção da bola, e o seu voo quase rasante atrapalharam a visão do árbitro, fazendo com que ele entendesse que o gol foi com a mão. No momento do gol vários jogadores estavam na frente da jogada, atrapalhando a visão do excelente árbitro que, com convicção, anulou o gol.

Esse gol gerou inúmeras controvérsias. Muitos diziam que o gol foi legítimo, outros afirmavam que ele nitidamente tocou com a mão na bola, e uma outra parte da torcida dizia que de tão rápido o lance, não daria para se ter certeza de absolutamente nada. Discussões à parte, o lance foi extremamente polêmico.

Vamos fazer uma ressalva e deixar bem claro que o grande árbitro Armando Marques sempre foi um modelo de decência e dignidade. Árbitro seguro e decidido, que jamais permitiu um jogo violento. Homem de cultura e que tratava os jogadores dentro de campo pelo nome próprio, e não por apelidos pejorativos; marcou época com o seu estilo, talento, dinamismo e coragem; sabia comandar uma partida com extrema capacidade. Não é ousadia afirmar que Armando Marques foi o "professor dos árbitros" e o maior árbitro da história do futebol, fazendo discípulos pelo mundo inteiro.

É muito fácil e tranquilo avaliar erros de arbitragem na calmaria do lar, sentado em um sofá e com a televisão à disposição, utilizando o *replay*. Não podemos crucificar o sério e honesto Armando Marques e sua reputação ilibada por um lance discutível e que pode gerar dúvidas em qualquer árbitro.

Com o gol anulado, o Palmeiras continuou pressionando o adversário, mas não conseguiu virar. Quando terminou o jogo aconteceram brigas, expulsões, correria e xingamentos. Mas o São Paulo sagrou-se campeão merecidamente.

O gol anulado de Leivinha correu o mundo e durante um bom tempo foi o lance mais comentado e discutido, e a fama do camisa 8 do Verdão não parava de crescer no futebol brasileiro. A televisão solidificou a ideia de grandeza que nós temos do futebol, e a imagem de Leiva entrava em todos os lares, para se tentar chegar a uma conclusão sobre este lance.

Leivinha encontrou-se depois de alguns anos com Armando Marques em um programa de televisão, e este lhe confessou que depois de ver e rever inúmeras vezes o lance pela televisão chegou à conclusão que o gol foi legítimo. Mas são coisas que acontecem, nem o Palmeiras deixou de ser maior por esse erro e nem Armando Marques deixou de ser o grande árbitro e homem que foi.

Esse lance do cabeceio é comentado até hoje em bares, restaurantes, programas de futebol e grupos de torcedores. O alento para a torcida do Palmeiras é que César conquistou a artilharia máxima do campeonato paulista com dezoito gols.

Posteriormente, o mítico Oswaldo Brandão deixaria o São Paulo e assumiria o comando técnico da Sociedade Esportiva Palmeiras.

16
Troféu Ramón de Carranza

Um dos mais importantes troféus que se poderia conquistar na década de 1970, cobiçado, sonhado e desejado por qualquer clube de porte e de responsabilidade no cenário do futebol mundial. De tamanho gigantesco, 1 metro e 34 centímetros, em prata, ornamentado e decorado, é tido como uma escultura modelo. Para carregá-lo é necessário de quatro a cinco pessoas devido ao peso e à estrutura. Taça com alma de taça.

O tradicional troféu foi criado em 1955. O prefeito da cidade de Cádiz, José León de Carranza, em homenagem singela e carinhosa ao seu pai, Ramón de Carranza, presidente do Cádiz, lhe deu este presente tão marcante e reconhecido mundialmente.

A cidade de Cádiz na Espanha recebe esse torneio de braços abertos, gerando uma grande expectativa na população que adora e consome futebol. O torneio Ramón de Carranza proporcionava *status* e respeito aos clubes e atletas. Dez entre dez equipes sonhavam com esta conquista. Disputado todos os anos na cidade de Cádiz, geralmente são convidados dois clubes espanhóis e dois estrangeiros. Um charme e uma honra. O maior orgulho da cidade de Cádiz são as festas folclóricas carnavalescas e o Ramón de Carranza.

A admiração do povo espanhol pelo futebol brasileiro vem de longa data. No Ramón de Carranza de 1974 o Palmeiras sagrou-se bicampeão, pois havia vencido em 1969. Em 1974, o Palmeiras venceu o Barcelona por 2x0, gols de Leivinha de pênalti aos 14 e Ronaldo aos 30 do segundo tempo. No jogo decisivo contra o Espanyol, outra vitória arrebatadora do Verdão por 2x1, gols de Leivinha aos 21 do primeiro tempo e de Luís Pereira aos 36 do segundo tempo.

O time do Barcelona, que o Palmeiras superou na semifinal por 2x0, contava em seu elenco com Cruyff e Neeskens, dois jogadores de grande talento da Seleção Holandesa vice-campeã do mundo em 1974.

Em 1975, novamente o Verdão venceu o Zaragoza por 1x0, gol de Ademir da Guia e na final esmagou o poderoso Real Madrid por 3x1. A equipe do Real Madrid tinha em seu elenco estrelado o emérito cabeceador Santillana e Paul Breitner, campeão do mundo pela Alemanha na Copa de 1974, que atuava com talento e categoria nas laterais e no meio de campo.

O Palmeiras deu uma aula de futebol e Leivinha esteve infernal. Tabelava, driblava, criava e fazia gols. No primeiro gol deu um belo passe para o veloz ponta-direita Edu Bala tocar para o fundo das redes e, no terceiro, uma cabeçada certeira, deixando o artilheiro Itamar de frente para o gol. No seu gol, o segundo do Palmeiras, Leivinha deu uma arrancada elegante e de cabeça erguida, do meio de campo até o gol adversário. Driblou a zaga inteira, dando uma pedalada e tocou de perna esquerda na saída do goleiro. Um *show* de equilíbrio, talento e alegria de jogar futebol. O estádio inteiro aplaudiu de pé. Como se dizia na época, quando o gol era de bela feitura, "foi um gol de Pelé".

O Palmeiras é o recordista brasileiro com o tricampeonato do Ramón de Carranza em 1969, 1974 e 1975.

Leivinha venceu em 1974 e 1975, jogando uma enormidade. Os dirigentes, olheiros e observadores espanhóis e italianos estavam cientes de que o seu futebol valia o investimento, pois se tratava de um craque brilhante e genuinamente brasileiro. Contratado pelo Atlético de Madrid, conquistou o Ramón de Carranza outras duas vezes. Leivinha foi o "sr. Carranza".

O único jogador no futebol brasileiro a ter mais títulos do Ramón de Carranza que Leivinha foi o esplêndido zagueiro Luís Pereira, com seis conquistas em 1969, 1974, 1975, 1976, 1977 e 1978, estas três últimas pelo Atlético de Madrid.

17

Copa do Mundo (extra) 1972, "Taça Independência": campeão do mundo, sim, senhor!!!

No ano de 1972, o Brasil comemorou a sua independência conquistada no ano de 1822, quando em um ato, um momento, um instante, a espada erguida com a ira de Dom Pedro I concretizou o fato. O Brasil conquistava a liberdade com dignas revoluções em todos os rincões, regiões e províncias. A Guerra da Independência, travada de 1822 a 1824, deixou mais de 1.800 mortos em combate e mais de 5 mil feridos.

Era, portanto, o aniversário de 150 anos da consumada libertação do jugo português, um momento único na história da nossa nação. Um país de dimensões continentais se posicionava para o mundo com altivez, soberania e autonomia.

Estávamos em 7 de setembro de 1972 e as comemorações eram feitas pela população com emoção, amor e orgulho. Vivíamos em uma ditadura, sem eleições diretas e com censura nas artes, na literatura e na mídia em geral. Mas independentemente daquele quadro político desumano e tenebroso, não se pode macular a história de um povo valente e criativo que lutou e morreu para formar as suas tradições.

A ditadura findou em 1985, mas a conquista de 1972 com a taça, o sabor, os gols, as fotos e a representatividade daquele momento não será apagada ou excluída dos fatos relevantes. A luta do povo brasileiro, representada pelos atletas em campo, não pode ser diminuída e nem humilhada por uma grande parte da mídia entreguista, preconceituosa e desinformada.

Chamado de "Taça Independência", "MiniCopa" ou "Copa do Mundo Extra", esse campeonato promovido pela Confederação Brasileira de Desportos com o aval significativo da FIFA sinalizou a união e a irmandade do mundo contemporâneo, que vivia sob o chicote das crises econômicas, da xenofobia e do terrorismo.

O Brasil seria uma espécie de protetor e reservatório da bondade e da alegria no planeta. Novamente nosso país entrava no enredo para integrar as nações e apaziguar os ânimos, exatamente como em 1950, na Copa do Mundo.

O "estresse" e as preocupações coletivas no mundo chegavam ao limite; o Brasil seria o ponto de equilíbrio da balança, o divisor de águas de uma nova era, e o futebol, um poderoso instrumento no entretenimento das massas. "Viva o Brasil" e "Viva a Copa" eram lemas que estavam na boca do povo.

Foram reunidas vinte equipes: França, Colômbia, Chile, Equador, Portugal, Iugoslávia, Venezuela, Paraguai, Peru, Argentina, Irlanda do Sul, Bolívia, Escócia, Tchecoslováquia, Seleção da Ásia (representada pelo Irã), Seleção da Concacaf, Seleção da África, Uruguai, União Soviética (URSS) e Brasil.

Houve cobertura maciça da imprensa mundial. Exatamente 245 profissionais da imprensa oficial (televisões, rádios, jornais, revistas e adjacências) estiveram no Brasil, noticiando, divulgando e promovendo o evento mundial. América do Sul, América do Norte, América Central, África, Europa e Ásia, todos os continentes à espera do apito inicial.

Os estádios Maracanã no Rio de Janeiro, Morumbi em São Paulo, Fonte Nova em Salvador, José do Rego Maciel em Recife, Castelo Branco na cidade de Natal, Beira Rio em Porto Alegre, Rei Pelé em Maceió, Batistão em Aracaju, Morenão em Campo Grande, Vivaldo Lima em Manaus, Mineirão na cidade de Belo Horizonte e Belfort Duarte em Curitiba estavam novos, belíssimos e reformados. Tudo preparado para a grande festa.

No Maracanã cabiam 180 mil torcedores (recorde mundial); no Morumbi, 148 mil; Fonte Nova, 100 mil; Beira Rio, 90 mil; Rei Pelé, 50 mil; Batistão, 40 mil; Morenão, 50 mil; Vivaldo Lima, 50 mil; Mineirão, 130 mil; Belfort Duarte, 48 mil; José do Rego Maciel, 80 mil; e Castelo Branco, 50 mil. O Pacaembu em São Paulo também foi utilizado, com capacidade para 50 mil torcedores.

O Brasil apresentava-se ao mundo como potência mundial. A força dos nossos engenheiros, arquitetos, operários e organizadores era um cartão de visitas aos estrangeiros e a prova cabal da nossa eficácia e robustez.

O Brasil mostrava as suas armas: beleza, criatividade, hospitalidade, carinho e educação exemplar. Só faltava abocanhar o título.

Toda a organização administrativa e econômica ficou por conta da Confederação Brasileira de Desportos.

A torcida mais uma vez compareceu em peso, demonstrando todo o seu apreço pela Seleção Brasileira.

As seleções vieram reforçadas e com os seus principais astros. Pela Seleção Francesa, o líbero armador Tresor com a sua capacidade de arrumar e organizar o time. Defendendo e armando com precisão, marcou época no futebol, inclusive disputando com destaque as Copas do Mundo de 1978 na Argentina e 1982 na Espanha. Ele era um zagueiro líbero, possuía um futebol da mais alta categoria. Além dele, havia Hervé Revelli, um goleador de primeiro nível e com um cabeceio perfeito. Foi por três vezes artilheiro francês.

O time da Iugoslávia tinha Djazic, um ponta-esquerda driblador e o melhor jogador da história iugoslava. Na Seleção da África, a força e o talento de Maxime. O Uruguai com o experiente comandante e líder Montero Castillo. A Argentina com Fischer, um artilheiro respeitado que jogaria no Botafogo do Rio de Janeiro e apelidado de "El Lobo" por sua ferocidade em fazer gols. Fischer chegou à vice-artilharia da Copa do Mundo Extra em 1972, com cinco gols.

A equipe da Argentina veio com um esquadrão que se sobressaía: Oscar Más, Mastrangelo e Heredia. A URSS estava com seu principal craque, o polivalente Kuznetsov. Na Seleção Portuguesa, a estrela principal era o talentoso Eusébio, o melhor jogador da Europa. Jogando pela Seleção do Equador, estava o lendário goleador e ídolo incontestável

Spencer. Ele foi o maior jogador da história do Equador, campeão mundial interclubes pelo Penãrol em 1966, ao lado do maestro Pedro Rocha.

O homem tático Vicente comandou a Venezuela, atuando na zaga e no meio de campo. Na Colômbia, Lugo, o centroavante, era o seu maior nome. Na Seleção da Concacaf, o destaque era Vorbe, capitão e líder do time, tendo jogado com o craque Elizeu (ídolo eterno do Bahia) nos Estados Unidos. No Irã, Ghorab armava o time e fazia gols. A Escócia tinha o ponta de lança George Graham, que fazia o time jogar com estilo europeu, coordenando as ações ofensivas. Os ídolos Sotil e Gallardo, da Seleção Peruana, armavam, driblavam e faziam gols, sobretudo Gallardo, que brilhou no Palmeiras, Cagliari e Milan. Pelo Paraguai, Saturnino Arrua era o homem decisivo; a Bolívia tinha Liñares; a Tchecoslováquia tinha o famoso e competente goleiro Viktor, que disputou a Copa do Mundo de 1970 e protagonizou um dos lances mais incríveis de Pelé (o seu chute desferido com força e jeito do meio de campo); a Irlanda do Sul com o centroavante artilheiro Leech; a Seleção Chilena com o capitão Alberto Fouilloux e o artilheiro símbolo Caszely, idealista e com consciência política e social.

A Seleção da Concacaf, composta por seis países diferentes, e a Seleção Africana, reforçada por onze países da África, tinham a sua força e carregavam a história de seus países e de suas federações.

Todas essas seleções vieram com um único objetivo: destronar o Brasil e ganhar o título. Mas isso não foi possível.

Novamente, e pela quarta vez, o Brasil conquistou o mundial.

A Seleção Brasileira era composta pelos seguintes atletas: Leão (Palmeiras), Sérgio Valentim (São Paulo), Zé Maria (Corinthians), Brito (Botafogo), Vantuir (Atlético Mineiro), Marco Antônio (Fluminense), Clodoaldo (Santos), Gérson (Fluminense), Rivelino (Corinthians), Leivinha (Palmeiras), Tostão (Vasco da Gama), Jairzinho (Botafogo), Paulo César Lima (Flamengo), Dario (Atlético Mineiro), Rodrigues Neto

(Flamengo), Eurico (Palmeiras), Dirceu Lopes (Cruzeiro), Rogério (Botafogo), Piazza (Cruzeiro), Luís Carlos (Corinthians), Marinho Peres (Santos) e Lula (Fluminense). Como técnico tinha o eterno vencedor Mário Jorge Lobo Zagallo.

Leivinha começou na reserva e, pouco a pouco, foi conquistando a sua posição e a admiração da torcida, imprensa e comissão técnica, subindo degrau por degrau, no silêncio do seu talento e na confiança em seu futebol. O técnico da Seleção Brasileira em 1972, Zagallo, o único tetracampeão mundial da história do futebol (1958 e 1962 como atleta, 1970 como técnico e em 1994, como auxiliar técnico) dizia: "Leivinha tem condição de ser titular desse time, possivelmente como quarto homem de meio de campo".

Nos treinos, Leiva era o destaque, demonstrando disposição e qualidade técnica acima de todos. No jogo do Brasil contra a Seleção Gaúcha no Rio Grande do Sul, em um empate de 3x3, Leivinha fez uma bela partida usando a inteligência, abrindo espaços e se colocando perfeitamente em cada jogada do ataque. Foi em função de sua intervenção ao chamar a atenção de grandes marcadores, Figueroa e Ancheta, que surgiram os espaços para outros jogadores marcarem dois dos três gols. Praticamente realizou a mesma função do craque Tostão na Copa do Mundo de 1970.

A Seleção Brasileira, depois da saída do "deus Pelé", ficou sem um cabeceador especialista, com vocação e prazer para desferir o golpe certeiro com a cabeça. Leivinha era um perito no cabeceio e essa habilidade contava muito. A sua condição de titular foi definitivamente conquistada em função do seu esforço e motivação na busca pelo título. Nos treinos da seleção recebeu os aplausos dos cariocas e a primeira comparação com o mítico Heleno de Freitas. A crônica carioca só o elogiava.

Palavras de Leivinha em 1972: "Eu sou João Leiva Campos Filho, jogador de futebol. Quando eu fui convocado, falou-se até em protecionismo em prejuízo do César. Recebi a minha convocação com simplicidade e orgulho, mas se ela me envaidecia, obrigava-me a corresponder à confiança dos que lembraram do meu nome, a ganhar a posição de titular. Encaro tudo isso com realismo. Nas entrevistas, gosto de argumentar. Minhas palavras devem ser entendidas pelo repórter e por quem as lerem". Sobre os aplausos e apupos da torcida, não se deixava seduzir: "Eu me lembro dos versos do poeta Augusto dos Anjos: 'A mão que afaga é a mesma que apedreja'. Mesmo assim amo o público à minha moda. Não posso viver sem ele, sem o seu aplauso. Só não meço meu futebol pelas vaias ou aplausos". Maduro e experiente, com apenas 22 anos.

O grande atacante Simões, campeão carioca pelo Fluminense em 1946, afirmou ao vê-lo jogar: "Leivinha é um atacante extraordinário". Craque do passado, Paraguaio comentou com a certeza dos que sabem o que falam: "Leivinha parece dois. Fora da área, é perfeito nos passes, tem uma visão do campo fora do comum. Na área, mostra habilidade própria dos grandes goleadores".

A primeira partida do Brasil foi contra a Tchecoslováquia e o resultado acabou em 0x0. Leivinha entrou no decorrer da partida. No segundo jogo, o Brasil liquidou a Iugoslávia por 3x0, com dois golaços de Leivinha aos 19 e 24 minutos do primeiro tempo. O primeiro gol aconteceu depois de um cruzamento de Marco Antônio; Leiva subiu e testou com força e direção. Um cabeceio perfeito, do jeitinho que ele gosta. No segundo gol, depois de uma rebatida do goleiro na pequena área, estufou as redes com raça, técnica e oportunismo. O outro gol foi de Jairzinho.

Na terceira partida com Leivinha atuando como titular, o Brasil venceu a Escócia por 1x0, gol de Jairzinho. Este gol valeu a classificação para a final. No jogo decisivo, a Seleção Brasileira venceu por 1x0 a Seleção Portuguesa, novamente com outro gol de Jairzinho, e faturou o tão enobrecedor título.

Entendendo-se muito bem com Gérson, Rivelino, Jairzinho e Tostão, o craque polivalente Leivinha foi uma das revelações do campeonato.

A ficha do jogo épico e inesquecível na conquista da Taça Independência:

BRASIL 1x0 PORTUGAL

Local: Estádio Mário Filho – Maracanã (RJ)
Data: 9 de julho de 1972
Público: 99.138 pagantes
Renda: Cr$ 2.528.855,00
Gols: Jairzinho aos 44 minutos do 2º tempo
Brasil: Leão, Zé Maria, Brito, Vantuir, Marco Antônio (Rodrigues Neto), Clodoaldo, Gérson, Jairzinho, Tostão, Leivinha (Dario) e Rivelino. Técnico: Zagallo.
Portugal: José Henrique, Artur, Humberto, Messias, Adolfo, Toni, Jaime Graça, Peres, Jordão (Artur Jorge), Eusébio e Dinis. Técnico: José Augusto de Almeida.

A comemoração dos atletas dando a volta olímpica e do povo brasileiro foi impressionante. Na bola e no campo, no talento e na ginga, o Brasil era insuperável.

Leivinha lembra do título: "Foi uma honra e uma glória pertencer a esta Seleção Brasileira, tão vitoriosa. Comecei a me firmar na seleção a partir dessa inesquecível campanha. Esta conquista não teve a mesma dimensão que uma Copa do Mundo, mas tenho certeza que todos que conquistaram esse glorioso título se sentem campeões do mundo".

Apesar de todo esse sucesso, houve um processo de desvalorização e esquecimento proposital desse título, retirado dos anais e das conquistas mais importantes do futebol brasileiro. A culpa é de parte da população e da imprensa, sem atenuantes, sendo estes os principais motivos:

1. Misturar o esporte com política governamental;
2. Patrulhamento ideológico sobre os jogadores;
3. Desvalorização da nova geração de atletas que surgia no futebol brasileiro;
4. Infantilidade dos formadores de opinião, criando o discurso de que todo jogo da Seleção Brasileira deveria ser um espetáculo com sonoras goleadas;
5. Ataque ao povo. Torcer pela derrota e tramar covardemente contra o futebol brasileiro e a Seleção Brasileira;
6. "Síndrome do 'infantilóide' de gaveta": acreditar piamente em delírios, achando que através de um simples estalar de dedos o Brasil conquistaria qualquer Copa do Mundo;
7. "Síndrome da mente colonizada": tudo o que existe de melhor, nessa concepção desequilibrada e doentia, vem da Europa. E vários países europeus não participaram da Copa do Mundo Extra de 1972;
8. Criar uma expectativa e uma euforia desmedida na conquista para, logo em seguida, enxovalhar e pisotear o futebol brasileiro;
9. Formar uma ideia facciosa de que o futebol brasileiro acabou depois da conquista brilhante da Copa do Mundo de 1970;
10. A imprensa comprada, não a imprensa séria, tentava derrubar ídolos em formação. Crime de lesa-pátria. Aconteceu o mesmo na Copa do Mundo de 1974;
11. Desmerecer e desqualificar com intenções escusas tudo o que se relacione com o povo brasileiro;
12. Se posicionar contra um governo não democrático e assumir essa postura é um direito, mas apedrejar nossos meninos craques

por baixo dos panos através das rádios, televisões e jornais é uma coisa nojenta;

13. A imprensa confundia patriotismo com nacionalismo e bombardeava os jovens atletas do escrete nacional.

Que essas questões pertinentes sejam revistas, revisadas e pensadas com equilíbrio e justiça! Que a verdade prevaleça!

Lembrando Aristóteles, o pensador grego da Antiguidade, quando interpelado sobre a verdade: "Aquilo que é, é, aquilo que não é, não é. Isto é a verdade". Pois a verdade é uma só: o Brasil e Leivinha são campeões do mundo. A Seleção Brasileira chegou ao quarto campeonato mundial em 1972.

Equipe da Seleção Brasileira campeã mundial em 1972. Em pé, da esquerda para a direita: Zé Maria, Leão, Brito, Vantuir, Clodoaldo e Marco Antônio. Agachados: Jairzinho, Gérson, Tostão, Leivinha e Rivelino

Leivinha jogando pela Seleção Brasileira

Comemoração do primeiro gol no jogo da Seleção Brasileira contra a Iugoslávia

Comemoração do segundo gol no jogo da Seleção Brasileira contra a Iugoslávia

18
Leivinha e o gol mil da Seleção Brasileira

Indiscutivelmente, o milésimo gol foi um dos maiores e mais importantes momentos da história da Seleção Brasileira, uma comprovação de que com o brasileiro ninguém pode.

O milésimo gol é um feito honrável para um país e seu povo; é como um farol a guiar e iluminar o passado de glórias e projetar o futuro com segurança e lucidez. Trata-se de uma façanha que será contada, recontada, renomeada até virar lenda e motivo de vários desdobramentos.

A marca foi imortalizada no maior e mais tradicional estádio de futebol no mundo, o Maracanã. Este gol tinha que ser no maior palco e com um público apaixonado de 55.711 pagantes.

Razão e emoção não se defrontavam, apenas compartilhavam o prazer do jogo.

Considerando o intervalo de 1914 até 1973, foram 59 anos de gols que fizeram do futebol brasileiro o melhor, mais querido e mais popular do planeta. Quando a primeira partida da Seleção Brasileira em 1914 teve início, ninguém imaginou que essa mesma seleção chegaria aos mil gols. Foram necessários 59 anos para termos a hegemonia. O gol de Leivinha coroou todo esse trabalho.

O futebol de Leivinha criava e interpretava um estilo fascinante de jogar com e sem a bola. Ninguém merecia mais do que ele esse gol antológico.

***

No Brasil, formou-se inconscientemente um pacto entre futebol, arte e fé. Essa realidade é fruto do sentimento que o povo nutre pela Seleção Brasileira.

Desmerecido e discriminado pelas elites empedernidas, o futebol caiu nas graças do povo e transformou a nação.

O futebol conquistou com a sua magia os filhos das elites acadêmicas e virou, fundamentalmente, o esporte dos esportes. O amor pelo futebol da massa sofrida e feliz desconhece limites e pesquisas, e vai quebrando dogmas destrutivos para encontrar a harmonia absoluta no Brasil e em todos os continentes.

Até chegar à fase adulta, o futebol brasileiro passou por dificuldades na adolescência e na infância. A credencial do futebol brasileiro para adentrar no mundo moderno foi conquistada através da arte, picardia e criatividade.

Ultrapassar barreiras e superar limites entendendo o jogo, o processo cármico e o ajuste psíquico são fatores embrionários na construção do amor esportivo.

Pode-se entender e sentir o futebol pelo ritmo ou pela mensagem embutida, mas nunca preterir os fatos.

***

A mídia propagou que o milésimo gol poderia surgir no jogo contra a Bolívia e especulou quem faria o gol, quem seria o eleito dos destinos lógicos e ilógicos que o futebol produz para executar a missão do gol mil.

A expectativa desse evento e a possibilidade do gol ser feito nesse jogo geravam uma ansiedade diferente nesse embate. A imprensa do Rio de Janeiro torcia e fazia campanha para os jogadores do seu estado. Opinavam, davam palpites e faziam suas apostas.

No país do futebol, com a recente conquista da Copa do Mundo Extra em 1972, o presente principal e a cereja do bolo eram a marcação do gol mil. Jogadores badalados, consagrados e campeões do mundo queriam fazer o gol mil, mas a graça divina recaiu sobre Leivinha, o menino que veio de Lins.

O ótimo lateral-esquerdo Marco Antônio, campeão do mundo em 1970, fez um cruzamento perfeito do lado esquerdo do campo para a grande área, Leivinha antecipou-se ao beque da Seleção Boliviana, matou com elegância a bola no peito, deixou-a quicar e emendou de sem-pulo de perna esquerda no canto alto do arqueiro. Um golaço! Um tento merecedor dos mais conceituados adjetivos, um gol à altura do Maracanã.

A matada, a conclusão e a rede balançando.

Leivinha saiu comemorando e deu o soco no ar, tal como Pelé, o "reis dos reis", comemorava os seus gols. Os companheiros da Seleção Brasileira o abraçaram com alegria e contentamento. O milésimo gol da história da seleção havia se concretizado.

Leivinha fez também o milésimo primeiro gol usando uma das suas especialidades: o cabeceio. Valdomiro cruzou com precisão e Leiva cabeceou com segurança e talento para o fundo do gol, definindo o resultado final do jogo.

Depois de alguns anos, dentro de sua simplicidade, Leivinha comentou sobre o seu feito com bom humor: "Mil gols eu não consegui fazer. Mas o milésimo eu fiz".

O futebol constrói e molda os seus heróis.

Abaixo, a ficha técnica do jogo em que o gol mil foi marcado:

BRASIL 5x0 BOLÍVIA

Data: 27 de maio de 1973
Estádio: Estádio Mário Filho – Maracanã (RJ)
Público: 55.711 pagantes
Árbitro: Armando Marques (Brasil)
Competição: Amistoso
Gols: Rivelino aos 6 e 14 minutos, Valdomiro aos 20 minutos do 1º tempo. Leivinha aos 10 e 21 minutos do 2º tempo.
Brasil: Leão, Zé Maria, Chiquinho, Wilson Piazza, Marco Antônio, Clodoaldo, Rivelino, Paulo César Lima, Valdomiro, Leivinha (Palhinha) e Edu. Técnico: Zagallo.
Bolívia: Griseldo Cobo (Carlos Jiménez), Hernán Cayo (Jayme Oliveira), Miguel Antelo, Guery Ágreda, Félix Chávez (Luis Iriondo), Hugo Pérez, Fredy Vargas, Jorge Jimenez Orellana, Nicolás Linares, Juan Carlos Fernandez e Ovídio Messa (Juan Sánchez). Técnico: Freddy Valda.

Leivinha em campo no jogo contra a Bolívia em que marcou o milésimo gol da Seleção Brasileira

19

Copa do Mundo de 1974, a "Era dos nervos"

A Copa do Mundo de 1974 na Alemanha teve um traço transversal e destrutivo, que foi o medo. Medo nos esconderijos mais recônditos da alma dos torcedores que estiveram na Alemanha. Pavor por atentados e loucos suicidas. Questões ideológicas, políticas, religiosas e antropológicas.

Pelo histórico de país dominador, a cúpula governamental da Alemanha vivia acuada, resquícios da 2ª Guerra Mundial que havia terminado em 1945, portanto, exatos 29 anos antes daquele ano.

Como apagar da mentalidade, do espírito e do sentimento de todas as nações do planeta os milhões de mortos, feridos, amputados, desaparecidos e traumatizados, causados pela cruel, brutal e assassina ideologia nazista, impregnada em parte da população alemã?

O banditismo da política nazista de extermínio manchou a história do povo alemão por todos os séculos e eras. O povo alemão envergonha-se até os dias atuais dos psicopatas, sociopatas e homicidas do regime tirânico nazista. Infelizmente, em algumas comunidades, minorias e grupos políticos alemães ainda persiste o culto maldito do nazismo, mesmo sendo combatido e rechaçado pela ampla maioria da população e do poder governamental.

Outro elemento que trazia memórias de medo à Copa da Alemanha era o ocorrido na Olimpíada de Munique em 1972, quando o princípio olímpico de respeito, paz entre as nações, tolerância e fraternidade foi deixado de lado.

Oito terroristas do grupo Setembro Negro invadiram a Vila Olímpica e fizeram onze reféns da delegação de Israel, depois de assassinar dois israelenses membros do grupo. O objetivo tácito dos sequestradores era conseguir a libertação dos 234 árabes encarcerados em prisões israelenses, caso contrário matariam todos. O governo israelense foi irredutível, recusando-se a dialogar ou negociar. A polícia de elite alemã resolveu tomar uma atitude com os seus atiradores especialistas e ofereceu helicópteros para que os terroristas pudessem chegar à base aérea, notadamente, uma cilada, com o objetivo de libertar os reféns. Começou um tiroteio sem fim e o pânico generalizado se instalou. Saldo real, tétrico e assustador: os onze atletas foram assassinados, com dezenove mortos no total. Dois sequestradores foram presos e os demais, mortos. Um policial e um piloto também morreram.

As falhas sucessivas, a ineficácia e a incompetência da polícia e da segurança na proteção da Vila Olímpica e no resultado final desse drama causou revolta e comoção no mundo inteiro. O velório dos atletas aconteceu no estádio olímpico e o mundo inteiro chorou e lamentou incrédulo o ocorrido. O despreparo organizacional alemão ficou nítido nessa tragédia sem fim.

Depois disso, a Copa do Mundo de 1974 deveria ser perfeita na organização e na proteção aos turistas e às seleções estrangeiras, sem um arranhão e sem uma mácula. E foi isso que aconteceu. Nesse evento, todas as seleções estiveram com segurança máxima e redobrada. A polícia, os militares e os seguranças particulares, na maioria das situações com seus cães pastores alemães, com o intuito de proteger, acabavam criando um clima de medo, pavor e ameaça. Em cada esquina, um observador, uma câmera e um controlador. Tudo gravado, projetado e pré-estabelecido.

A Alemanha estava dividida entre a Oriental e a Ocidental. No lado leste prevalecia o sistema político comunista, e no lado oeste, o sistema político capitalista. Na parte oriental, a URSS detinha o poder, e na ocidental, os EUA ditavam as regras. O contexto político tinha esse quadro de bipolaridade e rivalidades. Comunistas de um lado, capitalistas de outro, e ninguém se suportava, mas tinham que aprender a viver pacificamente, pois tratava-se do mesmo país em termos de sentimento.

A Seleção Brasileira ficou concentrada na compacta Floresta Negra, região montanhosa e arborizada. Fechada e enclausurada, a seleção verde e amarela se preparava para a copa.

O Brasil tinha vencido as Copas do Mundo de 1958, 1962 e 1970. As seleções dos outros países fariam o diabo para tirar o título e a hegemonia do futebol brasileiro. E isso realmente aconteceu. A Seleção Brasileira empatou os dois primeiros jogos em 0x0, contra Iugoslávia e Escócia. No jogo decisivo da fase classificatória venceu o Zaire por 3x0. Nas oitavas de final, suplantou a Alemanha Oriental por 1x0 e, nas quartas de final, liquidou a Argentina por 2x1. Na semifinal perdeu para a Holanda por 2x0 e Polônia por 1x0, obtendo um honroso 4º lugar.

A zaga do Brasil esteve magnífica com Luís Pereira e Marinho Peres, que já se conheciam e haviam jogado juntos desde o final da década de 1960 no São Bento de Sorocaba. O arqueiro Leão também fez uma excelente copa, ficando exatos 394 minutos sem levar gols.

***

O melhor jogador brasileiro da copa, no entanto, foi o talentoso e criativo Marinho Chagas que, inclusive, conquistou o reconhecimento mundial com seu futebol-arte de primeira grandeza. Ele foi eleito o melhor lateral-esquerdo da Copa do Mundo. Defendendo, atacando, driblando e jogando solto, Marinho Chagas, apelidado honrosamente de "surfista prateado", "fenômeno do futebol" e "Bruxa", pelos seus cabelos loiros compridos batendo nos ombros, destacou-se com sua habilidade, técnica e ginga de corpo na construção das jogadas. À frente de seu tempo, apoiava o ataque tornando-se um verdadeiro e autêntico ponta ofensivo. Ele revolucionou o modo de atuar dos laterais, colocando ousadia, audácia, inteligência e atrevimento na sua função. Dono de um chute fortíssimo e executando arrancadas com as duas pernas para driblar, vê-lo jogar era, indiscutivelmente, uma aula de como seriam no futuro os laterais esquerdos do futebol mundial. Brilhava como ouro, um jogador completo.

Esse lateral-esquerdo iluminado nasceu na cidade de Natal no estado do Rio Grande do Norte, começando e aprimorando o seu futebol nas belas praias da cidade. Atuou no Riachuelo, ABC, Náutico, Botafogo do Rio de Janeiro, Fluminense, São Paulo, Cosmos de Nova Iorque, entre outros. Por onde atuou se consagrou como ídolo.

O fascinante Marinho Chagas ao lado do eterno Nílton Santos são os melhores e mais completos laterais esquerdos do futebol mundial de todos os tempos.

Em 2014, véspera da Copa do Mundo no Brasil, o nosso querido Marinho Chagas faleceu com apenas 62 anos, deixando milhões de brasileiros com enormes saudades e lembranças para sempre. Quem assistiu a Copa do mundo de 1974 tem a imagem dele driblando, partindo rumo ao ataque, esbanjando talento natural e elegância. Jogava livre e voava como um pássaro. Inquestionavelmente, foi um dos maiores gênios do futebol mundial em toda a história. Seu futebol tipicamente brasileiro encantava o público. Possuía no trato com a bola a leveza dos eleitos, exclusiva do rol dos imortais do esporte.

Francisco das Chagas Marinho, o popular Marinho Chagas, foi o "deus da categoria" no futebol. Inesquecível. Uma das maiores virtudes desse lateral-esquerdo com um futebol inovador para os padrões táticos da época era a sua alegria em jogar. Fora de campo era brincalhão, sincero, verdadeiro e transparente. Exatamente como o seu lúcido futebol. Um grande e maravilhoso ser humano. O ambiente ficava leve, tranquilo e descontraído com essa joia brasileira. Nunca mais haverá um jogador como Marinho Chagas. Único e eterno.

Leivinha lembra com saudades do bom e divertido amigo, que estava sempre preparado para soltar uma piada, fazer uma gozação com os colegas ou tocar uma música no violão.

***

O técnico da Seleção Brasileira era o inteligente e esclarecido Zagallo, um dos mais eficientes e renomados técnicos do futebol no mundo. A seleção possuía jogadores talentosos, valiosos e vitoriosos em cada posição, com tarimba e experiência para triunfar. Coletivamente, a Seleção Brasileira igualava-se à Alemanha e à Polônia e só perdia para a Holanda.

Leivinha, que havia conquistado a Copa do Mundo Extra de 1972 jogando como titular, poderia ter sido o homem da decisão e da surpresa, e que daria o título mundial ao Brasil em 1974, mas isso não aconteceu. Durante a copa, disputou as partidas contra a Iugoslávia, Escócia e Zaire, atuando como titular na fase de grupos. O seu crescimento técnico e físico esteve paralelo com o da seleção. Na estreia fez um bom jogo. Frente à Escócia, esteve muito bem, inclusive, quase fez um golaço de sem-pulo, mas a bola explodiu na trave alta. E foi extremamente participativo, atento, criando jogadas e abrindo espaços. Jogou com a costumeira inteligência, se mexendo muito na frente, caindo pelos lados do campo e estando presente no ataque para decidir o jogo.

Nas partidas anteriores, nos anos de 1972 e 1973, estava dando certo o seu posicionamento e a evolução técnica e coletiva de todo o escrete. Antes da Copa do Mundo, ele queixava-se de ficar isolado na frente. Leivinha comentou em abril de 1974: "Um dos erros que muitas pessoas cometem é analisar muitas atuações à parte. Ela depende de todo o time". Que ele não estava jogando na mesma posição em que atuava no Palmeiras é uma verdade, mas, mesmo dentro desse novo posicionamento, criava oportunidades de gols e, com sua inteligência apurada e observadora, facilitava o deslocamento do ataque e a fluidez do jogo.

O mestre Zagallo e os jogadores da seleção canarinho depositavam confiança em seu futebol. Todos acreditavam nele e nas suas qualidades. Por isso, Zagallo inteligentemente queria que Leivinha fizesse a mesma função que Tostão fez em 1970, como já foi dito. Ser comparado ao imortal Tostão sempre foi uma honra para qualquer jogador no mundo.

Se lhe foi passada essa responsabilidade é porque ela era condizente com o seu enorme e diversificado potencial tático e técnico. Só se acredita em quem merece. João Leiva Campos Filho assumiu então a sua função tática, e o seu desempenho vinha crescendo, até o momento crucial em que o destino lhe pregou uma peça.

No jogo contra a Seleção do Zaire, depois de um cruzamento alto, ele subiu para cabecear junto com o arqueiro adversário. Na queda, torceu gravemente o tornozelo, sendo substituído imediatamente. Os ligamentos do tornozelo foram afetados gravemente e ele estava fora da copa. Assistiu o resto dos jogos com uma bota de gesso, sentado na arquibancada, quase sem poder andar. O "camisa 8 do Palmeiras" assistiu aos jogos, torceu muito pelos seus amigos da Seleção Brasileira e ficou abismado com o incrível futebol sem posição fixa da Holanda.

A não concretização do seu sonho de criança de ser campeão do mundo em nada ofuscou a sua carreira, trajetória e história de craque consumado. Leivinha vestiu a camiseta sagrada da Seleção Brasileira com todo o amor do mundo. Foram 27 jogos e sete gols marcados.

Sete é a nota média dos atletas do Brasil na Copa do Mundo de 1974 na Alemanha.

As possíveis causas e motivos da derrota são:

1º) Existiam focos de desunião entre os atletas. Um certo regionalismo embutido e ilógico criava divisões até imperceptíveis, mas não imaginárias;

2º) O clima de medo e terror da copa deixou a seleção tensa e preocupada;

3º) O deus Pelé encerrou a sua participação na seleção na Copa de 1970, e essa lacuna persiste até os dias de hoje;

4º) O maravilhoso ponta-esquerda Edu e o divino Ademir da Guia foram pouco utilizados em função da opção pelo sistema tático que dera certo em 1970 na Copa do Mundo.

A Seleção Brasileira sentiu extrema falta do talento e da experiência do rei Pelé. Dez é a camisa dele e nada o superará, ele é insubstituível.

O trio maravilhoso da Copa de 1970, Carlos Alberto Torres, Gérson e Clodoaldo, também não estava presente.

A lesão muscular de César, atleta do Palmeiras, centroavante especialista e goleador, deixou a seleção com menos opções no ataque.

O craque coragem Tostão, com a sua gravíssima contusão na vista (deslocamento de retina) que o fez encerrar cedo a carreira em função do risco de ficar cego com uma nova pancada no local, fez falta à seleção.

O atacante Enéas, genial e deslumbrante, que poderia suceder o rei Pelé e que com as suas improvisações e conclusões perfeitas poderia resolver os jogos, também não estava na copa.

Na maioria das partidas do Brasil, as arbitragens erraram muito.

***

A nossa imprensa é um caso à parte. De 100% dos homens de mídia, 20% estavam com o Brasil, mas a maioria sentia repulsa pelo país e isso refletia negativamente nos atletas. A eterna radicalização dos que trabalham com imprensa, misturando ideologia política com futebol brasileiro, causou distúrbios em vários setores da vida em sociedade. O jogo sujo da imprensa, espinafrando, condenando e radicalizando os jogadores do Brasil durante a copa foi um desserviço ao povo brasileiro. Ela exigia o impossível da seleção com o intuito sorrateiro de apedrejar e humilhar. Com o mesmo procedimento discriminatório utilizado na Copa do Mundo Extra de 1972, tentavam matar o nascimento de futuros ídolos e manchar a imagem dos mitos do passado. Associavam todos indiscriminadamente à ditadura e os atacavam pelas costas. A imprensa, principalmente a esportiva, nunca desceu tão baixo em questões morais e éticas.

Em 1973, cansados dessa postura sensacionalista e mentirosa que invadia suas vidas privadas, os atletas lançaram o famoso "Manifesto de Glasgow". Esse documento representa um dos momentos mais importantes e dignos do futebol pentacampeão do mundo. É a união e a tomada de consciência intelectual dos jogadores sobre a manipulação de suas carreiras executadas a céu aberto pelos jornalistas. Esse manifesto que provocou um hiato indissolúvel entre jogadores de futebol e imprensa esportiva tem os seus reflexos até os dias de hoje. É um brado de libertação e respeito, assinado por todos os 22 atletas da Seleção Brasileira.

O tão comentado e discutido manifesto tinha como objetivo e finalidade reagir contra a postura violenta, sarcástica e abusiva de vários jornalistas que atacavam os atletas e a história da Seleção Brasileira, condenando-os sem direito de defesa e resposta. O Brasil fez uma excursão pela África e Europa, e o manifesto foi assinado na cidade de Glasgow, Escócia. Cansados de serem joguetes nas mãos de uma imprensa sedenta por escândalos, aderiram então à lei do silêncio, não dando mais entrevistas.

O famoso manifesto não era contra a liberdade de imprensa, como se andou vinculando naquela época para diluir a essência do ato, e sim contra os que oprimem, violam e perseguem os atletas e a seleção canarinho. O que estava latente no pensamento dos craques era: "Nós somos seres humanos e não cobaias". Era o jogador de futebol se assumindo como um verdadeiro cidadão e um ser pensante, percebendo que a vida não se resume a um campo de futebol.

Leivinha esteve presente e assinou com convicção o manifesto.

Logo em seguida, depois de alguns dias de reuniões, os jogadores, através de um comunicado na mesma excursão, reataram com a imprensa e tudo ficou serenado. Mas a mensagem havia sido dada.

O manifesto libertador ocorreu em 29 de junho e findou em 3 de julho, em Dublin.

***

A Copa de 1974 com a derrota brasileira no exterior seria a vingança para alguns importantes e anônimos jornalistas, por terem sido enfrentados no manifesto em 1973. O reumatismo mental e a inoperância de alguns órgãos da imprensa causavam calafrios nos homens de bom senso.

Muitos dos jogadores vencedores e campeões que não conquistaram a Copa do Mundo em 1974 ficaram esquecidos propositadamente durante anos. Uma espécie de morte e soterramento em vida. Para esses atletas que não obtiveram êxito máximo no mundial as críticas começavam a acontecer com muito mais facilidade e sem embasamento algum. Os jogadores ficaram marcados pela mídia que fazia cabeças; uns eram atacados com uma sutil descortesia, outros com o descaso, e a terceira leva, atirada no abismo do desprestígio. Muitos jamais conseguiram se recuperar, e a outra parte deu a volta por cima.

Leivinha sempre teve um bom relacionamento com a imprensa, mas sabia pensar e tinha consciência desperta. Sua moral íntegra e sua larga cultura o ajudavam, e ele conhecia muito bem os percalços da vida de um jogador.

O principal orgulho de Leivinha foi ter vestido durante anos a camisa da Seleção Brasileira e ter escutado o hino nacional antes dos jogos.

A partida contra o Zaire sinalizou o seu último jogo pelo Brasil.

A equipe e a comissão técnica da Seleção Brasileira na Copa do Mundo de 1974 na Alemanha

Leivinha concedendo entrevista nos preparativos para a Copa de 1974

Leivinha em treino pela Seleção Brasileira

Leivinha logo após sofrer a contusão que o tirou da Copa

Leivinha sendo atendido em campo pelo massagista Mário Américo

Leivinha sendo retirado de campo pelo massagista Mário Américo após contusão

Leivinha ao lado do zagueiro Alfredo e outro membro da equipe da seleção na Floresta Negra

Quatro craques da Seleção Brasileira: Edu, Piazza, Leivinha e Marinho Chagas

Leivinha no ônibus com a equipe

20

Palmeiras 1x0 Corinthians, 22 de dezembro de 1974: o jogo do século

Palmeiras e Corinthians é o maior, mais completo e especial clássico do futebol mundial, como todos já sabem.

Nada é comparável, em termos de espetáculo futebolístico, a um jogo entre dois rivais do porte e da pujança de Palmeiras e Corinthians. Uma rivalidade que ultrapassa o bom senso, o consenso e qualquer análise de probabilidades de vitórias desta ou daquela equipe.

Apelidado pelo povo de "clássico dos clássicos", este jogo forma ídolos, derruba técnicos, destrói carreiras e proporciona alegria e depressão em milhares de seres humanos, ávidos por emoção.

Em cada jogo uma guerra. Vencer o clássico requer força, vocação para a luta, sangue frio e confiança redobrada.

Mais importante do que ser campeão é vencer o clássico.

A história registra duelos inesquecíveis durante mais de cem anos de embate.

Perplexos, atônitos e incrédulos, os torcedores temem perder. Do medo nasce a coragem e a vontade de triunfar.

Corinthians e Palmeiras é o jogo principal da história do futebol. Nele, carreiras de atletas são sepultadas ou consagradas. O clássico tem o poder dominante da dramaturgia e do carnaval.

Bravura, honradez e amor pela camisa são os ingredientes fortificantes mais consistentes e determinantes na busca pela vitória.

Tudo já foi esmiuçado, abalizado, pensado e analisado neste jogo épico e lendário. Nada tem mais mística, simbolismo, tradição e arte com a bola nos pés do que Palmeiras e Corinthians.

São mais de 70 milhões de torcedores desses dois gigantes, sem contar os brasileiros que moram fora do país e os estrangeiros. As duas torcidas, a alviverde e a alvinegra, representam um estímulo extra aos atletas dentro de campo, e são mantenedoras espirituais e morais destas duas tradicionais e centenárias agremiações.

O Corinthians estava sem um título expressivo desde 1954, portanto, em 1974 havia a chance de redenção com o povo e o fim desse incômodo e indigesto tabu. Exatos vinte anos sem uma grande conquista. Uma das maiores torcidas do mundo sofria com a falta de glórias.

O Palmeiras, tarimbado e experiente, vinha de inúmeras conquistas e vitórias retumbantes. O embate final seria entre uma equipe nervosa, com o peso das derrotas de duas décadas sem título, e a outra calejada e bafejada pelos sucessivos títulos. A oposição era entre a obsessão pelo título de um lado e a calma e a leveza de outro.

Em um clássico entre Palmeiras e Corinthians a derrota é agonia multiplicada e o prazer da vitória estendido durante o ano inteiro.

Entre Palmeiras e Corinthians não existe ódio entre as torcidas e sim respeito e admiração mútua.

A sensação que antecede a emoção no futebol é fruto do reconhecimento e da valorização da arte do jogo dentro de cada brasileiro. Os elementos raça, vigor e talento prevalecem nos clássicos do Brasil. Corinthians e Palmeiras é um retrato fiel dessa realidade.

Em alguns países da Europa os clássicos têm um teor extremado de ódio tribal, dilacerante e doentio. Questões religiosas e políticas utilizam o futebol como instrumento de domínio, exclusão e conflitos. Isso não é futebol, é algo abominável que contagia e influencia a população.

O Brasil possui a verdadeira rivalidade entre os clubes. É óbvio que, infelizmente, também possui os seus disparates e desvios, pois a paixão do brasileiro é mais integral, visceral e um tanto quanto ambígua, mas, acima de tudo, é sincera e original.

Palmeiras e Corinthians é o clássico da verdade e que orgulha a cidade de São Paulo, uma das maiores e mais incríveis metrópoles do mundo.

Este jogo coloca em xeque toda a realidade histórica das equipes, pois pode levá-las, rapidamente, ao rol dos imortais ou ao esquecimento completo. É uma partida sem meio-termo: paraíso ou inferno. Jogar essa partida é um dos principais orgulhos dos jogadores de futebol; grandes e geniais jogadores de futebol já o fizeram.

Em 1974, o regulamento do campeonato paulista explicitava: o campeão do primeiro turno automaticamente disputaria a final com o campeão do segundo turno. Se alguma equipe vencesse os dois turnos, conquistaria direta e antecipadamente o título.

O Corinthians venceu o primeiro turno com 19 pontos (2 pontos por vitória) de 8 vitórias, 3 empates e 2 derrotas. No segundo turno o vencedor foi o Palmeiras com 21 pontos, 8 vitórias, 5 empates e nenhuma derrota.

As finais seriam disputadas em duas partidas. Na primeira, no estádio Pacaembu, o Palmeiras empatou por 1x1 com o Corinthians. O gol do Palmeiras foi do veloz e decisivo Edu Bala, um dos pontas mais rápidos e lépidos do mundo. O gol do Corinthians foi do centroavante Lance, que jogou no São José, América de São José do Rio Preto e Ferroviária, entre outros. Uma cabeçada indefensável, empatando o jogo no segundo tempo.

O jogo derradeiro aconteceu em 22 de dezembro de 1974, no estádio Morumbi. O árbitro Dulcídio Wanderlei Boschilia fez uma excelente arbitragem diante de 120.522 pagantes. A renda chegou a incríveis Cr$ 2.311.648,00.

O Palmeiras atuou com Leão, Jair Gonçalves, Luís Pereira, Alfredo, Zeca, Dudu, Leivinha, Ademir da Guia, Edu, Ronaldo e Nei. O Corinthians entrou em campo com Buttice, Zé Maria, Brito, Ademir, Wladimir, Tião, Rivelino, Vaguinho, Zé Roberto (Ivan), Lance e Adãozinho (Pita). Os talentosos e experientes Oswaldo Brandão do Palmeiras e Silvio Pirilo do Corinthians eram os técnicos.

No elenco das duas equipes, cinco campeões mundiais pela Seleção Brasileira na Copa do Mundo de 1970, no México. Leão no Palmeiras,

Zé Maria, Brito, Baldochi e Rivelino no Corinthians. Na Copa de 1974, na Alemanha, jogando pela Seleção Brasileira foram convocados Rivelino e Zé Maria do alvinegro de Parque São Jorge; Leão, Luís Pereira, Alfredo, Leivinha, Ademir da Guia e César do alviverde de Parque Antártica. Eurico, lateral-direito do Palmeiras, esteve na Seleção Brasileira na Copa do Mundo Extra em 1972. Dudu jogou pelo escrete nacional nos anos de 1965, 1966 e 1968. Edu, o ponta-direita, e Nei, o ponta-esquerda, atuaram pela Seleção Nacional em 1976. Zeca, o lateral-esquerdo, primava pela eficiência e segurança; de 1969 até 1977, atuou em 389 partidas. Jair Gonçalves executava várias funções em campo e tinha na polivalência a sua grande qualidade; atuou no Verdão em 190 partidas, marcando oito gols; veio do Botafogo de Ribeirão Preto e brilhou posteriormente no Atlético Paranaense. Ronaldo, o artilheiro das horas certas, um excelente atacante que jogava de ponta-direita, ponta de lança e centroavante com habilidade e rapidez de raciocínio, fez, na primeira partida, uma linda jogada arrancando com a bola pelo lado esquerdo, driblando os marcadores e cruzando para Edu estufar as redes do Corinthians.

O Corinthians tinha a firmeza do zagueiro Ademir, vindo do XV de Piracicaba, e a juventude e o vigor do inteligente lateral-esquerdo Wladimir, um dos melhores laterais do Brasil e o atleta que mais vestiu a camisa do Corinthians, com 803 partidas e 34 gols marcados. O meio de campo com o volante Tião, armando e marcando, ao lado do craque Zé Roberto, um ponta de lança rápido, hábil e goleador, fazia a diferença e levava o time adiante. Na ponta-direita, o arisco e valente Vaguinho demonstrava talento e objetividade. Como centroavante, o goleador Lance; na ponta-esquerda, o excelente canhoto, chutador e lançador, Adãozinho. Entraram durante a partida Pita e Ivan, jogadores úteis e de grande capacidade técnica. No gol, o experiente e respeitado Buttice, um argentino que veio do Bahia.

Um clássico que marcaria época, com toda a sua intensidade, pompa e dignidade em cada disputa de bola. Quem esteve presente no estádio

Morumbi assistiu uma partida com cara e caráter de uma decisão. Luta e entrega de ambas as equipes até o esgotamento total.

O Palmeiras venceu por 1x0, gol de Ronaldo aos 24 minutos do segundo tempo.

A jogada começou com Ronaldo no meio de campo, tocando a bola para o lateral-direito Jair Gonçalves que cruzou com potência e direção para a área. A pelota viajou no ar e encontrou a cabeça de Leivinha, que ajeitou com imensa categoria para a conclusão certeira de sem-pulo de Ronaldo, no canto esquerdo do arqueiro. A pouca torcida do Palmeiras que estava no estádio explodiu de alegria e contentamento. A outra parte gigantesca, estremeceu de dor e um silêncio sepulcral penetrou nas almas dos torcedores adversários. Indescritível! O alviverde nascido em 1914 derrubava o rival.

A ajeitada de cabeça de Leivinha, saltando com o guerreiro Brito do Corinthians, é uma das mais perfeitas preparações de gols da história recente do futebol. Foi um passe calculado milimetricamente, não com os pés, mas sim com a cabeça, sem utilizar a velocidade da corrida para o salto. Saindo do chão, a sua impulsão atingiu os píncaros da glória. Golpeou a bola como se estivesse com asas. Uma águia real demonstrando sua arte de cabecear.

O Morumbi lotado com 110 mil corintianos calados e 10 mil palmeirenses em polvorosa. Um contraste entre a dor e a euforia.

A partida terminou, o título foi sacramentado e o Palmeiras comemorou com uma alegria quase que santificada.

Leivinha flutua no tempo: "A imprensa toda dizia que o Corinthians seria o campeão. Mas a nossa equipe estava entrosada e sabia das suas responsabilidades. Fomos confiantes e tranquilos para a decisão".

Durante a partida, em uma falta a favor do Corinthians, o craque Rivelino (que possuía o chute mais forte do mundo) desferiu um petardo e a bola explodiu no rosto de Dudu, que caiu desmaiado. Tirado de campo, cogitou-se a sua substituição, mas tomando a atitude de um bravo guerreiro, ele recobrou os sentidos e voltou com galhardia e força total ao campo de batalha para – por mais incrível que possa parecer – entrar novamente na barreira para outro chute executado por Rivelino. Esse ato de bravura indômita, como que desafiando a dor e a morte, insuflou ânimo em toda equipe do Palmeiras. Esse gesto de extremo amor à camisa marcou toda uma geração de jogadores do Verdão que morreriam em campo se preciso fosse.

Esta partida talvez tenha uma representatividade mais forte e mais pujante para a história do Palmeiras do que a conquista do campeonato mundial de 1951, em pleno estádio Maracanã, frente à equipe do Juventus da Itália.

***

Leivinha, há três meses da final, tinha sido assaltado em São Paulo. Os assaltantes armados amedrontaram a todos e levaram o seu carro, um opala branco com capota roxa. Quando o automóvel foi recuperado, o ladrão confessou na delegacia que se ele soubesse que o proprietário do carro era o Leivinha não o teria assaltado, pois torcia loucamente para o Palmeiras.

Na semana que antecedeu o primeiro jogo da final, Leiva recebeu uma carta o ameaçando de morte e com outros inúmeros impropérios, caso o Corinthians não fosse o campeão. Os dirigentes do Palmeiras, atentos, sensatos e preocupados, resolveram deixá-lo com seguranças particulares durante toda a semana. Um dos seguranças que o protegeu era o pai do goleiro Barbiroto que, na década de 1980, jogou no São Paulo, Juventus, Joinville e Ponte Preta.

A preocupação com a saúde física dos atletas chegou ao extremo paroxismo quando, no dia do casamento do amigo de infância Piau, o camisa 8 do Palmeiras compareceu ao casamento munido de dois seguranças. Esse acompanhamento necessário blindava o jogador, não permitindo nenhuma surpresa desagradável.

O casamento aconteceu em uma quinta-feira após a primeira partida da final. Depois do segundo jogo e o título consumado, Leivinha e Ronaldo saíram do Morumbi dentro de uma perua Kombi da Volkswagem, com dois homens da polícia federal protegendo-os. Um policial dirigia o veículo e o outro, com uma metralhadora encoberta apontada para o chão, observava a movimentação da rua. Parecia um filme do agente 007.

Um fato inusitado que comprova as frustrações de uma derrota e os problemas subsequentes aconteceu depois de concretizado o título, quando Leivinha estava no saguão preparando-se para deixar o estádio Morumbi, rumo ao Parque Antártica. Uma torcedora tresloucada de uns 17 anos chegou bem perto dele e desferiu-lhe um chute forte na canela, além de uma série de palavrões. O policiamento foi chamado e a torcedora alterada foi arrancada às pressas do local.

***

Carlos Eduardo da Silva, o popular Edu Bala, foi um ótimo ponta-direita do Palmeiras de 1969 a 1978, totalizando 472 jogos e 75 gols. Se ele fizesse atletismo seria campeão olímpico e mundial dos 100 metros rasos. O apelido referência diz tudo. Com a sua velocidade espantosa, puxava contra-ataques e aliviava o setor defensivo quando pressionado. Atuou também pela Portuguesa de Desportos, São Paulo, Sport do Recife, Santa Cruz, Uberaba, Nacional de São Paulo, Desportiva do Espírito Santo, Marcílio Dias de Santa Catarina, São Carlense e Saltense, da cidade de Salto, localizada a 100 quilômetros de São Paulo, próxima a Itu.

Edu não esquece deste clássico: "O Morumbi ficou num silêncio incrível. Ninguém saía do lugar. A esperança de ter um ano com títulos terminou para eles. Foi muito difícil para todos os corintianos".

***

O artilheiro do Palmeiras na campanha do paulista foi Leivinha, com 14 gols e eleito o melhor jogador do campeonato. Os outros que marcaram gols foram Ademir da Guia, 5 gols, César, Ronaldo, Edu e Luís Pereira com 3 gols, Fedato, Toninho e Dudu, com 2 gols e Nei marcou 1 tento.

A artilharia do campeonato paulista teve, em primeiro lugar, Geraldo do Botafogo de Ribeirão Preto com 23 gols, em segundo, Leivinha do Palmeiras com 14 tentos, em terceiro, Tatá da Portuguesa de Desportos com 8 bolas na rede, em quarto, Rodrigues do Noroeste, Cláudio Adão do Santos, Valdomiro da Ponte Preta e Mirandinha do São Paulo com 7 gols cada.

A torcida do Palmeiras misturava alegria, êxtase e brincadeiras cantando: "Zum-zum-zum é vinte e um".

***

O guerreiro Dudu sintetizou o significado do jogo: "Este jogo da conquista do campeonato paulista de 1974 foi a maior alegria da minha vida e o meu jogo inesquecível". Durante os noventa minutos do jogo, fez uma marcação implacável no genial craque Rivelino, que não teve espaço para jogar o seu versátil e talentoso futebol.

O amador Rivelino lutou com honra e brio, como sempre fez, durante os noventa minutos de jogo, mas não conseguiu o título e tornou-se a principal vítima do clássico.

Dispostos a procurar um culpado e um bode expiatório, parte da torcida, da imprensa esportiva e de oportunistas de plantão martirizou desonestamente o jogador e pressionou o clube de todas as formas e modos para que o ídolo Rivelino deixasse o Corinthians.

No futebol, o time (elenco) perde e ganha. O futebol sempre foi e será um esporte coletivo. Um jogador depende do grupo e vice-versa. Mas, nessa hora, a ignorância e a brutalidade prevaleceu e Rivelino deixou o Corinthians. Uma das maiores injustiças do futebol foi a sua saída do alvinegro do Parque São Jorge.

Rivelino foi um dos mais completos e espetaculares jogadores de futebol de todos os tempos. Foi um mito e um maestro do futebol mundial. Um gigante do futebol e o melhor jogador da história do Corinthians em mais de cem anos de tradição. Campeão do mundo em 1970 pela Seleção Brasileira e com uma trajetória maravilhosa pelos gramados do mundo, este canhoto foi referência, símbolo e um fenômeno do futebol. É um homem justo, correto, digno e que sempre honrou as camisas que defendeu. Do Corinthians foi contratado pelo Fluminense do Rio de Janeiro, conquistando o campeonato carioca em 1975 e 1976, dando a volta por cima, como um verdadeiro gladiador brasileiro e um herói dos novos tempos.

***

Depois da partida, acompanhados pelos seguranças até a rodovia Bandeirantes, Leivinha pegou a família e rumou para a pacata cidade de Lins, onde moravam os seus pais. Lá, com certeza poderiam comemorar e desfrutar com tranquilidade um dos mais difíceis e significativos títulos vencido pelo Palmeiras.

21
Palmeiras 3x1 Fluminense, 24 de agosto de 1975: despedida do Brasil pelo Palmeiras

Uma bela e ensolarada tarde. Era um dia lindo para um dos mais empolgantes e tradicionais clássicos do futebol brasileiro. Palmeiras e Fluminense jogando no estádio Pacaembu, o mais simpático e bem localizado da América Latina.

***

O estádio Paulo Machado de Carvalho está situado no bairro do Pacaembu. Ao longo de sua história protagonizou memoráveis acontecimentos, jogos e comemorações. Uma casa de espetáculos, bem ao gosto do paulistano. Projetado e concluído para ser um estádio incomparável em termos de modernidade, beleza, visibilidade e acessibilidade, durante décadas foi um símbolo brasileiro. Um colosso de concreto que angariou e acumulou na sua trajetória momentos únicos, marcantes e indescritíveis, de alta qualidade sentimental e de sensibilidade à flor da pele.

O nome do estádio é uma homenagem ao "Marechal da Vitória", um grande e proeminente dirigente, devoto de Nossa Senhora Aparecida, que chefiou e coordenou a delegação da Seleção Brasileira de futebol no bicampeonato mundial em 1958 e 1962 com relevantes méritos. Homem de visão, advogado, radialista e empresário de sucesso, Paulo Machado de Carvalho fundou a rádio Record, chegou à presidência do São Paulo Futebol Clube e engrandeceu a história do desporto nacional. Símbolo irretocável de decência e dignidade.

A Sociedade Esportiva Palmeiras, ainda com o nome de Palestra Itália, inaugurou o Pacaembu, chamado de "estádio modelo", em 28 de abril de 1940, vencendo o Coritiba por 6x2 no quadrangular da Taça Cidade de São Paulo. No jogo final contra o Corinthians, nova vitória do Palmeiras por 2x1.

A primeira taça do recém-inaugurado estádio teve como lídimo vencedor o Palmeiras. Naquele dia, às 10 horas da manhã, o maior presidente da história do Brasil, Getúlio Vargas, o "pai dos pobres", o maior patriota do século XX, fez apresentações e o discurso inaugural, abrindo as portas do estádio para o mundo. A sua presença encheu de esperança o povo brasileiro.

Apesar de ter nascido com uma concha acústica atrás de um dos gols, com o objetivo de ser um centro paulista de *shows* e eventos e, consequentemente, referência mundial, o Pacaembu derrubou essa estrutura e, em 1969, construiu a bonita arquibancada vertical inclinada, lembrando um tobogã e deixando-o maior ainda.

A capacidade total do estádio é de 40 mil torcedores, mas em 27 de abril de 1940 recebeu 71 mil torcedores no jogo entre São Paulo e Corinthians, que terminou empatado em 3x3.

Um estádio marcado para a glória, que abriga em seu complexo piscinas, quadras de futebol de salão e tênis, ginásio poliesportivo, pista de *cooper* e estacionamento.

Na Copa do Mundo de 1950 esse estádio recebeu o jogo do Brasil contra a Suíça, que terminou empatado por 2x2, deixando seu emblema na história das copas.

O Palmeiras, depois do seu estádio, o Parque Antártica, fez do Pacaembu a sua segunda casa, conquistando títulos, honrarias e as mais diversas premiações.

Leivinha atuou inúmeras vezes no estádio Pacaembu e deixou cravados e emoldurados na alma do estádio sua arte, seus gols e seu sangue. Sobre o lugar, diz: "Os clássicos eram jogados mais vezes no Pacaembu. Este estádio tem um grande significado para mim. Da mesma forma que o Maracanã simboliza o ápice do futebol brasileiro, o estádio do Pacaembu foi o lugar em que eu mais joguei, e possui uma representatividade fundamental e especial na minha vida como atleta".

***

O dia 24 de agosto de 1975 marca o último jogo de Leivinha com a camisa do Palmeiras no Brasil. Os amantes do belo futebol, os seus fãs e torcedores nem imaginavam que aquela seria tristemente a última partida do camisa número 8.

O adversário era de altíssimo gabarito, o poderoso Fluminense do Rio de Janeiro, aclamado no Brasil como "A Máquina", e tinha um elenco recheado de craques e jogadores consagrados.

Um embate de dois gigantes do futebol brasileiro e mundial. A partida significava um medir de forças entre o Rio de Janeiro, representado pelo Fluminense, campeão carioca de 1975, e a cidade de São Paulo, simbolizada pelo Palmeiras, bicampeão nacional em 1972 e 1973. A "Máquina Tricolor Carioca" *versus* a "Academia de Futebol" do Palmeiras.

Foi uma partida inesquecível. O Palmeiras liquidou o poderoso Fluminense, sapecando um 3x1 histórico. A renda do jogo foi de Cr$ 531.366,00 e o público pagante de 41.541 torcedores.

O Palmeiras atuou com Leão, Eurico, Luís Pereira, Arouca, João Carlos, Édson, Ademir da Guia, Edu, Leivinha, Itamar (Mário) e Nei (Fedato). O Fluminense atuou com Nielsen, Toninho, Silveira, Assis, Marco Antônio, Zé Mário, Cléber, Rivelino (Cafuringa), Gil, Manfrini e Paulo César (Erivelto). Dos 26 jogadores que vivenciaram este jogo heroico nos mananciais históricos do futebol tupiniquim, sete jogaram a Copa de 1974 pelo escrete nacional.

Do lado do Verdão, o técnico do time era Dino Sani, que havia sido ídolo do São Paulo, Corinthians, Boca Juniors e Milan da Itália, e campeão do mundo pela Seleção Brasileira em 1958. No Fluminense, o líder era o ainda iniciante Carlos Alberto Parreira, que já demonstrava talento, firmeza e inteligência tática. Mais tarde, em 1994, como técnico da Seleção Brasileira, ele montaria um sistema tático perfeito e infalível, com o qual seria bravamente campeão do mundo. O árbitro da partida foi José Lima Barreto.

Não faltaram ingredientes e nem atrativos neste duelo que caracterizava a essência do futebol na fase preliminar do campeonato brasileiro.

Foi uma virada impiedosa do alviverde, que começou perdendo com um golaço do qualificado lateral-esquerdo Marco Antônio aos 15 minutos do segundo tempo. Nei, o arisco ponta-esquerda, pegou o rebote do goleiro e, com um chute forte, decretou o empate na partida aos 25 minutos. O centroavante Mário fez o segundo gol aos 29, finalizando um belíssimo cruzamento do velocista Edu Bala. O terceiro gol foi de Leivinha, aos 31 minutos. Uma arrancada clássica depois de uma tabela sutil com o avante Mário fez com que ele ficasse frente a frente com o elástico goleiro Nielsen. Leivinha passou o pé direito por cima da bola, a famosa pedalada, e com a esquerda tocou para o fundo do gol. Gol de craque. Gol com ginga. O estádio Pacaembu veio abaixo. A torcida em delírio aplaudia o talentoso camisa 8.

Indiscutivelmente, foi um dos maiores jogos do futebol mundial. Jogo que aponta e desafia uma década. Uma partida tranquila no primeiro tempo, mas avassaladora no segundo.

A alegria incontida do povo esmeraldino, no entanto, logo seria substituída pela saudade que machuca e corrói. Depois dessa partida, o Palmeiras viajaria para a Espanha com o objetivo de triunfar no Torneio Ramón de Carranza, e Leivinha não mais voltaria a vestir a sagrada camisa verde.

22
Atlético de Madrid e o "Velho Mundo"

O Atlético de Madrid é uma das principais forças do futebol espanhol e mundial, uma equipe representativa, respeitada e tradicional. O seu estádio é o Vicente Calderón, com capacidade para 55 mil torcedores. Sua torcida, apaixonada e acostumada a grandes conquistas, é um espetáculo à parte. A sua fundação ocorreu em 1903 e em 2015 completou 112 anos de existência.

O nome do clube é uma homenagem ao Athletic Bilbao, clube basco com sentimento de ligação, empatia e apoio aos pioneiros fundadores do Atlético. Dissidentes do Athletic Bilbao foram fundamentais na fundação do Atlético de Madrid. O rompimento definitivo dos laços afetivos aconteceu em 1921, para que o novo time pudesse se fortalecer em sua própria realidade e gênese.

Criado para ser um gigante, o Atlético de Madrid construiu a sua história com heroísmo e muito amor pelo futebol. Os principais títulos são: campeão espanhol em 1940, 1941, 1950, 1951, 1966, 1970, 1973, 1977, 1996 e 2014; Copa do Rei em 1960, 1961, 1965, 1972, 1975, 1976, 1985, 1991, 1992, 1996 e 2013; Liga Europa da UEFA de 2009-2010, 2011-2012 e 2017-2018; Super Copa da Espanha em 2014; Taça Governador do Estado de São Paulo em 1977; Recopa em 1962; Mundial Interclubes em 1974; e Super Taça da UEFA de 2012-2013 e 2018-2019.

Na final do mundial interclubes de 1974, o Atlético de Madrid venceu o Independiente da Argentina por 2x0 e levou a Taça. Na primeira partida, o Independiente havia vencido por 1x0. O Atlético de Madrid entrara no lugar do Bayer de Munique, campeão europeu que se recusou a disputar as duas partidas contra os argentinos.

***

A Espanha sempre foi receptiva com os jogadores brasileiros que por lá chegaram. Em 57 anos de Liga Espanhola, 221 brasileiros estiveram presentes na disputa. Comprovando sua qualidade e seu talento inquestionável, os brasileiros foram modificando e transformando o modo de jogar dos espanhóis. Eles ensinaram os europeus a apreciar a arte do drible, da ginga esperta e dos gols espetaculares.

O Barcelona, o Real Madrid e o Atlético de Madrid são casos bem nítidos de times onde esses aprendizados benéficos e necessários foram incorporados.

O Barcelona do competente técnico Guardiola jogava com alegria, paciência, tempero e toque de bola. Lembrava os esquadrões brasileiros que excursionavam pelo mundo nos seus áureos tempos.

Com os jogadores de futebol, a adaptação era bem mais rápida na Espanha, Portugal ou Itália do que na Alemanha e no leste europeu. Facilidade idiomática, ótimo relacionamento diplomático e cultura latina são três fatores que favorecem a adaptação nesses países.

Os primeiros jogadores a atuar no futebol espanhol foram Fausto, "A Maravilha Negra", meio-campista de enorme categoria e talento do Vasco da Gama e da Seleção Brasileira, e Jaguaré, um goleiro incrível que dava um *show* em seus jogos, exibindo talento tanto com os pés como com as mãos. Ele também jogou no Vasco da Gama e na Seleção Brasileira. Ambos atuaram pelo Barcelona no começo da década de 1930. Em 2018, biografei a vida de Fausto com orgulho, satisfação e respeito.

Jogadores brasileiros que foram artilheiros do campeonato espanhol: Waldo em 1967 – 24 gols pelo Valencia; Baltazar em 1989 – 35 gols pelo Atlético de Madrid; Bebeto em 1993 – 29 gols pelo La Coruña; Romário em 1994 – 30 gols pelo Barcelona; Ronaldo em 1997 – 34 gols pelo Barcelona e em 2004 – 24 gols pelo Real Madrid.

Um dos primeiros brasileiros a jogar na Espanha e o primeiro a jogar no Real Madrid foi Fernando Giudicelli em 1935. Lateral-esquerdo clássico e elegante, revelado pelo Fluminense do Rio de Janeiro. Atuou também no Bordeaux da França e no Torino da Itália. Disputou a Copa do Mundo de 1930 pela Seleção Brasileira.

Donato, revelado pelo Vasco da Gama, jogou no Atlético de Madrid e La Coruña. Naturalizou-se espanhol e defendeu a Seleção Espanhola em doze ocasiões.

Vavá, um grande centroavante e artilheiro devastador, campeão do mundo em 1958 e 1962, ídolo do Vasco da Gama e Palmeiras, jogou no Atlético de Madrid em 1958. Também atuou nesse time Juninho, campeão do mundo em 2002 pelo escrete nacional, tendo jogado antes no Ituano, São Paulo, Palmeiras, Vasco da Gama, Flamengo, Middlesbrough da Inglaterra, entre outros. Em 1993, o versátil volante e meia Moacir, ex-Atlético Mineiro, e o veloz ponta-direita Mário Tilico, ex-São Paulo, entraram no time. Miranda, zagueiro central, campeão do Brasil pelo São Paulo, e Diego, brilhante meia-esquerda, ex-Santos, também defenderam o Atlético. Atualmente, Felipe Luis é um dos destaques da equipe.

Quatro fantásticos craques do Brasil se tornaram os melhores do futebol no mundo defendendo as cores do Barcelona. São eles: Romário, Ronaldo, Rivaldo e Ronaldinho Gaúcho.

Catanha demonstrou o seu valor no Málaga e no Celta de Vigo, Luís Fabiano triunfou com talento no Valência, e o campeão mundial Viola – ex-Corinthians, Palmeiras e Santos – também jogou pelo time.

Marinho Peres, capitão da Seleção Brasileira na Copa do Mundo de 1974, jogou no Barcelona da Espanha sob o comando técnico do estrategista Rinus Mitchell.

Um dos maiores jogadores da história do futebol espanhol foi o atacante Evaristo de Macedo, ex-jogador do Flamengo, da Seleção Carioca e da Seleção Brasileira, ídolo do Barcelona e Real Madrid. Evaristo de Macedo valia por um time todo. Possuía talento, garra, inteligência e precisão nas definições. *Show* de bola. Quando encerrou a carreira como atleta, abraçou a de técnico de futebol com obstinação e sabedoria.

Em 2015, o sucesso brasileiro principal na Liga foi o excelente jogador Neymar. Ele foi campeão da Libertadores da América em 2011 pelo Santos e da Europa em 2014 pelo Barcelona, com destaque e gols decisivos nos dois campeonatos. É o maior driblador do mundo e um definidor de talento. É a maior esperança do futebol brasileiro.

***

O Palmeiras conquistou o Ramón de Carranza de 1975. Luís Pereira e Leivinha, depois de realizarem partidas memoráveis, despertaram o interesse e foram contratados em definitivo pelo Atlético de Madrid. Leivinha comenta: "Foi uma surpresa. Algo inesperado. Ninguém esperava sair do Palmeiras naquela situação e momento. Nem imaginava jogar na Espanha".

A negociação e aquisição ficou em 600 mil dólares por Luís Pereira e 400 mil por Leivinha. Luís Pereira recebeu 800 mil cruzeiros antigos de luvas por três anos, 750 mil equivalentes aos 15% do seu passe, e salário de 6 mil dólares, reajustado anualmente, mais "bichos" e premiações. Leivinha recebeu 500 mil cruzeiros pelos 15% do passe. Luvas, salários e prêmios exatamente iguais ao de Luís Pereira.

Os dois craques consumados conquistaram a independência econômica e seriam peças fundamentais no desenvolvimento do futebol europeu.

Nessa fase histórica do futebol espanhol, a abertura do seu mercado para os atletas estrangeiros era um benefício econômico e técnico imenso.

Essa dupla de gigantes do Palmeiras reabriu definitivamente o mercado espanhol para os atletas brasileiros, com talento, raça e dignidade. O mundo se abria para Luís Pereira e Leivinha, contrastando com a tristeza do jogador de meio de campo Ivo, que não passou nos exames médicos do Atlético e foi devolvido ao América. O Atlético alegou problemas cardíacos com o jogador e desfez o contrato. Ivo retornou ao Brasil.

***

No Rio de Janeiro, Valdir Luz, médico do América, afirmou: "O jogador apresentou os melhores resultados durante um exame completo, realizado em agosto na Universidade Gama Filho. Ivo sempre se mostrou normal. Suas reações após as partidas e treinamentos eram as melhores possíveis. Resta saber até que ponto esta lesão será incompatível com o futebol. É um caso a ser estudado com carinho. Sinceramente acredito que o problema não é tão grave assim. Precisamos apurar".

Depois de cumprir uma bateria de exames, passar por análises minuciosas, estudos criteriosos mais detalhados e inúmeras avaliações, ficou constatado que Ivo estava habilitado para a prática do futebol de alto rendimento.

E lá foi Ivo, ex-jogador do Grêmio e América do Rio de Janeiro, com o coração perfeito e a coragem intacta, assinar contrato com o poderoso Palmeiras, onde provou e comprovou a sua fibra, dignidade e vontade de vencer. Ele era um volante que jogava de cabeça erguida, tocando a bola, armando o jogo, enxergando a movimentação do time e fazendo a marcação. Atleta clássico, refinado e de excelente técnica.

O Palmeiras formou, nessa época, um dos mais clássicos meios de campo de todos os tempos com Ivo, Jorge Mendonça e Ademir da Guia.

No Palmeiras, Ivo jogou em 1977, 1978 e 1979, honrando a camisa verde e demonstrando todo o seu talento e amor pelo futebol. Posteriormente, jogou no tradicional Juventus da Mooca em São Paulo. Um homem honesto e justo. Quando encerrou a carreira, tornou-se técnico de futebol do Goiás, Juventude e Coritiba, entre outros. E o seu coração continua maravilhoso até os dias de hoje. No ano de 2015, foi trabalhar na China como auxiliar técnico do vitorioso e experiente Luiz Felipe Scolari.

***

A "Academia" do Palmeiras estava sendo desfeita com a saída de Leivinha e Luís Pereira. Muitos torcedores, chorosos com a perda dos craques, afirmavam que os ídolos são eternos e nunca deveriam sair; outros, mais progressistas, diziam que por essas cifras seria injusto segurá-los. E a discussão saudável segue até os dias de hoje. Economicamente, foi um excepcional negócio para o Palmeiras e para os dois atletas.

Na chegada ao Atlético, os dois se apresentaram no estádio Vicente Calderón já devidamente uniformizados com a nova camiseta. Bateram bola, fizeram embaixadas, simularam dribles, deram entrevistas e foram fotografados e filmados. Uma festa para as duas contratações de ouro. Leivinha e Luís Pereira, as novas atrações do futebol espanhol, começavam a viver uma nova realidade.

Na sua estreia contra o Salamanca, Leivinha fez uma exibição primorosa, daquelas que nem daqui a cem anos será apagada. Foram três gols com o seu estilo peculiar. No primeiro, driblou o goleiro com velocidade e, da linha de fundo, praticamente sem ângulo, bateu de canhota. Gol de esgrimista. No segundo tento, recebeu um cruzamento da linha de fundo e cabeceou de testa na forquilha do gol inimigo. Essa cabeçada lembrou o gol do Pelé na Copa de 1970, frente à Itália no jogo final. No terceiro gol, a sua colocação perfeita dentro da área fez com que recebesse a bola livre de marcação e, com um simples toque, definisse o placar final.

As partidas pelo Atlético de Madrid foram se sucedendo e Leivinha recebendo os maiores elogios da imprensa, da torcida e de todos os aficionados por futebol. O diário *AS* dizia: "Leivinha é um fenômeno brasileiro"; o diário *Dicen* de Barcelona: "O jogador genial" e "Atacante soberbo e fabuloso"; diário *Ya*: "Perigosíssimo e irresistível" e outros adjetivos superlativos de extremo merecimento e aplicados com justiça em cada designação.

A primeira excursão com o propósito de divulgar a marca do Atlético de Madrid no Brasil aconteceu em 1977, na disputa do Torneio Internacional de São Paulo, também chamado de Taça Governador do Estado de São Paulo. Leivinha estava lesionado e o representante brasileiro do time espanhol foi Luís Pereira.

O Torneio realizou-se no estádio Morumbi em duas rodadas duplas. Participaram Santos, Palmeiras, Corinthians e Atlético de Madrid. A média de público atingiu os 68 mil torcedores e a renda de 5 milhões e 323 mil cruzeiros antigos justificou as partidas.

O Atlético empatou em 1x1 com o Palmeiras, gol de Ruben Caño e 1x1 com o Santos, gol de Bermejo. Nos pênaltis, eliminou o Palmeiras em 4 de agosto, e também eliminou nos pênaltis o Santos, em 8 de agosto. Uma festa!

Quem levantou a belíssima Taça foi o capitão do Atlético e melhor jogador do Torneio, Luís Pereira.

Nessa mesma semana, em La Coruña, na Espanha, o Fluminense do Rio de Janeiro conquistou o Torneio Tereza Herrera, batendo o Feyenoord da Holanda por 2x0 e o Dukla da Tchecoslováquia por 4x1. Os destaques foram o centroavante argentino naturalizado brasileiro, Doval, e o lateral-esquerdo ofensivo e criativo, Marinho Chagas.

***

Essas excursões eram muito comuns naquele tempo e, como a Espanha tem apenas 505.992 quilômetros quadrados e suas principais fronteiras são Portugal e França, a maioria das viagens do Atlético eram feitas por trem e os jogadores não tinham tanto conforto e melindre como nos tempos atuais.

Certa vez, no início de suas chegadas na Espanha, uma situação inusitada, preocupante e hilariante aconteceu. Em uma dessas corriqueiras viagens de trem, os brasileiros Leivinha e Luís Pereira acabaram dormindo demasiadamente e no desembarque nem foram notados. Os atletas do time e os dirigentes não sentiram falta dos craques. Moral da história: o time desembarcou em Santander para o jogo e os dois em um sono profundo, decerto sonhando com as praias do Brasil, seguiram viagem até a cidade de Irun, norte da Espanha, fronteira com a França e, o que é pior, cidade na época com forte presença do grupo terrorista ETA.

Quando acordaram, assustados, perceberam que tinham sido esquecidos e estavam sem o apoio e a proteção de sua equipe de trabalho. Dois estrangeiros em uma terra estranha, sem falar o idioma, e em uma região um tanto quanto inóspita. Desgarrados da delegação, um negro e um branco, andando pelas ruas de uma região fria, problemática e tensa.

A Espanha não tinha uma população expressiva de pessoas negras, e a chaga maldita do racismo infelizmente estava presente em inúmeras cidades e regiões. Homens sisudos, traumatizados e com barbas longas, interpelavam os brasileiros com o olhar.

Espalhou-se pela imprensa que Leivinha e Luís Pereira tinham sido raptados e sequestrados. Os jornalistas criticavam asperamente a falta de organização e irresponsabilidade do Atlético por esquecerem os jogadores no trem. Ânimos serenados, os jogadores foram encontrados e, com calma e sabedoria, tudo foi explicado e esclarecido.

Alguns anos depois, o atacante Quini, um dos principais artilheiros da história da Espanha, e que jogou no Sporting Gijón e no Barcelona, acabaria sendo sequestrado, fato que gerou perplexidade, trauma e medo na população.

***

No campo, Leivinha encantava os espanhóis com um toque de bola preciso, antevisão das jogadas, dribles da pedalada e gols de um artista sutil. Requinte na composição da arte. Fino sem perder a elegância e com raça de valente. Os espanhóis ficavam espantados com o seu faro de gol, inteligência e suas cabeçadas certeiras.

Na sua primeira temporada, jogou todos os jogos e foi o segundo maior artilheiro da Espanha, perdendo apenas para Quini, um típico centroavante. Ele marcava, criava e fazia gols. Leivinha desequilibrava no meio de campo e na frente. O time dependia dessa dupla, benzida com o sangue brasileiro, com o sentimento e a alma dos heróis do esporte. Desbravavam conceitos, sonhos e dogmas. O futebol não era prerrogativa e sim o fundamento de suas vidas. Viviam e sentiam o futebol no espírito e alteravam a rotina da Espanha.

No ano de 1977, conquistaram o campeonato espanhol e mudaram a forma e o método do espanhol apreciar, olhar e vivenciar o futebol. Ensinaram naturalmente o verdadeiro futebol brasileiro aos espanhóis. Leivinha recebeu a alcunha de "príncipe" e Luís Pereira de "rei". Os dois brasileiros vinham da sua área até o gol adversário fazendo tabelas, tamanho o entrosamento e a qualidade técnica.

A equipe do Atlético jogava com: Reina, Marcelino, Eusebio, Luís Pereira, Capón, Rubi Marçal, Heredia, Leal, Bermejo, Ayala, Leivinha, Ruben Caño, Alberto, Ruben "Panadeiro" Dias, Sierra, Benegas e Aguillar. Uma máquina de jogar futebol.

O respeito adquirido pela dupla brasileira foi importante para que Luís Pereira, na autoridade de maior zagueiro do mundo, pleiteasse para os dois uma equiparação salarial em relação aos argentinos Heredia e Ayala. E conseguiu o intento. Nada mais justo e merecido. A diretoria se mostrou serena, segura e reconheceu o valor e o mérito desses jogadores dentro de campo e também como seres humanos.

O entrosamento entre o argentino Ayala, o argentino naturalizado espanhol Ruben Caño e Leivinha era excelente.

Leivinha gostava de jogar mais pelo lado esquerdo, armando e definindo, mas também entrava pelo meio em tabelas rápidas.

Quem treinava o time atleticano era o mítico Luis Aragonés, um símbolo do futebol espanhol.

Os gols de Leivinha encantavam a todos. Em um deles, aplicou um chapéu no goleiro e tocou no canto; em outro, fez de calcanhar. Neste gol de calcanhar, o camisa 8 de ouro tomou a bola do lendário arqueiro Iribar do Athletic Bilbao e balançou a rede do adversário.

Iribar é um exemplo de vida e dedicação a uma mesma equipe, o tradicional Athletic Bilbao. Digno, idealista e um dos arqueiros mais completos do mundo, jogou na Seleção Espanhola e teve a admiração de todo o povo basco e espanhol.

O golaço de Leivinha com o seu calcanhar sagrado selou a vitória do Atlético de Madrid por 1x0 ante o Athletic Bilbao. Pela primeira vez, o Atlético de Madrid vencia na casa do adversário.

Foi uma partida disputadíssima, de extrema pressão e marcação cerrada. Uma partida inesquecível. A ginga brasileira superou toda a história do nacionalismo basco. Vitória de Luís Pereira e Leivinha.

Humilde, elegante e educado, quando a partida acabou, Leivinha pediu desculpas para o eterno Iribar, pelo gol de placa marcado. Com absoluta certeza, era um futebol mais humano, sincero e verdadeiro. Existia o respeito pelo que representava o atleta. Vivíamos uma outra concepção de vida e de enfrentamento de realidades.

***

Leivinha comenta assertivamente: "Sou mais conhecido na Espanha do que no Brasil, e joguei por apenas quatro anos no Atlético de Madrid".

Nos históricos clássicos entre Barcelona e Atlético de Madrid, as manchetes dos jornais e revistas que antecediam aos jogos retratavam Leivinha e o mítico craque Cruyff, o maior jogador europeu, cada um representando a sua equipe. Uma glória para ambos. Dois gênios sendo comparados.

Em uma partida entre Atlético de Madrid e Granada pelo campeonato espanhol, o magnífico goleiro Mazurkiewicz (o maior goleiro da história do Uruguai), que jogava no Granada e já estava no final da carreira, mas possuidor de um currículo invejável, inclusive, como ídolo do Peñarol e Atlético Mineiro, chamou-o de "cabeça de ouro" e falou que nunca esqueceria aquele gol tomado de cabeça de fora da área, marcado por ele, no jogo Palmeiras 3x1 Atlético Mineiro. Elogiou a sua força e reafirmou que aquela cabeçada foi algo inexplicável. Deram um abraço de amigos, Leivinha agradeceu a lembrança e seguiu adiante.

Sua vida na Espanha teve algo inolvidável: a participação na greve geral dos jogadores profissionais. Clubes pequenos da terceira divisão e sem representatividade política não pagavam os seus atletas (atrasavam sistematicamente os salários). Todos os times da Espanha, do mais poderoso ao de menor expressão, em todas as divisões, se uniram e entraram em greve, cessando as suas atividades profissionais. Não haveria mais jogo no campeonato espanhol até que a situação se regularizasse. A consciência e a solidariedade de toda a classe fez com que o time mau pagador sanasse as dívidas e quitasse os jogadores. E tudo rapidamente voltou à normalidade. Indiscutivelmente, foi um grande orgulho para Leivinha e Luís Pereira aderirem àquela greve honesta, e sobre a ocasião Leiva relembra: "Foi uma coisa muito legal. Um ato muito bonito. Pensar no coletivo e deixar as vaidades de lado. Valeu a pena".

Outros brasileiros que dignamente aderiram à greve foram: Bill, que jogava no Tarrassa e depois se transferiu para o Barcelona, Odair e Cláudio, que atuavam no Calvo Sotello, e Jeremias, ex-jogador do Fluminense e que estava jogando no Espanyol.

Paul Breitner, lateral-esquerdo e meio-campista, campeão mundial pela Alemanha em 1974, sempre ajudou e apoiou os trabalhadores (jogadores de futebol) menos favorecidos e excluídos do sistema capitalista, tanto na Espanha como na Alemanha.

No Brasil, nunca existiu uma greve de verdade e que paralisasse todas as divisões em prol de uma equipe sofrida ou de jogadores com salários atrasados. No país pentacampeão do mundo, os jogadores são desunidos, alguns são prepotentes e só pensam em luxo e riqueza, sem a menor preocupação com os menos favorecidos e com o futuro preocupante de milhares de atletas. Não existe consciência de grupo e alguns só pensam burramente em seus próprios interesses.

***

O "rei do cabeceio" venceu o campeonato espanhol, a Copa do Rei e o Ramón de Carranza pelo Atlético, cumprindo a promessa que um dia havia feito ao seu avô de que jogaria na sua terra natal e triunfaria.

Leivinha foi conhecer Almogía, província de Málaga, na região de Andaluzia, terra de seu avô, e se surpreendeu com um fato inusitado: na aldeia de Almogía, em cada dez crianças, cinco se chamavam Leiva, em uma singela homenagem ao homônimo brasileiro. Em Arroyos de Los Olivos, comprou um vinho para o seu avô e voltou para Madri realizado.

Depois de encerrada a carreira e de estar novamente morando no Brasil, passados mais de dez anos, em uma de suas visitas à Espanha, Leivinha, junto de seu amigo Navarro (goleiro de sua época de Atlético), foi almoçar com o lendário Alfredo Di Stéfano.

Di Stéfano foi um dos mais completos jogadores do futebol argentino e mundial; naturalizado espanhol, atuou no River Plate, Huracán, Millonários da Colômbia, Real Madrid e Espanyol. Pelo Real Madrid, venceu a Liga Europeia de Clubes em 1956, 1957, 1958, 1959 e 1960. Jogando pela Seleção Argentina, venceu o Sul Americano de 1947. Na Seleção Espanhola disputou 31 partidas e fez 23 gols. Durante a carreira marcou mais de oitocentos gols. Era um atleta que se movimentava pelo campo inteiro. Armava, driblava, lançava, tabelava e fazia gols, com um fôlego extraordinário e uma capacidade pulmonar impressionante. Foi apelidado de "Saeta Rubia", o que, traduzindo em língua portuguesa, significa "Flecha Loira". Depois de finalizar a carreira, treinou o Boca Juniors da Argentina e o Valência da Espanha e, com o tempo, tornou-se presidente de honra do Real Madrid.

Este encontro de gerações um tanto quanto casual fez com que o fenomenal Di Stéfano lembrasse de Leivinha e tecesse elogios ao seu futebol requintado e à sua categoria nos tempos em que jogava no Atlético de Madrid. E a recíproca foi verdadeira. Leivinha também exaltou as qualidades desse símbolo do futebol mundial e reafirmou ser uma honra para ele estar ao lado de uma lenda viva. Uma tarde para não esquecer jamais.

Antes disso, quando ainda atuava no Atlético, Leivinha recepcionou o maior jogador e atleta de todos os tempos, o deus Pelé, em uma noite fria de Madri. Os dois amigos jantaram juntos e relembraram os áureos tempos da Seleção Brasileira e das disputas entre Santos e Palmeiras.

O camisa 8 de ouro lembra que a fama de Pelé era tão grande que ele parou o restaurante inteiro. Sempre de bom humor, deu autógrafos, tirou fotos e atendeu atenciosamente os fãs, sem fazer nenhuma reclamação, exigência ou comentário. Para ser o maior não basta ter mais talento e genialidade, é preciso ter propósito, simplicidade, saber o que significa e entender o amor do povo. Pelé tem tudo isso. Um *gentleman*. Rei com postura de rei.

Nas festas das estrelas (confraternização entre as mais destacadas personalidades da Espanha e Europa), Leivinha e Luís Pereira estavam sempre presentes com artistas de vários segmentos, aplaudidos e paparicados em um evento transmitido pelos canais de televisões e rádios. A mídia impressa fazia a cobertura em peso. Lembrava um Oscar norte-americano, tamanha a pompa e a magnificência. Um charme. Personalidades famosas e admiradas, artistas como Sophia Loren, Cláudia Cardinale, Marcello Mastroianni, o cirurgião plástico Ivo Pitanguy, os jogadores de futebol Pirri, Santillana, Netzer e Paul Breitner, os toureiros El Cordobés, Paquirri e Palomo Linares. A nata da sociedade midiática. A cidade de Madri recebia essa festa com extremo orgulho e prazer.

É importante destacar este tópico para pensar e analisar a importância e o respeito que o jogador de futebol possui na sociedade europeia, bem diferente do que acontece no Brasil, onde até hoje o jogador é tratado como peça descartável e superficial na engrenagem da sociedade.

Nos campos, Leivinha continuava brilhando, mesmo depois das cirurgias no joelho. Quando acabou o seu contrato com o time espanhol, Leiva, amparado na legislação esportiva espanhola, ficou alugado por mais uma temporada ao Atlético de Madrid, faturando com o aluguel do passe mais o salário fixo o equivalente a 400 mil cruzeiros. Uma bolada para a época.

Mas a principal questão é que Leivinha adorou a Espanha e o Atlético de Madrid, e essa passagem marcou a sua vida.

Foto oficial autografada de Leivinha como jogador do Atlético de Madrid

Leivinha em campo pelo Atlético de Madrid

Elenco completo do Atlético de Madrid

Time do Atlético de Madrid. Em pé, da esquerda para a direita: Alberto, Marcelino, Reina, Luís Pereira, Leal, Euzébio. Agachados: Baena, Leivinha, Garate, Ayala e Copan

Capa da revista de programação da TV espanhola Tele Pueblo, com anúncio do duelo em campo entre Leivinha e Cruyff

Leivinha e Pelé em uma casa noturna de Madri

23

Seleção Brasileira 3x0 Atlético de Madrid:
um outro sentimento

Antes dos patrocinadores invadirem e se apropriarem do futebol era comum a Seleção Brasileira jogar partidas contra clubes, combinados, seleções dos estados e esquadras estrangeiras.

A seleção verde e amarela era testada de todas as formas, graus e níveis.

Existia uma maior democracia na escolha dessas partidas que serviam como testes preparatórios e avaliativos para a escolha precisa, consistente e definitiva dos atletas. O jogador era verdadeiramente testado e observado em todas as suas reações.

Eram jogos difíceis, perigosos e extremamente disputados.

Essas partidas tinham uma importância fundamental na consciência, no desenvolvimento e principalmente no rendimento dos atletas.

Os atletas deixavam a alma no jogo. As partidas tinham uma meta a ser atingida.

***

Nesta partida, realizada em 1978, o Atlético tinha como técnico o ídolo Luis Aragonés, um dos homens mais queridos e respeitados da Espanha. Ele foi o maior artilheiro da história do Atlético de Madrid, com 170 gols entre 1964 e 1975. Tinha habilidade, chute forte e direcionado, e era um excelente cobrador de faltas. Um mito do futebol.

Luis Aragonés tornou-se técnico de Leivinha no Atlético de Madrid e, em 2008, conquistou o título da Eurocopa pela Seleção Espanhola, cujo destaque foi o talentoso brasileiro naturalizado espanhol Marcos Sena, que jogou uma enormidade, exibindo um repertório de jogadas e criações no meio de campo que encantou a todos. Seu toque de bola e sua movimentação foram fundamentais para o título da Espanha. Uma data extremamente significativa e um reconhecimento merecido para este símbolo espanhol.

O técnico Luis Aragonés foi fundamental para a rápida adaptação de Leivinha e Luís Pereira na equipe do Atlético de Madrid. Homem sério, determinado e amigo dos jogadores, marcou época com a sua forma honesta e consciente de trabalhar. Ele admirava o futebol brasileiro e conhecia o nosso modo e jeito de jogar. Quando atuava como jogador, vestia a mesma camisa 8 de Leivinha, portanto, era um especialista na posição.

Depois de alguns meses da chegada de Leivinha e Luís Pereira no time do Atlético, Luis Aragonés fez este comentário que demonstra conhecimento da história do futebol brasileiro e europeu: "Os espanhóis gostam muito do futebol brasileiro, que já vimos aqui com Ramiro, Álvaro, Válter Marciano, Vavá e alguns outros. Agora estamos encantados com Leivinha e Pereira. Desde o presidente até os gandulas do clube, todos estão supercontentes com a contratação destes dois craques".

***

Em 21 de junho de 1966, a Seleção Brasileira já havia enfrentado o Atlético de Madrid no Santiago Bernabéu. O Brasil venceu por 5x3 e o público de 93 mil torcedores aplaudiu de pé os três gols do rei Pelé e os dribles do genial Garrincha.

A Seleção Brasileira vinha de uma excursão pela Europa e Arábia Saudita. O Brasil perdeu de 1x0 da França; venceu a Alemanha por 1x0 com gol de Nunes, atleta do Santa Cruz do Recife; empatou em 1x1 com a Inglaterra, com gols de Gil e de Kevin Keegan; venceu por 6x1 o Al Ahli; 2x0 o Internazionale da Itália e o Atlético de Madrid por 3x0.

Os preparativos para a Copa do Mundo na Argentina e as disputas por vagas na Seleção Brasileira estavam acirradas. Treino era jogo e jogo era guerra.

A Seleção Brasileira demonstrava força e vitalidade, marcando e preenchendo todos os espaços do campo. Uma espécie de futebol total, com talento e ginga brasileira.

***

Na Copa de 1978, a Seleção Brasileira conquistou um honroso terceiro lugar invicto, com quatro vitórias e três empates. A seleção canarinho terminou a Copa do Mundo de cabeça erguida e com a moral e a honra intactas.

A Seleção Brasileira venceu por 3x0 o Atlético de Madrid no estádio Vicente Calderón, gols de Nunes aos 28 minutos do primeiro tempo, Edinho aos 7 e Jorge Mendonça aos 28 do segundo tempo.

A escalação do escrete nacional foi esta: Leão, (Carlos), Zé Maria, (Toninho), Abel, Amaral, Edinho, (Rodrigues Neto), Batista, Zico, (Jorge Mendonça), Dirceu, Gil (Tarciso), Nunes, (Reinaldo) e Romeu. O técnico era Cláudio Coutinho.

O Atlético de Madrid jogou com Reina, Marcelino, Luís Pereira, Eusebio, Capón, Marcial, (Juan Rubio), Fernandez, Leal, Ayala, Leivinha, (Bermejo) e Rubén Cano. O técnico era Luis Aragonés. O árbitro da partida foi Luis Montesinos, da Espanha.

Nessa partida, Luis Aragonés foi aplaudido de pé merecidamente.

Esse jogo marcou a volta de Leivinha ao futebol depois da cirurgia no joelho (menisco), sendo a primeira e única vez que Leivinha jogou contra a Seleção Brasileira.

Concomitantemente a essa volta de Leivinha ao futebol, o destino apresentou sua verve poética: do outro lado do campo, envergando a camiseta da Seleção Brasileira, estava o fantástico Jorge Mendonça, jogador que o sucedera no Palmeiras. Dois dos maiores camisas 8 do Palmeiras e do futebol mundial estavam frente a frente, como se a trajetória iluminada de ambos prestasse um tributo à arte e ao talento do futebol brasileiro.

Jorge Mendonça fez o terceiro gol do Brasil aos 28 minutos no goleiro Reina com uma falta bem batida (uma das suas especialidades) e definiu o placar. A Seleção Brasileira dominou o jogo e mereceu a vitória.

Leivinha atuou meio tempo, fez um bom jogo e acabou substituído no intervalo.

***

Na Copa de 1974 na Alemanha, Leivinha, o ídolo e camisa 8 do Palmeiras, foi o titular da Seleção Brasileira, e na Copa de 1978 na Argentina, Jorge Mendonça, o ídolo e camisa 8 do Palmeiras, seria o titular da seleção verde e amarela.

Leiva jogou de 1971 a 1975, marcando 106 gols, e Jorge Mendonça atuou de 1976 a 1980, totalizando 102 gols, ambos pelo Palmeiras. Uma sequência de dez anos de idolatria com esses míticos craques.

O dinheiro vindo do Atlético em função da contratação de Luís Pereira e Leivinha serviu para efetuar a contratação de Jorge Mendonça e Vasconcelos que atuavam no Náutico de Recife e eram as principais revelações do futebol brasileiro.

Nunca mais o Palmeiras teria dois jogadores desse nível e qualidade vestindo a camisa número 8. Leivinha e Jorge Mendonça eram a nata e a essência do futebol. Como era bonito vê-los jogar.

***

João Leiva Campos Filho deu o seu depoimento sobre o sentimento de jogar contra a seleção canarinho: "Nunca tinha imaginado que um dia pudesse enfrentar a Seleção Brasileira. Você fica ao mesmo tempo eufórico e angustiado. Quando começa o jogo, você esquece tudo isso. É uma extrema emoção. Não dá para descrever o que é jogar contra o seu próprio país".

Nesta afirmação, Leivinha confirma o amor que sempre nutriu pelo Brasil.

No contexto espiritual e universal tudo está ligado, conectado e energizado. Os intercâmbios do inconsciente formam ideias e fatos dentro de uma mesma cadeia de aprimoramento. O pensamento rege a aproximação e engloba todas as situações, momentos e intercorrências. O presente é passado, o futuro já aconteceu e o tempo está em constante mutação entre o novo e o tradicional. Nada passa, nada acaba, tudo se harmoniza com a alegria e o prazer da arte humana.

A arte do pensar, sem elitizar, é que produz o mecanismo de unificar a população do orbe. Seleção Brasileira, Palmeiras, Atlético de Madrid e Leivinha estarão ligados em todas as eras e esferas intergalácticas.

24

São Paulo e encerramento de carreira

Leivinha foi contratado pelo São Paulo Futebol Clube, uma das mais tradicionais equipes do futebol mundial. O seu contrato foi assinado em 24 de agosto de 1979, com duração até 31 de dezembro de 1979.

Na época, o Cosmos dos Estados Unidos tinha interesse em sua aquisição e queria contratá-lo em 1980. Era um interesse antigo pelo craque da camisa 8.

O interesse começou na grande partida que Leiva fez pelo Atlético de Madrid na vitória por 3x1 diante do Cosmos. Naquele dia, o moço que veio de Lins jogou muito bem, driblando, passando, tabelando e fazendo um golaço, mas a sua contratação acabou não se concretizando.

Voltando ao tricolor do Morumbi, sua estreia aconteceu no empate em 0x0 contra a Francana, de Franca. Foram onze jogos e dois gols pelo São Paulo. Sua última partida aconteceu contra o América de São José de Rio Preto, na vitória tricolor por 1x0, gol de Serginho. Leivinha não brilhou o esperado no São Paulo e as contusões nos joelhos abreviaram a sua estada.

O último suspiro de um gênio em uma desgastante carreira profissional ocorreu na vitória contra o seu antigo clube, a Portuguesa de Desportos, por 4x2. Os gols da Portuguesa foram de Caio e Enéas. Novamente, as forças e os deuses do futebol o colocaram frente a frente com o grande Enéas, ídolo e camisa 8 da Portuguesa de Desportos.

Leivinha entrou no decorrer da partida e o São Paulo venceu com galhardia no dia 31 de outubro. Nessa partida, ele fez dois golaços com o seu velho estilo de craque. Esse jogo representou o seu último autógrafo de ouro nos compêndios da história do futebol no mundo, o último grito de gol, marcado na querida Lusa de saudosa memória. O destino esportivo estava cumprido.

O desgaste natural do atleta, o excesso de jogos e treinamentos, pancadas violentas, exigências de rápida recuperação e cirurgias comprometedoras minaram o seu joelho.

Sua carreira chegou ao fim: "Pensei que fosse encerrar a carreira com 33 anos nos Estados Unidos. Mas, evidentemente, foi muito difícil parar. Minha vida foi dedicada inteiramente ao futebol. É o ambiente do futebol que nos envolve. A necessidade de treinar, jogar e lutar em campo. O jogador nasceu para jogar futebol e nós não sabemos fazer outra coisa. É doloroso e triste quando chega esse dia".

O futebol, com as suas linguagens, realidades e códigos, prende os jogadores dentro de um mundo real, mas muito particular. No futebol, os sonhos são mais nítidos e as expectativas renovadas em cada domingo de sol e de bola na rede. Por ser o esporte mais criativo, as surpresas e os acontecimentos de um jogo de futebol nunca se repetem. O aplauso e a vaia fazem parte da vida de todo jogador.

É uma carreira curta, incerta, perigosa e violenta, mas principalmente apaixonante.

A questão do término e do fim de alguma função ou profissão feita com amor e prazer é absolutamente dolorosa. Do dia para a noite tudo acaba, as cortinas se fecham e a peça de teatro sem coreografia e repetição encerra o seu ciclo para nunca mais voltar.

Um esporte que projeta o jovem ao patamar de herói dentro de uma sociedade ávida por sangue. E esta mesma sociedade que prega a compreensão tem também a necessidade de vampirizar e sugar o ídolo, minando-lhe pouco a pouco as forças vitais até seu esgotamento total.

As torcidas, sedentas por fama e notoriedade, matam o ídolo com palavras, silêncios e abandonos, com a finalidade precípua de roubar-lhe os poderes adquiridos. Essas agressões epidérmicas, típicas do mundo do futebol, não acontecem em outras profissões.

A troca incessante de ídolos no futebol é algo que assusta, desestrutura e só tem serventia aos podres poderes. O mais afetado nessas situações é o atleta, que tem sua realidade exposta. O jogador mal conhece a si próprio e já tem que enfrentar um mundo que pode devorá-lo a qualquer momento.

O futebol promete subliminarmente aos jogadores poder, riqueza e fama, tudo em abundância. E a realidade para a esmagadora maioria é exatamente a inversa. Nessa carreira, o jogador é um inadaptado por natureza.

Felizmente, Leivinha teve uma estrutura familiar consistente, embasada no amor e no respeito e conseguiu superar toda e qualquer adversidade.

O atleta, quando encerra a carreira, deve se reinventar e recomeçar com uma nova mentalidade e atitude perante a vida. Parece fácil diante do imaginário, com uma caneta e um caderno na mão, mas não é. Deve-se acreditar sempre, pois o jogo ainda não acabou.

Leivinha vestindo uniforme do São Paulo em 1979

Leivinha jogando pelo São Paulo contra a Ferroviária de Araraquara no Parque Antártica em 1979

25
Nova vida, Balancê e televisão

O Balancê marcou época na vida noturna de São Paulo. Um bar restaurante com *shows* musicais ao vivo motivava a juventude a comparecer e a dançar na Avenida Henrique Schaumann, uma das mais movimentadas de São Paulo. Um bar tipicamente brasileiro, com uma decoração simples e um ambiente democrático e jovial, o cliente se tornava íntimo do clima e voltava sempre.

O bar tinha música ao vivo da melhor qualidade e com o tempo se tornou referência no samba brasileiro.

A cidade de São Paulo injustamente tinha o título de "túmulo do samba". Com o bar Balancê e outras casas noturnas o samba carioca começou a entrar na rotina do paulistano e a situação começou a mudar.

O mestre Adoniran Barbosa, com o seu *swing* e ginga poética, foi escrevendo, recitando, cantando e projetando o samba de São Paulo – originário principalmente do bairro do Bexiga – no cenário brasileiro.

Adoniran Barbosa é o único poeta musical a mitificar a palavra e a confluência de suas construções melódicas com base na simplicidade da criação e da montagem. Gênio!

Leivinha, Jackson Leiva e Oswaldão eram os proprietários do estabelecimento.

O amigo Oswaldão era um negro alto, sorridente e extremamente respeitado no meio musical e esportivo. Digno, de humor afinado e um comunicador de primeira. Um brasileiro que todos queriam conhecer. Era ele que fazia os contatos com os grupos musicais, as bandas e as personalidades para conhecerem a filosofia do Balancê. Ele e Leivinha formavam uma dupla afinadíssima.

No Balancê, o samba reinava e produzia a sua própria linguagem, mensagem e simbologia. A roda de samba dava o seu recado e abria passagem.

Pessoas de todas as culturas, mentalidades e profissões frequentavam a casa. O estabelecimento chutava para bem longe o preconceito e a exclusão e valorizava a amizade e a consideração.

A noite paulistana convidava para o pagode sagrado. O velho ritmo que fez a história do Brasil e popularizou um estilo de vida.

Nas décadas de 1980 e 1990, a disputa acirrada entre os diversos ritmos musicais (axé, samba, pagode, sertanejo, rock e MPB) causava pânico nas gravadoras.

A *guetização* dos diversos ritmos musicais tinha um elo estreito com o regionalismo distorcido e o falso patriotismo. A tecnologia inteligente e as conexões rítmicas ainda não tinham tomado corpo. A radiofusão era bloqueada por interesses mesquinhos.

O bar Balancê recebia o pagode e o samba carioca, ainda discriminados pelos meios de comunicação de São Paulo.

No bairro do Bexiga, na Vila Madalena e na região central da cidade, o samba de raiz e a seresta perdiam espaço para o rock e para alguns modismos estrangeiros sem identidade.

A casa Bar Balancê formou uma nova geração de jovens apreciadores de samba.

A inigualável Elza Soares, uma das maiores sambistas e jazzistas da história da música popular brasileira e internacional, certa noite cantou com o seu estilo inconfundível no Balancê e foi aplaudida de pé. Feliz do país que possui uma mulher tão valente, generosa, honesta e especial como Elza Soares.

O Fundo de Quintal, grupo com enorme qualidade, também tocou no Balancê.

Vários sambistas e compositores de renome estiveram lá, como Jamelão, Nélson Cavaquinho e Zeca Pagodinho.

Um dos maiores nomes da casa era o talentoso e brilhante Reinaldo, "O Príncipe do Pagode", um dos precursores do pagode em São Paulo.

Leivinha esteve por treze anos com o Balancê e relembra com saudades dos amigos que fez e das rodas de samba inesquecíveis. Mais uma etapa de sua vida havia sido cumprida.

***

Depois de mais de vinte anos longe do futebol, Leivinha voltou para a mídia como homem de imprensa, afirmando: "Nunca tive problemas com a imprensa. Jogava em um time vencedor. Era só alegria. Não passei momentos difíceis no Palmeiras".

O competente jornalista José Maria de Aquino, repórter da conceituada revista *Placar*, foi quem convidou Leivinha para comentar um jogo de futebol do São Paulo no Morumbi pelo SporTV. A partir daí, ele passou a se interessar pela nova profissão, estudar futebol e compreender a linguagem usada nas transmissões.

Recomeçou, mais uma vez, em um ambiente que ele conhecia bem, mas a cada dia tinha uma experiência nova para ser adquirida, um novo conceito para ser acumulado e um novo pensamento acerca do futebol.

Leiva adquiriu o vocabulário da televisão e o ritmo de compasso dos comentaristas. Aprendizado técnico, porque no teórico e no prático ele já era professor.

Os narradores e comentaristas o ajudaram muito em sua adaptação. No SporTV, Luiz Carlos e Deva Pascovicci foram importantes colegas nessa nova empreitada.

Maurício Noriega, escritor e comentarista, filho do querido Luiz Noriega, narrador da TV Cultura na década de 1970, foi um excelente amigo nesse período de televisão, integrando-o ao meio jornalístico.

O poeta e cronista do futebol brasileiro Armando Nogueira, com sua habitual classe e educação, teve uma importância muito grande no aprendizado de Leivinha na televisão. A genialidade de Nogueira no pensar, criar e dialogar formava discípulos pelo Brasil inteiro. O convívio dos profissionais na redação com esse homem de talento, pureza e inteligência valia uma vida.

Eterno "pé-quente", em 2002, Leivinha viajou com a equipe da Globo para cobrir a Copa do Mundo na Coreia/Japão. Teve como companheiros de trabalho ex-jogadores famosos e admirados: Rivelino, Raul, Júnior e Casagrande. A Seleção Brasileira venceu a Copa do Mundo com raça e brilho, e Leivinha voltou ao Brasil muito contente.

O eterno camisa 8 do Verdão participava da transmissão em estúdio das partidas das equipes de menor tradição em termos de títulos.

Na programação do SporTV, participou de inúmeros debates e questionamentos sobre o futebol internacional e assuntos esportivos diversos, afinal, era um homem de larga cultura, que estudara educação física, economia e jornalismo. Foram quatro anos no SporTV e quatro meses na Band. Momentos de satisfação e realização.

Outra profissão que Leivinha adorava era ensinar futebol e educar as crianças e adolescentes nas escolinhas de futebol da prefeitura. Trabalhando nessa função durante anos, fez um engrandecedor trabalho social.

Pelo Palmeiras, trabalhou durante dois anos vendendo títulos de sócios remidos, batendo recordes nas vendas.

Solícito e educado, realiza atualmente de três a quatro entrevistas semanais para rádios, televisões, jornais e revistas, contando um pouco de suas proezas em campo.

Leivinha na entrada do Bar Balancê

João Boscoli, Leivinha e seu irmão Didi no Bar Balancê

Leivinha e seu irmão Didi no Bar Balancê

Leivinha com amigos no Bar Balancê. De boné, o jogador Romeiro do Palmeiras

Evento com jogador Rogério do Palmeiras e do Corinthians (o terceiro da esquerda para direita), Vampeta, o campeão mundial em 2002 (o quinto da esquerda para direita), o grande locutor de futebol Fiori Gigliotti (do lado direito de Vampeta) e Leivinha

O trio de ouro: Félix, Leivinha, Coutinho

E-mail enviado pela SporTV com a foto da equipe de comentaristas: Armando Nogueira, Rivelino, Júnior e Leivinha

26
Fama e consequências

Um dos piores flagelos que pode acontecer ao ser humano é a aquisição da fama que, quando usada pelos meios de comunicação para desmontar o equilíbrio humano, pode corroer as estruturas mentais e fragmentar a alma.

A fama é um dos piores instrumentos humanos de convívio, conciliação e retratação.

Existem seis etapas da produção e conceituação da fama:

1. Na Antiguidade, a fama era restrita aos sacerdotes e aos historiadores que faziam elegia aos heróis de guerra e aos fisiculturistas;
2. Na Idade Média, a fama era produto da fé e das crenças, enveredando-se pela sociedade impiedosamente;
3. Com o advento da fotografia e do cinema mudo, o reconhecimento e a fama começam a transformar os desígnios da vaidade;
4. Com a explosão de duas guerras mundiais (1914-1918 e 1938-1945), a tecnologia estourou no mundo em um processamento rápido e desigual, produzindo abismos socioculturais, distorções do ego e o aprisionamento da imagem;
5. No período vanguardista, a mídia e a fama começaram a produzir seus excessos, criando ditaduras e informações sem memória, prejudicando o ideal, o idealizado e o objeto do aplauso;
6. Uma parafernália idiota, com imagens desconectadas de algum sentido, sucesso hipersensível, caras e bocas e devaneios irritadiços. O planeta Terra se curva perante o uso abusivo da imagem.

No futebol, especificamente, a fama prejudica o desenvolvimento do jogador, fazendo com que ele se acomode e perca o sentido da sua representatividade no time. A fama é contrária ao coletivo e prejudicial quando mal utilizada.

Dentro da dinâmica da fama, o jogador começa a pensar que é melhor do que realmente é. Esse é o início da sua decadência. Muitos craques se perdem no meio do caminho porque não sabem enfrentar e compreender qual a origem e a finalidade da projeção da fama.

O jogador de futebol é a parte mais frágil do sistema e a de maior interesse do público.

Em cada década, desde a origem do futebol em 1900, a fama vai formando ídolos e forjando estrelas, mas fama e esquecimento jogam no mesmo time e andam de mãos dadas. As injustiças que são cometidas contra os jogadores, fruto da irresponsabilidade no armazenamento, na produção e na divulgação da fama, é algo brutal. O atleta ou está bem preparado ou sucumbe, virando um ser sem consciência.

João Leiva Campos Filho venceu e superou qualquer problema advindo da notoriedade excessiva, não se deixou iludir pela fama e manteve sempre o equilíbrio, conservando a humildade do jovem interiorano. Humilde, mas não submisso. Sempre teve opinião, discernimento e amor próprio. A sua excelente família, seus pais e irmãos, lhe deram toda a atenção, afeto e carinho, preparando-lhe para o futuro.

Ao longo de uma vida inteira, Leivinha teve três grandes esposas, que lhe proporcionaram ser pai de quatro filhos e ter dois netos. Com Maria Sueli de Souza Leiva Campos, teve os amados filhos Juliano de Souza Leiva Campos e Daniela de Souza Leiva Campos (mãe de seus dois netos, Enzo e Henrique). Com Vânia Maria Fernandes, gerou o filho Rafael Fernandes Leiva Campos. E com Eliana Koresch, com a qual é casado há mais de trinta anos, teve a filha Bruna Rafaella Koresch Leiva Campos.

Eliana é uma mulher segura, dedicada, determinada e uma ótima profissional que está sempre ao seu lado, ajudando, acreditando e lhe dando todo o carinho possível. Vivendo em São Paulo ao lado da filha Bruna, formam um belo casal, bem resolvido e que acredita no amanhã.

Leivinha comenta sobre a fama:

"Tive uma boa formação e isso eu credito aos meus pais.
Foi uma ascensão meteórica, mas encarada de uma forma normal. Eu sempre respeitei o torcedor e o entendia, mas gostava da minha vida privada.
Jamais deixei de ser atencioso com as pessoas. Por ser uma pessoa pública sabia o que representava.
Sempre evitei as aglomerações por ser tímido e por não gostar de aparecer.
Nunca me deixei seduzir por nada ilusório ou passageiro.
Se eu escolhi esta carreira, sabia que tinha de dar toda atenção ao torcedor que me aplaudia ou me criticava. Mas, acima de tudo, era ele a quem eu devia toda a satisfação. Quando perdia o jogo não saia de casa, justamente para evitar problemas com a passionalidade do torcedor."

Leivinha construiu a sua história com muito amor ao futebol e ao povo. Jamais será esquecido.

Momento de descontração após treinamento da Seleção Brasileira: Leivinha, Zé Maria e Washington

Leivinha em jogo pelo Palmeiras

Esta obra foi composta em CTcP
Capa: Supremo 250g – Miolo: Pólen Soft 80g
Impressão e acabamento
Gráfica e Editora Santuário